TRIBOS
MORAIS

JOSHUA GREENE

TRIBOS MORAIS

Tradução de
ALESSANDRA BONRRUQUER

2ª edição

EDITORA RECORD
RIO DE JANEIRO • SÃO PAULO
2025

CIP-BRASIL. CATALOGAÇÃO NA PUBLICAÇÃO
SINDICATO NACIONAL DOS EDITORES DE LIVROS, RJ

G831t Greene, Joshua, 1974-
　　　　Tribos morais: a tragédia da moralidade do senso comum / Joshua Greene; tradução de Alessandra Bonrruquer. – 2ª ed. – Rio de Janeiro: Record, 2025.
　　　　il.

　　　　Tradução de: Moral tribes: emotion, reason and the gap between us
　　　　Inclui bibliografia e índice
　　　　ISBN 978-85-01-11518-8

　　　　1. Ética. 2. Civilização. 3. Filosofia. I. Bonrruquer, Alessandra. II. Título.

18-49840
　　　　　　　　　　　　　　　　　CDD: 170
　　　　　　　　　　　　　　　　　CDU: 17

Meri Gleice Rodrigues de Souza – Bibliotecária – CRB-7/6439

Copyright © Joshua D. Greene, 2013

Título original em inglês: Moral tribes: emotion, reason and the gap between us

Todos os esforços foram feitos para contatar os detentores dos direitos autorais das imagens reproduzidas neste livro, mas em alguns casos não foi possível localizá-los. A editora compromete-se a dar os devidos créditos em uma próxima edição, caso os autores as reconheçam e possam provar sua autoria.

Todos os direitos reservados. Proibida a reprodução, armazenamento ou transmissão de partes deste livro, através de quaisquer meios, sem prévia autorização por escrito.

Texto revisado segundo o novo Acordo Ortográfico da Língua Portuguesa.

Direitos exclusivos de publicação em língua portuguesa para o Brasil
adquiridos pela
EDITORA RECORD LTDA.
Rua Argentina, 171 – 20921-380 – Rio de Janeiro, RJ – Tel.: (21) 2585-2000,
que se reserva a propriedade literária desta tradução.

Impresso no Brasil

ISBN 978-85-01-11518-8

Seja um leitor preferencial Record.
Cadastre-se em www.record.com.br e receba informações sobre nossos lançamentos e nossas promoções.

Atendimento e venda direta ao leitor:
sac@record.com.br

Para Andrea

O homem melhora[1] quando você lhe mostra como ele é.

— Anton Tchekhov

A filosofia de um século é o senso comum do seguinte.

— Biscoito da sorte, Tiger Noodles,
Princeton, Nova Jersey

Sumário

Introdução: A tragédia da moralidade do senso comum   11

PARTE I
Problemas morais

1. A tragédia dos comuns   29
2. Maquinaria moral   37
3. Conflito nos novos pastos   75

PARTE II
Moralidade rápida e lenta

4. Bondologia   113
5. Eficiência, flexibilidade e o cérebro de processo dual   139

PARTE III
Moeda comum

6. Uma ideia esplêndida   155
7. Em busca da moeda comum   181
8. Moeda comum encontrada   197

PARTE IV
Convicções morais

9. Atos alarmantes   219
10. Justiça e equidade   263

PARTE V
Soluções morais

11. Pragmatismo profundo   297
12. Para além da moralidade aponte e dispare: seis regras para os pastores modernos   355

Nota do autor   363
Agradecimentos   365
Notas   369
Bibliografia   421
Créditos das imagens   455
Índice   457

Introdução

A tragédia da moralidade do senso comum

A leste de uma floresta fechada e escura, uma tribo de pastores cria ovelhas em um pasto comum. Aqui, a regra é simples: cada família recebe o mesmo número de ovelhas. As famílias enviam representantes para um conselho de anciões que governa o pasto comum. Durante os anos, o conselho tomou decisões difíceis. Certa família, por exemplo, começou a criar ovelhas excepcionalmente grandes, apropriando-se de mais pasto. Após um debate acalorado, o conselho pôs fim a isso. Outra família foi pega envenenando as ovelhas dos vizinhos. Foi punida com severidade. Para alguns, severamente demais. Para outros, não o bastante. Apesar desses desafios, a tribo do leste tem sobrevivido e suas famílias têm prosperado, algumas mais que as outras.

A oeste da floresta, outra tribo de pastores também partilha um pasto comum. Porém, o tamanho do rebanho de cada família é determinado pelo tamanho da família. Aqui também o conselho de anciões tomou decisões difíceis. Uma família particularmente fértil teve doze filhos, muito mais que as outras. Alguns reclamaram porque eles usavam pasto demais. Outra família ficou doente, perdendo cinco de seus seis filhos em um ano. Alguns acharam injusto piorar a tragédia ao reduzir suas riquezas a menos da metade. Apesar desses desafios, a tribo do oeste tem sobrevivido e suas famílias têm prosperado, algumas mais que as outras.

Ao norte da floresta, há mais uma tribo. Aqui, não há pasto comum. Cada família tem seu próprio lote de terra, protegido por uma cerca. Esses lotes variam muito em tamanho e fertilidade. Isso acontece, em parte, porque alguns pastores nortistas são mais sábios e industriosos que outros. Muitos deles expandiram seus lotes, usando os excedentes para comprar terras dos vizinhos menos prósperos. Alguns pastores nortistas são menos prósperos que outros simplesmente porque são azarados, tendo perdido o rebanho ou os filhos para doenças, a despeito de seus melhores esforços. Outros são excepcionalmente sortudos, possuindo lotes de terra amplos e férteis, não por serem em especial sábios ou industriosos, mas porque os herdaram. Aqui no norte, o conselho de anciões não faz muita coisa. Ele apenas assegura que os pastores cumpram suas promessas e respeitem a propriedade uns dos outros. A vasta diferença de riqueza entre as famílias nortistas tem sido fonte de muitas disputas. Todos os anos, alguns nortistas morrem no inverno por falta de comida e aquecimento. Apesar desses desafios, a tribo do norte tem sobrevivido. A maioria de suas famílias têm prosperado, algumas muito mais que as outras.

Ao sul da floresta há uma quarta tribo. Seus membros partilham não apenas o pasto, mas também os animais. O conselho de anciões é muito ocupado. Ele gerencia o rebanho, designa pessoas para as tarefas e monitora sua execução. Os frutos do trabalho são partilhados igualmente entre todos. Isso é fonte de muitas disputas, pois alguns membros são mais sábios e industriosos que outros. O conselho ouve muitas queixas sobre trabalhadores preguiçosos. A maioria dos membros, entretanto, trabalha duro. Alguns são motivados pelo espírito comunitário, outros, pelo temor da reprovação dos vizinhos. Apesar desses desafios, a tribo do sul tem sobrevivido. Suas famílias não são, em média, tão prósperas quanto as do norte, mas vivem bem e ninguém jamais morreu no inverno por falta de comida ou aquecimento.

Em determinado verão, um grande incêndio queimou a floresta, reduzindo-a a cinzas. Então vieram chuvas pesadas e, em pouco tempo, a região, outrora tomada de árvores, foi transformada em uma longa extensão de colinas recobertas de relva, perfeitas para animais de pasto. As tribos próximas correram para reivindicar as terras. Houve muitas disputas. A tribo do sul proclamou que os novos pastos pertenciam a todos e deviam ser trabalhados em conjunto. Eles formaram um conselho para gerenciar os novos pastos e convidaram as outras tribos a enviar representantes. Os pastores do norte zombaram da sugestão. Enquanto os sulistas elaboravam seus grandes planos, as famílias nortistas construíram casas e muros de pedra e colocaram seus animais para pastar.

Muitas pessoas do leste e do oeste fizeram o mesmo, embora com menos vigor. Algumas famílias enviaram representantes para o novo conselho.

As quatro tribos lutaram amargamente e muitas vidas, tanto humanas quanto animais, foram perdidas. Pequenas desavenças se transformaram em vendetas familiares, que por sua vez terminaram em batalhas mortais: uma ovelha sulista invadiu um campo nortista. O nortista a devolveu. Outra ovelha sulista fez o mesmo. O nortista exigiu uma taxa para devolvê-la. Os sulistas se recusaram a pagar. O nortista abateu a ovelha. Os sulistas capturaram e abateram três ovelhas do nortista. O nortista capturou e abateu dez ovelhas dos sulistas. Os sulistas queimaram a fazenda do nortista, matando uma criança. Dez famílias nortistas marcharam até o salão de assembleia dos sulistas e atearam fogo, matando dezenas deles, incluindo muitas crianças. Violência e vingança prosseguiram de lado a lado, cobrindo de sangue as colinas verdejantes.

Para piorar a situação, tribos de terras distantes chegaram para demarcar novos pastos. Uma tribo afirmou que os novos pastos eram um presente de seu deus. O incêndio da grande floresta e a relva nas colinas haviam sido profetizados em seu livro sagrado. Outra afirmou que os novos pastos eram sua pátria ancestral, da qual seus membros haviam sido expulsos fazia muitas gerações, antes que houvesse floresta. Tribos chegaram com regras e costumes que, para os de fora, pareciam muito estranhos, senão francamente ridículos: ovelhas negras não deviam dormir no mesmo cercado que ovelhas brancas. Mulheres tinham de cobrir as orelhas em público. Cantar às quartas-feiras era absolutamente proibido. Um homem se queixou da vizinha que, enquanto cuidava das ovelhas, exibiu as orelhas em plena vista de seus filhos impressionáveis. A mulher se recusou a cobrir as orelhas e isso enfureceu seu devoto vizinho. Uma garotinha disse a um garotinho que o deus para o qual a família dele rezava não existia. O garoto, em choque, relatou isso ao pai, que reclamou com o pai da garota. O pai defendeu a filha, elogiando sua grande inteligência, e se recusou a pedir desculpas. Por isso foi morto, como exigido pelas leis da tribo que ofendera. E assim começou outra vendeta familiar.

A despeito das brigas, os pastores dos novos pastos são bastante similares. De modo geral, querem as mesmas coisas: famílias saudáveis, alimentos saborosos e nutritivos, abrigos confortáveis, ferramentas poupadoras de trabalho e tempo livre com a família e os amigos. Todos os pastores gostam de música e de ouvir histórias sobre heróis e vilões. E mais: mesmo enquanto brigam uns com os outros, suas mentes funcionam de modo similar. O que percebem como injusto os deixa indignados e eles são motivados a lutar tanto para defender seus interesses quanto por seu senso de justiça. Pastores lutam não apenas por si mesmos, mas também por suas famílias, seus amigos e membros de sua tribo. Eles lutam com honra e teriam vergonha de agir de outro modo. Protegem ferozmente sua reputação, julgam os outros por seus feitos e gostam de trocar opiniões.

Apesar de suas diferenças, as tribos dos novos pastos partilham alguns valores essenciais. Em nenhuma tribo é permitido ser completamente egoísta e em nenhuma se espera que os membros sejam completamente altruístas. Mesmo no sul, onde o pasto é partilhado, no fim do dia os trabalhadores estão livres para cuidar de seus próprios interesses. Em nenhuma tribo os membros comuns têm permissão para mentir, roubar ou prejudicar alguém de propósito. (Há, entretanto, algumas tribos onde certos indivíduos privilegiados são livres para fazer o que quiserem.)

As tribos dos novos pastos estão envolvidas em conflitos cheios de rancor e com frequência sangrentos, mesmo que todos seus membros sejam, de diferentes maneiras, morais. Eles lutam não por serem fundamentalmente egoístas, mas por possuírem visões incompatíveis sobre como uma sociedade moral deve ser. Os desacordos não são apenas acadêmicos, embora eles também existam. Em vez disso, a filosofia de cada tribo está entremeada na vida cotidiana. Cada tribo possui sua própria versão do senso comum moral. As tribos dos novos pastos lutam não por serem imorais, mas por verem a vida nos novos pastos de perspectivas morais diferentes. Chamo isso de *tragédia da moralidade do senso comum*.

A parábola dos novos pastos é fictícia, mas a tragédia da moralidade do senso comum é real. É a tragédia central da vida moderna, a tragédia mais profunda por trás dos problemas morais que nos dividem. Este livro tenta compreender e então solucionar esses problemas. Ao contrário de muitos autores de livros populares, não prometo ajudá-lo a solucionar seus problemas pessoais. O que espero oferecer é clareza — e, com essa clareza, motivação e oportunidade para unir forças com aqueles de mentalidade similar.

Este livro é uma tentativa de analisar a moralidade desde seu nível mais básico. Ele tenta compreender o que é a moralidade, como ela chegou até aqui e como é implementada em nosso cérebro. Tenta desvendar a estrutura profunda dos problemas morais, assim como as diferenças entre os problemas que nosso cérebro foi criado para solucionar e os problemas distintivamente modernos que enfrentamos hoje. Por fim, tenta transformar esse novo entendimento da moralidade em uma filosofia moral universal que os membros de todas as tribos humanas possam partilhar.

É um livro ambicioso. Comecei a desenvolver essas ideias no fim da adolescência e elas me ajudaram a construir duas carreiras interligadas — como filósofo e como cientista. Este livro se inspira em grandes filósofos do passado. Também se baseia em minhas próprias pesquisas no novo campo da cognição moral, que aplica os métodos da psicologia experimental e da neurociência cognitiva para iluminar a estrutura do pensamento moral. Finalmente, apoia-se no trabalho de centenas de cientistas sociais que aprenderam coisas surpreendentes sobre como tomamos decisões e como nossas escolhas são modeladas pela cultura e pela biologia. É minha tentativa de unir tudo isso e transformar esse novo autoconhecimento científico em uma filosofia prática que possa nos ajudar a solucionar nossos maiores problemas.

A VIDA NOS NOVOS PASTOS

Duas questões dominaram o primeiro mandato presidencial de Barack Obama: assistência médica e economia. Ambas refletem a tensão entre o individualismo dos pastores nortistas e o coletivismo dos pastores sulistas. A Lei de Proteção e Cuidado Acessível ao Paciente, também conhecida como Obamacare, estabeleceu o plano nacional de assistência médica dos Estados Unidos. Os liberais o elogiaram não como sistema perfeito, mas como passo histórico na direção correta. O país finalmente havia se unido ao restante do mundo no fornecimento de assistência médica básica a todos os cidadãos. Os conservadores — muitos deles — desprezaram o Obamacare, que viram como mais um passo na direção do ruinoso socialismo. O debate recente sobre assistência médica está inundado de informações errôneas,[1] mas, entre mentiras e meias verdades, pode-se encontrar discordância filosófica honesta.

Essencialmente, essa discordância, como muitas outras, é sobre a tensão entre direitos individuais e o (real ou suposto) bem maior. Assistência médica universal exige que todo mundo participe, seja por meio de um plano de saúde individual, seja por meio de impostos. Os conservadores organizaram um desafio legal que culminou em uma decisão histórica. A Suprema Corte manteve o Obamacare, afirmando que é financiado pela combinação entre aquisição voluntária e impostos (ambos constitucionais) e que o governo não obrigou as pessoas a comprarem algo (o que poderia ser visto como inconstitucional). A distinção entre impostos e aquisição forçada, no entanto, é apenas uma tecnicalidade legal. As pessoas que odeiam o Obamacare não o odeiam por acreditarem que é financiado por aquisições forçadas, em vez de impostos forçados; o que odeiam é serem *forçadas*. O Obamacare pode não ser socialismo, mas certamente é mais coletivista do que algumas pessoas gostariam, restringindo a liberdade individual em nome do bem maior.

Durante a primária presidencial republicana de 2012, os candidatos denunciaram o Obamacare tão frequente e estrondosamente quanto possível, chamando-o de socialismo e prometendo revogá-lo. Durante um dos debates da primária, o jornalista Wolf Blitzer travou o seguinte diálogo com o congressista texano Ron Paul:[2]

> — Um homem saudável de 30 anos tem um bom emprego e vive bem, mas decide não gastar 200 ou 300 dólares por mês em um plano de saúde, porque é saudável e não precisa dele. Porém, algo terrível acontece e, subitamente, ele requer assistência médica. Quem pagará a conta se ele entrar em coma, por exemplo? Quem pagará por isso? — perguntou Blitzer.
> — Bem, em uma sociedade que aceita o assistencialismo e o socialismo, ele esperaria que o governo cuidasse dele — respondeu Paul.
> — Qual sua opinião a respeito?
> — Ele deve ser livre para fazer o que quiser e assumir a responsabilidade por si mesmo. Meu conselho para ele seria ter um sólido plano de saúde, mas não ser forçado a...

— Mas ele não tem. Ele não tem plano e precisa de cuidados intensivos durante seis meses. Quem pagará a conta?

— É isso que significa liberdade, assumir seus próprios riscos. Toda essa ideia de que temos de estar preparados para cuidar de todo mundo...

[*Aplausos.*]

— Congressista, o senhor está dizendo que a sociedade deveria deixar esse homem morrer?

Enquanto Paul preparava sua hesitante resposta, um coro de vozes na multidão respondeu: "Sim! Deixe que morra!" Esses são os pastores nortistas. Paul não conseguiu se obrigar a concordar — ou discordar. Ele disse que vizinhos, amigos e igrejas deveriam cuidar do homem, insinuando, mas não declarando explicitamente, que o governo deveria deixá-lo morrer se ninguém mais estivesse disposto ou fosse capaz de pagar. Como era de esperar, a maioria dos pastores sulistas discorda.

(Nota: na parábola dos novos pastos, os pastores sulistas são coletivistas extremos, comunistas e, consequentemente, estão bem à esquerda dos liberais convencionais contemporâneos, a despeito das frequentes acusações contrárias. Assim, quando discutirmos políticas contemporâneas, me referirei aos liberais contemporâneos como "mais sulistas", em vez de "sulistas". Os conservadores americanos contemporâneos, em contraste, se parecem mais com suas contrapartes nortistas fictícias.)

Juntamente com a assistência médica, o estado miserável da economia americana assumiu o centro do palco durante o primeiro mandato do presidente Obama. Quando ele assumiu o cargo em 2009, a economia estava em queda livre, graças a uma bolha imobiliária que estourara após uma década de crescimento inflacionado e um setor financeiro que apostara somas altíssimas nos preços dos imóveis.[3] O governo fez várias tentativas de evitar o desastre financeiro completo. Primeiro, no fim de 2008, enquanto o presidente Bush ainda estava no poder, o governo federal socorreu vários bancos de investimento no coração da crise.[4] Mais tarde, a administração Obama socorreu a indústria automobilística e estendeu o auxílio aos proprietários de imóveis que enfrentavam a possibilidade de embargo. Essas medidas receberam oposição, em graus variados, dos pastores nortistas, que argumentaram que bancos, fabricantes de automóveis e proprietários desesperados deveriam, como o paciente hipotético de Ron Paul, ser deixados para "morrer". Por que, perguntaram eles, os contribuintes americanos deveriam pagar pelo mau julgamento dessas pessoas? Os pastores mais sulistas não ficaram exatamente deliciados com a ideia de socorrer decisores irresponsáveis, mas argumentaram que as medidas eram necessárias para o bem maior, sob o risco de escolhas ruins afundarem toda a economia. Durante o primeiro ano de Obama, os congressistas democratas aprovaram sua lei de estímulo de 787 bilhões de dólares, a Lei de Recuperação e Reinvestimento de 2009. Ela também enfrentou oposição dos pastores nortistas, que eram a favor de menos gastos governamentais e maior redução de impostos. Era melhor, diziam eles, colocar o dinheiro no bolso dos indivíduos, que poderiam decidir por si mesmos como gastá-lo.

Relacionada tanto à assistência médica quanto à economia está a questão mais ampla da desigualdade econômica, que ganhou destaque em 2011 com os protestos Occupy Wall Street. De 1979 a 2007, a renda dos domicílios americanos mais prósperos disparou, com o 1% no topo conhecendo aumentos de renda de 275%, enquanto o grosso dos americanos ganhou cerca de 40%. (Os ganhos no topo mais rarefeito, que equivale a 0,1%, foram ainda maiores, em torno de 400%.)[5] Essas tendências inspiraram o slogan do Occupy "Somos os 99%", reivindicando reformas econômicas para restaurar uma distribuição mais igualitária de riqueza e poder.

A história da crescente desigualdade de renda tem duas versões. De acordo com os pastores nortistas individualistas, os vencedores fizeram jus a seus ganhos e os perdedores não têm o direito de reclamar. "Occupy a Desk!" [Vá ocupar uma escrivaninha][6], dizia o cartaz de um manifestante contrário em Wall Street. Herman Cain, que tinha a esperança de ser presidente, chamou os manifestantes de "não americanos" e o futuro candidato republicano Mitt Romney os acusou de iniciar uma "guerra de classes".[7]

Em setembro de 2012, a revista liberal *Mother Jones* publicou uma das maiores bombas da história eleitoral americana. A revista postou on-line uma gravação secreta de Romney na qual ele descrevia praticamente metade da população americana como dependentes voluntários do governo que jamais "assumiriam responsabilidade pessoal pelas próprias vidas". De acordo com o infame discurso de Romney, os "47%" da população[8] que não ganham o suficiente para pagar imposto de renda (para além do retido na fonte) não merecem mais do que já ganham.

Os pastores mais sulistas contam uma história diferente. Eles dizem que os ricos manipularam o sistema a seu favor, observando que pessoas abastadas como Mitt Romney pagam menos impostos que muitos trabalhadores de classe média, graças a impostos mais baixos[9] sobre investimentos, uma miríade de brechas legais e paraísos fiscais no exterior. E agora, em função da decisão da Suprema Corte em *Citizens United v. Federal Election Comission*, que legalizou contribuições ilimitadas de campanha para grupos políticos "independentes", os ricos podem usar seu dinheiro para comprar as eleições como nunca antes. Esses pastores mais sulistas dizem que mesmo na ausência de uma nefária manipulação do sistema, manter uma sociedade justa exige redistribuição ativa de riquezas. De outro modo, os ricos usam suas vantagens para ficarem cada vez mais ricos, passando essas vantagens para os filhos, que já começam a vida "na frente". Sem redistribuição de riquezas, dizem eles, nossa sociedade se bifurcará em classes permanentes dos que têm e dos que não têm.

Durante sua primeira campanha política, a senadora de Massachusetts Elizabeth Warren defendeu a causa sulista de redistribuição em um discurso que viralizou no YouTube:

> Não há ninguém neste país que tenha enriquecido sozinho. Ninguém. Você construiu uma fábrica, bom para você. Mas sejamos claros: você transportou suas mercadorias por estradas pagas pelo restante de nós. Contratou trabalhadores que nós pagamos para educar. Sentiu-se seguro em sua fábrica por causa das forças policiais e dos bombeiros que financiamos. Não precisou temer que saqueadores invadissem sua fábrica [...] Então preste atenção. Você construiu uma fábrica e essa foi uma ideia formidável — que Deus o abençoe! Fique com uma parte dela. Mas uma cláusula do contrato social subjacente diz que você deve pegar uma parte e então pagar adiantado para a próxima criança na fila.

Em resposta a essas observações, Ron Paul chamou Warren de socialista e disse que o governo não poderia fazer nada além de "roubar as pessoas sob a mira de armas e transferir riqueza à força de umas para as outras".[10] O comentarista conservador Rush Limbaugh deu um passo além, chamando Warren de comunista e "parasita que odeia seu hospedeiro".[11]

Outros desacordos tribais estão menos obviamente relacionados à divisão fundamental entre individualismo e coletivismo. Nos Estados Unidos, há uma enorme discordância sobre o que deveríamos fazer, se é que deveríamos fazer algo, em relação ao aquecimento global. Isso pode parecer não um debate sobre valores, mas uma discordância factual sobre se o aquecimento global é real e se os seres humanos o estão causando. O argumento, contudo, será apenas sobre a interpretação dos dados? Aqueles que acreditam no aquecimento global dizem que todos devemos fazer sacrifícios (usar menos combustível, pagar impostos sobre a emissão de carbono e assim por diante) para assegurar o bem-estar coletivo. Os individualistas são, por natureza, céticos em relação a tais demandas; os coletivistas, muito menos. Nossos valores podem colorir nossa visão dos fatos.[12]

Alguns de nossos problemas nos novos pastos não se relacionam a individualismo *versus* coletivismo, mas às fronteiras de nossos respectivos coletivos. Quase todos nós somos coletivistas em alguma extensão. Os únicos individualistas puros são os eremitas. Considere novamente a recomendação de Ron Paul para o homem que negligenciou a necessidade de ter um plano de saúde. Paul não disse que deveríamos deixar o homem morrer. Ele disse que *amigos*, *vizinhos* e *igrejas* deveriam cuidar dele. Isso sugere que nossas discordâncias tribais não são necessariamente entre tribos individualistas e tribos coletivistas, mas entre tribos que são mais e tribos que são menos *tribais*, mais ou menos inclinadas a ver o mundo em termos de "nós" *versus* "eles" e, assim, mais ou menos abertas a empreitadas coletivas que cruzam linhas tribais, como o governo federal americano e a Organização das Nações Unidas. Para muitos conservadores, o círculo do "nós" é apenas menor.

Alguns desacordos emergem porque as tribos possuem valores inerentemente *locais*, particulares à tribo em questão. Algumas concedem autoridade especial a deuses, líderes, textos ou práticas específicas — o que se poderia chamar de "nomes próprios".[13] Por exemplo, muitos muçulmanos acreditam que ninguém, muçulmano ou não, deveria produzir imagens do profeta Maomé. Alguns judeus acreditam ser o "povo escolhido" de Deus e possuir direito divino à terra de Israel. Muitos cristãos americanos acreditam que os

Dez Mandamentos deveriam ser exibidos em edifícios públicos e que todos os americanos deveriam prestar juramento a "uma nação sob Deus". (E eles não estão falando de Vishnu.)

As práticas morais de algumas tribos são (ou parecem ser) arbitrárias, mas, ao menos no mundo desenvolvido, as tribos geralmente evitam impor suas regras mais arbitrárias umas às outras: judeus ortodoxos não esperam que não judeus se abstenham de lagosta e circuncisem seus filhos. Católicos não esperam que não católicos portem cruzes de cinzas na testa na Quarta-Feira de Cinzas. As diferenças tribais que se transformam em controvérsias públicas em geral envolvem sexo (casamento homossexual, homossexuais no serviço militar, a vida sexual dos funcionários públicos) e morte às margens da vida (aborto, suicídio medicamente assistido, uso de células embrionárias para pesquisa). Que tais questões sejam morais certamente não é arbitrário. Sexo e morte são o acelerador e o freio do crescimento tribal. (Sexo homossexual e aborto, por exemplo, são alternativas à reprodução.) O que está menos claro é por que as tribos possuem visões diferentes sobre sexo, vida e morte e por que algumas estão mais dispostas que outras a impor sua visão aos outsiders.

Esse era o furacão sobre os novos pastos dos Estados Unidos quando terminei este livro. Se você estiver lendo em uma época posterior ou em outro local, as questões específicas serão diferentes, mas as tensões subjacentes provavelmente serão as mesmas. Olhe em torno e verá pastores nortistas e sulistas disputando se o governo deve fazer mais ou menos; tribos que possuem concepções mais ou menos amplas de "nós"; tribos envolvidas em amargos argumentos sobre a moralidade do sexo e da morte; e tribos exigindo deferência a seus respectivos nomes próprios.

NA DIREÇÃO DE UMA FILOSOFIA MORAL GLOBAL

Se você fosse um biólogo alienígena voltando à Terra a cada 10 mil anos para observar o progresso da vida no planeta, poderia haver uma página semelhante a essa em seu caderno de campo:

Homo sapiens sapiens: primata ereto de cérebro grande e linguagem vocal, às vezes agressivo

VISITA	POPULAÇÃO	NOTAS
1	< 10 milhões	grupos de caçadores-coletores, algumas ferramentas primitivas
2	< 10 milhões	grupos de caçadores-coletores, algumas ferramentas primitivas
3	< 10 milhões	grupos de caçadores-coletores, algumas ferramentas primitivas
4	< 10 milhões	grupos de caçadores-coletores, algumas ferramentas primitivas
5	< 10 milhões	grupos de caçadores-coletores, algumas ferramentas primitivas
6	< 10 milhões	grupos de caçadores-coletores, algumas ferramentas primitivas
7	< 10 milhões	grupos de caçadores-coletores, algumas ferramentas primitivas
8	< 10 milhões	grupos de caçadores-coletores, algumas ferramentas primitivas
9	< 10 milhões	grupos de caçadores-coletores, algumas ferramentas primitivas
10	> 7 bilhões	economia industrial globalizada, tecnologia com poder nuclear, telecomunicações, inteligência artificial, viagens extraterrestres, instituições políticas e sociais de larga escala, governo democrático, pesquisas científicas avançadas, alfabetização disseminada e arte desenvolvida (ver adendo)

Com exceção dos últimos 10 mil anos de nossa existência, não parece que fizemos muito. E, todavia, aqui estamos, sentados em nossas casas com temperatura controlada e iluminação artificial, lendo e escrevendo livros sobre nós mesmos. Nosso progresso vai além do conforto. Contrariamente ao lamento popular, os seres humanos estão se saindo cada vez melhor na convivência mútua.[14] A violência declinou ao longo da história, incluindo a história recente, e a participação nas modernas economias de mercado, longe de nos transformar em burocratas egoístas, expandiu o escopo da generosidade humana.[15]

Entretanto, ainda temos muito espaço para melhoria. O século XX foi o mais pacífico de que se tem registro (considerando-se o crescimento populacional) e, mesmo assim, guerras e conflitos políticos variados mataram aproximadamente 230 milhões de pessoas (corpos suficientes para circundar o globo sete vezes).[16] Neste novo século, o número de mortes continua a subir, embora em ritmo reduzido. O atual conflito em Darfur, por exemplo, já matou, em função da violência ou da disseminação de doenças, cerca de 300 mil pessoas.[17] Um bilhão de pessoas — cerca de uma em sete — vivem em extrema pobreza,[18] com tão poucos recursos que a mera sobrevivência é uma batalha diária. Mais de 20 milhões de pessoas são forçadas ao trabalho[19] (isto é, escravidão), muitas das quais crianças e mulheres forçadas à prostituição.

Mesmo nos cantos mais felizes do mundo, a vida ainda é sistematicamente injusta para milhões de pessoas. Quando pesquisadores americanos enviaram currículos idênticos para potenciais empregadores, alguns com nomes de sonoridade branca (por exemplo, Emily e Greg) e outros com nomes de sonoridade negra (por exemplo, Lakisha e Jamal), os currículos brancos geraram 50% mais telefonemas dos empregadores.[20] Pior ainda, enfrentamos dois problemas que podem perturbar severamente, ou mesmo reverter, nossa tendência à paz e à prosperidade: a degradação do meio ambiente e a proliferação de armas de destruição em massa.

Em meio a tanta tristeza e melancolia, a premissa deste livro é fundamentalmente otimista: podemos melhorar nossas perspectivas de paz e prosperidade se aprimorarmos a maneira como pensamos os problemas morais. Durante os últimos séculos, novas ideias morais invadiram os cérebros humanos. Muitas pessoas agora acreditam que nenhuma tribo humana deve ser privilegiada em relação a qualquer outra, que todos os seres humanos merecem gozar de certos bens e liberdades básicas, e que a violência só deve ser empregada como último recurso. (Em outras palavras, algumas tribos se tornaram muito menos tribais.) Subscrevemos esses ideais morais mais em princípio que na prática, mas o fato de os subscrevermos é algo novo. De acordo com os historiadores, fizemos muito progresso, não apenas tecnológico, mas também moral.

Invertendo a questão usual sobre a moral de hoje, Steven Pinker pergunta: o que estamos fazendo direito?[21] E como podemos melhorar? Acho que o que nos falta é uma filosofia moral global e coerente que possa solucionar as discordâncias entre as tribos morais em competição. A ideia de uma filosofia moral universal não é nova. Tem sido um sonho dos pensadores morais desde o Iluminismo, mas jamais funcionou muito bem. O que temos, em vez disso, são alguns valores partilhados, alguns valores não partilhados, algumas leis com as quais concordamos e um *vocabulário* comum que usamos para expressar os valores que partilhamos e aqueles que nos dividem.

Compreender a moralidade requer duas coisas: primeiro, precisamos compreender *a estrutura dos problemas morais modernos* e como eles diferem dos problemas que nosso cérebro evoluiu para solucionar. Faremos isso na parte I do livro. Segundo, precisamos compreender *a estrutura de nosso cérebro moral* e como diferentes modos de pensar são adequados para solucionar diferentes tipos de problema. Essa é a parte II. Então, na parte III, usaremos nossa compreensão dos problemas morais e do pensamento moral para introduzir uma solução, uma candidata a filosofia moral global. Na parte IV, discutiremos alguns argumentos convincentes contra essa filosofia e, na parte V, aplicaremos nossa filosofia ao mundo real. Descreverei agora esse plano com um pouco mais de detalhes.

O PLANO

Na parte I ("Problemas morais"), distinguiremos os dois tipos principais de problemas morais. O primeiro é mais básico. É o problema do "eu" *versus* "nós": egoísmo *versus* preocupação com os outros. Esse é o problema que nosso cérebro moral foi projetado para solucionar. O segundo tipo de problema moral é distintivamente moderno. É o "nós" *versus* "eles": nossos interesses e valores *versus* os deles. Essa é a tragédia da moralidade do senso comum ilustrada pela primeira metáfora organizadora do livro, a parábola dos novos pastos. (Claro que "nós" *versus* "eles" é um problema muito antigo, mas, historicamente, tem sido um problema mais tático que moral.) Esse é o problema mais amplo por trás das controvérsias morais que nos dividem. Na parte I, veremos como a maquinaria moral de nosso cérebro soluciona o primeiro problema (capítulo 2) e cria o segundo (capítulo 3).

Na parte II ("Moralidade rápida e lenta"), escavaremos mais profundamente o cérebro moral e introduziremos a segunda metáfora organizadora do livro: o cérebro moral é como uma câmera dual, com um modo automático (como "retrato" ou "paisagem") e um modo manual. O modo automático é eficiente, mas inflexível. O modo manual é flexível, mas ineficiente. O modo automático do cérebro moral são as *emoções morais* que encontraremos na parte I, os instintos que permitem a cooperação no interior de relacionamentos pessoais e pequenos grupos. O modo manual, em contraste, é a capacidade geral de raciocínio prático que pode ser usado para solucionar problemas morais e outros problemas práticos. Na parte II, veremos como o pensamento moral é modelado tanto pela emoção quanto pela razão (capítulo 4) e como essa moralidade "de modo dual" reflete a estrutura geral da mente humana (capítulo 5).

Na parte III, introduziremos nossa terceira e última metáfora organizadora: a moeda comum. Aqui, começaremos a busca pela *metamoralidade*, uma filosofia moral global que possa mediar as moralidades de tribos opostas, assim como a moralidade da tribo medeia os interesses opostos de seus membros. O trabalho da metamoralidade é realizar o *câmbio* entre valores tribais opostos, e esse câmbio exige uma *moeda comum*, um sistema unificado para mensurar valores. No capítulo 6, introduziremos uma candidata a metamoralidade, uma solução para a tragédia da moralidade do senso comum. No capítulo 7, consideraremos outras maneiras de estabelecer uma moeda comum e observaremos que estas são falhas. No capítulo 8, examinaremos mais de perto a metamoralidade introduzida no capítulo 6, uma filosofia conhecida (bastante desafortunadamente) como *utilitarismo*.[22] Veremos como o utilitarismo é construído a partir de valores e processos de raciocínio que são universalmente acessíveis e, portanto, fornecem a moeda comum de que necessitamos.

Durante os anos, os filósofos apresentaram alguns argumentos intuitivamente persuasivos contra o utilitarismo. Na parte 4 ("Convicções morais"), reconsideraremos esses argumentos à luz de nosso novo entendimento da cognição moral. Veremos como o utilitarismo se torna mais atraente quanto mais compreendemos nosso cérebro moral de modo dual (capítulos 9 e 10).

Finalmente, na parte V ("Soluções morais"), retornaremos aos novos pastos e aos problemas morais do mundo real que motivam este livro. Tendo defendido o utilitarismo contra seus críticos, está na hora de aplicá-lo — e escolher um nome melhor. Um nome mais adequado para o utilitarismo é *pragmatismo profundo* (capítulo 11). O utilitarismo é pragmático no bom e familiar sentido: flexível, realista e aberto ao compromisso. Além disso, é uma filosofia *profunda*, e não apenas uma questão de conveniência. O pragmatismo profundo tenta chegar a compromissos *de princípios*. Tenta resolver nossas diferenças ao apelar para valores partilhados — a moeda comum.

Consideraremos o que significa, na prática, ser pragmatista profundo: quando devemos confiar em nossos modos automáticos, nossas intuições morais, e quando devemos mudar para o modo manual? E, quando estamos no modo manual, como devemos usar nossos poderes de raciocínio? Aqui, temos uma escolha: podemos usar nossos grandes cérebros para *racionalizar* nossas convicções morais intuitivas ou podemos *transcender* as limitações de nossas reações tribais instintivas. Defenderei a transcendência, a tentativa de ir além da moralidade de apontar e disparar e mudar a maneira como pensamos e falamos sobre os problemas que nos dividem. Encerrarei o capítulo 12 com seis regras simples e pragmáticas para a vida nos novos pastos.

PARTE I

Problemas morais

1
A tragédia dos comuns

Como você pode ter notado, a parábola dos novos pastos é uma sequência. A parábola original vem de Garrett Hardin, um ecologista pioneiro que, em 1968, publicou o clássico ensaio "A tragédia dos comuns".[1] Na parábola de Hardin, um grupo de pastores partilha um pasto comum, grande o bastante para sustentar muitos animais, mas não um número infinito deles. De tempos em tempos, cada pastor deve decidir se adiciona ou não outro animal ao rebanho. O que um pastor racional deve fazer? Ao adicionar um animal a seu rebanho, ele receberá um benefício substancial quando vendê-lo no mercado. Todavia, o custo de sustentar cada animal será partilhado por todos que usam o pasto comum. Assim, o pastor ganhará muito e pagará pouco com a adição do novo animal. Logo, é de seu interesse aumentar indefinidamente o tamanho de seu rebanho, desde que o pasto comum permaneça disponível. É claro que todos os outros pastores possuem o mesmo conjunto de incentivos. Se cada pastor agir de acordo com seu próprio interesse, o pasto comum será completamente erodido e não haverá mais nada para ninguém.

A tragédia dos comuns de Hardin ilustra o *problema da cooperação*. A cooperação nem sempre é um problema. Às vezes, é uma conclusão previsível; às vezes, simplesmente impossível. Entre esses dois extremos, as coisas ficam interessantes.

Suponha que dois homens, Art e Bud, estão em um bote em alto-mar, tentando sobreviver a uma violenta tempestade. Nenhum deles sobreviverá, a menos que os dois remem freneticamente. Nesse caso, o interesse próprio e o coletivo (nesse caso, um coletivo de dois) estão em perfeita harmonia. Tanto para Art quanto para Bud, fazer o que é melhor para "mim" e fazer o que é melhor para "nós" são a mesma coisa. Em outros casos, a cooperação é impossível. Suponha, por exemplo, que o bote de Art e Bud está afundando e eles só têm um colete salva-vidas, que não podem dividir. Nesse contexto não há "nós", apenas dois "eu" diferentes.

Quando a cooperação é ou fácil ou impossível, como nos dois cenários mencionados, não há problema social a ser solucionado. A cooperação se torna um problema desafiador, mas solucionável quando, como na parábola de Hardin, o interesse individual e o interesse coletivo não estão nem perfeitamente alinhados, nem perfeitamente opostos. Novamente, qualquer um dos pastores de Hardin se daria melhor adicionando mais animais a seu rebanho, mas isso levaria à ruína coletiva, que não é do interesse de ninguém. O problema da cooperação, então, é o problema de fazer com que o interesse coletivo triunfe sobre o interesse individual, quando possível. O problema da cooperação é o problema central da existência social.[2]

Por que qualquer criatura deveria ser social? Por que não se virar sozinha? A razão é que, às vezes, indivíduos podem realizar juntos coisas que não podem realizar sozinhos. Esse princípio guiou a evolução da vida na Terra desde o início.[3] Há aproximadamente 4 bilhões de anos, moléculas se uniram para formar células. Uns 2 bilhões de anos depois, células se uniram para formar células mais complexas. E então, 1 bilhão de anos mais tarde, essas células mais complexas se uniram para formar organismos multicelulares. Esses coletivos evoluíram porque os indivíduos participantes podiam, trabalhando juntos, espalhar seu material genético de maneiras novas e mais efetivas. Avance outro bilhão de anos até nosso mundo, que está cheio de animais sociais, de formigas e lobos a seres humanos. O mesmo princípio se aplica. Colônias de formigas e matilhas de lobos podem fazer coisas que nenhuma formiga e nenhum lobo podem fazer sozinhos, e nós humanos, cooperando uns com os outros, nos tornamos a espécie dominante do planeta.

A maior parte da cooperação entre seres humanos é do tipo interessante, o tipo no qual interesse próprio e interesse coletivo estão parcialmente alinhados. No primeiro caso envolvendo Art e Bud, estipulamos que seus interesses estavam perfeitamente alinhados: ambos tinham de remar o máximo possível ou ambos afundariam. Mas casos assim são raros. No caso mais típico, tanto Art quanto Bud poderiam remar um pouco menos e o bote ainda chegaria a terra firme. De modo mais geral, é raro encontrar uma situação cooperativa na qual os indivíduos não tenham a oportunidade de favorecer a si mesmos à custa do grupo. Em outras palavras, quase todas as situações cooperativas envolvem ao menos alguma tensão entre o interesse próprio e o interesse coletivo, entre "eu" e "nós". E, assim, praticamente todas as situações cooperativas correm risco de erosão, como o pasto comum na parábola de Hardin.

A tensão entre interesse individual e coletivo existe em muitas situações nas quais ordinariamente não pensamos como cooperativas. Suponha que Art está viajando pelo Velho Oeste, percorrendo uma trilha isolada na montanha. Lá em cima, vê a silhueta de um viajante solitário chegando ao cimo. Será que está armado? Art não sabe se o outro homem está armado, mas ele está e sabe atirar. Observando o estranho por cima do cano do rifle, Art acha que consegue derrubá-lo com uma única bala. Será que deve fazer isso? Do ponto de vista egoísta, não há nada a perder. Se ele matar o estranho, não terá de se preocupar com ser roubado. Assim, é do interesse de Art atirar no estranho.

Bud, que também viaja por aquela região, enfrenta uma escolha similar ao atravessar uma cordilheira para recuperar seu ouro escondido. Bud vê um estranho adormecido na trilha. Ele sabe que provavelmente encontrará o estranho no caminho de volta, quando estará carregando seu ouro. Será que o estranho tentará roubá-lo? Bud não sabe, mas sabe que, se envenenar o uísque do estranho adormecido, não terá de descobrir.

A lógica do interesse próprio se desdobra: Bud envenena o uísque de Art. Algumas horas depois, Art mata Bud com um tiro. E algumas horas depois disso, Art bebe seu uísque e morre. Se Art e Bud tivessem se preocupado um pouquinho mais com o bem-estar de estranhos, teriam sobrevivido. Em vez disso, como os pastores da parábola de Hardin, priorizaram interesses próprios e a história terminou mal. A lição: mesmo a forma mais básica de decência, a não agressão, é uma forma de cooperação e não deve ser tomada como certa — em nossa espécie ou qualquer outra. Considere, por exemplo, um de nossos parentes mais próximos, os chimpanzés. Se chimpanzés machos de grupos diferentes se encontram e um grupo possui clara vantagem numérica sobre o outro, é muito provável que o grupo maior mate[4] os membros do grupo menor, simplesmente porque pode. E por que não? Quem precisa de competição? A paz é um problema cooperativo.

Quase toda atividade econômica apresenta um problema cooperativo. Quando você compra algo em uma loja, espera receber do lojista o produto pelo qual você pagou (por exemplo, carne moída de gado, e não de esquilo). Do mesmo modo, o lojista acredita que você entregará a ele uma nota verdadeira de 10 dólares (e não uma falsificada) e não encherá os bolsos de mercadorias adicionais. É claro que, em nossa sociedade, temos leis e oficiais de polícia para assegurar que as pessoas cumpram seu lado das barganhas. E esse é precisamente o ponto. Como quase todas as atividades econômicas envolvem o tipo interessante de cooperação, o tipo que coloca o interesse individual contra o interesse coletivo, precisamos de maquinaria adicional para fazê-las funcionar.

Para além do mercado, quase todos os relacionamentos humanos envolvem dar e receber, e todos os relacionamentos dessa natureza desmoronam quando uma ou ambas as partes recebem demais, sem dar o suficiente em troca. De fato, a tensão entre interesse individual e coletivo se manifesta não apenas entre nós, mas também em nosso interior. Como mencionado, células complexas vêm cooperando há 1 bilhão de anos. Mesmo assim, não é incomum que algumas células no corpo de um animal comecem a trabalhar para si mesmas, em vez de para o time, em um fenômeno conhecido como câncer.[5]

A FUNÇÃO DA MORALIDADE

Depois de Darwin, a moralidade humana se tornou um mistério científico. A seleção natural podia explicar como primatas inteligentes, eretos, bípedes, dotados de linguagem e não tão peludos evoluíram, mas de onde vieram nossas morais? O próprio Darwin se viu absorvido por essa questão.[6] Acreditava-se que a seleção natural promovia o interesse próprio. Indivíduos que se apoderavam de todos os recursos e acabavam com a competição sobreviviam melhor, reproduziam-se mais frequentemente e, assim, povoavam o mundo com sua prole impiedosamente egoísta. Como, então, pôde a moralidade evoluir em um mundo que Tennyson notoriamente descreveu como "violento e selvagem"?[7]

Agora temos a resposta. A moralidade evoluiu como solução para o problema da cooperação, uma maneira de evitar a tragédia dos comuns:

A moralidade é um conjunto de adaptações psicológicas que permite que indivíduos de outro modo egoístas colham os benefícios da cooperação.[8]

Como a moralidade faz isso? Passaremos o próximo capítulo respondendo a essa pergunta mais detalhadamente, mais eis o ponto principal: a essência da moralidade é o altruísmo, a abnegação, a disposição de arcar com um custo pessoal para beneficiar outros. Pastores egoístas continuarão a adicionar animais a seus rebanhos até que os custos individuais superem os benefícios individuais, e isso, como vimos, levará à ruína. Pastores morais, entretanto, podem estar dispostos a limitar o tamanho de seus rebanhos em função da preocupação com os outros pastores, mesmo que tal restrição imponha certo custo líquido. Assim, um grupo de pastores morais, por meio da disposição de colocar o "nós" acima do "eu", pode evitar a tragédia dos comuns e prosperar.

A moralidade evoluiu para permitir a cooperação, mas essa conclusão vem com uma importante ressalva. Biologicamente falando, os seres humanos foram projetados para a cooperação, *mas somente com algumas pessoas*. Nosso cérebro moral evoluiu para a cooperação *no interior de certos grupos*, e talvez somente no contexto dos relacionamentos pessoais. Ele não evoluiu para a cooperação *entre grupos* (ao menos não *todos* os grupos). Como sabemos disso? Por que a moralidade não poderia ter evoluído para promover a cooperação de maneira mais geral? Porque a cooperação universal não condiz com os princípios que governam a evolução por seleção natural. Eu gostaria que fosse de outro modo, mas não há como escapar dessa conclusão, como explicarei a seguir. (Quero acrescentar que isso *não* significa que estamos fadados a ser menos que universalmente cooperativos. Falaremos mais a respeito em breve.)

A evolução é um processo inerentemente competitivo: o leão mais rápido captura mais presas, produz mais prole e, consequentemente, aumenta a proporção de leões rápidos na geração seguinte. Isso não aconteceria se não houvesse competição pelos recursos. Se houvesse um estoque ilimitado de comida, os leões mais rápidos não teriam vantagem sobre os mais lentos e a geração seguinte não seria, na média, mais rápida que a anterior. Sem competição, sem evolução por seleção natural.

Pela mesma razão, tendências cooperativas não podem evoluir (biologicamente) a menos que confiram vantagem competitiva aos cooperadores. Imagine, por exemplo, dois grupos de pastores, um cooperativo e outro não. Os pastores cooperativos limitam o tamanho de seus rebanhos, preservando o pasto comum, o que lhes permite manter um estoque sustentável de alimento. Os membros do grupo não cooperativo seguem a lógica do interesse próprio, adicionando mais e mais animais a seus respectivos rebanhos. Consequentemente, erodem o pasto comum, ficando com pouquíssimo alimento. Como resultado, o primeiro grupo, graças a suas tendências cooperativas, pode assumir o controle. Pode esperar que os pastores não cooperativos passem fome ou, se forem mais empreendedores, iniciar uma guerra assimétrica dos bem-alimentados contra os famintos. Uma vez que o grupo cooperativo tenha assumido o controle, pode criar ainda mais animais, alimentar mais crianças e, assim, aumentar a proporção de cooperadores na geração seguinte. A cooperação evolui não por ser "legal", mas porque confere uma vantagem para a sobrevivência.

Assim como na evolução dos carnívoros mais rápidos, a competição é essencial para a evolução da cooperação. Suponha que os dois grupos de pastores possuam um pasto mágico capaz de suportar um número infinito de animais. Nessas condições mágicas, o grupo não cooperativo não está em desvantagem. Pastores egoístas podem adicionar mais e mais animais a seus rebanhos e eles simplesmente continuarão crescendo. A cooperação evolui apenas se os indivíduos dispostos a ela competirem com aqueles que não estão (ou estão menos dispostos). Assim, se a moralidade é um conjunto de adaptações para a cooperação, hoje somos seres morais somente porque nossos ancestrais propensos à moralidade venceram seus vizinhos menos propensos. E, consequentemente, na medida em que a moralidade é uma adaptação biológica, ela evoluiu como mecanismo não apenas para colocar o "nós" na frente do "eu", mas também para colocar o "nós" na frente do "eles". (Note que, ao dizer isso, não estou assumindo que a moralidade evoluiu por seleção de grupo.[9]) Isso possui profundas implicações.

A ideia de que a moralidade evoluiu como mecanismo de competição entre grupos pode soar estranha por ao menos duas razões. Primeiro, grande parte da moralidade parece não ter relação com a competição intergrupal. Qual é, por exemplo, a relação entre ser a favor ou contra o aborto e a competição intergrupal? Pode-se dizer o mesmo quanto às opiniões morais das pessoas sobre casamento homossexual, pena de morte, abstenção de certos alimentos e assim por diante. Como veremos no próximo capítulo, o pensamento moral pode estar relacionado à competição intergrupal de maneiras indiretas e pouco óbvias. Por enquanto, deixaremos essa questão de lado.

A segunda coisa estranha sobre a moralidade como mecanismo para ganhar "deles" é que isso faz com que ela soe *amoral* ou mesmo *imoral*. Como pode ser assim? O paradoxo é resolvido quando percebemos que a moralidade consegue fazer coisas que não evoluiu (biologicamente) para fazer. Como seres morais, podemos ter valores opostos às forças que deram origem à moralidade. Para emprestar a famosa metáfora de Wittgenstein,[10] a moralidade é capaz de subir a escada da evolução e então chutá-la para longe.

Como analogia, considere a invenção da pílula anticoncepcional. Desenvolvemos cérebros grandes e complexos que nos permitem inventar soluções tecnológicas para problemas complexos. Em geral, nossa habilidade de resolver problemas técnicos nos ajuda a produzir e sustentar mais prole, mas, no caso da pílula anticoncepcional, usamos nossos grandes cérebros para *limitar* nossa prole, frustrando as "intenções" da natureza.[11] Do mesmo modo, podemos levar a moralidade em direções que a natureza jamais "pretendeu". Podemos, por exemplo, doar dinheiro para estranhos distantes sem esperar nada em troca. Do ponto de vista biológico, isso é somente uma anomalia técnica, muito parecida com a invenção do controle de natalidade. Contudo, de nosso ponto de vista, como seres morais que são capazes de chutar para longe a escada evolutiva, pode ser exatamente o que queremos. A moralidade é mais do que evoluiu para ser.

METAMORALIDADE

Duas tragédias morais ameaçam o bem-estar humano. A tragédia original é a dos comuns. É a tragédia do egoísmo, da incapacidade dos indivíduos de colocarem o "nós" acima do "eu". A moralidade é a solução da natureza para esse problema. A nova tragédia, a tragédia moderna, é a da moralidade do senso comum, o problema da vida nos novos pastos. Aqui, a moralidade é indubitavelmente parte da solução, mas também do problema. Na tragédia moderna, o próprio pensamento moral que permite a cooperação no interior dos grupos mina a cooperação entre eles. Em cada tribo, os pastores dos novos pastos estão unidos por ideais morais. Porém, as tribos em si estão divididas por seus ideais morais. Isso é um infortúnio, mas não uma surpresa, dada a conclusão da última seção: a moralidade não evoluiu para promover a cooperação universal. Ao contrário, evoluiu como mecanismo de competição intergrupal bem-sucedida. Em outras palavras, *a moralidade evoluiu para evitar a tragédia dos comuns, mas não para evitar a tragédia da moralidade do senso comum.*

O que nós, os pastores modernos, devemos fazer? Essa é a pergunta que tento responder neste livro. Como podemos adaptar nosso pensamento moral às circunstâncias do mundo moderno? Existirá algum tipo de pensamento moral que possa nos ajudar a viver juntos, felizes e em paz?

A moralidade é a solução da natureza para o problema da cooperação no interior dos grupos, permitindo que indivíduos com interesses opostos vivam juntos e prosperem. O que precisamos no mundo moderno é de algo como a moralidade, mas um nível acima. Precisamos de um tipo de pensamento que permita que grupos com *moralidades conflitantes* possam viver juntos e prosperar. Em outras palavras, precisamos de uma *metamoralidade*. Precisamos de um sistema moral que possa resolver discordâncias entre grupos com diferentes ideais morais, assim como a moralidade ordinária, de primeiro nível, resolve as discordâncias entre indivíduos com diferentes interesses próprios.

A ideia de metamoralidade não é inteiramente nova. Ao contrário, identificar princípios morais universais tem sido o sonho da filosofia moral desde o Iluminismo. O problema, em minha opinião, é que temos procurado princípios morais que *pareçam certos*, o que pode não existir. Aquilo que parece certo pode funcionar no nível mais baixo (no interior do grupo), mas não no mais elevado (entre grupos). Em outras palavras, a moralidade do senso comum talvez seja suficiente para evitar a tragédia dos comuns, mas pode ser incapaz de lidar com a tragédia da moralidade do senso comum. Os pastores nos novos pastos que querem viver felizes e em paz talvez precisem aprender a pensar de maneiras novas e desconfortáveis.

Para encontrar a metamoralidade que estamos procurando, precisamos primeiro entender a moralidade básica, o tipo que evoluiu para evitar a tragédia dos comuns.

2
Maquinaria moral

Eu disse que a moralidade é um mecanismo para permitir a cooperação e evitar a tragédia dos comuns. Na verdade, é uma coleção de mecanismos, um conjunto de capacidades e disposições psicológicas que, juntas, promovem e estabilizam o comportamento cooperativo. Neste capítulo, veremos como esses mecanismos funcionam no nível psicológico, como são implementados em nosso cérebro moral. O que realmente queremos saber, claro, é por que lutamos. Queremos entender por que nossa maquinaria moral não funciona nos novos pastos. Ocorre que, para entender como ela falha (o assunto do próximo capítulo), precisamos primeiro entender como opera quando tudo está funcionando bem.

A parábola dos comuns de Hardin descreve um problema de cooperação multipessoas. Neste capítulo, simplificaremos as coisas ao focar em outra famosa parábola, que descreve um problema de cooperação entre duas pessoas. Essa parábola, conhecida como *dilema do prisioneiro*,[1] trata de dois criminosos que tentam evitar a prisão. A despeito do contexto criminal, os princípios abstratos por trás do dilema do prisioneiro explicam por que nosso cérebro moral é como é.

O CANTO MÁGICO

Para nossa versão do dilema do prisioneiro, traremos de volta nossos amigos Art e Bud, dessa vez como uma dupla de assaltantes a banco. Após um roubo bem-sucedido, eles são presos e interrogados. A polícia sabe que são culpados, mas não tem como provar. Todavia, possui indícios suficientes para condená-los por um crime menor, evasão fiscal, cuja pena é de dois anos de prisão. Mesmo assim, o que a polícia realmente quer é duas condenações por roubo a banco — com pena mínima de oito anos. Para consegui-las, os policiais precisam de uma confissão. Com o intuito de fazê-los confessar, separam os dois suspeitos e dão início aos trabalhos.

Art e Bud enfrentam a mesma escolha: confessar ou ficar em silêncio. Se Art confessar e Bud não, Art receberá uma pena mais leve, de apenas um ano de prisão, e Bud receberá uma pena de dez anos. O inverso acontece se Bud confessar e Art não. Se ambos confessarem, cumprirão oito anos cada. E, se ambos ficarem em silêncio, cumprirão dois anos cada. Esse conjunto de contingências é demonstrado na matriz de resultados da Figura 1.

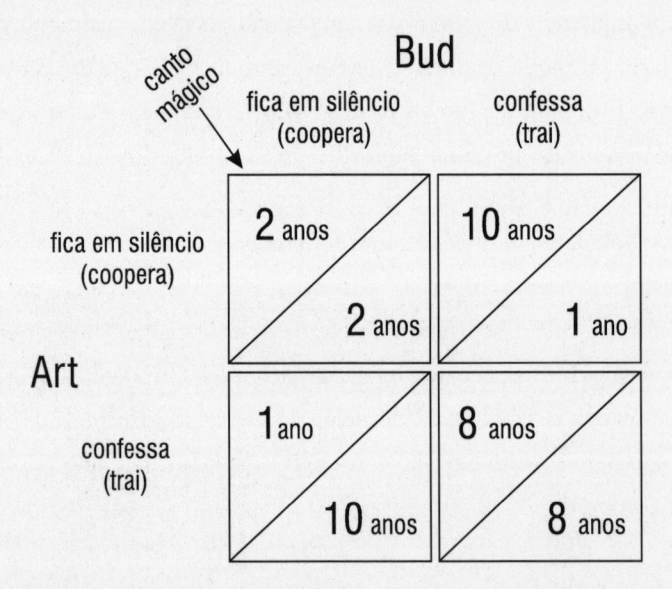

	Bud fica em silêncio (coopera)	Bud confessa (trai)
Art fica em silêncio (coopera)	2 anos / 2 anos (canto mágico)	10 anos / 1 ano
Art confessa (trai)	1 ano / 10 anos	8 anos / 8 anos

Figura 1. Matriz de resultados de um dilema do prisioneiro clássico. Coletivamente, os dois jogadores se darão melhor se ficarem em silêncio (cooperarem), mas, individualmente, cada jogador se dará melhor se confessar (trair).

Os quatro quadrados da matriz descrevem os quatro resultados possíveis. A escolha de Art determina a linha e a escolha de Bud determina a coluna. Se Art confessar e Bud não, eles terminarão no canto inferior esquerdo — bom para Art e ruim para Bud. Se Bud confessar e Art não, eles terminarão no canto superior direito — bom para Bud e ruim para Art. Se ambos confessarem, terminarão no canto inferior direito, ruim para ambos. E, se ambos ficarem em silêncio, terminarão no canto superior esquerdo, o canto mágico, que é bom para ambos e minimiza seu tempo conjunto de prisão.

O que Art e Bud farão? Seria de esperar que ambos ficassem em silêncio, posicionando-se no canto mágico. Entretanto, se Art e Bud forem egoístas e todos os outros fatores forem iguais, isso não acontecerá. Ambos confessarão, posicionando-se no canto inferior direito e maximizando o tempo de prisão para oito anos cada. Esse resultado "trágico" é análogo ao da parábola de Hardin e segue a mesma lógica. Analise a matriz de resultados da Figura 1 e você verá que o melhor para Art é confessar, não importa o que Bud faça, e vice-versa. Se forem egoístas e racionais, ambos confessarão. Ótimo para a polícia, trágico para eles.

O dilema do prisioneiro, assim como a tragédia dos comuns, envolve tensão entre o interesse individual e o interesse coletivo. Individualmente, Art e Bud se sairão melhor se confessarem, mas, coletivamente, seria melhor que ficassem em silêncio. Nossa questão é: o que seria necessário para levar Art e Bud até o canto mágico? Como eles podem vencer suas inclinações egoístas e colher os benefícios da cooperação? E como os seres humanos podem fazer o mesmo, de modo geral? É aí que entra a maquinaria moral.

VALORES FAMILIARES

Em um famoso episódio relatado no Talmude, o rabino Hillel foi abordado por um cético que prometeu se converter ao judaísmo, com uma condição: o grande rabino tinha de ensinar a ele toda a Torá durante o tempo em que ele conseguisse ficar sobre um pé só. O rabino Hillel respondeu: "Não faça ao próximo o que é odioso para você. Essa é toda a Torá. O restante é comentário. Agora comece a estudar."

Essa é uma versão da "regra de ouro"[2] afirmada, de uma forma ou outra, por todas as grandes religiões e filosofias morais conhecidas. Também é, e não por coincidência, a solução mais direta para o problema de cooperação de Art e Bud. Passar dez anos na prisão é "odioso" para ambos e, se seguissem o conselho do rabino Hillel, eles ficariam em silêncio e encontrariam o canto mágico. (É claro que, se *realmente* seguissem os conselhos do rabino, não estariam roubando bancos, mas essa é outra questão.)

Por que, no entanto, Art e Bud deveriam se importar com o fato de estarem fazendo algo "odioso" para o outro? Talvez sejam irmãos. Isso explicaria sua preocupação, mas faria nossa pergunta retroceder ainda mais: por que irmãos se importam uns com os outros? O amor fraterno (e o amor familiar de modo geral) é explicado pela conhecida teoria da seleção de parentesco,[3] que exige uma visão genética do comportamento. Indivíduos geneticamente relacionados partilham genes (por definição). Consequentemente, quando um indivíduo faz algo para aumentar as chances de sobrevivência de um parente genético, esse indivíduo está, em parte, fazendo algo que aumenta as chances de sobrevivência de seus próprios genes. Ou, na visão genética, os genes que promovem a beneficência em relação a parentes estão aumentando suas próprias chances de sobrevivência, ajudando cópias igualmente boas de si mesmos no interior de outros corpos.

Em muitas espécies, o que conta como cuidado no sentido biológico — conferir benefícios a outro indivíduo à custa de si mesmo — não envolve cuidado no sentido psicológico. Formigas, por exemplo, conferem benefícios a seus parentes genéticos, mas, até onde podemos dizer, não são motivadas por sentimentos ternos. Entre os seres humanos, é claro, o ato de cuidar envolve sentimentos, incluindo os poderosos elos emocionais que nos conectam a nossos parentes mais próximos. Assim, o amor familiar é mais que algo cálido e fofinho. É um mecanismo biológico estratégico, uma peça da maquinaria moral que permite que indivíduos geneticamente relacionados colham os benefícios da cooperação.

TIT FOR TAT [OLHO POR OLHO]

O amor familiar ajuda parentes genéticos a encontrarem o canto mágico, mas e quanto às pessoas que não estão relacionadas? Elas também podem encontrar o canto mágico ao fornecer umas às outras o incentivo correto.

Suponha que Art e Bud não se importem um com o outro, mas trabalhem bem juntos, de modo que sua habilidade de roubar bancos em conjunto supere em muito sua habilidade de roubá-los separadamente ou com outros parceiros. Se seu roubo mais recente fosse o último, ambos teriam razões para delatar, mas e se, ao contrário, tivessem um brilhante futuro de roubos pela frente? Brilhante, claro, se resistirem à tentação de falar com a polícia. Se o dilema do prisioneiro ocorre não como episódio isolado, mas como parte de uma série, a lógica do jogo muda. Art pode conseguir uma pena leve de um ano se condenar Bud a uma pena mais longa, mas, ao fazer isso, pode estar jogando fora um glorioso futuro com Bud a seu lado — não vale a pena correr o risco por causa de um mero ano na prisão. Assim, se Art e Bud assumirem uma postura de longo prazo, eles ficarão em silêncio — não porque se importam um com o outro, mas porque são úteis um para o outro e possuem um futuro produtivo que depende de sua cooperação presente. Esse tipo de cooperação condicional — "Eu coço suas costas e você coça as minhas" — é conhecido como *reciprocidade* ou altruísmo recíproco.[4]

No início dos anos 1980, Robert Axelrod e William Hamilton publicaram um clássico artigo relatando os resultados de um torneio do dilema do prisioneiro. Os competidores não eram pessoas, mas algoritmos, programas de computador implementando diferentes estratégias de jogo. As duas estratégias mais simples eram sempre cooperar (sempre ficar em silêncio) ou nunca cooperar (sempre confessar). (Não cooperar é tipicamente chamado de "trair".) Axelrod e Hamilton pediram que seus colegas criassem programas para competir no torneio. Muitos deles eram bastante complicados, mas o vencedor, criado por Anatol Rapoport, empregava uma estratégia quase tão simples quanto "sempre cooperar" e "nunca cooperar". O programa, conhecido como Tit for Tat, começava cooperando (ficando em silêncio) e depois repetia o que quer que o parceiro tivesse feito na rodada anterior. Se o outro programa tivesse cooperado da última vez, ele cooperava. Se não, não. Daí o nome *tit for tat* [olho por olho]. Em torneios mais recentes, outros programas o venceram por uma pequena margem. Todos os programas vencedores, no entanto, são variações do programa original.[5] Isso mostra que reciprocidade funciona muito bem.

Nos seres humanos, a lógica da reciprocidade pode ser implementada pelo raciocínio consciente: "Bud me dedurou da última vez. Isso torna mais provável que me dedure agora. Não vou cooperar." E Bud, é claro, pode antecipar o raciocínio de Art com um raciocínio próprio: "Se eu delatar, Art vai concluir que é improvável que eu coopere no futuro. Mas tenho mais a ganhar com a cooperação futura que com a delação. Vou cooperar." Esse tipo de estratégia explícita pode levar Art e Bud até o canto mágico, mas é frequentemente desnecessária. Isso porque nós, seres humanos, possuímos sentimentos que pensam por nós. Suponha que Bud escolha delatar Art. Então Art pode usar puro raciocínio para chegar à conclusão de que também deve delatar Bud. Contudo, o mesmo efeito pode ser obtido, e de maneira muito mais confiável, se Art estiver automaticamente disposto a responder à delação de Bud com *raiva*, *repulsa* ou *desdém*.[6] Do mesmo modo, Bud pode compreender intuitivamente que, se delatar, Art ficará muito indisposto com ele, com efeitos prejudiciais para seu futuro profissional. Bud pode estremecer à ideia de trair Art. Emoções positivas também podem promover a cooperação por intermédio da reciprocidade. Ao cooperar com Art, Bud pode esperar sua *gratidão* e, com ela, maior disposição para cooperar com ele no futuro.[7]

Nossos parentes primatas parecem se envolver em cooperação condicional e, na extensão em que o fazem, empregam sentimentos, e não raciocínio estratégico explícito. Um estudo clássico de comportamento de partilha de alimentos[8] descobriu que chimpanzés adultos têm mais probabilidade de partilhar alimentos com indivíduos que os limparam e coçaram recentemente, agindo com agressividade contra indivíduos que tentam conseguir comida sem terem fornecido esse serviço. Estudos como esse sugerem que nossa habilidade de coçar as costas uns dos outros depende, ao menos em parte, de disposições emocionais que herdamos de nossos ancestrais primatas.[9]

Propriamente configuradas, as emoções reativas podem incentivar o comportamento cooperativo, mas também podem arruinar o relacionamento se forem aplicadas com excessivo vigor. Suponha que Bud, em um momento de atípica fraqueza, confesse à polícia, dificultando as coisas para Art. Muitos anos depois, Art e Bud encontram a oportunidade perfeita para roubar um banco. Se Art ainda estiver zangado com Bud, perderá a oportunidade. O perdão compensa. (Pense, por exemplo, em roqueiros idosos esquecendo rixas passadas em nome de uma turnê lucrativa.) Condizentemente, as simulações de computador mostram que cooperadores condicionais mais lenientes se saem melhor que indivíduos que guardam rancor para sempre, desde que vivam em um mundo onde as coisas nem sempre saem como planejado.[10] Os chimpanzés parecem seguir essa lógica. De Waal e Roosmalen analisaram registros de centenas de episódios pós-conflito e descobriram que é comum chimpanzés se beijarem e se abraçarem após uma briga.[11] Isso sugere que a capacidade de perdão, que tempera nossas emoções reativas, tem profundas origens biológicas, seguindo a lógica da reciprocidade em um mundo incerto.

MELHORES AMIGOS

Art pode se manter em silêncio por temer a fúria de Bud e, com ela, a dissolução de uma parceria lucrativa. Porém, após anos roubando juntos, pode-se esperar que eles ajam de outra maneira. Art e Bud podem motivar seu comportamento cooperativo ao pensar explicitamente em custos e benefícios de longo prazo, mas também funcionaria, e talvez melhor, se tivessem sentimentos que os fizessem seguir essa lógica intuitivamente. Mais especificamente, seria útil para ladrões de banco como Art e Bud terem programas psicológicos autônomos que os fizessem se importar com os indivíduos com os quais possuem futuros cooperativos.

Como funcionaria tal programa? Mais especificamente, como ele identificaria os indivíduos com possibilidade de futuros cooperativos? O melhor guia para o futuro é o passado. Se alguém cooperou extensivamente com o indivíduo no passado, esse é um sinal de que há mais por vir. Assim, a cooperação poderia ser automatizada com eficiência por um programa psicológico que fizesse alguém se importar com seus parceiros historicamente cooperativos. Tal programa poderia ser chamado de *amizade*.[12]

Pode parecer estranho conceber a amizade como formada principalmente por cooperação, em vez de, digamos, atividades em comum e diversão, mas aparências podem ser enganosas. Primeiro, os propósitos da natureza não precisam ser revelados em nossa experiência. O sexo, por exemplo, está primeiro relacionado à concepção de bebês, mas não é necessariamente isso que motiva as pessoas a participarem dessa atividade. De fato, se você pensa sempre nas vantagens materiais de uma amizade, isso é sinal de que não está sendo de fato amigo. Segundo, se a ideia de amizade como mecanismo de cooperação parece estranha, pode ser por causa dos tempos incomumente bons em que vivemos. No mundo de privação e fome de nossos ancestrais caçadores-coletores, ter amigos dispostos a dividir o jantar não representava apenas um prazer, mas uma questão de vida ou morte. O mundo de nossos ancestrais era muito mais violento.[13] Em nosso mundo, poucos amigos podem dizer que salvaram a vida um do outro, mas isso pode não ter sido verdade no passado. Terceiro, é importante lembrar que grande parte da cooperação não parece "cooperação". Amigos são amigos não somente por causa do que fazem juntos, mas também por causa do que *não fazem* em separado. Seus amigos não roubam suas coisas, não fazem comentários maliciosos a seu respeito nem tentam dormir com sua cara-metade. Esses atos cotidianos de não agressão são formas inconspícuas de cooperação, como quando Art e Bud passam um pelo outro sem incidentes na trilha. Assim, o mecanismo de cooperação que chamamos de "amizade" começa com familiaridade benigna e segue daí.

DECÊNCIA MÍNIMA

Suponha que você é Art, procurando um parceiro para roubar bancos. Você ouve falar de um cara chamado Bud, rápido no gatilho e excelente motorista para o carro de fuga. O único problema é que Bud meteria uma bala na sua cabeça sem pensar duas vezes, caso fosse vantajoso para ele. Art não é nenhum escoteiro, mas, dada a natureza incerta do roubo a bancos, não vale a pena iniciar uma parceria com um psicopata como Bud. Lição: para que dois estranhos cooperem, é útil que possuam um grau mínimo de consideração pelo bem-estar um do outro.

Como mencionado, chimpanzés machos estão predispostos a matar estranhos quando podem fazer isso com pouco risco. Às vezes, seres humanos também podem ver estranhos como nada além de ameaças a serem eliminadas ou fontes de proteína (canibais do Pacífico Sul são conhecidos por se referirem a outsiders comestíveis como "porcos compridos"[14]). Mesmo assim, os seres humanos podem adotar atitudes menos maliciosas em relação a estranhos e, no mundo moderno, é o que tipicamente fazemos. Durante a guerra civil americana, a cúpula do Exército da União ficou consternada com os frequentes relatos de soldados encontrados mortos no campo de batalha com as armas completamente carregadas. Muitos soldados não conseguiam se obrigar a atirar em estranhos, mesmo aqueles que tentavam matá-los. Dessa experiência, os militares americanos concluíram que os soldados precisam ser treinados para superar essa relutância em matar — e esse foi o nascimento do treinamento militar moderno.[15]

Em anos recentes, Fiery Cushman, Wendy Mendes e colegas conduziram um estudo laboratorial sobre a aversão humana à violência.[16] Eles monitoraram os sinais vitais dos participantes enquanto eles simulavam uma variedade de ações violentas, como esmigalhar a perna de alguém com um martelo.

As pessoas que participaram do experimento sabiam que suas ações eram inofensivas. Mesmo assim, o simples ato de fingir fazer coisas perversas contraía seus vasos sanguíneos periféricos, literalmente causando "frio na barriga". E mais: os pesquisadores descobriram que esse efeito vasoconstritor estava relacionado especificamente à ação pseudoviolenta encenada *por elas*. O efeito não ocorreu na mesma extensão quando alguém observava outra pessoa realizar uma ação pseudoviolenta ou quando realizava uma ação cineticamente similar (como martelar um prego) que não era violenta. Muitos dos participantes realizaram as ações pseudoviolentas da maneira mais apática possível; por exemplo, dando apenas uma batidinha negligente do martelo na perna da suposta vítima. Um deles simplesmente se recusou a continuar. É claro que os seres humanos podem ser bastante violentos e, com frequência, com pouca causa aparente. Entretanto, por mais agressivos que sejamos, nossa agressão não é nada se comparada ao que poderia ser. Em condições ordinárias, estremecemos à ideia de usar violência contra inocentes, mesmo completos estranhos, e essa provavelmente é uma característica crucial de nosso cérebro moral. (Tente imaginar um mundo sem ela.)

Nossa decência básica se estende para além da não agressão, incluindo atos positivos de bondade. Infelizmente, não somos nem de longe tão bondosos quanto poderíamos ser, mas com frequência estamos dispostos a fazer boas coisas pelos outros, mesmo estranhos, sem esperar nada em troca. Em um estudo clássico dos anos 1960, Stanley Milgram e seus colegas deixaram cartas "perdidas" em locais públicos e descobriram que a maioria foi entregue, em muitos casos mesmo quando o envelope não estava selado.[17] Damos gorjetas em restaurantes aos quais não pretendemos voltar[18] e alguns de nós fazem doações anônimas para obras de caridade. Décadas de pesquisa sobre psicologia social e do desenvolvimento confirmam o que a maioria de nós suspeitava, mas alguns pesquisadores insistem em questionar:[19] quando ajudamos as pessoas, frequentemente o fazemos porque nos *sentimos mal* por elas e queremos aliviar seu sofrimento.[20] Aliás, o fato de nos sentirmos mal por uma pessoa pode tornar mais provável que cooperemos com ela em um dilema do prisioneiro[21] envolvendo dinheiro, e não anos de prisão. (Passaremos muito tempo discutindo experimentos de laboratório nos quais as pessoas participam de jogos cooperativos envolvendo dinheiro.) Tais sentimentos em geral são chamados de *empatia*, um estado emocional no qual experimentamos os sentimentos do outro como se fossem nossos.[22] Em anos recentes, neurocientistas cognitivos estudaram as bases neurais da empatia e descobriram que essa definição é bastante adequada: observar alguém sentindo dor, por exemplo, envolve os mesmos circuitos neurais relacionados à emoção que são ativados quando nós sentimos dor, e os cérebros das pessoas que relatam possuir alto nível de empatia exibem esse efeito com mais intensidade.[23]

Os circuitos neurais que suportam respostas empáticas a estranhos podem ter derivado originalmente dos circuitos que evoluíram para o cuidado materno. A oxitocina é um hormônio neurotransmissor que desempenha papel importante no cuidado materno de muitas espécies mamíferas.[24] Os genes que aumentam a sensibilidade do cérebro humano à oxitocina estão relacionados a níveis mais altos de empatia,[25] e espirrar oxitocina no nariz das pessoas (de onde ela pode penetrar no cérebro) faz com que haja mais probabilidade de elas iniciarem a cooperação em certa versão do dilema do prisioneiro.[26]

Nossa capacidade de nos importarmos com os outros, incluindo indivíduos aos quais não estamos relacionados, quase certamente é uma elaboração de traços que herdamos de nossos ancestrais primatas.[27] Durante décadas, os primatologistas relataram incidentes nos quais macacos se comportaram com aparente compaixão. A primatologista pioneira Nadezhda Ladygina-Kohts criou um chimpanzé chamado Joni em sua casa em Moscou.[28] Joni gostava de brincar no telhado e com frequência se recusava a descer. Com o tempo, Kohts descobriu que a melhor maneira de fazer com que ele descesse era apelar para sua simpatia. Ela fingia chorar e Joni logo corria para perto dela, olhando em torno à procura de um possível agressor e oferecendo conforto ao tocar seu rosto com gentileza. Os chimpanzés às vezes também parecem se ajudar. Jaki, um chimpanzé de 17 anos vivendo no zoológico de Arnhem, na Holanda, observou um cuidador idoso chamado Krom tentar pegar, sem sucesso, um pneu cheio de água.[29] Quando Krom desistiu, frustrado, Jaki foi até o pneu, removeu os outros pneus que o bloqueavam e o entregou a Krom, tendo o cuidado de não derramar a água.

Tais histórias são fascinantes e podem refletir verdades profundas sobre nossos primos primatas, mas, se estivermos nos sentindo céticos, podemos encontrar explicação para elas. Mais recentemente, todavia, primatologistas conduziram experimentos controlados em laboratório que fortalecem a hipótese de solicitude genuína em primatas não humanos. Em uma série de testes, Felix Warneken, Michael Tomasello e seus colegas demonstraram que chimpanzés ajudam outros chimpanzés e seres humanos de forma espontânea e sem expectativa de recompensa.[30] Em um experimento, chimpanzés se ofereceram por vontade própria para ajudar um pesquisador humano, buscando um objeto fora de seu alcance. Em outro, realizaram ações similares para um humano não familiar, mesmo quando elas exigiam ultrapassar obstáculos. Em outro ainda, escolheram ativamente soltar uma corrente, dando a outro chimpanzé acesso à comida, sem ganhar nada para si mesmos. Parece que a boa vizinhança vai ainda mais longe em nossa árvore evolutiva. Estudos recentes de Venkat Lakshminarayanan e Laurie Santos mostraram que macacos-prego confrontados com a escolha de obter uma recompensa *somente* para si mesmos e obtê-la para si *e para um vizinho* escolhem recompensar o vizinho, mesmo quando a recompensa dele é maior.[31] Há até mesmo evidência de empatia em ratos, que abrem mão da recompensa imediata para libertar outro rato de um mecanismo de contenção.[32]

Em resumo, somos uma espécie solícita, embora de modo limitado, e provavelmente herdamos ao menos parte dessa capacidade de solicitude de nossos ancestrais primatas, se não de outros ainda mais distantes. Nós nos importamos acima de tudo com nossos parentes e amigos, mas também com conhecidos e estranhos. Em circunstâncias normais, sentimos grande relutância em ferir estranhos, tanto que apenas fingir fazer isso faz com que nossas veias se contraiam. Também estamos dispostos a ajudar estranhos sem esperar nada em troca, desde que o custo não seja muito alto. Como nos importamos uns com os outros e nossos resultados não são os únicos com os quais nos preocupamos, podemos chegar com mais facilidade ao canto mágico.

AMEAÇAS E PROMESSAS

Art e Bud podem encontrar o canto mágico se se importarem um com o outro ou tiverem um futuro produtivo juntos. Mas o que acontece se forem apenas estranhos sem futuro? Suponha que eles têm uma oportunidade única de roubar um banco. Nunca trabalharam juntos e jamais voltarão a fazê-lo. A polícia decerto os prenderá e tentará pôr um contra o outro. Será que Art e Bud conseguirão segurar as pontas?

Talvez eles possam fazer um pacto de silêncio. Fazer esse tipo de promessa é fácil. A parte difícil é *mantê-la*. O problema é que o ato de fazer promessas não muda, por si só, a matriz de resultados. Quando chegar a hora de confessar ou ficar em silêncio, Art ainda se saíra melhor se confessar, e o mesmo será verdade para Bud. Se eles não se importarem um com o outro e não tiverem um futuro cooperativo a proteger, ambos confessarão — tendo ou não feito promessas.

O que eles precisam é de uma maneira de garantir o cumprimento do contrato. Com esse objetivo, Art pode dizer a Bud: "Se você me delatar, assim que sair da prisão vou atrás de você para matá-lo." Infelizmente, essa estratégia baseada em ameaças apresenta o mesmo problema da estratégia mais simpática de fazer promessas. Suponha que Art faça a ameaça e Bud o delate mesmo assim. Dez anos depois, ambos saem da prisão e chega a hora de Art cumprir a palavra. Por que ele deveria se dar ao trabalho? Tentar matar alguém é arriscado e, nesse caso, não trará nenhum benefício. Se Bud sabe desde o início que Art nada fará, a ameaça é vã. Bud irá ignorá-la e confessar. E, é claro, Art faria o mesmo se a situação fosse invertida. Sem cooperação.

Assim, a mera ameaça não funciona, pela mesma razão que a simples promessa não funciona. Mas uma ameaça pode funcionar se for feita de forma adequada. Suponha que Art tenha um robô assassino de alta tecnologia. Ele pode programar seu robô para matar Bud se ele o delatar. É crucial assumir que o robô funciona perfeitamente e que, uma vez programado, não pode ser interrompido, nem mesmo por Art. Se Bud souber que será assassinado se delatar Art, ele não o fará. A ameaça de Art é meio insana, porque ele será considerado responsável por qualquer coisa que o robô faça e, assim, não vai querer que a ameaça seja concretizada. Se, por alguma razão, Bud ignorasse a ameaça robótica e delatasse, Art faria todo o possível para destruir seu próprio robô. (Sem sucesso, é claro.) Mesmo assim, ao se comprometer com a ameaça insana já de início, ele pode garantir a cooperação de Bud, desde que Bud esteja informado e seja racional. E Bud, é claro, pode garantir a cooperação de Art da mesma maneira. (Você pode reconhecer essa estratégia como MAD, a sigla em inglês para destruição mutuamente assegurada.)[33]

Infelizmente, os seres humanos ainda não inventaram robôs assassinos programáveis, mas, de acordo com o economista Robert Frank, nosso cérebro possui uma maquinaria emocional que cumpre a mesma função.[34] Suponha que Art seja "cabeça quente". Se Bud o delatar, ele ficará tão furioso que nada o impedirá de matá-lo, mesmo que tenha de esperar dez anos e precise caçar Bud até os confins do mundo. Se Bud conhecer a natureza vingativa de Art, terá um forte incentivo para não delatar. Assim, ao ser vingativo e se tornar conhecido por isso, Art pode ser seu próprio robô assassino, incentivando os outros a cooperarem com ele por meio de ameaças plausíveis e realizadas. É claro que ser vingativo pode ter um custo muito alto. Art pode perder tudo se, de fato, devotar a vida à vingança contra Bud. Mesmo assim, se tudo correr bem, ele jamais terá necessidade de fazer isso, porque gente como Bud não terá coragem de desafiá-lo. Desse modo, as emoções que alimentam o comportamento vingativo são, ou podem ser, um tipo de irracionalidade racional. Elas servem a nossos interesses ao nos comprometer em público a fazer coisas que não são de nosso próprio interesse.

Os seres humanos não são os únicos com gosto pela vingança.[35] Keith Jensen e seus colegas conduziram um experimento no qual chimpanzés podiam evitar que outros chimpanzés recebessem comida. Eles descobriram que se o chimpanzé A roubar comida do chimpanzé B, é mais provável que o chimpanzé B puxe uma corda que fará com que desabe a mesa sob a comida do chimpanzé A, deixando-a fora de alcance. Estudos de campo sugerem que os chimpanzés fazem o mesmo na natureza.[36]

Possuímos emoções sociais negativas que fornecem aos outros incentivos para cooperar conosco, mas a cooperação também pode ser gerada por sentimentos mais nobres. Se Art e Bud forem meros canalhas, suas promessas serão inúteis, porque, como vimos, canalhas não têm razão para manter suas promessas e todo mundo sabe disso. Mas e se forem ladrões *honrados*? Art pode não se importar com Bud, mas dar muito valor a sua palavra. Pode ser o tipo de cara que, ao faltar com a própria palavra, ficaria tão desgostoso consigo mesmo que imediatamente se jogaria dentro do vulcão mais próximo. *Esse* é um cara com o qual dá para trabalhar. Assim como a raiva vingativa torna as ameaças mais plausíveis, possuir tendência a poderosos sentimentos de *culpa* e *vergonha* dá origem a ameaças plausíveis *contra si mesmo*. Como se poderia esperar, quebrar uma promessa — ou mesmo pensar sobre quebrar uma promessa — gera aumento de atividade nas regiões do cérebro ligadas à emoção.[37]

Falamos sobre o amor familiar e a amizade como formas de cuidado cooperativo. Tais sentimentos também podem ser camisas de força estratégicas, assim como a raiva vingativa, que nos comprometem racionalmente com comportamentos irracionais.[38] Nesse caso, todavia, as camisas de força emocionais são usadas não pelas pessoas que possuem um futuro juntas, mas por aquelas que poderiam ter futuros ainda melhores com outras. Suponha que a polícia ofereça a Art um acordo realmente bom: se ele delatar Bud, não apenas ficará livre da prisão, como também receberá um emprego como consultor sobre roubos bancários.[39] Em outras palavras, os policiais convidam Art a firmar uma parceria com eles, e não com Bud. Art se importa com Bud e isso é adequado, uma vez que eles partilham um passado cooperativo e a perspectiva de um futuro cooperativo. Por outro lado, a polícia oferece algo com o que Bud pode apenas sonhar: uma carreira excitante e respeitável com pagamentos sólidos e constantes. Parece que Art tem um futuro cooperativo ainda melhor com a polícia. Se seus sentimentos amigáveis em relação a Bud forem fortes, mas meramente proporcionais às oportunidades cooperativas oferecidas por ele, Art abandonará Bud e se unirá à polícia. Essa troca é ótima para Art, mas, se ele for *conhecido* por sua disposição para a traição, vai se prejudicar. Bud, entre outros, pode não querer trabalhar com um cara que está disposto a abandonar o parceiro assim que uma oportunidade melhor se apresentar.

Entra a virtude da *lealdade*. Se Art valoriza seus parceiros ladrões de banco acima e além de seu "valor de mercado" (o valor das oportunidades cooperativas que eles oferecem), isso o torna um parceiro mais atraente. Como observa Steven Pinker, a lógica da lealdade é particularmente clara no domínio dos relacionamentos românticos:[40] você é um grande partido, mas com certeza há alguém lá fora com tudo o que você tem e um pouquinho mais. Sabendo que algum dia sua parceira pode conhecer tal pessoa, você se sente reconfortado por saber que ela não irá abandoná-lo assim que surgir alguém melhor. Isso o torna muito mais disposto a assumir um compromisso e iniciar uma família — provavelmente a situação cooperativa com as apostas mais altas. É maravilhoso que sua parceira aprecie suas muitas qualidades, mas isso pode não ser suficiente para mantê-los juntos. O que você realmente quer é que ela possua o profundo e inquebrantável desejo de estar com você, e só com você. Em resumo, você quer que ela o *ame*, que o queira não apenas por suas maravilhosas qualidades, mas apenas porque você é você. Somente o amor fornece o tipo de lealdade de que precisamos para dar o mergulho parental. Assim, o amor parece ser mais que uma simples forma intensa de cuidado. É uma peça altamente especializada de maquinaria psicológica, uma camisa de força emocional que permite a paternidade cooperativa ao assegurar aos parceiros paternais que eles não serão abandonados.

Há ainda outro tipo de lealdade que pode lubrificar as engrenagens da cooperação. Assim como a lealdade pessoal faz com que alguém se torne um amigo ou amante mais atraente, a disposição para respeitar autoridade pode transformar alguém em um soldado mais atraente no interior de uma grande empresa cooperativa. De fato, se você fosse general ou CEO, quem iria querer em sua organização? Alguém que fará o que julgar melhor, mesmo que você diga o contrário, ou alguém que seguirá suas ordens? Do mesmo modo, você iria querer alguém que daria o fora assim que uma embarcação mais atraente se aproximasse ou alguém que estaria disposto a seguir seu navio até o fundo do mar? Bons soldados possuem as virtudes da lealdade e da *humildade*. Eles sabem seu lugar e não ousam abandoná-lo.

Esse senso de lugar pode ser motivado por emoções tanto positivas quanto negativas. Em quase todos os primatas, os indivíduos mais abaixo na hierarquia estão negativamente dispostos em relação aos indivíduos mais acima, encarando-os primariamente com medo. Já os seres humanos às vezes encaram seus líderes com poderosos sentimentos de admiração.[41] Podemos ser inspirados por líderes que nunca encontramos e nos devotarmos a organizações sem filiação fixa, como nações, igrejas, corporações e escolas. Jonathan Haidt afirma que essa capacidade de devoção por líderes, organizações e ideais mais abstratos evoluiu para facilitar a cooperação em grandes grupos, assim como o amor romântico evoluiu para facilitar a paternidade cooperativa. Essa capacidade pode depender de nossa habilidade de experimentar *reverência* — a habilidade de sermos movidos por e devotados a coisas maiores que nós mesmos e nossos círculos sociais familiares.[42]

OLHOS VIGILANTES E MENTES PERSPICAZES

Art e Bud podem encontrar o canto mágico se se importarem um com o outro, tiverem um futuro cooperativo juntos ou estiverem emocionalmente comprometidos com suas promessas ou ameaças. Mas e se não tiverem nenhuma dessas vantagens?

Art jurou matar Bud se ele delatar, mas Bud, agora sozinho em sua cela, mesmo assim está tentado a falar. Ele está tentado porque sabe que Art é racional. Ao contrário de alguns "cabeças quentes", não irá atrás de Bud apenas porque está zangado. Mesmo assim, Bud tem de pensar com cuidado. Art pode matá-lo por falar — não por ser irracionalmente vingativo, mas porque *outras pessoas estão observando*. A comunidade de ladrões de banco quer saber: as ameaças de Art são plausíveis? Se Art matar Bud por delatar, pode responder a essa pergunta afirmativamente, e isso é bom para os negócios. É melhor Bud ficar em silêncio.

Assim, pessoas com reputações a manter podem cooperar com mais facilidade: sua reputação lhes dá razões para cumprir suas ameaças, o que torna tais ameaças mais plausíveis, dando aos que são ameaçados um incentivo para cooperar. Reputações também podem favorecer a cooperação de uma maneira mais direta.[43] Se Bud desenvolver a reputação de ser alcaguete, outros não irão querer roubar bancos com ele e ele se dará mal. Dessa forma, a reputação pode favorecer a co-

TRIBOS MORAIS 53

operação de duas maneiras: ao dar às pessoas incentivos tanto para demonstrar sua cooperação quanto para demonstrar sua intolerância em relação aos que não cooperam. Nosso cérebro moral parece ter sido criado para ambas as estratégias.

Kevin Haley e Daniel Fessler levaram algumas pessoas até seu laboratório e deram 10 dólares à metade delas.[44] Os sortudos receberam a oportunidade de partilhar parte, todo ou nenhum dinheiro com os participantes menos afortunados. Esse jogo é conhecido como jogo do ditador, porque a pessoa que escolhe tem total controle sobre o dinheiro.[45] Tudo isso foi feito anonimamente por meio de uma rede de computadores, assegurando que nenhum dos participantes soubesse quem dava o que a quem. No experimento, a manipulação crítica foi muito sutil. Para metade dos ditadores, o fundo de tela exibia um par de olhos, como demonstrado na Figura 2. Os outros ditadores, que serviam como controle, viam apenas um fundo de tela padrão com o logotipo do laboratório.

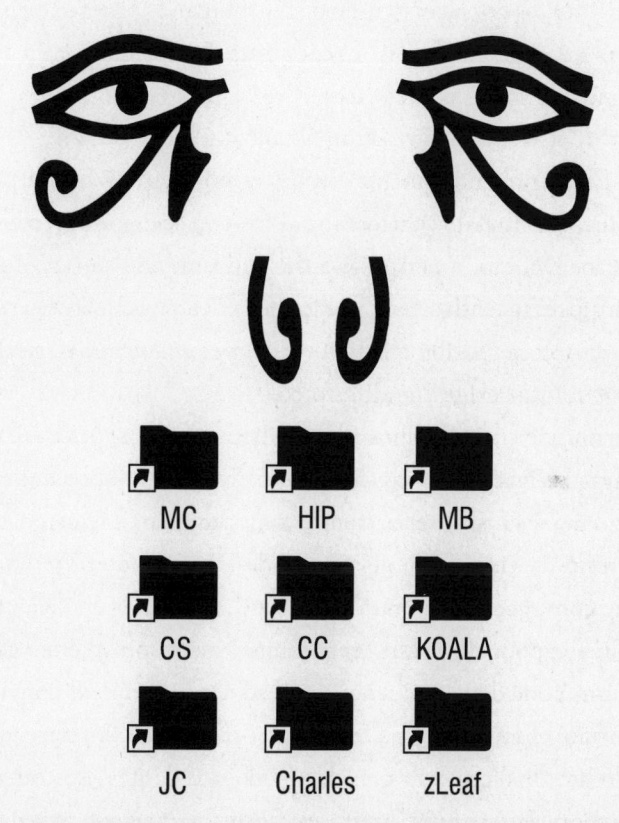

Figura 2. Os olhos utilizados no experimento de Haley e Fessler. As pessoas que viam esses olhos vigilantes eram mais generosas com estranhos.

Apenas cerca de metade (55%) das pessoas que viram o fundo de tela padrão deu algo aos outros jogadores, ao passo que a grande maioria (88%) das que viram olhos escolheu dividir. Em um estudo subsequente usando uma "caixinha da honestidade" para comprar bebidas, a imagem dos olhos fez com que as pessoas pagassem mais que o dobro por seu leite.[46]

Todos sabemos que as pessoas se comportam melhor quando acham que estão sendo observadas, quando se sentem *autoconscientes*. O surpreendente, nesse caso, é que uma irrelevante pista de baixo nível, a imagem de um par de olhos, pode levar as pessoas a seu melhor comportamento. Digo "irrelevante" porque ninguém escolheria de forma consciente responder a esta pista: "Pagarei por meu leite porque há uma fotografia dos olhos de alguém colada no balcão." Esse é o trabalho de um programa autônomo, uma eficiente peça de maquinaria moral.

Se olhos atentos possuem grande poder sobre nós, provavelmente é porque quase sempre estão conectados a bocas ativas. De acordo com o antropólogo Robin Dunbar, seres humanos passam cerca de 65% do tempo de conversa falando sobre as ações boas e ruins de outros seres humanos[47] — ou seja, *fofocando*. Ele argumenta que devotamos tanto tempo à fofoca porque ela é um mecanismo crítico de controle social[48] — ou seja, uma forma de garantir a cooperação. De fato, a perspectiva de "todo mundo" saber o que fizemos fornece um forte incentivo para não fazermos. E mais: não é que as pessoas apenas *possam* fofocar. As fofocas parecem ocorrer *automaticamente*. Para muitas pessoas, *não* fofocar exige grande esforço.

Em um mundo cheio de olhos atentos e bocas ativas, as pessoas estão fadadas a serem flagradas fazendo coisas não cooperativas. Para aquele que é flagrado, o pior cenário possível pode ser bastante ruim: ninguém irá querer se aproximar dele pelo resto da vida. Como evitar tal destino? Seria útil se houvesse uma maneira de convencer "todo mundo" de que, no futuro, ele será um cooperador melhor. Ele pode dizer que sente muito, mas isso não é tão convincente. Qualquer um pode dizer que sente muito. Seria muito mais convincente se o rosto do infrator adquirisse uma cor incomum — vermelho claro, digamos —, fornecendo um sinal crível de que ele está de fato desgostoso com seu próprio comportamento. Parece que o *constrangimento* foi projetado para desempenhar precisamente esse papel de sinalização, restaurando a posição social do infrator ao assinalar seu genuíno desejo de se comportar de maneira diferente no futuro. O sinal parece funcionar. Pesquisas mostram que as pessoas gostam mais dos transgressores se, após cometerem uma transgressão, eles parecerem constrangidos.⁴⁹

É claro que o mero fato de "todo mundo" saber que um transgressor cometeu uma transgressão não faz diferença. O que importa é que as pessoas tratam umas às outras de maneiras diferentes de acordo com o que viram ou ouviram. Assim, nossa sensitividade a olhos vigilantes e ouvidos atentos só faz sentido se as mentes por trás desses olhos e ouvidos forem *sentenciosas* — prontas para nos tratar de modo diferente, dependendo do que virem ou ouvirem. Não é novidade o fato de estarmos prontos para julgar. A novidade é que estamos prontos para julgar desde que somos *bebês*, como demonstrado por um dos mais notáveis experimentos psicológicos da última década.⁵⁰

Kiley Hamlin, Karen Wynn e Paul Bloom apresentaram a bebês de seis e dez meses de idade sequências de movimentos envolvendo figuras geométricas de olhos arregalados que podem subir ou descer uma encosta, como demonstrado na Figura 3.

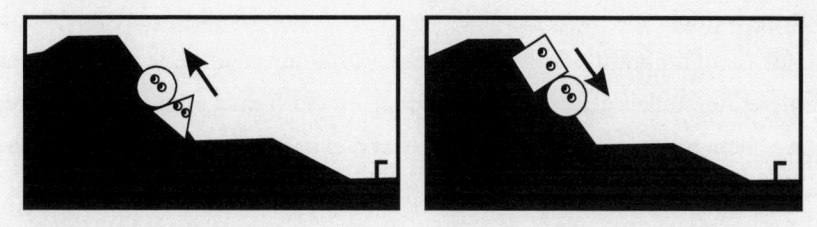

Figura 3. Bebês pré-verbais gostam do pequeno triângulo que ajuda o círculo a subir a encosta e não gostam do quadrado que empurra o círculo para baixo.

Na sequência retratada à esquerda, o círculo tenta escalar a encosta, mas não consegue chegar ao topo. Surge então o triângulo *ajudante*, que vem de baixo e o empurra até o topo. Na sequência retratada à direita, o círculo tenta mais uma vez e não consegue chegar ao topo. Surge então o quadrado *atrapalhador*, que vem de cima e empurra o círculo até embaixo. Os bebês viram cada uma dessas sequências várias vezes, até ficarem entediados. Então, em uma fase crítica do teste, os pesquisadores apresentaram a eles uma bandeja contendo, em um lado, um brinquedo parecido com o triângulo ajudante, e, no outro, um brinquedo parecido com o quadrado atrapalhador.[51] Quatorze dos dezesseis bebês de dez meses e todos os doze bebês de seis meses pegaram o brinquedo ajudante — um resultado surpreendentemente robusto.

Em seguida, os pesquisadores repetiram o experimento com um novo grupo, fazendo o círculo parecer um objeto inanimado, e não um agente com objetivos. Eles fizeram isso removendo os olhos de plástico do círculo e impedindo que os bebês o vissem realizando movimentos autônomos, um sinal de estar vivo e possuir intenções. Nessa versão, o triângulo e o quadrado não ajudam nem atrapalham. Eles apenas empurram um círculo para cima e para baixo na encosta. Dessa vez, como previsto, os bebês não demonstraram preferência pelo triângulo em detrimento do quadrado (isto é, pelo que empurra para cima em vez do que empurra para baixo). Isso mostra que as preferências dos bebês são especificamente *sociais*. É do ato de ajudar, e não do de empurrar para cima, que eles gostam, e é do ato de atrapalhar, e não do de empurrar para baixo, que eles não gostam.

Assim, aos seis meses de idade, muito antes de poderem andar ou falar, bebês humanos fazem julgamentos de valor sobre ações e agentes, aproximando-se de indivíduos que dão sinais de serem cooperativos (importarem-se com os outros) e ignorando indivíduos que fazem o oposto. Como esses bebês são tão novos, seu comportamento claramente não é produzido por um raciocínio consciente: "Aquele quadrado não tratou o círculo vermelho direito. Isso sugere que poderá não me tratar bem. Por isso, vou evitar o quadrado." Em vez disso, esses julgamentos são produzidos por programas autômatos e sensíveis a pistas de baixo nível — certos tipos de movimento e a presença de coisas que parecem olhos. E, considerando-se quão cedo essa maquinaria começa a funcionar, ela quase certamente faz parte de nossa herança genética.

SOMENTE PARA MEMBROS

Dois prisioneiros que se importam um com o outro ou têm um futuro cooperativo em comum podem chegar ao canto mágico. E dois estranhos podem chegar a ele com o tipo certo de ameaça ou se tiverem reputações a manter. Mas estranhos podem cooperar sem ameaças ou reputações?

Suponha a existência de um grande grupo de ladrões chamado Liga dos Ladrões de Banco do Bico Fechado. Como o nome da organização sugere, esses ladrões seguem um estrito código de silêncio ao serem confrontados pelas autoridades. A liga é ampla o bastante para que a maioria dos membros não se conheça, pessoalmente ou por reputação. Em outras palavras, a maioria dos membros da liga é composta por completos estranhos. A filiação promete grandes benefícios. A despeito de serem estranhos, os membros da liga podem roubar bancos juntos, sabendo que seus parceiros não os trairão. Problema resolvido?

Está mais para problema descartado. Supor a existência de tal liga é basicamente supor a existência de um grupo cooperativo. O desafio é dar início a tal grupo e evitar que se desmantele. Ser membro da liga é, essencialmente, prometer não delatar outros membros em troca do mesmo favor. E, como mencionado, meras promessas são inúteis em um mundo egoísta. Por que os membros deveriam manter suas promessas, se não há custo nenhum em quebrá-las? Talvez os membros ofensores sejam punidos pela liga. Pode funcionar, mas gera outra pergunta: quem são esses oficiais da liga e o que eles ganham por punir estranhos que delataram outros estranhos? Consideraremos o papel das autoridades punitivas em breve, mas, por enquanto, vamos facilitar as coisas e assumir que os membros da liga nasceram de bico fechado. Desde que trabalhem exclusivamente uns com os outros, eles ficarão bem. O desafio, para eles, é evitar serem explorados por delatores de fora. Um ladrão canalha poderia se aproximar com facilidade de um grupo de ladrões de banco de bico fechado, cometer roubo após roubo com seus membros e, a cada vez, enviar o parceiro para a prisão quando os policiais começassem a fazer perguntas.

Os membros da liga poderiam evitar esses canalhas se pessoas ruins fossem precedidas por reputações ruins, mas estamos assumindo aqui que isso não é possível. Na ausência de informações sobre outsiders não confiáveis, os membros da liga poderiam fornecer informações sobre insiders confiáveis. Os membros poderiam carregar cartões de identificação com o brasão do bico fechado. Isso permitiria que encontrassem uns aos outros, evitando trabalhar com gente de fora. Tal sistema de identificação pode funcionar, desde que os de fora não saibam falsificar cartões. Para funcionar bem, a liga precisa de um indicador confiável de filiação.

Esse é um problema comum. Todos os grupos cooperativos precisam se proteger da exploração. Isso exige a habilidade de distinguir o "nós" do "eles" e a tendência de favorecer o "nós". Embora existam alguns raros indivíduos que tratam estranhos como se fossem da família, não há nenhuma sociedade humana em que isso seja a norma, e por uma boa razão. Tal sociedade seria um escoadouro de recursos, pronta para entregar seus tesouros a qualquer estranho que chegasse a sua porta, como se fosse um irmão. De forma condizente, o antropólogo Donald Brown, em sua pesquisa sobre diferenças e similaridades entre as culturas humanas, identificou o viés de grupo e o etnocentrismo como universais.[52]

Cada um de nós ocupa o centro de um conjunto de círculos sociais concêntricos. Imediatamente a nossa volta, estão nossos parentes e amigos mais próximos, cercados por um círculo mais amplo de nossos parentes mais distantes e conhecidos. Para além de nossos círculos de proximidade e parentesco, estão estranhos com quem nos relacionamos por intermédio da filiação a grupos de vários tipos e tamanhos: vilarejo, clã, tribo, grupo étnico; vizinhança, cidade, estado, região, país; igreja, denominação, religião. Além desses grupos aninhados, nos organizamos por afiliação política, escolas que frequentamos, classe social, times para os quais torcemos e outras preferências. O espaço social é complexo e multidimensional, mas ao menos uma coisa é clara tanto para o senso comum quanto para toneladas de pesquisas científicas: os seres humanos prestam minuciosa atenção ao lugar das pessoas em seus egocêntricos universos sociais e tendem a favorecer os que estão mais próximos. Chamamos essa tendência de *tribalismo*, às vezes conhecido como altruísmo paroquial.[53]

É fácil identificar as pessoas de nossos círculos sociais internos (família, amigos, conhecidos) como membros de nossos grupos cooperativos, mas os seres humanos cooperam em grupos muito mais amplos, tanto ativamente (por exemplo, construindo uma igreja, lutando em uma guerra) quanto passivamente (por exemplo, por meio da não agressão). Entretanto, para cooperar com estranhos, precisamos poder distinguir entre aqueles com os quais podemos cooperar e aqueles que podem nos explorar. Em outras palavras, precisamos da habilidade de exibir e ler cartões de identificação e ajustar nosso comportamento ao que lemos.

A Bíblia hebraica conta a história dos gileaditas, que derrotaram os efraimitas por volta de 1200 a.C., expulsando-os de suas casas e obrigando-os a cruzar o rio Jordão. Depois da batalha, muitos efraimitas tentaram voltar para casa, pedindo passagem para os gileaditas que guardavam o rio. Para identificar refugiados efraimitas, os guardas gileaditas empregaram um teste simples: pediram que os viajantes que pediam passagem pronunciassem a palavra hebraica *shibboleth*. (A palavra se refere a uma espiga de grãos.) O antigo dialeto efraimita não possuía o som do "x", impedindo que os efraimitas pronunciassem a palavra. De acordo com a Bíblia, 42 mil efraimitas foram mortos porque não conseguiam dizer "x".

Hoje, a palavra xibolete se refere a qualquer marcador confiável de pertencimento a um grupo cultural. Pesquisas feitas por Katherine Kinzler e colegas indicam que os seres humanos estão predispostos, desde muito cedo, a usar os xiboletes originais — pistas linguísticas — como marcadores da identidade de grupo e base da preferência social. Em uma série de experimentos com crianças inglesas e francesas, os pesquisadores demonstraram que bebês de seis meses preferem olhar para falantes sem sotaque estrangeiro, bebês de dez meses preferem aceitar brinquedos de falantes nativos e crianças de 5 anos preferem ser amigas de crianças sem sotaque. Parece que o cérebro humano, mesmo antes de ser capaz de gerar linguagem, usa essa linguagem para distinguir entre confiáveis "nós" e suspeitos "eles".[54]

O xibolete ilustra um ponto mais geral sobre o tribalismo, que são as diferenças arbitrárias que servem a uma função não arbitrária. A pronúncia dos gileaditas não é importante em si mesma. O que importa é que os gileaditas pronunciam as palavras de maneira *diferente* dos efraimitas. Do mesmo modo, práticas culturais arbitrárias podem desempenhar papel vital na cooperação. O modo como as pessoas se vestem, tomam banho, comem, trabalham, dançam, cantam, brincam, paqueram, fazem sexo etc. — todas as regras que governam a vida cotidiana — pode servir à função não arbitrária de fazer com que os estranhos pareçam estranhos, separando o "nós" do "eles".[55]

No mundo moderno, um dos delimitadores mais salientes do "nós" *versus* "eles" é a raça. Em anos recentes, psicólogos estudaram atitudes raciais usando o Teste de Associação Implícita (IAT),[56] que avalia as associações entre conceitos ao mensurar o quão rápido as pessoas separam itens em diferentes categorias conceituais. (Experimente fazer o teste.[57]) Em um IAT típico, é preciso realizar duas tarefas interligadas em um computador. Talvez você deva separar as palavras que surgem na tela em boas e ruins. Então deve apertar o botão da esquerda para as palavras boas ("amor") e o botão da direita para as palavras ruins ("ódio"). Ao mesmo tempo, é preciso separar fotografias com base na raça, pressionando o botão da esquerda para rostos brancos, e o da direita, para rostos negros. O IAT mede a velocidade com que essas categorizações são feitas, e as mudanças, na velocidade dependendo de como as categorias são pareadas com os botões. Por exemplo, você pode usar o botão da direita para palavras boas e rostos brancos, e o da esquerda, para palavras ruins e rostos negros. Alternativamente, pode usar o botão da direita para palavras ruins e rostos brancos e o da esquerda, para palavras boas e rostos negros. Se for mais rápido ao usar o mesmo botão para "ruim" e negro, isso indica que você faz uma associação entre "ruim" e "negro". O mesmo se dá com os outros pares conceituais. O IAT mostra que a maioria das pessoas brancas possui preferência implícita por brancos,[58] pareando mais rapidamente palavras boas com rostos brancos, e palavras ruins, com rostos negros. Esses resultados são refletidos na atividade cerebral: pessoas brancas que associam fortemente rostos negros a coisas "ruins" exibem respostas neurais mais intensas a rostos negros na região do cérebro relacionada à vigilância acentuada (a amígdala). A versão infantil do IAT mostra que crianças de apenas 6 anos possuem o mesmo tipo de viés baseado na raça que adultos.[59] E, surpreendentemente, um IAT desenvolvido para macacos mostra que eles também exibem preferências implícitas por membros de seu grupo interno, associando coisas boas, como frutas, a membros de seu grupo, e coisas ruins, como aranhas, a membros de outros grupos.[60]

Infelizmente, o viés racial não é apenas um fenômeno de laboratório. Como mencionado, economistas demonstraram que currículos enviados com nomes de sonoridade branca (Emily, Greg) geram mais telefonemas de potenciais empregadores que currículos idênticos com nomes de sonoridade negra (Lakisha, Jamal).[61] Ainda mais assustador, estudos feitos nos tribunais americanos mostram que, em casos capitais envolvendo vítimas brancas, réus negros têm mais probabilidade de receber a pena de morte que réus brancos, e isso é especialmente verdadeiro para réus negros com características faciais estereotipicamente negras.[62] A raça também possui profundas implicações políticas. O economista Seth Stephens-Davidowitz elaborou um mapa de buscas no Google incluindo as palavras *nigger* e *niggers* [formas bastante ofensivas de designar negros].⁶³ As regiões com alto índice de busca por *nigger* (a maioria tentando encontrar piadas racistas) forneceram significativamente menos eleitores para Barack Obama na eleição presidencial de 2008 que eleitores para John Kerry em 2004. Essa animosidade racial parece ter dado ao oponente de Obama entre 3 e 5% de vantagem, equivalente à vantagem do estado natal de um candidato, o que é suficiente para alterar o resultado da maioria das eleições presidenciais.

Dada a força e a disseminação do viés racial, alguém poderia pensar que fomos "programados" para a discriminação social. Tal afirmação, entretanto, faz pouco sentido. No mundo de nossos ancestrais caçadores-coletores, era improvável encontrar alguém que, hoje, classificaríamos como membro de uma raça diferente. Ao contrário: é muito provável que "eles" do outro lado da colina eram fisicamente indistinguíveis de "nós". Isso sugere que a raça, longe de ser um gatilho inato, é apenas algo que usamos hoje como marcador de pertencimento a um grupo. Da perspectiva evolucionária, seria de esperar que o sistema de classificação do cérebro humano, se é que ele possui um, fosse mais flexível, diferenciando as pessoas com base em características culturalmente adquiridas, como linguagem e roupas, e não em características físicas geneticamente herdadas.

Com isso em mente, Robert Kurzban e seus colegas conduziram um experimento no qual compararam a sensibilidade à raça com a sensibilidade a marcadores culturais de pertencimento ao grupo.⁶⁴ Eles fizeram com que os participantes assistissem a uma discussão entre dois times de basquete com jogadores de raças mistas. Em seguida, os participantes viram fotografias de vários jogadores pareadas com declarações sectárias como "Foram vocês que começaram". Os pesquisadores então fizeram um teste-surpresa de memória, pedindo que os participantes pareassem as fotografias dos jogadores com as coisas que haviam dito. Ao analisar os erros cometidos no teste, puderam ver como os participantes categorizavam os jogadores. Se as pessoas nesse experimento fossem muito sensíveis à raça, dificilmente atribuiriam a declaração de uma pessoa branca a uma pessoa negra e vice-versa. Do mesmo modo, se fossem muito sensíveis ao pertencimento ao time, dificilmente atribuiriam a declaração do jogador de um time a um jogador do outro. Kurzban e seus colegas descobriram que, na ausência de marcadores salientes, as pessoas prestam muita atenção à raça e pouca atenção ao pertencimento. Ou seja, as pessoas se mostraram menos propensas a errar na atribuição das declarações ao longo das linhas raciais e mais propensas a errar ao longo das linhas de pertencimento. Contudo, quando os jogadores passaram a usar camisetas coloridas indicando a que time pertenciam, o inverso ocorreu. Subitamente, a raça passou a importar muito menos, e o pertencimento ao time, muito mais.

Kurzban e seus colegas fizeram uma predição adicional, baseada em sua teoria evolutiva. Como explicado, eles esperavam que a categorização baseada na raça fosse mutável, porque raça não é uma categoria evolutiva profunda. A mesma lógica *não* se aplica ao gênero (macho *versus* fêmea). Nossos ancestrais caçadores-coletores sempre encontravam machos e fêmeas, e eles diferem biologicamente de maneiras importantes. Isso sugere que a categorização baseada em gênero, quando comparada à categorização baseada em raça, deveria ser mais difícil de modificar, e foi o que descobriram. Não importando quem era branco ou negro ou quem vestia qual camiseta, os participantes se mostraram pouco propensos a confundir o que as mulheres haviam dito com o que os homens haviam dito.

Esse experimento mostra que de imediato classificamos as pessoas com base em marcadores arbitrários de pertencimento ao grupo, mas nada diz sobre como usamos essas categorias sociais. Estudos clássicos de Henri Tajfel e seus colegas mostram com que facilidade as categorias sociais se tornam a base das preferências sociais.[65] Tajfel levou algumas pessoas até seu laboratório e as dividiu em dois grupos baseados em diferenças incidentais. Em uma versão do estudo, por exemplo, ele fingiu dividi-las em grupos que haviam sobrestimado ou subestimado valores em uma taxa anterior de avaliação. (Na verdade, a divisão foi aleatória.) Então fez com que, no anonimato, alocassem dinheiro para diferentes participantes do estudo. E descobriu que as pessoas tendiam a favorecer os membros de seu grupo, ainda que esses grupos não tivessem passado nem futuro e não fossem baseados em nada importante. Na verdade, Tajfel descobriu que as pessoas favoreciam os membros de seu grupo mesmo quando sua inclusão nele era explicitamente aleatória. Favorecer os membros do grupo não significava apenas uma estratégia para estabelecer laços. As pessoas com frequência preferiram dar menos dinheiro para membros de seu grupo a dar mais dinheiro para membros do outro.

O tribalismo foi há pouco tempo ligado a sistemas neurais específicos. Como mencionado, a oxitocina é um hormônio neurotransmissor que está envolvido no cuidado materno em várias espécies mamíferas e, nos seres humanos, está associado ao aumento da empatia e da confiança. Ocorre que a oxitocina, às vezes descrita como "hormônio do aconchego", é mais discriminativa do que se pensava. Experimentos recentes de Carsten De Dreu e colegas mostram que a administração nasal de oxitocina torna homens mais cooperativos com membros do grupo, mas não com indivíduos fora do grupo, em especial quando sentem medo intenso desses indivíduos.[66] A oxitocina também aumenta o favoritismo ao grupo, como mensurado pelo IAT, e mostra sinais modestos de aumento da antipatia em relação a indivíduos fora do grupo. Finalmente, afeta as respostas das pessoas a dilemas morais que colocam membros do grupo contra indivíduos fora do grupo, tornando-as menos confortáveis com o sacrifício de membros do grupo, mas não de indivíduos externos a ele.

Em resumo, nosso cérebro está programado para o tribalismo. De forma intuitiva dividimos o mundo em "nós" e "eles" e favorecemos o "nós". Começamos a fazer isso quando somos bebês, usando pistas linguísticas, que são marcadores historicamente confiáveis de pertencimento ao grupo. No mundo moderno, discriminamos com base na raça (entre outras coisas), mas raça não é uma categoria psicológica inata ou profunda. É apenas um entre vários marcadores possíveis para o pertencimento ao grupo. Como mostra o experimento de Tajfel, dividimos bem rápido as pessoas em "nós" e "eles" com base nos critérios mais abstratos. Isso parece loucura e, de muitas maneiras, é. No entanto, é o que se poderia esperar de uma espécie que sobrevive cooperando em grandes grupos — grandes o suficiente para seus membros não serem capazes de identificar um ao outro sem a ajuda de crachás de identificação culturalmente adquiridos.

Antes de seguirmos em frente, gostaria de acrescentar que estarmos programados para o tribalismo não significa estarmos *fadados* a ele. O cérebro pode ser reprogramado por intermédio da experiência e do aprendizado ativo. Além disso, nosso cérebro inclui muitos circuitos diferentes competindo pelo controle do comportamento, alguns mais modificáveis que outros. Falaremos mais sobre isso nos próximos capítulos.

PARTES INTERESSADAS

Art e Bud podem chegar ao canto mágico por intermédio de ameaças plausíveis. Uma terceira parte poderosa consegue fazer o mesmo serviço. Art e Bud podem ser membros de um sindicato criminoso, por exemplo, com um chefão que faz a ambos uma oferta irrecusável: "Se você delatar seu parceiro, mato você." Repetindo uma piada antiga, chamei a ameaça de "oferta", mas ofertas genuínas podem chegar ao mesmo resultado: "Fique em silêncio e será recompensado."

A cooperação forçada é certamente uma das forças motrizes da história: chefes, reis e imperadores usaram cenouras e porretes cada vez maiores para forçar a cooperação produtiva (e colher seus frutos). De acordo com o filósofo inglês do século XVII Thomas Hobbes, isso é uma coisa boa. Ele elogiou o rei por ser um leviatã mantenedor da paz, o deus terreno que nos eleva de nosso estado natural, no qual a vida é "suja, brutal e curta".[67]

Leviatãs não precisam ser deuses *terrenos*. Entre os crentes, uma autoridade sobrenatural é o garantidor ideal da cooperação, porque seres sobrenaturais podem ser oniscientes e onipotentes, garantindo recompensas máximas para a cooperação e punições máximas para sua ausência. Como argumentou David Sloan Wilson, a religião é capaz de ser um mecanismo que se desenvolveu, por intermédio da evolução cultural, para permitir a cooperação em grandes grupos.[68] A ideia de que respeitar a Deus e ser um bom cooperador estão relacionados não é nova, claro. Os crentes há muito são, e continuam sendo, cautelosos em relação aos não "tementes a Deus".[69]

Da perspectiva evolutiva, a cooperação forçada faz sentido porque não exige mais que interesse próprio de qualquer um dos envolvidos:[70] os cooperadores subalternos recebem recompensas e evitam punições do chefe, e o chefe — se for um chefe terreno — se beneficia ao explorar um grupo mais produtivo de subalternos. Mesmo assim, podemos nos perguntar se recompensas e punições fornecidas por partes interessadas são capazes de estabilizar a cooperação sem um leviatã. Essa é uma pergunta importante, porque estudos etnográficos indicam que sociedades pré-agrícolas são bastante igualitárias, sem um leviatã dizendo a todo mundo o que fazer.[71]

Considere, novamente, a Liga dos Ladrões de Banco do Bico Fechado. Anteriormente, nós a vimos como grupo de indivíduos desinclinados a confessar, cujo desafio é evitar a exploração externa. Mas ela pode conter indivíduos capazes de escolher não cooperar. Aqui, o desafio é mantê-los na linha sem um chefe poderoso. Será que os membros da liga conseguem policiar a si mesmos?

Se a liga for pequena, o comportamento não cooperativo pode ser punido por meio da retaliação direta, à maneira do Tit for Tat: se Art delatar Bud, Bud pode puni-lo para que, da próxima vez, Art seja mais cooperativo. Isso se chama *reciprocidade direta*, porque Bud recebe um benefício direto ao punir Art. Se a liga, de outro modo, for grande — e estamos assumindo que é —, não vale a pena Bud punir Art, porque é improvável que haja uma próxima vez. Ainda assim, se de algum modo os membros da liga estiverem dispostos a punir um deles por delatar, mesmo que nada tenham a ganhar pessoalmente, isso seria um grande incentivo à cooperação. Em uma liga cheia de indivíduos dispostos a punir, haveria muito pouca delação e muito pouca punição, porque a probabilidade de ser punido por delatar seria alta.[72]

Essa disposição generalizada para punir o comportamento não cooperativo é um tipo de *reciprocidade indireta*.[73] É indireta porque os membros da liga arcam com um custo direto quando punem, mas não recebem o benefício indireto pela punição recebido pelos outros membros. Se isso o faz lembrar da tragédia dos comuns, estamos no caminho certo. A reciprocidade indireta desse tipo é, em si mesma, uma forma de cooperação e uma forma de altruísmo, colocando o interesse do grupo acima do interesse próprio. Assim, tal punição é com frequência chamada de "punição altruísta".[74] Esse termo pode ser enganoso, porque o punidor altruísta pode não estar pensando no bem do grupo. Ele pode apenas gostar de perseguir pessoas que fizeram algo errado contra ele — ou contra outros. Para esclarecer as coisas, chamarei esse tipo de punição custosa de punição *pró-social*.

Somos punidores pró-sociais? Teste a si mesmo: suponha que, em uma cidade estrangeira a milhares de quilômetros, há um estuprador e assassino em série aterrorizando dezenas de mulheres e meninas. Ele continuará fazendo isso até ser pego. Você pagaria 25 dólares sem se identificar para assegurar que o estuprador e assassino fosse levado à justiça? Se não 25, que tal 1 dólar? Se sua resposta for sim, parabéns: você é um punidor pró-social. Você está disposto a arcar com um custo pessoal para assegurar a cooperação de outros. (Lembre-se, novamente, de que a não agressão é uma forma de cooperação.)

Numerosos experimentos de laboratório confirmam que as pessoas são, de fato, punidoras pró-sociais.[75] O mais famoso de tais experimentos foi conduzido por Ernst Fehr e Simon Gächter, utilizando o chamado "jogo dos bens públicos",[76] um dilema do prisioneiro multipessoas análogo à tragédia dos comuns. Os jogadores recebem certa quantia de dinheiro e são divididos em grupos. Em cada jogada, podem contribuir para um fundo comum. O dinheiro que entra no fundo é multiplicado pelo pesquisador e redistribuído de forma igual entre os jogadores. Tudo isso é feito sem identificação.

Aqui, o comportamento coletivamente racional sugere que cada jogador coloque todo seu dinheiro no fundo. Isso maximiza a quantia que será multiplicada pelo pesquisador, maximizando o ganho total do grupo. Suponha, por exemplo, que quatro jogadores comecem com 10 dólares cada e, juntos, depositem 40 dólares no fundo comum. O pesquisador dobra o fundo, transformando-o em 80 dólares, e dá 20 dólares para cada jogador. É um bom lucro. Mesmo assim, a coisa individualmente racional a fazer (para alguém egoísta) é não contribuir para o fundo — ou seja, "pegar uma carona" nas contribuições dos outros jogadores. Os caronistas mantêm sua quantia original mais uma parte do fundo comum. Nesse caso, um caronista entre três cooperadores fica com 25 dólares, enquanto os outros têm um resultado líquido de apenas 5 dólares cada. Pegar carona no jogo dos bens públicos é análogo a dedurar no dilema do prisioneiro e aumentar o próprio rebanho *ad libitum* na tragédia dos comuns.

Em um típico jogo dos bens públicos repetido, a maioria das pessoas começa cooperando, colocando ao menos algum dinheiro no fundo comum. Algumas pessoas, contudo, preferem pegar carona, contribuindo com pouco ou nada. Os cooperadores percebem que estão sendo explorados e reduzem ou eliminam suas contribuições. Conforme as contribuições declinam de jogada em jogada, mais jogadores dizem "Que se dane" e a contribuição cai para zero. Trágico.

Porém, quando os cooperadores têm a oportunidade de punir os caronistas, as coisas mudam com frequência. Punição, nesse caso, significa "punição custosa" — pagar certa quantia para reduzir o ganho de outro jogador. Alguém pode, por exemplo, pagar 1 dólar para reduzir o ganho de um caronista em 4 dólares na jogada seguinte. É o equivalente econômico de dar um golpe na nuca de alguém. Quando os pesquisadores introduzem a oportunidade de punir, as contribuições tipicamente aumentam.[77] E o ponto crucial: isso acontece mesmo quando os punidores nada têm a ganhar com a punição e todos sabem disso. Vale destacar que o aumento na cooperação causado pela introdução da punição é com frequência imediato, ou seja, antes que alguém possa realmente ser punido. Isso significa que os caronistas antecipam que serão punidos, mesmo quando as pessoas nada têm a ganhar (materialmente) por puni-los.

Há um vigoroso debate sobre *por que* somos punidores pró-sociais. Alguns dizem que a punição pré-social é apenas subproduto da tendência à reciprocidade e ao gerenciamento da reputação:[78] punimos as pessoas com as quais não temos futuros cooperativos porque nosso cérebro automaticamente assume que todo mundo é um parceiro cooperativo e alguém sempre está observando. Na vida de um pequeno grupo de caçadores-coletores, não são suposições insensatas. Outros acham que a punição pró-social evoluiu por intermédio. da seleção biológica ou cultural no nível do grupo:[79] a punição pró-social é boa para o grupo e, ao punir pró-socialmente, ajudamos nosso grupo a vencer os outros. É um debate fascinante, mas não precisamos assumir uma posição. O que importa para nossos objetivos é que a punição pró-social acontece e se adapta a um perfil psicológico agora familiar.

Como se poderia esperar, a punição pró-social é movida pelas emoções. Fehr e Gächter perguntaram a seus participantes como eles se sentiram em relação ao caronista ao encontrá-lo fora do laboratório. A maioria das pessoas indicou sentir raiva e esperar que os outros sentissem raiva em relação *a elas* se os papéis estivessem invertidos. Chamamos esse tipo de raiva distintamente moral de *justa indignação*.

Em nenhum lugar nossa preocupação com a maneira como as pessoas tratam umas às outras é mais aparente que em nosso envolvimento na ficção. Quando somos puramente egoístas, não gastamos dinheiro para ouvir uma história inventada sobre um grupo heterogêneo de órfãos que usam o que aprenderam nas ruas e seus extravagantes talentos para levar a melhor sobre uma gangue criminosa. Ficamos cativados pelas histórias de heróis e vilões imaginários porque elas despertam nossas emoções sociais, aquelas que guiam nossas reações a cooperadores e canalhas da vida real. Não somos partes desinteressadas.

MAQUINARIA MORAL

De células simples a animais supersociais como nós, a história da vida na Terra é a história de uma cooperação cada vez mais complexa.[80] A cooperação é a razão de estarmos aqui e, mesmo assim, manter essa cooperação é nosso maior desafio. A moralidade é a resposta do cérebro humano a esse desafio. (Para uma vívida e extensa discussão sobre essa ideia, ver o livro de Jonathan Haidt *The Righteous Mind*.)

Como Art e Bud nos ensinaram, existem várias estratégias complementares para levar indivíduos egoístas ao canto mágico cooperativo. As estratégias que permitem a cooperação no dilema do prisioneiro são estratégias gerais que se aplicam a qualquer dilema social, qualquer situação na qual haja tensão entre "eu" e "nós". As estratégias cooperativas de Art e Bud, por exemplo, traduzem-se com facilidade em estratégias para evitar a tragédia dos comuns: pastores que se importam uns com os outros irão limitar o tamanho de seus rebanhos. Um pastor leviatã pode garantir que os outros pastores sigam as regras. Pastores podem manter a cooperação marcando os trapaceiros do grupo e impedindo a exploração externa. E assim por diante. Ainda mais importante, essas estratégias se traduzem em soluções para problemas do mundo real: o que vale para pastores gananciosos vale para sonegadores de impostos, comerciantes desonestos, poluidores ilegais, agressores, falsos amigos e assim por diante. (Veremos mais sobre isso nos próximos capítulos.)

Para cada estratégia cooperativa, nosso cérebro moral possui um conjunto correspondente de disposições emocionais para executá-la. Vamos revisar:

> *Preocupação com os outros*: dois prisioneiros podem encontrar o canto mágico se derem alguma importância ao destino um do outro, em adição ao próprio. Correspondendo a essa estratégia, os seres humanos possuem *empatia*. Mais genericamente, temos emoções que fazem com que nos *importemos* com o que acontece com os outros, em especial familiares, amigos e amantes. Nossas emoções também nos tornam relutantes em direta e intencionalmente ferir os outros e (em menor extensão) permitir que sejam feridos. Chamei isso de *decência mínima*.

Reciprocidade direta: dois prisioneiros podem encontrar o canto mágico se souberem que não ser cooperativo negará os benefícios da cooperação futura. Correspondendo a essa estratégia, os seres humanos possuem — e são *conhecidos* por possuir — emoções reativas negativas como *raiva* e *repulsa*, o que nos motiva a punir ou evitar indivíduos não cooperativos. Ao mesmo tempo, essas disposições emocionais são moderadas pela tendência ao *perdão*, uma estratégia adaptativa para um mundo onde erros acontecem. Também fornecemos uns aos outros incentivos positivos para cooperar por meio da *gratidão*.

Comprometimento com ameaças e promessas: dois prisioneiros podem encontrar o canto mágico se estiverem comprometidos a punir o comportamento não cooperativo um do outro. Correspondendo a essa estratégia, os seres humanos com frequência são *vingativos*. Muitos de nós possuem — e são conhecidos por possuir — disposições emocionais que os levam a punir comportamentos não cooperativos mesmo quando o custo é maior que o benefício. Do mesmo modo, dois prisioneiros podem encontrar o canto mágico se estiverem comprometidos a punir *a si mesmos* por não serem cooperativos. Correspondendo a essa estratégia, os seres humanos às vezes são *honrados* e conhecidos por sua disposição à *culpa* e à *vergonha*, emoções autopunitivas. Os seres humanos também podem exibir a virtude relacionada da *lealdade*, incluindo a lealdade que acompanha o amor. A lealdade às altas autoridades também envolve a virtude da *humildade* e a capacidade de *reverência*.

Reputação: dois prisioneiros podem encontrar o canto mágico se souberem que não ser cooperativo agora negará os benefícios da cooperação futura com *outros* informados a respeito. Correspondendo a essa estratégia, os seres humanos são *sentenciosos*, mesmo quando bebês. Prestamos atenção a como as pessoas tratam outras pessoas e ajustamos nosso comportamento em relação a elas de acordo com o que observamos. Além disso, ampliamos a influência de nossos julgamentos por meio de nossa irreprimível tendência de produzir e consumir *fofoca*. De modo condizente, somos bastante sensíveis aos olhos vigilantes dos outros, o que nos torna *autoconscientes*. Quando nossa autoconsciência falha e somos flagrados em transgressão, ficamos visivelmente *constrangidos*, assinalando que não cometeremos novas transgressões no futuro.

Agrupamento: dois prisioneiros podem encontrar o canto mágico se pertencerem a um grupo cooperativo, desde que os membros do grupo possam identificar uns aos outros de maneira confiável. Correspondendo a essa estratégia, seres humanos são *tribais* — muito sensíveis a sinais de pertencimento a um grupo e intuitivamente dispostos a favorecer os membros de seu grupo (incluindo estranhos), em detrimento dos indivíduos que não pertencem a ele.

Reciprocidade indireta: dois prisioneiros podem encontrar o canto mágico se houver outros que os punirão por não cooperarem (ou os recompensarão por cooperarem). Correspondendo a essa estratégia, os seres humanos são *punidores pró-sociais* cuja *justa indignação* os inclina a punir os não cooperadores, a despeito de nada terem a ganhar com isso. Do mesmo modo, as pessoas esperam que os outros se sintam indignados em relação aos não cooperadores.

Empatia, amor familiar, raiva, repulsa social, amizade, decência mínima, gratidão, vingança, amor romântico, honra, vergonha, culpa, lealdade, humildade, reverência, julgamento, fofoca, autoconsciência, constrangimento, tribalismo e justa indignação: essas são características familiares da natureza humana,[81] e todos os seres humanos socialmente competentes possuem uma compreensão básica do que são e fazem. Mesmo assim, até pouco tempo atrás não entendíamos como essas características aparentemente disparatadas da psicologia humana se encaixavam e por que existiam. Toda essa maquinaria psicológica foi projetada com perfeição para promover a cooperação entre indivíduos de outro modo egoístas, implementando estratégias que podem ser formalizadas em termos matemáticos abstratos e ilustradas por ladrões de banco sob custódia da polícia. Hoje em dia, não há nenhuma maneira de provar que essa maquinaria psicológica evoluiu, biológica ou culturalmente, para promover a cooperação, mas, se não o fez, é uma coincidência incrível.

De acordo com essa visão da moralidade humana, a cooperação é tipicamente intuitiva. Não precisamos pensar na lógica da cooperação para cooperar. Em vez disso, temos sentimentos que pensam por nós. Para testar essa ideia, David Rand, Martin Nowak e eu conduzimos uma série de estudos.[82] Primeiro, analisamos os dados de vários experimentos publicados que empregaram o dilema do prisioneiro e jogos dos bens públicos. Mais especificamente, observamos o tempo de decisão das pessoas. Encontramos com frequência o mesmo padrão. Quanto mais rapidamente as pessoas decidiam, mais cooperavam, em um resultado condizente com a ideia de que a cooperação é intuitiva (ver Figura 4).

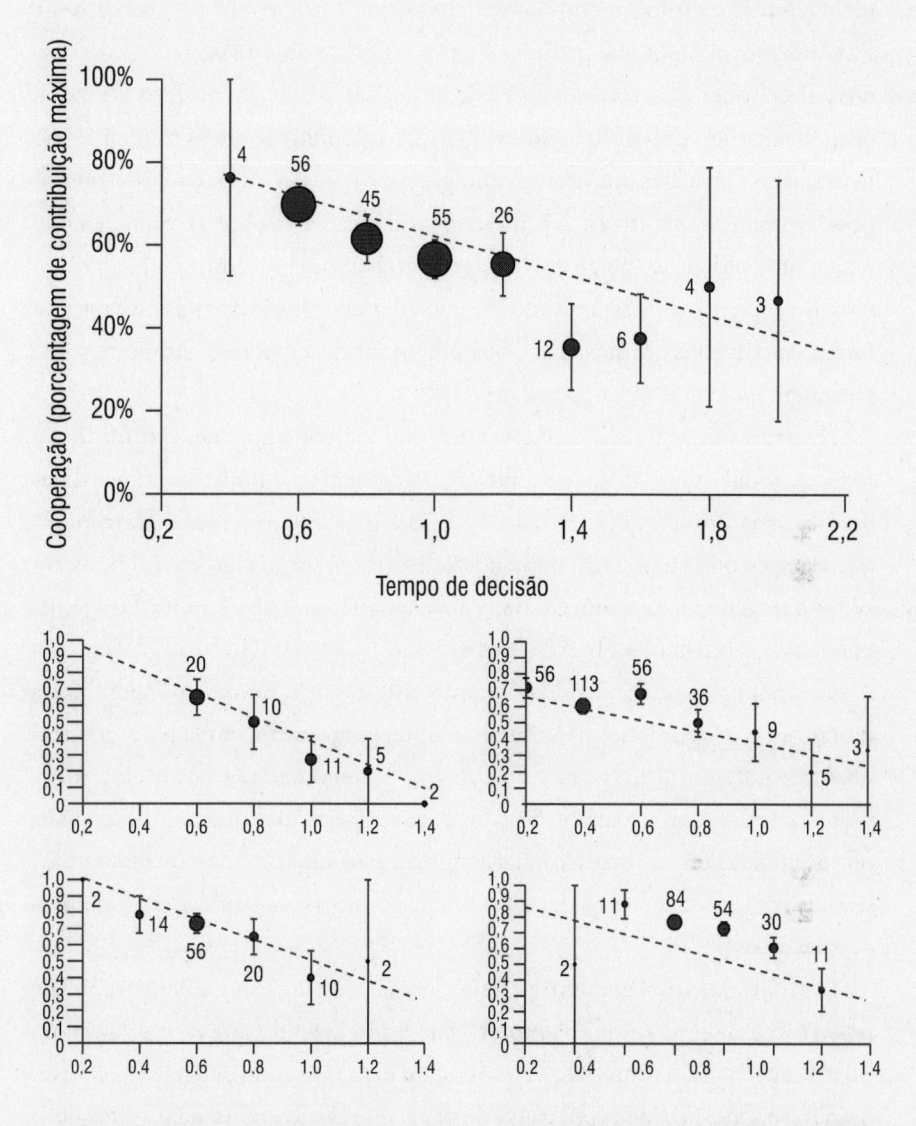

Figura 4. Dados sobre tempos de decisão em cinco experimentos de cooperação: decisores mais rápidos se mostram mais propensos a colocar o interesse coletivo acima do interesse individual, indicando que ser cooperativo (ao menos em alguns contextos) é mais intuitivo que ser egoísta.[83]

Mais tarde, conduzimos nossos próprios jogos dos bens públicos, nos quais forçamos algumas pessoas a decidirem com rapidez (menos de dez segundos) e outras a decidirem devagar (mais de dez segundos). Como previsto, forçar as pessoas a decidirem bem rápido as tornou mais cooperativas e forçá-las a levar mais tempo as tornou menos cooperativas (mais propensas a pegar carona). Em outros experimentos, pedimos às pessoas que, antes de participar do jogo dos bens públicos, escrevessem sobre uma ocasião na qual a intuição as ajudou ou o raciocínio cuidadoso as induziu ao erro. Refletir sobre as vantagens do pensamento intuitivo (ou as desvantagens da reflexão cuidadosa) tornou as pessoas mais cooperativas. Do mesmo modo, refletir sobre as vantagens do raciocínio cuidadoso (ou as desvantagens do pensamento intuitivo) as tornou menos cooperativas. Esses estudos destacam o ponto principal deste capítulo: foram construídos em nosso cérebro programas psicológicos autônomos que permitem e facilitam a cooperação.

(Nota: a partir desses estudos, você poderia concluir que a intuição é a fonte de todas as coisas boas e o raciocínio cuidadoso é inimigo da moralidade. Isso seria um erro. Na verdade, é o erro que este livro pretende corrigir. O que esses estudos mostram é que nossos instintos sociais são muito bons em evitar a tragédia dos comuns. Como mencionado, essa não é a única tragédia. Falaremos sobre isso em breve.)

Chamei a maquinaria psicológica descrita neste capítulo de "maquinaria moral", mas igualar "moral" e "facilitador da cooperação" pode parecer estranho, por ao menos duas razões. Primeiro, há fenômenos reconhecidamente morais que parecem não estar relacionados à cooperação. Em algumas culturas, por exemplo, consumir certos alimentos ou participar de determinados atos sexuais consensuais é considerado imoral. Como essas proibições ajudam as pessoas a cooperar?

Para ser claro, ao chamar as ferramentas psicológicas de cooperação de nosso cérebro de "maquinaria moral", não estou dizendo que essa maquinaria é usada apenas para promover a cooperação. Estou dizendo que temos essa maquinaria em nossa cabeça por causa do papel que ela desempenha na promoção da cooperação. Isso não significa que a maquinaria moral não pode ser usada para outras coisas. Seu nariz, por exemplo, pode ser usado para segurar seus óculos, mas narizes não evoluíram para esse propósito. Do mesmo modo, a justa indignação contra homossexuais pode nada fazer para promover a cooperação e, mesmo assim, a capacidade de sentir justa indignação pode existir por causa do papel que ela desempenha na promoção da cooperação. Isso dito, algumas práticas morais que parecem não ter relação com a cooperação podem estar de fato relacionadas a ela. A proibição hindu contra o consumo de vacas, por exemplo, pode aumentar o estoque de alimentos ao transformar as vacas em fontes de leite de longo prazo, em vez de fontes de carne de curto prazo.[84] A ética protestante do trabalho, que combina alta produtividade com consumo limitado, disponibiliza mais recursos para a comunidade. Mesmo a proibição contra a masturbação — um dos atos mais privados que existem — pode servir a uma função social: uma instituição cooperativa como a igreja consegue aumentar seu poder ao manter o monopólio da bênção dos casamentos, ao mesmo tempo bloqueando rotas alternativas para a gratificação sexual.[85]

Segundo, parte do que chamei de "maquinaria moral" pode parecer *amoral*, se não completamente *imoral*. Importar-se com os outros é moral, e pode-se dizer o mesmo da imposição altruísta de regras cooperativas. Mas e quanto à reciprocidade direta? Nossa tendência de evitar ou punir as pessoas que falharam em cooperar conosco pode promover a cooperação, mas isso não parece particularmente moral. Ao contrário, parece simples interesse próprio. E quanto ao tão humano desejo de vingança? Ele também pode promover a cooperação e, todavia, para muitos de nós está longe de ser moralmente admirável.

De fato, ao chamar essa maquinaria psicológica de "moral", não a estou endossando, ao menos não toda ela. Ao contrário, acredito, como veremos em breve, que nossa maquinaria moral nos causa muitos problemas desnecessários. Mesmo assim, de uma perspectiva científica e apenas descritiva, é importante compreender que essas características de nossa psicologia, muitas das quais não são especialmente admiráveis, fazem parte de um todo orgânico — um conjunto de adaptações psicológicas que evoluíram para permitir a cooperação. Além disso, é importante entender que essa maquinaria psicológica é a fonte terrena de tudo que *é* inegavelmente moral. Em outras palavras, nem tudo que evoluiu para promover a cooperação é corretamente elogiado como "moral", mas nada do que é elogiado de maneira correta como "moral" existiria se nosso cérebro não tivesse sido projetado para a cooperação.

Por que, então, nosso cérebro foi projetado para a cooperação? Talvez porque Deus o tenha criado assim. Ou pode ter sido um acidente da natureza. O fato é que não estamos limitados à escolha inflexível entre vontade divina e acaso.[86] Parece que possuímos cérebros cooperativos porque a cooperação fornece benefícios materiais, recursos biológicos que permitem que nossos genes façam mais cópias de si mesmos. Do solo evolucionário brota a flor da bondade humana.

3

Conflito nos novos pastos

Os pastores dos novos pastos possuem cérebros repletos de uma maquinaria moral projetada para a cooperação e, mesmo assim, suas vidas são caracterizadas pela violência intertribal. Mesmo em seus momentos mais pacíficos, as tribos dos novos pastos têm profundas discordâncias sobre como os seres humanos devem viver. Por que isso acontece? No último capítulo, fizemos uma excursão pela maquinaria moral que nos permite encontrar o canto mágico e evitar a tragédia dos comuns. Neste capítulo, daremos uma segunda olhada nessa maquinaria, dessa vez para compreender por que ela falha com tanta frequência no mundo moderno. Por que nosso cérebro moral, tão bom em evitar a tragédia dos comuns, falha tanto ao tentar evitar a tragédia da moralidade do senso comum?

A PSICOLOGIA DO CONFLITO

Os obstáculos psicológicos à cooperação intertribal possuem dois "sabores". Primeiro, há o bom e velho egoísmo grupal, também conhecido como *tribalismo*. Os seres humanos quase sempre colocam o "nós" acima do "eles". Segundo, para além do tribalismo, os grupos possuem diferenças genuínas de valores, desacordos relacionados aos *termos* adequados da cooperação. O desacordo entre pastores do norte e do sul, por exemplo, vai além do mero egoísmo tribal. Os nortistas individualistas acreditam mesmo que é errado forçar pastores sábios e industriosos a sustentar pastores tolos ou preguiçosos. Do mesmo modo, os sulistas coletivistas acreditam de fato que é errado permitir que membros de seu grupo, em especial vítimas de circunstâncias desafortunadas, passem fome quando outros conhecem fartura. Pastores sulistas e nortistas podem encontrar muitos motivos para brigar sem serem egoístas.

Esses dois sabores do conflito tribal se misturam com naturalidade. Ou seja, os grupos podem possuir razões *egoístas* para favorecer certos valores morais, um fenômeno que chamo de *justiça tendenciosa*. Os nortistas são bastante individualistas; os sulistas são bastante coletivistas. E quanto aos mais moderados pastores do leste e do oeste? Suponha que os pastos do leste sejam mais férteis que os do oeste, tornando os pastores do leste comparativamente mais ricos, e os pastores do oeste, comparativamente mais pobres. Confrontados com a perspectiva de subsidiar seus vizinhos mais pobres, seria de esperar que os pastores do leste se aproximassem do individualismo e se afastassem do coletivismo. E seria de esperar que os pastores do oeste fizessem o contrário. Conforme se inclinam em direções morais opostas, os pastores do leste e os pastores do oeste não se veem como tendenciosos. De fato, essa inclinação pode ocorrer ao longo de gerações, de modo que nenhum indivíduo jamais precisa mudar de ideia em relação a como as sociedades devem ser organizadas.

Alguns desacordos morais genuínos são em sua essência uma questão de ênfase. Não é que os sulistas sejam cegos para a injustiça de tirar dos sábios e industriosos para dar aos tolos e preguiçosos. De fato, a queixa mais comum entre os sulistas é contra vizinhos caronistas tolos ou preguiçosos. Mesmo assim, eles acham inconcebível deixar membros de seu grupo, inclusive tolos ou preguiçosos, morrerem em épocas de abundância. Do mesmo modo, não é que os prósperos nortistas não sintam simpatia pelos menos afortunados, inclusive os tolos e preguiçosos. Eles com frequência fazem doações para ajudar tais pessoas. Ainda assim, são contra a ideia de serem *forçados* a ajudá-las e *legitimarem* a tolice e a preguiça ao conceder a tolos e preguiçosos o *direito* de serem ajudados. Isso, dizem eles, prejudica toda a sociedade e é pior que deixar algumas pessoas morrerem.

Outras diferenças morais entre grupos não são uma questão de ênfase. Alguns grupos possuem valores morais que os outsiders apenas não partilham, ao menos não em suas particularidades. Vistos de fora, esses valores parecem arbitrários e estranhos, mas, vistos de dentro, fazem sentido e com frequência são sacrossantos. Veja, por exemplo, a tribo que acha abominável que as mulheres exibam os lóbulos das orelhas em público. Outras tribos não veem nada de errado com orelhas femininas e não encontram razão para acomodar essa proibição quando ela é inconveniente. Do mesmo modo, algumas tribos concedem autoridade moral e política a certos indivíduos, instituições, textos e deidades. O livro sagrado de uma tribo diz que ovelhas brancas e pretas não podem ficar no mesmo cercado. Esse princípio é afirmado pelo líder supremo da tribo, que fala em nome do deus de todos os deuses e cuja palavra é infalível. Aqui, também o desacordo não é uma questão de grau: membros de outras tribos não concedem nenhuma autoridade a esse livro, esse deus ou esse líder.

Desacordos sobre que pessoas, deidades e textos possuem autoridade também levam a desacordos sobre fatos terrenos. Segundo o livro sagrado de certa tribo, os novos pastos são sua pátria ancestral, de onde foram expulsos há muito tempo. As outras tribos acham que essa é uma ficção autointeressada. "Onde está a prova?", perguntam. "Bem aqui no livro sagrado!", respondem os crentes. Crenças como essa são *locais*, significando que estão inextricavelmente ligadas a compromissos com pessoas, textos e deidades específicas — entidades que possuem nomes próprios. Um termo menos neutro — e, segundo alguns, menos adequado — é *paroquiais*. Entretanto, os crentes nunca ou raríssimas vezes veem suas crenças como paroquiais ou mesmo locais. De seu ponto de vista, elas refletem conhecimento sobre uma ordem moral universal que, por qualquer razão, os membros das outras tribos não conseguem apreciar.

Assim, as tribos dos novos pastos lutam entre si em parte porque cada tribo egoisticamente favorece o "nós" e em parte porque tribos diferentes veem o mundo por meio de lentes morais diferentes. Nas seções seguintes, examinaremos a psicologia e a sociologia do conflito moral.

TRIBALISMO

A mais direta causa de conflito nos novos pastos é o tribalismo, o frequente (e frequentemente incontrito) favorecimento de membros do grupo em detrimento daqueles que não fazem parte do mesmo grupo. Esta será uma seção bem curta, porque há pouca dúvida de que os seres humanos possuem tendências tribais que promovem conflitos. O debate sobre nossas tendências tribais não é sobre se as possuímos, mas *por quê*.[1] Em minha opinião, as evidências sugerem fortemente que possuímos tendências tribais inatas. Outra vez, os relatos antropológicos indicam que o favoritismo interno ao grupo e o etnocentrismo são universais entre os seres humanos. Crianças muito novas identificam e favorecem membros de seu grupo com base em pistas linguísticas. Testes de tempo de reação (IATs) revelam disseminadas associações negativas com indivíduos externos ao grupo em adultos, crianças e mesmo macacos. As pessoas favorecem de imediato os membros de seu grupo, mesmo quando os grupos são temporários e arbitrariamente definidos. Elas logo substituem esquemas de classificação racial por esquemas de classificação por coalizão, mas não fazem o mesmo com a classificação por gênero, como previsto pelos relatos evolutivos da psicologia de grupo humana. E há um neurotransmissor, a oxitocina, que faz as pessoas favorecerem de forma seletiva membros de seu grupo. Finalmente, todos os relatos biológicos sobre a evolução da cooperação com indivíduos sem relação de parentesco envolvem o favorecimento dos parceiros cooperativos (a maioria ou todos pertencendo ao mesmo grupo). De fato, alguns modelos matemáticos indicam que o altruísmo no interior dos grupos não poderia ter evoluído sem a hostilidade entre grupos.[2]

Em resumo, parecemos ser tribais por natureza e, de qualquer modo, decerto somos tribais. Essa característica está destinada a causar problemas — embora não problemas *insuperáveis* — quando grupos humanos tentam viver juntos.

COOPERAÇÃO EM QUE TERMOS?

O tribalismo torna difícil a convivência entre grupos, mas o egoísmo grupal não é o único obstáculo. Estudos interculturais revelam que diferentes grupos humanos possuem ideias impressionantemente diferentes sobre os termos adequados de cooperação, sobre o que as pessoas deveriam e não deveriam esperar umas das outras.

Em um histórico conjunto de experimentos, Joseph Henrich e colegas se uniram a um grupo de antropólogos estudando sociedades de pequena escala em todo o mundo, incluindo África, América do Sul, Indonésia e Papua-Nova Guiné.[3] Eles pediram que membros dessas sociedades participassem de três jogos econômicos, projetados para avaliar a disposição das pessoas para cooperar e suas expectativas sobre a disposição dos outros. Conhecemos dois desses jogos, o jogo do ditador e o jogo dos bens públicos, no capítulo anterior. O terceiro jogo é chamado de "jogo do ultimato".[4]

No jogo do ultimato, um dos jogadores, o proponente, faz uma proposta sobre como dividir uma soma em dinheiro entre ele mesmo e o respondedor. O respondedor pode aceitar ou rejeitar a proposta. Se aceitar (por exemplo, "Eu fico com 6, e você, com 4"), o dinheiro é dividido como proposto. Se rejeitar, ninguém recebe nada. Como de hábito, tudo é feito no anonimato. O jogo do ultimato essencialmente mede o senso de justiça das pessoas ao dividir recursos. Ofertas altas refletem a disposição de partilhar, seja porque o proponente vê isso como a coisa justa a fazer, seja porque espera que o respondedor veja as coisas dessa maneira. Ofertas baixas refletem um senso de merecimento individual e a expectativa de que outros o respeitem. Rejeitar a oferta é dizer "Sua oferta é injusta e estou disposto a pagar para afirmar isso".

Henrich e seus colegas descobriram que as ofertas típicas do jogo do ultimato variavam bastante de uma sociedade para outra. Em uma ponta do espectro, temos os machiguengas do Peru, que ofereceram uma média de 25% do dinheiro ao respondedor. De modo condizente, apenas um respondedor machiguenga em vinte e cinco rejeitou uma oferta. Os machiguengas ofereceram pouco e esperaram pouco. Isso é muito diferente do que vimos nos Estados Unidos e em outras nações industrializadas ocidentais, onde a oferta média foi de cerca de 44%, com a mais comum sendo de 50%, e ofertas de menos de 20% foram rejeitadas praticamente na metade do tempo. Algumas sociedades de pequena escala se parecem um pouco com sociedades ocidentais. Um grupo de aldeões reassentados do Zimbábue, por exemplo, ofereceu 45% em média e rejeitou cerca de metade das ofertas mais baixas. Em contraste, os achés do Paraguai e os lamelaras da Indonésia fizeram ofertas médias de *mais* de 50% e aceitaram todas as ofertas. Os aus de Papua-Nova Guiné com frequência fizeram ofertas maiores que 50%, mas os respondedores aus rejeitaram essas ofertas extrageneorosas com tanta frequência quanto rejeitaram ofertas baixas. A maquinaria macoral de nosso cérebro funciona de maneiras diferentes em lugares diferentes.

O jogo dos bens públicos é, como foi dito, a versão de laboratório da tragédia dos comuns. Indivíduos podem contribuir para um fundo comum, que é multiplicado pelo pesquisador e dividido da mesma maneira entre os jogadores. Indivíduos maximizam seus resultados ao não contribuir (carona), mas grupos maximizam seus resultados ao contribuir integralmente. Jogos dos bens públicos típicos no Ocidente (com estudantes universitários) geraram contribuições médias entre 40 e 60%, com a maioria dos jogadores contribuindo integralmente ou não contribuindo. (Interessante observar que o comportamento cooperativo dos americanos é bastante sensível a dicas contextuais. A cooperação no dilema do prisioneiro, por exemplo, varia de maneira dramática, dependendo de o jogo ser chamado de "jogo de Wall Street" ou "jogo comunitário".)[5] Entre os machiguengas, em contraste, os jogadores contribuíram apenas com 22% em média e nenhum jogador individual contribuiu integralmente. Os tsimanés da Bolívia, ao contrário dos ocidentais, ficaram no meio, com pouquíssimos indivíduos dando tudo e pouquíssimos dando nada. Aqui, também vemos ampla variação de lugar para lugar.

O jogo do ditador não é de fato um jogo, porque o "proponente" possui total controle. Como vimos, uma pessoa recebe algum dinheiro e tem a opção de dar tudo, um pouco ou nada para outra pessoa. No jogo do ditador, estudantes universitários ocidentais típicos oferecem 50% ou nada, de modo semelhante ao seu comportamento nos jogos dos bens públicos. (O comportamento americano, também nesse caso, varia de maneira dramática de acordo com o contexto. Americanos tendem a não dar nada no jogo do ditador quando é acrescentada uma terceira opção: *pegar* dinheiro de um estranho.)[6] Do mesmo modo, os tsimanés demonstraram um padrão cultural consistente, oferecendo 32% em média e sempre oferecendo algo. Entre os ormas do Quênia, a oferta mais comum foi de 50%. Entre os hadzas da Tanzânia, de 10%. Como se poderia esperar, as sociedades nas quais as pessoas são mais cooperativas são também as sociedades nas quais estão mais dispostos a punir os que não cooperam.[7] (Alguém poderia se perguntar o que o jogo do ditador tem a ver com cooperação, uma vez que esse "jogo" unilateral não envolve *co*-operação.[8])

Por que pessoas de culturas diferentes jogam de maneiras tão diferentes? Como se poderia esperar, a maneira como jogam reflete a maneira como vivem. Henrich e seus colegas caracterizaram essas sociedades de duas maneiras.

Primeira, deram a cada sociedade um ranking de "resultados de cooperação", indicando a extensão em que as pessoas se beneficiam da cooperação. As famílias machiguengas, por exemplo, ganham a vida de forma independente, enquanto os lamelaras da Indonésia caçam baleias em grandes grupos de doze ou mais pessoas. De modo condizente com seus estilos de vida econômicos, os lamelaras ofereceram cerca de duas vezes mais que os machiguengas no jogo do ultimato. Os pesquisadores também classificaram as sociedades em termos de sua "integração ao mercado", ou seja, a extensão em que se apoiam nas trocas de mercado em suas vidas cotidianas (por exemplo, comprando alimentos em vez de produzi-los). Como mencionado no capítulo 1, participar de uma economia de mercado é uma forma de cooperação em larga escala. Henrich e seus colegas descobriram que os resultados da cooperação e da integração ao mercado explicam mais de dois terços das variações entre as culturas. Estudo mais recente mostra que a integração ao mercado é um excelente previsor de altruísmo no jogo do ditador.[9] Ao mesmo tempo, muitos fatores que julgaríamos previsores importantes de comportamento cooperativo — como sexo, idade, riqueza relativa ou quantidade de dinheiro em jogo — apresentam baixo poder preditivo.

Essas descobertas experimentais estão ligadas às práticas culturais de maneiras mais específicas. Considere, por exemplo, os aus e os gnaus de Papua-Nova Guiné, que com frequência ofereceram mais de 50% no jogo do ultimato, assim como rejeitaram essas ofertas hipergenerosas. Ocorre que esses grupos possuem culturas nas quais um grande presente obriga aquele que o recebe a retribuir e o subordina ao doador. Os achés do Paraguai estiveram entre os jogadores mais generosos do jogo do ultimato, com quase todos os jogadores oferecendo mais de 40%. Esse grupo é bastante coletivista. Caçadores achés bem-sucedidos tipicamente deixam a caça nos limites do campo e relatam terem sido malsucedidos; outros encontram a caça e a dividem de maneira igual entre todos. Membros dos ormas do Quênia, outro grupo bastante coletivista, espontaneamente chamaram o jogo dos bens públicos de jogo *harambee*, referindo-se a sua prática de trabalharem juntos em projetos coletivos como construir escolas e estradas. Os ormas contribuíram com 58% de suas partes durante o jogo dos bens públicos.

Mais recentemente, Benedikt Herrmann e colegas examinaram cooperação e punição em um conjunto de sociedades de larga escala,[10] e os resultados foram também surpreendentes. Pessoas de cidades do mundo inteiro participaram de repetidos jogos dos bens públicos nos quais os jogadores podiam punir os caronistas. A Figura 5 mostra alguns resultados.

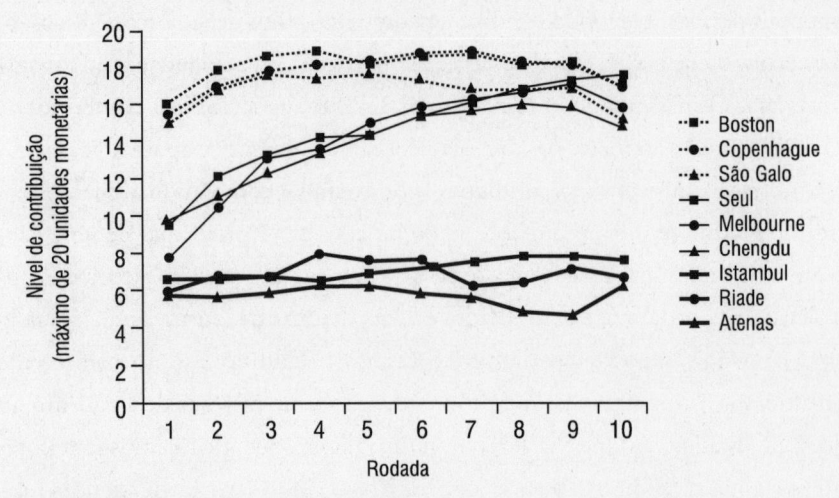

Figura 5. Pessoas de diferentes cidades participaram de uma série de jogos dos bens públicos. Os níveis e as trajetórias de cooperação variaram bastante.[11]

No eixo x temos as rodadas (primeira rodada, segunda rodada...), e no eixo y, as contribuições médias. Primeiro, pode-se notar que, desde o início, pessoas de cidades diferentes contribuíram em níveis diferentes, com as de Atenas, Riade e Istambul contribuindo com pouco mais de 25% de sua parte, em média, e as de Boston, Copenhague e São Galo contribuindo com mais de 75%. Segundo, há três padrões distintos no desenrolar dos jogos. Em lugares como Copenhague, as contribuições começam e permanecem altas, porque a maioria das pessoas a princípio está disposta a cooperar e a pagar para punir as poucas que não estão. (Mesmo em lugares como Copenhague, contudo, a cooperação diminui com o tempo se não houver oportunidade de punir.) E então há lugares como Seul, onde as contribuições começam moderadamente altas e atingem níveis muito elevados quando os caronistas são punidos. Finalmente, há lugares como Atenas, Riade e Istambul, onde as contribuições começam e permanecem baixas. Esse último conjunto de resultados é surpreendente: dado que os cooperadores podem punir os caronistas, por que a cooperação não aumenta com o tempo, como faz em Seul?

Ocorre que, em lugares como Atenas, Riade e Istambul, há uma força social oposta. Nessa versão do jogo dos bens públicos, os cooperadores podem punir os caronistas, mas os caronistas também podem punir os cooperadores, em um fenômeno conhecido como "punição antissocial". Em lugares como Atenas, as pessoas que não contribuíram para o fundo comum com frequência pagaram para punir aqueles que o fizeram. Por que alguém faria isso? Em parte, para se vingar. Os caronistas se ressentem ao serem punidos e se vingam. Porém, a motivação não é apenas a vingança, uma vez que, em alguns lugares, baixos contribuintes punem os cooperadores na primeira rodada![12] É como se estivessem dizendo: "Vão para o inferno, seus bonzinhos! Nem *pensem* em me obrigar a participar de seu joguinho!" Como demonstrado na Figura 6, a prevalência de punição antissocial é um excelente previsor da falha do grupo em cooperar.

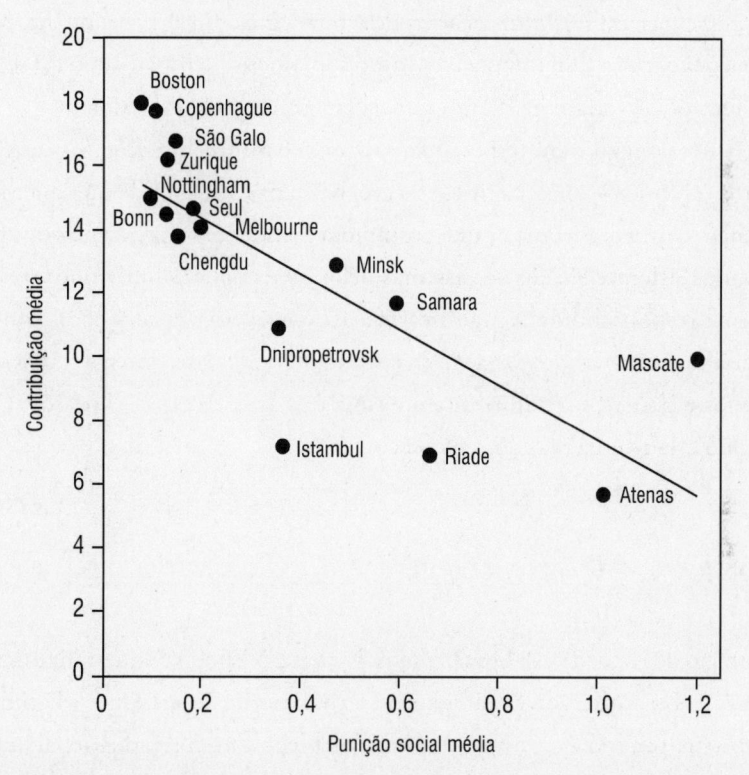

Figura 6. Os níveis de cooperação em repetidos jogos dos bens públicos em cidades de todo o mundo estão negativamente relacionados aos níveis de "punição antissocial", que pune as pessoas por cooperar.

Assim, em alguns lugares, as forças que poderiam sustentar a cooperação no jogo dos bens públicos — altruísmo e punição pró-social — são superadas pela punição antissocial. Nesse caso, também a maneira como as pessoas jogam reflete a cultura local. Os pesquisadores examinaram as respostas de milhares de pessoas ao World Values Survey. E descobriram que a punição antissocial é alta em lugares onde as pessoas relatam ter atitudes relaxadas em relação a coisas como evasão fiscal e usar o transporte público sem pagar. Do mesmo modo, eu e meus colegas descobrimos em nossos experimentos com jogos dos bens públicos (ver p. 72–73) que as pessoas que cooperam de forma intuitiva são as que relataram confiar em seus parceiros de interação diária. Em uma triste convergência entre laboratório e campo, durante grande parte da composição deste livro, a economia europeia esteve em crise, primariamente porque a Grécia (ver o canto inferior direito da Figura 6) se tornara financeiramente insolvente.[13] Os problemas da Grécia ameaçaram destruir a União Europeia enquanto líderes de nações como a Dinamarca (ver canto superior esquerdo) discutiam se, e em que termos, deveriam auxiliar a Grécia em nome do bem maior.

(Antes de seguir em frente, quero dizer que minha intenção — neste e em outros capítulos — não é criticar os gregos ou os membros de qualquer nação ou tribo. Minha esperança é que possamos aprender com os sucessos e as falhas de vários sistemas sociais — sistemas pelos quais poucos indivíduos possuem alguma responsabilidade significativa. Para aprender essas lições, contudo, precisamos estar dispostos a dizer coisas que podem ser interpretadas como insultos e podem soar aflitivamente similares às coisas que as pessoas dizem quando estão verbalizando seus preconceitos.[14])

HONRA *VERSUS* HARMONIA

No início dos anos 1990, Dov Cohen e Richard Nisbett conduziram uma série de estudos examinando as diferenças culturais entre americanos.[15] Estudantes do sexo masculino da Universidade de Michigan foram levados ao laboratório para um experimento sobre "condições de tempo limitado de resposta em certas facetas do julgamento humano". Os estudantes chegaram um de cada vez, preencheram alguns formulários e foram instruídos a levar os formulários preenchidos até uma mesa no fim de um longo e estreito corredor. A caminho da mesa, cada estudante passava por um homem — um cúmplice dos pesquisadores — em pé no corredor, mexendo em um arquivo. Quando o estudante retornava e passava outra vez pelo homem, ele fechava a gaveta do arquivo com um baque, esbarrava no estudante com o ombro e o chamava de "babaca".

Como os estudantes responderam ao insulto dependeu de seu local de origem. Na média, os estudantes do sul dos Estados Unidos responderam com mais raiva e menos humor que os estudantes do norte, como mensurado pelos observadores independentes posicionados no corredor. Não apenas isso, como esses dois grupos de estudantes também exibiram diferentes respostas fisiológicas. Os pesquisadores coletaram amostras de saliva antes e depois do insulto e descobriram que os sulistas que se sentiam insultados exibiam aumentos mais significativos dos níveis de cortisol (um hormônio associado ao estresse, à ansiedade e à excitação sexual) que os nortistas que se sentiam insultados e os sulistas que não se sentiam insultados. Do mesmo modo, os sulistas insultados exibiram aumentos mais elevados nos níveis de testosterona em seguida ao insulto.

Mais tarde, no experimento, os estudantes leram e responderam à seguinte cena:

> Fazia apenas vinte minutos que eles haviam chegado à festa quando Jill puxou Steve de lado, obviamente aborrecida.
> — O que foi? — perguntou Steve.
> — É o Larry. Ele sabe que estamos noivos, mas já me passou duas cantadas.
> Jill voltou para a festa e Steve decidiu ficar de olho em Larry. E, de fato, cinco minutos depois, Larry tentou beijar Jill.

Foi pedido aos estudantes que terminassem a história. Setenta e cinco por cento dos sulistas que haviam se sentido insultados pelo cúmplice secreto dos pesquisadores completaram a história de uma maneira que envolvia violência ou ameaça de violência, ao passo que apenas 20% dos sulistas não insultados fizeram o mesmo. Os nortistas, em contraste, não responderam de forma diferente ao cenário dependendo de terem se sentido insultados ou não.

Cohen, Nisbett e seus colegas queriam ver se esses insultos afetariam o comportamento real. Para descobrir, fizeram com que os estudantes participassem de um "jogo do acovardamento". Após serem insultados (ou não), os estudantes encontraram um segundo cúmplice, um homem de 1,90 metro e com 115 quilos, caminhando rapidamente pelo refeitório. O meio do refeitório estava tomado por mesas e, assim, era estreito demais para que tanto o estudante quanto o cúmplice grandalhão passassem ao mesmo tempo. Alguém tinha de ceder. O homem caminhava em rota de colisão com o estudante, saindo do caminho apenas no último minuto. Os pesquisadores mediram a distância na qual os participantes cederam a vez para o grandalhão. Os sulistas insultados, em média, cederam quando o cúmplice estava a 94 centímetros de distância, ao passo que os sulistas não insultados cederam, em média, a 2,70 metros. O insulto não teve efeito no "ponto de acovardamento" dos nortistas. Ao mesmo tempo, os sulistas também foram mais *polidos* que os nortistas quando *não* se sentiram insultados. Os nortistas não insultados tipicamente saíram do caminho a 1,90 metro de distância.

Por que sulistas e nortistas reagiram de maneira tão diferente ao fato de se sentirem (ou não) insultados? Cohen e Nisbett previram esses resultados, com base na ideia de que o sul dos Estados Unidos, como algumas outras regiões do mundo, possui uma forte "cultura de honra". Como Henrich e seus colegas, eles começaram a análise com dados econômicos. A economia do sul foi inicialmente baseada na criação de gado, e muitos dos colonos originais do sul vieram de regiões da Grã-Bretanha dominadas pela economia pastoril. Pastores são especialmente vulneráveis à agressão oportunista, porque sua riqueza é portátil. (É mais fácil roubar ovelhas que campos de milho.) A ameaça de agressão é amplificada quando não há policiamento confiável, como foi historicamente o caso tanto nas terras altas da Grã-Bretanha quanto em certas partes do sul dos Estados Unidos. Pastores precisam se defender, sob o risco de perderem tudo. E não apenas isso: como explicado no último capítulo, eles precisam *divulgar* o fato de que estão dispostos a se defender, a fim de não encorajarem outras pessoas a testar sua disposição. Um pastor conhecido por ser presa fácil gastará muito tempo e energia defendendo seu rebanho e pode sucumbir no fim. Um insulto é um teste à honra de alguém, e os pastores que aceitam mesmo pequenos insultos correm o risco de demonstrar fraqueza.

Em contrapartida, um pastor conhecido por ser "cabeça quente" possui uma vantagem estratégica.

Os estudantes sulistas que caminharam pelo estreito corredor da Universidade de Michigan não eram pastores, mas haviam crescido em uma cultura que leva as noções tradicionais de honra muito a sério. A cultura sulista de honra teve profundos efeitos sociais. As taxas de homicídio são mais altas no sul que no norte, mas isso somente porque o sul possui uma taxa mais alta de homicídios relacionados a discussões ou conflitos. Nas pesquisas, os sulistas não se mostram mais propensos que outros americanos a aprovar a violência em geral, mas são mais propensos a aprová-la quando é cometida por um homem em defesa de sua casa ou em resposta a uma afronta contra sua esposa.[16] Do mesmo modo, são mais propensos a estigmatizar homens que não respondem de forma violenta a afrontas pessoais.

A cultura de honra do sul parece ter tido efeitos profundos na política externa americana. De acordo com o historiador David Hackett Fischer, o sul "apoiou intensamente todas as guerras americanas, não importando sobre o que eram ou contra quem", um padrão que atribuiu "às ideias de honra e à ética guerreira do sul".[17] O sul se mostrou muito entusiasmado com a ideia de ajudar a Inglaterra a lutar contra a França em 1798 e também entusiasmado com a ideia de ajudar a França a lutar contra a Inglaterra em 1812. Embora as alianças políticas regionais tenham se modificado de forma dramática nos Estados Unidos, com os partidos Republicano e Democrata invertendo seus redutos eleitorais, o apoio sulista à guerra permaneceu consistente e com frequência atravessou as linhas partidárias. Os democratas sulistas que se opunham à legislação do New Deal de F.D.R., por exemplo, mesmo assim apoiaram seu engajamento militar na Segunda Guerra Mundial. Do mesmo modo, Harry S. Truman e Lyndon Johnson tiveram muito mais apoio sulista para sua política externa antissoviética que para suas iniciativas domésticas.[18]

Embora a cultura de honra que permeia o sul americano enfatize a autossuficiência e a autonomia individual, as culturas mais coletivistas da Ásia Oriental enfatizam a interdependência e a harmonia grupal. Nisbett e outros argumentaram que o coletivismo, assim como a cultura de honra do sul, é uma adaptação cultural a circunstâncias econômicas, nesse caso um sistema econômico baseado na agricultura cooperativa.[19] Com isso em mente, Kaiping Peng, John Doris, Stephen Stich e Shaun Nichols apresentaram a participantes americanos e chineses um dilema moral clássico conhecido como caso do juiz e da multidão:[20]

> Um membro não identificado de um grupo étnico é notoriamente responsável por um assassinato ocorrido em certa cidade [...] Como a cidade possui uma história de severos conflitos e tumultos étnicos, o chefe de polícia e o juiz sabem que, se não identificarem e punirem imediatamente um culpado, os cidadãos iniciarão um tumulto antiétnico que causará grandes prejuízos às propriedades de membros do grupo étnico e um número considerável de ferimentos e mortes entre a população étnica [...] O chefe de polícia e o juiz enfrentam um dilema. Eles podem falsamente acusar, condenar e aprisionar o sr. Smith, um membro inocente do grupo étnico, a fim de evitar os tumultos. Ou podem continuar em busca do culpado, permitindo que os tumultos antiétnicos ocorram e fazendo seu melhor para contê-los até que o culpado seja preso [...] O chefe de polícia e o juiz decidem falsamente acusar, condenar e aprisionar o sr. Smith, um membro inocente do grupo étnico. Com isso, evitam os tumultos e um número considerável de mortes e ferimentos sérios no grupo étnico.

A maioria dos americanos acha assustadora a ideia de deliberadamente condenar uma pessoa inocente, quaisquer que sejam os benefícios. Os filósofos são conhecidos por sua disposição para ouvir todos os lados de um argumento, mas a renomada filósofa Elizabeth Anscombe disse que seu limite seria alguém disposto a defender o juiz. "Não quero argumentar com essa pessoa; ela demonstra ter uma mente corrupta."[21] Peng e seus colegas previram que os participantes chineses, como membros de uma cultura coletivista que coloca a harmonia do grupo acima dos direitos individuais, ficariam mais confortáveis com a ideia de prejudicar uma pessoa para salvar outras. E estavam certos. Eles se mostraram menos propensos a condenar a prisão de um inocente para evitar tumultos e menos propensos a dizer que o chefe de polícia e o juiz deveriam ser punidos por sua decisão. O interessante é que também se mostraram mais propensos a culpar os arruaceiros potenciais pela situação.

Dada a natureza sensível desses tópicos,[22] eu gostaria de esclarecer algumas coisas antes de seguir em frente. Primeiro, os resultados experimentais aqui apresentados, como quase todos os resultados experimentais em psicologia, tratam de diferenças na *média* dos grupos. A pesquisa sugere que, *na média*, sulistas estão mais propensos que nortistas a endossar violência em nome da honra, mas essa é apenas uma média. Há sulistas dóceis, nortistas esquentados e muita coisa no meio entre os dois grupos culturais. Segundo, meu objetivo não é elogiar ou condenar essas tendências culturais. Ao contrário, como explicarei depois, acredito que elas devem ser avaliadas com base em quão bem funcionam em determinado contexto, e podem funcionar muito bem em seus contextos naturais. Como explicado no capítulo anterior, a punição pode desempenhar papel-chave na sustentação da cooperação. De forma condizente, a cultura sulista de honra não é indiscriminadamente violenta. É antes uma cultura em particular vigilante em relação à punição de certos tipos de comportamento não cooperativo. E, como mencionado, também é uma cultura que enfatiza a polidez e o respeito em condições normais. Sugeri que a cultura sulista de honra exerceu importante influência sobre a política externa americana, mas não disse se essa influência foi para melhor ou para pior. Isso porque não sei a resposta. É possível que o grande apoio do sul a certas guerras tenha sido essencial para manter os Estados Unidos e outras nações livres. Do mesmo modo, não estou julgando o coletivismo chinês. Mais adiante, neste livro, defenderei uma filosofia moral que alguns veem como coletivista.

Assim, meu ponto não é que a cultura sulista de honra seja boa ou ruim ou que o coletivismo chinês seja bom ou ruim, mas sim que essas diferenças culturais são exemplos adicionais de diversidade moral, refletindo a diversidade das circunstâncias sociais humanas. Ambas são culturas cooperativistas, mas cooperam em termos diferentes. O coletivismo chinês enfatiza a cooperação ativa e a necessidade de sacrifício individual em nome do bem maior. A cultura sulista de honra enfatiza a cooperação passiva (respeito pela propriedade e pelas prerrogativas alheias) e endossa respostas agressivas à agressão inapropriada e à ameaça dela.

MORALIDADE LOCAL

Em setembro de 2005, o jornal dinamarquês *Jyllands-Posten* publicou uma série de caricaturas retratando e satirizando o profeta Maomé. Foi um gesto deliberadamente provocativo de desafio à lei muçulmana, que proíbe de forma explícita a representação visual de Maomé. O jornal publicou as caricaturas como contribuição ao debate sobre autocensura entre jornalistas, artistas e outros intelectuais, muitos dos quais estavam relutantes em criticar o islã por medo de retribuição violenta. Tais medos não eram infundados. No ano anterior, um palestrante da Universidade de Copenhague fora atacado por cinco pessoas que se opunham ao fato de ele ter lido o Corão para não muçulmanos durante a palestra.[23]

As caricaturas de fato eram provocativas. Organizações muçulmanas organizaram manifestações na Dinamarca. Jornais de todo o globo cobriram a controvérsia e reproduziram as caricaturas. Isso levou a protestos violentos em todo o mundo muçulmano, com mais de cem mortes, devidas principalmente ao fato de a polícia atirar nos manifestantes. Multidões incendiaram embaixadas dinamarquesas na Síria, no Líbano e no Irã. Vários cartunistas se esconderam em função de ameaças de morte. Haji Yaqoob Qureishi, um ministro de Estado indiano, ofereceu uma recompensa de 11 milhões de dólares para qualquer um que degolasse "o cartunista dinamarquês" responsável pelas caricaturas.[24] Boicotes muçulmanos a produtos dinamarqueses custaram ao país cerca de 170 milhões de dólares durante os cinco meses posteriores aos eventos.[25] Mais recentemente, em 2012, um vídeo do YouTube retratando Maomé de maneira pouco elogiosa gerou protestos em todo o mundo, muitos dos quais se tornaram violentos.[26]

Esses conflitos não são apenas uma questão de grupos diferentes enfatizando valores diferentes. Os muçulmanos ofendidos se opunham profundamente às caricaturas, mas os jornalistas dinamarqueses não tinham nenhum problema com elas. (De fato, sua falta de reação instintiva às caricaturas pode explicar por que subestimaram de forma tão severa a magnitude da resposta muçulmana.) Os não muçulmanos que se opuseram à publicação o fizeram por respeito aos valores muçulmanos, e não por terem objeções próprias. Em outras palavras, a proibição de retratar Maomé é um fenômeno moral *local*. Com isso quero dizer, mais uma vez, que está inextricavelmente ligada à autoridade de certas entidades que possuem nomes próprios, como Maomé, Corão e Alá.

O conflito das caricaturas dinamarquesas ilustra dois pontos familiares que, mesmo assim, vale a pena explicitar. Primeiro, valores morais religiosos e valores morais locais estão intimamente relacionados. Mais especificamente, os valores morais locais quase sempre são religiosos, embora muitos valores religiosos — discutivelmente os mais centrais — não sejam locais. Por exemplo: como mencionado no capítulo anterior, todas as grandes religiões afirmam alguma versão da regra de ouro como princípio central e, junto com ela, proibições gerais (embora não sem exceções) contra matar, mentir, roubar etc. Se a moralidade é local, provavelmente é religiosa; mas, se a moralidade é religiosa, ela não precisa ser local.

Segundo, a controvérsia sobre as caricaturas nos lembra que os valores morais locais são, e têm sido há muito tempo, uma grande fonte de conflito. De fato, comparado a outros conflitos envolvendo valores religiosos locais, o caso das caricaturas dinamarquesas foi uma desavença menor. O atual conflito israelense-palestino, sem dúvida a disputa política mais divisionista do mundo, é composto de reivindicações conflitantes sobre trechos específicos de terra, com base na autoridade de várias entidades com nome próprio. Do mesmo modo, os correntes conflitos no Sudão e entre o Paquistão e a Índia seguem linhas religiosas. Os valores locais e os nomes próprios associados a eles desempenham papel central em muitas controvérsias domésticas, como aquelas sobre a oração em escolas públicas nos Estados Unidos e a proibição das tradicionais coberturas faciais das mulheres muçulmanas nos espaços públicos da França. Além disso, muitas questões controversas, como o aborto e os direitos dos homossexuais, que podem ser discutidas em termos puramente seculares, estão bastante entrelaçadas a valores morais e religiosos locais.

Em resumo, conflitos sérios entre grupos surgem não apenas porque eles possuem interesses conflitantes ou enfatizam valores partilhados diferentes, mas também porque possuem distintos valores locais, tipicamente baseados em terreno religioso. Como mencionado, grande parte dos valores morais disseminados em maior amplitude, como o compromisso com a regra de ouro, são ativamente promovidos pelas religiões mundiais. Assim, a religião pode ser uma fonte tanto de divisão quanto de unidade moral.

JUSTIÇA TENDENCIOSA

Em 1995, uma pesquisa da *U.S. News & World Report* apresentou a seguinte pergunta aos leitores: "Se alguém o processasse e você vencesse a causa, a outra parte deveria arcar com os custos legais?"[27] Oitenta e cinco por cento disseram que sim. Outros responderam a esta pergunta: "Se você processasse alguém e perdesse, deveria arcar com os custos legais?" Dessa vez, apenas 44% disseram que sim. Como essa inversão ilustra, o senso de justiça é facilmente tingido pelo interesse próprio. Isso é justiça tendenciosa, em vez de simples viés, porque as pessoas estão de fato motivadas a serem justas. Suponha que a revista tivesse apresentado ambas as perguntas ao mesmo tempo.[28] Poucas pessoas teriam dito: "O perdedor deveria pagar se eu fosse o vencedor; mas o vencedor deveria pagar se eu fosse o perdedor." Queremos ser justos, mas, na maioria das disputas, há uma variedade de opções que podem ser vistas como justas, e tendemos a favorecer as que nos servem melhor. Muitos experimentos documentaram essa tendência em laboratório.[29] O título de um ensaio dinamarquês resume bem as descobertas: "Pagamento baseado em desempenho é justo, particularmente quando meu desempenho é o melhor."[30]

Uma série de experimentos de negociação conduzidos por Linda Babcock, George Loewenstein e colegas ilumina a psicologia subjacente da justiça tendenciosa.[31] Em alguns desses experimentos, duplas negociaram a indenização para um motociclista que fora atingido por um carro. Os detalhes do caso hipotético eram baseados em um caso real que fora decidido por um juiz do Texas. No início do experimento, os participantes eram designados de maneira aleatória aos papéis de queixoso e réu. Antes de negociar, em separado liam 27 páginas de material sobre o caso, incluindo depoimentos, mapas, relatórios policiais e as declarações do queixoso e do réu reais. Após ler o material, deviam adivinhar o que o juiz real concedera ao queixoso, e faziam isso sabendo em que lado estariam. Receberam incentivo financeiro para adivinhar de forma acurada e suas conjecturas não foram reveladas aos oponentes, a fim de não enfraquecer suas posições de barganha. Depois da negociação subsequente, os participantes recebiam dinheiro real proporcional ao acordo, com o queixoso recebendo mais dinheiro por um acordo vultoso e o réu recebendo mais dinheiro por um acordo modesto. A indenização podia ser de qualquer valor entre 0 e 100 mil dólares. As duplas negociavam por trinta minutos. Ambas as partes perdiam dinheiro em "custos judiciais" com o passar do tempo, e a falha em chegar a um acordo após trinta minutos resultava em uma penalidade financeira adicional para ambos os negociadores.

Na média, os palpites dos queixosos sobre o valor determinado pelo juiz foram cerca de 15 mil dólares mais altos que os dos réus e, quanto maior a discrepância entre os palpites, pior era a negociação. Em outras palavras, a percepção da realidade dos participantes foi distorcida pelo interesse próprio. E mais: essas distorções desempenharam papel importante na negociação. As duplas com discrepâncias relativamente pequenas falharam em chegar a um acordo em apenas 3% dos casos, ao passo que as duplas de negociadores com discrepâncias relativamente grandes falharam em 30% dos casos. Em uma versão diferente do experimento, os negociadores não sabiam em que lado estariam até darem um palpite sobre o valor determinado pelo juiz.[32] Isso fez com que a porcentagem total de negociadores que não conseguiram chegar a um acordo caísse de 28 para 6%.

Esses experimentos revelam que as pessoas são negociadoras tendenciosas, mas, mais importante, revelam que isso é *inconsciente*. Os queixosos davam palpites bem acima da indenização concedida pelo juiz e os réus davam palpites bem abaixo, mas eles não estavam, de forma consciente, inflacionando ou desinflacionando os valores. (Repito: eles recebiam incentivos financeiros para fornecer palpites acurados.) Em vez disso, parece que saber em que lado da disputa você está inconscientemente modifica sua maneira de pensar sobre o que é justo. Muda a maneira como processa a informação. Em um experimento relacionado, os pesquisadores descobriram que as pessoas se lembravam melhor do material pré-julgamento que apoiava seu lado.[33] Essas percepções inconscientemente tendenciosas da justiça tornam mais difícil que pessoas de outro modo racionais cheguem a acordos, com frequência em detrimento de ambos os lados.

Para testar suas ideias sobre justiça tendenciosa no mundo real, a equipe de pesquisa examinou registros históricos de negociações salariais de professores de escolas públicas na Pensilvânia. Em tais negociações, os sindicatos de professores e os conselhos das escolas tipicamente baseavam seus casos nos salários pagos por distritos escolares comparáveis. Contudo, quais distritos contavam como "comparáveis" era uma questão em aberto. Os pesquisadores levantaram a hipótese de que os impasses sobre o salário seriam exacerbados pela seleção tendenciosa de distritos escolares comparáveis. Então pediram aos presidentes de conselhos e sindicatos que identificassem distritos comparáveis próximos. Como previsto, o salário médio pago nos distritos listados como comparáveis pelos presidentes dos sindicatos era, de modo considerável, maior que o dos distritos listados pelos presidentes dos conselhos. Os pesquisadores examinaram os registros dos distritos escolares e descobriram, como era de se supor, que aqueles nos quais presidentes de sindicatos e conselhos forneceram listas bastante discrepantes tinham cerca de 50% mais probabilidade de enfrentar greves dos professores.

Na tragédia dos comuns original descrita por Hardin, todos os pastores estão em posições simétricas. Como resultado, há uma única solução justa plausível: dividir o pasto comum de forma igual entre todos os pastores. No mundo real, entretanto, as partes interessadas quase nunca estão em posições perfeitamente simétricas. De fato, mesmo na parábola estilizada de Hardin, é difícil discorrer sobre os detalhes sem suscitar outras questões: cada família deveria receber o mesmo número de animais ou o número deveria variar de acordo com o tamanho da família? E assim por diante. Sempre que os pontos de partida forem assimétricos, as pessoas serão tentadas, de maneira consciente ou inconsciente, a recortar suas concepções de justiça para servir a seus interesses.

Um experimento conduzido por Kimberly Wade-Benzoni, Ann Tenbrunsel e Max Bazerman ilustra o problema da justiça tendenciosa no contexto de um problema ambiental.[34] Os participantes de seu experimento negociavam como partes interessadas nos cardumes da costa nordeste dos Estados Unidos, onde a pesca excessiva se tornara um sério problema econômico e ambiental. Na condição de controle, os negociadores representavam várias companhias, mas, como os pastores originais dos comuns, estavam todos mais ou menos na mesma situação. Na condição crítica do experimento, os vários negociadores apresentavam diferentes estruturas de resultados. Alguns, por exemplo, tinham interesses de longo prazo nos cardumes, ao passo que outros tinham interesses de curto prazo, embora todos quisessem chegar a uma política sustentável. Na condição de controle, na qual os negociadores ocupavam posições econômicas simétricas, 64% dos grupos de negociação concordaram com soluções sustentáveis. Porém, quando as posições dos negociadores se tornaram assimétricas, somente 10% o fizeram. Assim, quando todos possuem interesses egoístas conflitantes, mas esses interesses são simétricos, as pessoas podem com facilidade colocar seus interesses egoístas de lado e encontrar uma solução satisfatória para ambos. Contudo, quando os interesses egoístas vêm em formas diferentes, elas gravitam na direção de concepções diferentes sobre o que é justo, tornando o acordo muito mais difícil.

Ironicamente, nossa inclinação à justiça tendenciosa é forte o suficiente para que, em algumas situações, nos saiamos melhor se todos pensarem com egoísmo, e não moralmente. Fieke Harinck e seus colegas da Universidade de Amsterdã fizeram com que duplas de estranhos negociassem penalidades para quatro casos criminais hipotéticos, inspirados em casos da vida real.[35] Cada dupla negociou os quatro casos ao mesmo tempo. Um membro de cada dupla era designado de modo aleatório para o papel de advogado de defesa e, como tal, tentava diminuir as penalidades para seus clientes. O outro negociador desempenhava o papel de promotor e, como tal, tentava conseguir penalidades mais rigorosas.

Em cada caso criminal, havia cinco penalidades possíveis para o réu, indo de uma multa leve a uma longa sentença de prisão. Cada negociador recebia um documento confidencial dizendo quão bom ou ruim era cada resultado de seu ponto de vista como advogado de defesa/promotor. Em dois dos casos, os valores foram arranjados para transformá-los em um jogo de "soma zero". Ou seja, um ganho para um jogador necessariamente envolvia uma perda também grande para o outro. Nos outros dois casos, os valores foram arranjados para permitir soluções de "dupla vitória". Ou seja, um ganho para um lado ainda envolveria perda para o outro, mas os dois casos eram avaliados de maneiras diferentes para cada negociador. Isso significa que cada jogador podia fazer concessões no caso que importava menos e, em retorno, receber concessões no caso que importava mais. Em outras palavras, o experimento foi projetado para que ambos os lados pudessem se dar bem se estivessem dispostos a fazer concessões. Sem que os negociadores soubessem, cada resultado tinha um valor pré-designado, correspondendo a quão bom ou ruim era o resultado para aquele negociador. Ao somar os pontos conseguidos pelos membros de cada dupla, os pesquisadores puderam mensurar quão bem cada uma delas se saíra em encontrar soluções de "dupla vitória".

Tudo isso faz parte do cenário padrão de um experimento de negociação. A diferença, nesse caso, estava em como os negociadores haviam sido instruídos a *pensar* sobre a negociação. Algumas duplas foram instruídas a pensar em termos apenas *egoístas*, tentando conseguir penalidades menos ou mais rigorosas porque fazer isso ajudaria suas carreiras e poderia resultar em uma promoção. Outras duplas foram instruídas a pensar em termos *morais*; aqui, os advogados de defesa eram instruídos a tentar obter penalidades mais leves, e os promotores, penalidades mais pesadas porque eram mais *justas*.

Quem se deu bem, os carreiristas egoístas ou os defensores da justiça? A resposta surpreendente é que os carreiristas egoístas se saíram melhor. Tenha em mente que eles não obtiveram sucesso atropelando os defensores da justiça. Eles estavam negociando *um com o outro*. O que Harinck e seus colegas descobriram foi que duas pessoas instruídas a negociar de maneira egoísta se mostraram, na média, melhores em encontrar soluções de dupla vitória que duas pessoas instruídas a buscar justiça. Por quê?

Outra vez, nesse conjunto de negociações, a chave para o sucesso mútuo é ambos os negociadores fazerem concessões nas questões menos importantes, a fim de obterem ganhos maiores nas questões mais importantes. Como negociador egoísta, você está disposto a fazer essas concessões porque elas resultarão em ganho líquido. Além disso, você entende que seu oponente, que também é egoísta, só fará as concessões que resultarem em ganho líquido para ele. Assim, dois negociadores egoístas e racionais que percebem que suas posições são simétricas estarão dispostos a fazer as concessões necessárias para aumentar o tamanho da torta, antes de dividi-la em partes iguais. Contudo, se os negociadores buscam justiça, em vez de estarem apenas de olho em seus próprios ganhos, considerações mais ambíguas entram em jogo e, com elas, a oportunidade de justiça tendenciosa. Talvez seus clientes *realmente mereçam* penalidades mais leves. Ou talvez os réus que você está acusando *realmente mereçam* penalidades mais severas. Há uma variedade de posições plausíveis sobre o que é mesmo justo nesses casos, e você pode escolher qualquer uma delas de acordo com seu interesse. Em contraste, se é apenas uma questão de conseguir o melhor acordo para si mesmo, há muito menos espaço de manobra e muito menos oportunidade para que a justiça tendenciosa crie um impasse. Quando você está pensando na negociação como uma empreitada mutuamente autointeressada, é mais difícil se convencer de que há uma assimetria relevante entre você e seu parceiro. Dois negociadores egoístas sem ilusões sobre seu egoísmo não têm onde se esconder. Esse surpreendente resultado não significa que devemos abandonar todo pensamento moral em nome do puro egoísmo, mas destaca um dos perigos do pensamento moral. A justiça tendenciosa é destrutiva o suficiente para que, em alguns casos, seja melhor deixar a moralidade de lado e apenas tentar chegar a um bom acordo.

Em alguns casos, podemos não saber bem o que é justo, mas introduzir viés em nosso julgamento ao adotar as opiniões de membros confiáveis de nossa tribo. Isso é especialmente provável no domínio da política pública, no qual muitas vezes é impossível, para o cidadão comum, dominar os detalhes necessários para tomar uma decisão verdadeiramente informada. Um experimento de Geoffrey Cohen ilustra bem esse ramo tribal da justiça tendenciosa.[36] Cohen apresentou a americanos que se autodescreviam como conservadores ou liberais duas propostas diferentes de política de bem-estar social: uma oferecendo generosos benefícios, muito mais generosos que qualquer programa existente, e outra oferecendo poucos benefícios, menos que os de qualquer programa existente. Como se poderia esperar, os liberais tenderam a gostar mais do programa generoso que os conservadores e vice-versa. Na parte seguinte do experimento, usando um novo grupo de participantes liberais e conservadores, Cohen apresentou as mesmas propostas, mas, dessa vez, rotulou-as de democratas ou republicanas. Como se poderia esperar, o apoio dos democratas tornou o programa mais atraente para os liberais e o apoio dos republicanos tornou o programa mais atraente para os conservadores. O mais surpreendente, porém, foi a força do viés partidário. O efeito do apoio partidário obliterou por completo todos os efeitos relacionados ao conteúdo das políticas. Os liberais gostaram de políticas bastante conservadoras em roupagem liberal mais do que gostaram de políticas bastante liberais em roupagem conservadora. Os conservadores fizeram o mesmo, valorizando muito mais o apoio conservador que a substância conservadora. E, como se poderia esperar, a maioria dos participantes negou que seu julgamento tivesse sido afetado pelo pacote partidário. É tudo inconsciente.[37]

PERCEPÇÃO TENDENCIOSA

Nossos julgamentos sobre o que é justo ou injusto dependem criticamente de nossa compreensão dos fatos relevantes. Tome como exemplo as opiniões sobre a invasão americana do Iraque em 2003. Muitos dos que se opunham à invasão ficaram pasmos com os americanos que a apoiavam. "Por que o Iraque?", perguntavam. "Foi Osama bin Laden quem nos atacou, não Saddam Hussein!" O que os pasmos não sabiam, ou não conseguiam compreender, era que a maioria dos americanos da época acreditava que Saddam Hussein estivera pessoalmente envolvido nos ataques.[38] E grande parte do restante do mundo está sob influência de um conjunto diferente de concepções equivocadas sobre os ataques de 11 de setembro de 2001. De acordo com uma pesquisa de 2008 da World Public Opinion,[39] a maioria das pessoas no Jordão, no Egito e nos territórios palestinos acredita que alguém que não a Al-Qaeda (tipicamente o governo americano ou israelense) esteve por trás dos ataques.

Por que é tão difícil compreender os fatos? Uma explicação é o simples viés autointeressado. Quando os fatos são ambíguos, as pessoas favorecem a versão que se adapta melhor a seus interesses. Em um clássico experimento de psicologia social, estudantes assistiram à gravação de um jogo de futebol entre os times de suas escolas.[40] O juiz fez várias marcações controversas e os estudantes tinham de avaliar sua acurácia. Como se poderia esperar, estudantes de ambas as escolas atribuíram mais erros ao juiz quando ele fez marcações contra seu próprio time. Em outro estudo clássico, pessoas com fortes opiniões sobre a pena de morte foram apresentadas a evidências mistas relacionadas a sua eficácia na diminuição da criminalidade. Poderíamos pensar que evidências mistas encorajariam visões mais moderadas, mas elas pareceram fazer o oposto. As pessoas acharam as evidências que apoiavam suas opiniões originais mais convincentes que as evidências contrárias e, como resultado, tanto oponentes quanto proponentes da pena de morte se tornaram mais confiantes em suas visões após analisar as evidências mistas.[41] Em um estudo posterior, alguns dos mesmos pesquisadores fizeram com que árabes e israelenses assistissem à cobertura jornalística do massacre de Beirute em 1982. Os dois grupos viram o mesmo segmento, mas ambos concluíram que era tendencioso em favor do outro lado, um fenômeno que os pesquisadores chamaram de "efeito hostil da mídia".[42] Em um estudo mais recente de Dan Kahan e colegas, participantes assistiram à gravação de uma manifestação.[43] Sua tarefa era julgar se os manifestantes estavam apenas exercendo sua liberdade de expressão ou se haviam cruzado uma linha ao adotar comportamentos ilegais como obstruir a passagem dos pedestres ou ameaçá-los. Alguns participantes ouviram que os manifestantes protestavam contra o aborto em frente a uma clínica. Outros ouviram que protestavam contra a política de "não pergunte, não conte" dos militares em relação aos homossexuais, em frente a uma unidade de recrutamento. Os participantes que não sentiam simpatia pela causa dos manifestantes, fosse a oposição ao aborto ou os direitos dos homossexuais, mostraram-se mais propensos a dizer que os manifestantes haviam cruzado uma linha legal.

Nesses casos, as pessoas capitalizam a ambiguidade para formar crenças autointeressadas. Às vezes, no entanto, nossos vieses fazem com que formemos crenças que estão ou aparentam estar em conflito com nosso interesse próprio. Considere as crenças sobre mudança climática. Há imenso consenso entre os especialistas de que o clima da Terra está mudando em razão das atividades humanas e devemos tomar medidas rígidas para retardar ou, se possível, interromper essa tendência.[44] Mesmo assim, muitas pessoas, em particular nos Estados Unidos, são céticas em relação às evidências. Aqui, a falha em compreender os fatos não é apenas uma simples questão de viés. Alguns indivíduos — como CEOs de corporações que emitem grandes quantidades de carbono — podem ter interesse em negar a realidade da mudança climática, mas a maioria das pessoas, incluindo a maioria dos céticos, não. Todavia, de acordo com uma pesquisa de 2010 da Gallup, somente 31% dos republicanos acreditam que os efeitos do aquecimento global já estão ocorrendo e 66% dizem que há um exagero da mídia quanto à seriedade do problema.[45] Você poderia pensar que, no caso da mudança climática, tanto democratas quanto republicanos estariam bastante motivados a entender os fatos. Afinal, a aposta dos republicanos na futura habitabilidade da Terra não é menor que a dos democratas. (Com exceção, talvez, daqueles que esperam ser arrebatados no futuro próximo.) Por que, então, tantos políticos conservadores americanos negam os fatos, em aparente desafio a seus próprios interesses? Uma possibilidade é ideológica: os conservadores são, em geral, céticos em relação à necessidade de esforços coletivos para solucionar problemas coletivos. É provável que essa seja boa parte da história, mas não explica por que estão menos preocupados com o aquecimento global do que estavam há apenas alguns anos (como explicarei em breve) e por que os conservadores americanos estão menos preocupados com o aquecimento global que conservadores em outros lugares.

De acordo com Kahan e seus colegas, a chave é reconhecer que a compreensão dos fatos é em si mesma um problema dos comuns,[46] envolvendo uma tensão entre interesse próprio e interesse coletivo. É definitivamente do interesse coletivo aceitar os fatos da mudança climática e agir de acordo, mas para alguns de nós, como indivíduos, a matriz de resultados é mais complicada. Suponha que você viva em uma comunidade onde as pessoas são céticas em relação à mudança climática — e céticas sobre as pessoas que *não são* céticas. Você ficará melhor acreditando ou sendo cético? É muito pouco provável que aquilo que você, um único cidadão comum, pensa sobre a mudança climática tenha impacto sobre o clima da Terra, mas o que você pensa sobre a mudança climática pode muito bem ter impacto sobre quão bem se dá com as pessoas em torno. Se você acredita na mudança climática e vive entre céticos, quando o tópico é abordado, suas escolhas são a) manter-se suspeitamente silencioso, b) mentir sobre suas opiniões ou c) dizer o que de fato pensa e correr o risco de ostracismo. Nenhuma dessas alternativas é particularmente atraente e os custos são palpáveis, em oposição à distante possibilidade de que você, ao morder a língua no churrasco do Herb, esteja alterando o curso da história humana. Assim, diz Kahan, o ceticismo de muitas pessoas em relação à mudança climática é bastante racional, se você entender que elas estão tentando gerenciar não o ambiente da Terra, mas sim seu próprio ambiente social. Trata-se da racionalidade individual triunfando sobre a racionalidade coletiva — sem perceber, é claro.

A análise de Kahan sobre o problema dá origem a algumas predições verificáveis. A sabedoria convencional diz que os céticos climáticos de hoje são simplesmente ignorantes e, talvez, não muito bons em pensamento crítico de modo geral. De acordo com essa visão, pessoas mais cientificamente informadas (com alta "alfabetização científica") e aptas a processar informações quantitativas (com alta "numeracia") estão mais propensas a acreditar que a mudança climática e seus riscos associados são reais. A predição de Kahan, em contraste, diz que as opiniões de alguém sobre a mudança climática têm mais a ver com sua perspectiva cultural — suas alianças tribais — que com sua alfabetização científica ou numeracia. Contrariamente à sabedoria convencional, a teoria de Kahan prediz que as pessoas com nível mais elevado de alfabetização científica, em vez de gravitar na direção da verdade, apenas serão melhores ao defender a posição de sua tribo, qualquer que seja essa posição.

Para testar essa hipótese, Kahan e seus colegas administraram testes de matemática e ciências a uma amostra ampla e representativa de americanos adultos. Os participantes também preencheram um questionário projetado para avaliar suas visões de mundo culturais em duas dimensões: hierarquia-igualitarismo e individualismo-comunitarismo. Individualistas hierárquicos se sentem confortáveis com o fato de indivíduos selecionados de status elevado tomarem decisões pela sociedade e desconfiam de ações coletivas cujo objetivo é interferir com a autoridade de tais indivíduos. Comunitaristas igualitários, em contraste, favorecem formas menos regimentais de organização social e apoiam ações coletivas para proteger os indivíduos comuns. Para nossos objetivos, o importante a saber é que individualistas hierárquicos tendem a ser céticos em relação à mudança climática, ao passo que comunitaristas igualitários tendem a acreditar que ela apresenta uma séria ameaça e exige ação coletiva.

Por fim, os pesquisadores perguntaram aos participantes suas opiniões sobre as mudanças climáticas. De forma contrária à sabedoria liberal comum, descobriram que alfabetização científica e numeracia estavam associadas a leves *decréscimos* no risco percebido. A verdadeira história, entretanto, emergiu quando as pessoas foram divididas em tribos. Os comunitaristas igualitários, como esperado, relataram perceber maior risco de mudanças climáticas, mas, no interior desse grupo, não houve correlação entre alfabetização científica/numeracia e risco percebido. Do mesmo modo, os individualistas igualitários se mostraram, como esperado, céticos em relação aos riscos mas, dentro desse grupo, aqueles com nível mais elevado de alfabetização científica/numeracia foram um pouco mais céticos. (Por isso o nível mais elevado de alfabetização científica/numeracia foi associado a maior ceticismo sobre as mudanças climáticas. O efeito geral foi impulsionado pelo efeito no interior do grupo individualista hierárquico.) Mas, no geral, a alfabetização científica e a numeracia não foram bons previsores das crenças das pessoas em relação aos riscos de mudança climática. Em vez disso, suas crenças foram previstas por suas perspectivas culturais gerais — por seu pertencimento tribal (ver Figura 7).

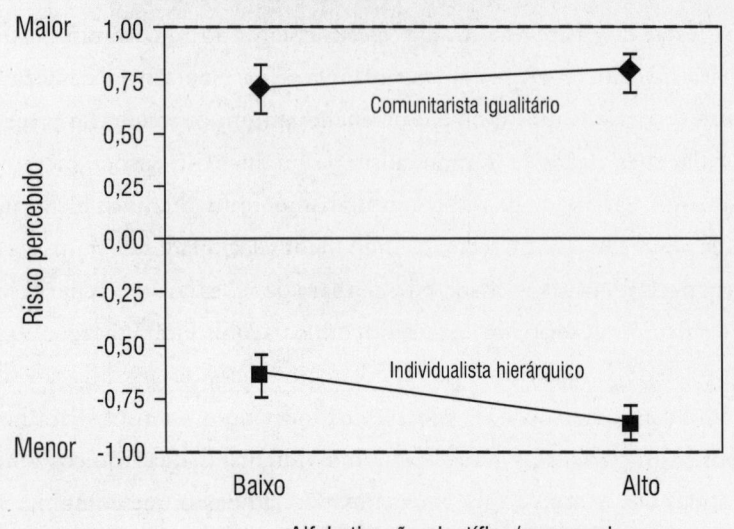

"Quão alto é o risco apresentado pelas mudanças climáticas à saúde, à segurança ou à prosperidade humana?"

[Gráfico: eixo Y "Risco percebido" de Menor (-1,00) a Maior (1,00); eixo X "Alfabetização científica/numeracia" de Baixo a Alto. Linha "Comunitarista igualitário" sobe de ~0,72 a ~0,80. Linha "Individualista hierárquico" desce de ~-0,62 a ~-0,85.]

Figura 7. Alfabetização científica e numeracia têm pouca relação com as opiniões das pessoas comuns sobre os riscos das mudanças climáticas. Em vez disso, elas tendem a adotar as crenças de suas respectivas tribos.

Para sermos claros, você *não* deve concluir, a partir desses resultados, que as opiniões de todo mundo sobre as mudanças climáticas são baseadas apenas em quem são seus amigos e, em consequência, não temos razão para nos preocupar com o assunto. (Embora você provavelmente *vá* chegar a essa conclusão se é nisso que quer acreditar!) Se quer saber como tratar psoríase, você não pergunta a sua amiga Jane, que é um desvio-padrão mais cientificamente educada que o americano adulto médio. Em vez disso, você consulta um dermatologista — um especialista. As pessoas entrevistadas durante o estudo não eram especialistas. Eram americanos adultos comuns, cujos resultados em alfabetização científica e numeracia formavam uma curva do sino em torno da média dos americanos adultos. Embora haja discordância disseminada sobre as mudanças climáticas entre leigos, há, outra vez, imenso consenso entre os especialistas, que afirmam que as mudanças climáticas são reais e os riscos são graves. A lição, então, não é que tudo é "relativo" ou não há como ouvir para além da algazarra cultural e encontrar a verdade sobre as mudanças climáticas. Tampouco é que as pessoas comuns são, em geral, escravas desamparadas do preconceito tribal. Ao contrário, na maioria das questões, pessoas de todas as tribos ficam bem felizes em aceitar o conselho de especialistas. (As opiniões das pessoas sobre o tratamento da psoríase *não* são previstas por suas alianças tribais.) A lição é que falsas crenças, quando se tornam culturalmente entrincheiradas — quando se tornam insígnias tribais de honra —, são muito difíceis de modificar, e modificá-las já não é apenas uma questão de educar as pessoas.

Em 1998, republicanos e democratas estavam da mesma maneira propensos a acreditar que as mudanças climáticas estavam em curso. Desde então, o caso científico pela mudança climática ficou cada vez mais forte, mas as opiniões de republicanos e democratas passaram a divergir bastante, a ponto de, em 2010, democratas serem duas vezes mais propensos que republicanos a acreditar na realidade das mudanças climáticas.[47] Isso não aconteceu porque a alfabetização científica e a numeracia dos republicanos caiu durante aquela década. Nem porque os democratas aumentaram de forma dramática seu nível de alfabetização científica. Os dois partidos passaram a divergir porque a questão se tornou politizada, forçando algumas pessoas a escolherem entre serem informadas por especialistas e serem bons membros de sua tribo.

Note, todavia, que em outras questões são as visões dos liberais que estão em conflito com o consenso dos especialistas. Kahan e colegas descobriram, por exemplo, que os liberais (comunitaristas igualitários) estão mais propensos a discordar dos especialistas sobre se o isolamento geológico profundo é ou não uma maneira segura de dispor de resíduos nucleares. Nenhuma tribo tem o monopólio do viés cultural.[48]

ESCALADA TENDENCIOSA

Nossas alianças tribais podem nos fazer discordar sobre fatos. Outros vieses podem ser construídos na maneira como percebemos o mundo. Sukhwinder Shergill e seus colegas da University College London conduziram um experimento simples para testar uma hipótese sobre o papel da percepção tendenciosa na escalada do conflito.⁴⁹ As pessoas foram ao laboratório em duplas. O dedo da primeira pessoa era preso a uma máquina de pressão que aplicava uma modesta força de 0,25 newton. A primeira pessoa era instruída a apertar o dedo da segunda usando exatamente a mesma força que a máquina aplicara a seu dedo. A segunda pessoa não estava consciente dessa instrução. A força do apertão era medida por um transdutor colocado entre os dedos do apertador e do apertado. As duas pessoas então invertiam os papéis, com a segunda tentando apertar o dedo da primeira sem mais nem menos força que seu próprio dedo recebera. As duas pessoas trocavam apertões, com cada uma delas tentando reproduzir a força do apertão da outra na rodada anterior. Em todas as duplas testadas, o uso da força escalou rapidamente, até que ambas estavam apertando o dedo uma da outra com vinte vezes mais força que o original (ver Figura 8).

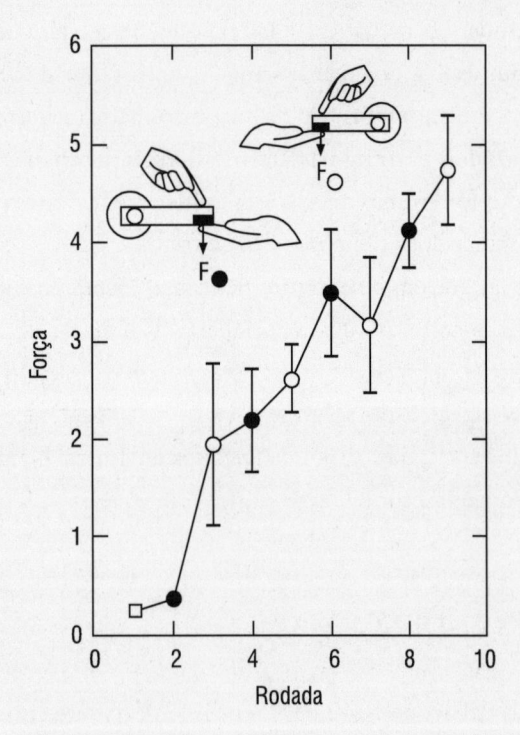

Figura 8. A cada rodada, os jogadores aplicavam mais e mais força ao dedo um do outro, mesmo quando tentavam manter o nível de força constante.

Por que isso aconteceu? Estranhamente, a escalada da força nesse experimento parece estar relacionada a nossa incapacidade de fazermos cócegas em nós mesmos. Quando você realiza uma ação, seu cérebro antecipa as consequências de forma automática e usa a informação para amortecer os efeitos sensoriais da ação.[50] Como resultado, sensações autoproduzidas são menos notáveis que sensações produzidas por outra pessoa. (Sei no que você está pensando e, sim, é verdade.) Assim, a força antecipada que você sente em seu próprio dedo quando aperta o dedo de alguém parece menos intensa que a força não antecipada que recebe quando alguém aperta seu dedo. Em outras palavras, quando damos um golpe, sabemos que ele está prestes a ocorrer e ele não parece tão intenso quando experimentamos o impacto, mas quando recebemos um golpe de alguém, nosso cérebro não recebe o mesmo tipo de aviso intracraniano adiantado e, como resultado, o golpe parece mais intenso.

Se esse experimento fornece uma explicação para a escalada da violência no mundo real ou é apenas uma metáfora, é uma questão em aberto, mas os mecanismos subjacentes realmente podem ser paralelos. É plausível, se não inevitável, que estejamos mais conscientes da dor que sofremos nas mãos dos outros que daquela que sofremos por nossas próprias mãos. Os sistemas nervosos de nossa sociedade — a mídia e o boca a boca — estão muito mais propensos a divulgar mensagens sobre as experiências dolorosas de nosso grupo que sobre as experiências dolorosas de outros grupos. Como resultado, nossos vieses morais podem, em alguns casos, ser construídos nos sistemas que usamos para perceber os eventos mundiais.

Esse princípio cognitivo, além de explicar por que subestimamos o dano que causamos, também explica por que superestimamos o bem que fazemos. Eugene Caruso e seus colegas pediram aos quatro autores de artigos jornalísticos escritos em conjunto para estimar em separado o crédito devido a cada um. Na média, a soma dos créditos que os autores reivindicaram para si mesmos chega a 140%. Estamos plenamente conscientes das contribuições que fazemos, porque as fazemos, mas apenas em parte conscientes das contribuições dos outros.[51]

VIDA E CONFLITO NOS NOVOS PASTOS

Como as tribos fictícias dos novos pastos, no mundo moderno estamos tentando viver juntos a despeito de nossos diferentes valores, crenças e interesses. Pelos padrões históricos, a vida moderna é, no geral, bastante boa. Como explica Steven Pinker em *Os anjos bons da nossa natureza*,[52] a violência humana declinou de forma dramática nos últimos milênios, séculos e décadas — uma tendência que ele atribuiu a mudanças profundas e culturalmente motivadas na maneira como pensamos, sentimos e organizamos nossas sociedades. Essas mudanças incluem governo democrático, Estados com monopólio legal do uso da força, entretenimento que gera empatia, direitos legais para os vulneráveis, ciência como fonte de conhecimento verificável e comércio vantajoso para ambos. Essas tendências estão refletidas nas surpreendentes descobertas aqui mencionadas. Outra vez, pessoas vivendo em sociedades mais integradas ao mercado, em vez de serem muito gananciosas, tendem a ser mais altruístas em relação a estranhos e mais dispostas a colaborar com eles.

Assim, de um ponto de vista aéreo da história humana, os problemas da vida nos novos pastos estão 90% solucionados. Mesmo assim, a vista a partir do chão, que traz para o primeiro plano os 10% não solucionados, parece muito diferente. A despeito de nosso imenso e subapreciado progresso, os problemas que enfrentamos ainda são enormes. O sofrimento evitável produzido pelas tragédias modernas não é menos intenso que o sofrimento de épocas passadas e ainda é vasto demais para ser verdadeiramente compreendido por nossas mentes limitadas.

Na introdução deste livro, destaquei alguns de nossos maiores problemas:[53]

Pobreza: mais de 1 bilhão de pessoas vivem em extrema pobreza, de modo que a mera sobrevivência é uma luta. Problemas associados à pobreza incluem fome, desnutrição, falta de acesso a água potável, saneamento deficiente, exposição a poluentes tóxicos, falta de acesso generalizado a assistência médica, falta de oportunidades econômicas e opressão política, especialmente para mulheres.

Conflitos violentos: conflitos em locais como Darfur matam milhares de pessoas por ano, e centenas de milhares de refugiados vivem em condições horrendas.

Terrorismo/armas de destruição em massa: embora a violência entre Estados esteja declinando, armas de destruição em massa podem permitir que pequenos grupos inflijam danos em uma escala que historicamente só podia ser alcançada por Estados poderosos. É claro que Estados em posse de tais armas também podem causar danos extremos.

Aquecimento global/degradação ambiental: o dano que estamos causando ao meio ambiente ameaça reverter nossa tendência em direção à paz e à prosperidade.

Esses são problemas globais. No interior de Estados pacíficos, temos problemas domésticos que, embora pequenos pelos padrões globais e históricos, afetam profundamente milhões de pessoas e são, para muitas delas, questões de vida e morte. Como discutido na introdução, nos Estados Unidos estamos debatendo impostos, assistência médica, imigração, ação afirmativa, aborto, questões ligadas ao fim da vida, pesquisa com células-tronco, pena de morte, direitos dos homossexuais, ensino da evolução em escolas públicas, controle de armas, direitos animais, regulação ambiental e regulamentação da indústria financeira. Minha esperança é que possamos usar um melhor entendimento da psicologia moral para fazer progresso em relação a esses problemas.

Neste capítulo, consideramos seis tendências psicológicas que exacerbam o conflito intertribal. Primeiro, tribos humanas são tribais, favorecendo o "nós" em detrimento do "eles". Segundo, tribos possuem discordâncias genuínas sobre como as sociedades devem ser organizadas, enfatizando, em diferentes extensões, os direitos dos indivíduos ou o bem maior do grupo. Os valores tribais também diferem em outras dimensões, como o papel da honra na resposta a ameaças. Terceiro, tribos possuem compromissos morais distintos, tipicamente religiosos, nos quais a autoridade moral é investida em indivíduos, textos, tradições e deidades locais que outros grupos não reconhecem como possuidores de autoridade. Quarto, as tribos, assim como os indivíduos em seu interior, inclinam-se à justiça tendenciosa, permitindo que o interesse próprio do grupo distorça seu senso de justiça. Quinto, as crenças tribais são facilmente tendenciosas. Crenças tendenciosas surgem do simples interesse próprio, mas também de dinâmicas sociais mais complexas. Quando uma crença se torna símbolo de identidade cultural, ela pode se perpetuar, mesmo que prejudique os interesses da tribo. Por fim, a maneira como processamos informações sobre eventos sociais pode fazer com que subestimemos o dano que causamos a outros, levando à escalada do conflito.

Alguns de nossos maiores problemas morais são claros exemplos da tragédia da moralidade do senso comum — atritos entre tribos que são morais, mas *diferentemente* morais. Talvez o melhor exemplo seja o problema do aquecimento global, que o filósofo Stephen Gardiner chamou de "perfeita tempestade moral".[54] Primeiro, a questão do aquecimento global é assombrada pela justiça tendenciosa. Considere, por exemplo, as dimensões morais da abordagem *cap-and-trade*. Planos *cap-and-trade* estabelecem limites para a emissão global de carbono e, assim, concedem um número limitado de créditos de emissão para as nações, que podem usá-los ou vendê-los. O ponto crítico é que esses planos exigem alguma distribuição inicial e há grande discordância sobre o que constituiu uma distribuição justa. (Soa familiar?) Uma abordagem é usar os níveis históricos de emissão como ponto de partida. Outra é conceder a cada nação direitos proporcionais a sua população, concedendo a cada ser humano um crédito padrão de carbono. E há, é claro, numerosos arranjos intermediários.[55] Como se poderia esperar, as nações desenvolvidas tendem a pensar que créditos baseados em emissões históricas são justos, ao passo que as nações menos desenvolvidas favorecem distribuições baseadas na população. É evidente que o problema da justiça não é específico dos planos *cap-and-trade*. Propostas envolvendo taxar a emissão de carbono — a mais favorecida alternativa ao *cap-and-trade* — requerem acordos sobre quem é taxado e em quanto. Hoje em dia, não há nenhum acordo global sobre emissões de carbono, ainda mais porque muitos cidadãos nos Estados Unidos — o segundo maior emissor de carbono do mundo,[56] tanto em números absolutos quanto *per capita* — consideram o Protocolo de Kyoto de 1997 injusto. George W. Bush expressou um popular sentimento americano contra o plano de Kyoto durante a campanha presidencial de 2000: "Vou dizer uma coisa que não vou fazer. Não vou deixar os Estados Unidos arcarem com o fardo de limpar o ar do mundo, como o tratado de Kyoto quer que façamos."[57] Seja o dos Estados Unidos ou o do restante do mundo, o senso de justiça de ao menos um dos lados é tendencioso.

O problema de definir o que é justo surge em quase todos os conflitos internacionais. É justo que Israel ocupe a Cisjordânia, considerando o que os palestinos fizeram? É justo que os palestinos matem civis israelenses, considerando o que os israelenses fizeram? Quanta força é proporcional e quanta é excessiva? É justo que apenas certas nações possuam armas nucleares? É justo impor dolorosas sanções econômicas a um povo inocente como modo de conter governantes autocráticos? É justo causar milhares de mortes a fim de transformar uma autocracia em democracia? Especialistas em negociação e relações internacionais há muito lamentam o problema apresentado pela justiça tendenciosa para a resolução de conflitos. Roger Fisher explica, em seu livro *Basic Negotiating Strategy*:

> Uma tentativa de indicar a um adversário que ele deve tomar uma decisão na qual o "dever" é baseado em *nossas* ideias de justiça, história, princípio ou moralidade é, no melhor dos casos, um desvio da tarefa imediata à frente; no pior, destrói o resultado que queremos [...][58]

> Oficiais pensam em si mesmos como agindo de maneiras moralmente legítimas. A fim de fazer com que mudem de ideia, temos de apelar para *seu* senso de certo e errado. Mas isso é o oposto do que faz a maioria dos governos. Primeiro eles apelam para o senso de certo e errado de seu próprio povo, tentando maximizar o apoio para a demonização da oposição, e isso pode funcionar. Mas então a oposição se torna muito mais difícil de lidar [...] menos disposta a ouvir o que temos a dizer.[59]

O historiador Arthur Schlesinger, escrevendo no início dos anos 1970, previu os resultados do estudo sobre negociação de Harinck, no qual a busca de justiça tendenciosa deixa todo mundo pior que antes.

> Impor a lei moral a nossos irmãos pecadores de nossa posição de julgamento sem dúvida apela a nosso próprio senso de retidão moral. Mas gera perigosos equívocos sobre a natureza da política externa [...] Pois o homem que converte conflitos de interesse e circunstância em conflitos entre bem e mal necessariamente se investe de superioridade moral. Aqueles que veem as relações externas como compostas de certo e errado começam por supor que sabem melhor que as outras pessoas o que é bom para elas. Quanto mais passionalmente acreditarem que estão certas, mais estarão propensas

a rejeitar a conveniência e a acomodação para buscar a vitória final de seus princípios. Pouca coisa foi mais perniciosa, em política internacional, que a retidão excessiva.[60]

Como mencionado, o problema de definir o que é justo também surge em praticamente todas as questões políticas domésticas, da desigualdade econômica a como tratamos os não nascidos.

Como podemos solucionar os problemas dos novos pastos? Até aqui, falamos sobre a estrutura dos problemas morais e a psicologia por trás deles. Como todos os animais, possuímos impulsos egoístas. Porém, mais que qualquer outro animal, também temos impulsos sociais, uma maquinaria moral automatizada que nos empurra até o canto mágico, solucionando o problema do "eu" *versus* "nós". Infelizmente, como aprendemos neste capítulo, essa maquinaria moral (juntamente com os bons e antiquados egoísmo e viés) recria o problema moral fundamental em um nível mais elevado, o nível dos grupos — "nós" *versus* "eles". Com base no que vimos até agora, os problemas dos novos pastos podem ser irremediáveis: nossos impulsos sociais nos tiram da caldeirinha do conflito pessoal e nos jogam no fogo do conflito tribal. Felizmente, porém, o cérebro humano é mais que um amontoado de impulsos egoístas e sociais. Podemos *pensar*. Para ver o pensamento moral em ação e apreciar o contraste entre pensamento moral e sentimento moral, não há lugar melhor para começar que os dilemas filosóficos que colocam "o coração" contra "a cabeça".

PARTE II

Moralidade rápida e lenta

4

Bondologia

É aqui que minha principal linha de pesquisa chega a nossa história. Antes, porém, falarei um pouco sobre como entrei nesse negócio e por que o considero importante.

No primeiro ano do ensino médio, entrei na equipe de debates da escola. Participei dos debates Lincoln-Douglas, no qual dois debatedores defendiam lados opostos de uma "determinação". As determinações eram escolhidas por um comitê nacional e mudavam a cada dois meses. Faz pouco tempo, encontrei on-line as determinações de minha juventude *geek*. Eis as de meu primeiro ano no ensino médio:

- Determinado: que os Estados Unidos devem valorizar as questões globais acima das questões nacionais.
- Determinado: que todos os cidadãos americanos devem prestar serviço militar.
- Determinado: que as comunidades americanas devem ter o direito de suprimir a pornografia.
- Determinado: que os recursos nacionais devem ser mais valorizados que a proteção ao meio ambiente.
- Determinado: que a obediência individual à lei desempenha papel mais importante na manutenção de um serviço público ético que a obediência individual à consciência.

Embora eu não tivesse percebido na época, são todos problemas comuns, questões sobre os termos da cooperação, tanto para indivíduos em uma sociedade quanto para nações entre si.

Ocupando salas vazias durante a noite e nos fins de semana, usando trajes oficiais Reagan-Thatcher grandes demais, eu e meus colegas debatedores reencenávamos as batalhas filosóficas dos novos pastos, defendendo com paixão políticas que havíamos recebido de forma aleatória. Rapidamente desenvolvi uma estratégia. No início, cada debatedor apresentava uma "premissa de valor", um valor visto como preeminente. Se estivesse argumentando contra a supressão da pornografia, por exemplo, poderia escolher "liberdade". Se estivesse defendendo a obediência à lei acima da obediência à consciência, poderia transformar "segurança" em premissa de valor. Em seguida, o debatedor defendia a preeminência de sua premissa. Se fosse "segurança", ele poderia recitar algumas palavras de Thomas Hobbes e afirmar que a segurança vinha primeiro, porque era necessária para realizar outros valores. Com a premissa de valor no lugar, estava na hora de afirmar que seu lado servia melhor ao valor preeminente escolhido.

Eu não gostava das premissas de valor padrão ("liberdade", "segurança") porque me parecia que, não importando qual fosse meu valor favorito, sempre haveria considerações que teriam precedência. Liberdade tinha importância, mas era tudo? Segurança tinha importância, mas era tudo? Como poderia haver um valor preeminente? Então descobri o utilitarismo, a filosofia apresentada de forma pioneira por Jeremy Bentham e John Stuart Mill, filósofos ingleses dos séculos XVIII e XIX.[1]

O utilitarismo é uma ideia genial com um nome horroroso. É, em minha opinião, a ideia mais subestimada e mal compreendida de toda a filosofia moral e política. Nas partes 3 a 5, falaremos sobre por que o utilitarismo é tão sábio, mal compreendido e subestimado. Por agora, começaremos com um entendimento simples, mas bom o bastante para nos introduzir à sua psicologia. No fim deste capítulo, seus sentimentos provavelmente serão ambíguos — ou pior —, mas tudo bem. Trabalharei para conquistá-lo nas partes 3 a 5.

Então qual é a grande ideia? O utilitarismo diz que devemos fazer o que for necessário para produzir as melhores consequências gerais para todos os envolvidos. (Especificamente, estou descrevendo aqui o *consequencialismo*, uma categoria filosófica mais ampla que inclui o utilitarismo. Falaremos mais a respeito no capítulo 6.) Em outras palavras, devemos fazer o que quer que produza o bem maior. Se a opção A matará seis pessoas e salvará quatro, por exemplo, enquanto a opção B matará quatro e salvará seis, devemos escolher a opção B. Essa ideia pode parecer tão dolorosamente óbvia que será difícil merecer ser chamada de "ideia", quem dirá "ideia genial". Mas, como veremos, não é tão óbvio que seja uma boa maneira de pensar sobre problemas morais *em geral*. E, como demonstrado nas partes 3 a 5, aplicar esse princípio ao confuso mundo real não é de modo algum simples, e muito diferente do que as pessoas tendem a antever quando imaginam o utilitarismo em prática.

Como debatedor, eu gostava do utilitarismo porque ele me dava uma premissa de valor que, em si mesma, permitia o equilíbrio de valores: liberdade é mais importante que segurança? Ou segurança é mais importante que liberdade? O utilitarismo oferecia uma resposta razoável: nenhum desses valores assume precedência absoluta. Precisamos *equilibrar* os valores da liberdade e da segurança, e o melhor equilíbrio é aquele que produz as melhores consequências gerais.

Satisfeito com essa estratégia, transformei o utilitarismo em premissa de valor em todos os debates, não importando em que lado estivesse. Começava cada rodada com meu discurso utilitarista padrão, temperado com citações importantes de Mill e colegas. Daí era só uma questão de escolher a dedo as evidências para demonstrar que, de fato, o bem maior era servido pelo lado que me fora designado.

Essa estratégia funcionou muito bem. Usei o utilitarismo não apenas como minha única premissa de valor, mas também como arma para atacar os valores de meus oponentes. O que quer que meu oponente oferecesse como valor preeminente, eu opunha ao bem maior, da maneira mais dramática possível. Eu começava no exame cruzado, a parte do debate na qual os oponentes questionam um ao outro diretamente, em vez de fazer discursos. Se meu oponente estivesse defendendo a liberdade de expressão, por exemplo, eu sacava o contraexemplo em meu estoque:

— Você afirma que a liberdade de expressão é o valor mais importante deste debate, não é? — perguntava eu.

— Sim — respondia meu desavisado oponente.

— E, portanto, nenhum outro valor pode ter precedência sobre a liberdade de expressão, certo?

— Sim.

— Bem... suponha que alguém, só por diversão, grite "Fogo!" em um teatro lotado e todos corram para a saída, fazendo com que algumas pessoas sejam pisoteadas e morram. O direito de gritar "Fogo!" é mais importante que o direito de não ser pisoteado até a morte?

Touché! "Liberdade de expressão" é um alvo fácil, mas, no caso da maioria das premissas de valor, eu podia apresentar ou inventar um contraexemplo como o bom e velho caso do "teatro lotado".

O filósofo alemão do século XVIII Immanuel Kant — visto por muitos, em especial pelos críticos do utilitarismo, como maior filósofo moral de todos os tempos — também era popular entre debatedores. Os oponentes às vezes apelavam para seu "imperativo categórico" como premissa de valor, argumentando que "os fins não justificam os meios". Então eu fazia perguntas como esta: "Suponha que um elevador em queda esteja prestes a esmagar alguém. Para parar o elevador, você precisa apertar um botão que não consegue alcançar. Mas pode empurrar alguém contra o botão. É correto usar uma pessoa como meio de apertar o botão se isso for salvar a vida de outra?"

Eu gostava de minha estratégia utilitarista não só porque ela era efetiva, mas também porque eu acreditava nela. É claro que, como mencionado, eu era obrigado a argumentar que o bem maior estava do meu lado, não importando em que lado estivesse. Mas isso fazia parte do jogo e parecia melhor que oferecer uma filosofia falha diferente para cada lado de cada debate.

Certa vez, em um torneio em Jacksonville, Flórida, enfrentei uma debatedora particularmente afiada de Miami. Fiz meu discurso utilitarista padrão e ela iniciou o exame cruzado:

— Você disse que devemos fazer o que quer que produza o bem maior, certo?

— Sim — respondi, desavisado.

— Suponha que haja cinco pessoas prestes a morrer, devido a falhas em vários órgãos. Uma tem problemas no fígado, outra nos rins, etc.

— Uhum.

— E suponha que um médico utilitarista pode salvar todas essas pessoas ao sequestrar um jovem, anestesiá-lo, remover seus órgãos e distribuí-los. Isso pareceria produzir o maior bem. Você acha que seria correto?

Fiquei estupefato. Não lembro o que respondi. Talvez tenha feito um apelo utilitarista ao realismo, argumentando que, na verdade, transplantes não autorizados não serviriam ao bem maior porque as pessoas viveriam com medo, haveria potencial de abuso e assim por diante. Porém, o que quer que eu tenha dito, não foi suficiente. Perdi a rodada. Pior que isso, perdi minha estratégia vencedora. E pior ainda, corri o risco de perder minha florescente visão de mundo moral. (E, quando você é um adolescente sem namorada,[2] perder sua florescente visão de mundo moral pode parecer uma perda imensa!)

Abandonei o clube de debates no último ano do ensino médio, logo depois de ser aceito pela faculdade. Meus pais ficaram aborrecidos. Meu técnico me chamou de traidor. Mas eu estava cansado de argumentar por esporte. Se fosse me envolver em argumentos filosóficos, queria acreditar neles e, naquele momento, não sabia em que acreditar.

Na primavera de 1992, cheguei à Universidade da Pensilvânia como estudante do programa de graduação da Escola de Negócios Wharton. Levei mais ou menos um mês para perceber que a escola não era para mim, mas encontrei professores e ideias que permaneceram comigo desde então. Durante meu primeiro ano, fiz aulas de microeconomia, que me apresentaram à teoria dos jogos. Teoria dos jogos é o estudo de problemas de decisão estratégica como o dilema do prisioneiro e a tragédia dos comuns. Eu amava sua elegância abstrata. Amava a ideia de que problemas sociais aparentemente não relacionados — do aquecimento global e da proliferação nuclear à bagunça perpétua na cozinha comum do meu dormitório — partilhavam uma estrutura matemática subjacente e que, ao compreender a essência matemática desses problemas, poderíamos solucioná-los.

Naquele ano, tive minha primeira aula de psicologia com um cientista e professor brilhante chamado Paul Rozin. Foi um pequeno seminário, não a aula introdutória padrão no auditório. Rozin fez perguntas, argumentou conosco e nos conduziu pelas demonstrações. Em uma dessas demonstrações, calculamos a velocidade na qual o sistema nervoso humano envia sinais elétricos. Usamos um método inventado pelo físico e médico alemão Hermann von Helmholtz, um dos fundadores da psicologia experimental no século XIX.

Primeiro, Rozin fez com que déssemos as mãos. A primeira pessoa apertava a mão da pessoa a seu lado, que apertava a mão da pessoa seguinte e assim por diante. Quanto tempo demoraria para que o apertão se propagasse pela fila? Fizemos isso várias vezes. Rozin tinha um cronômetro e registrou os tempos de cada tentativa. Então calculou a média dos resultados. Em seguida, fizemos a mesma coisa, dessa vez segurando o tornozelo da pessoa seguinte. Assim que você sentia um apertão no tornozelo esquerdo, usava a mão direita para apertar o tornozelo esquerdo da pessoa a seu lado e assim por diante em toda a fila. Novamente, Rozin mediu os tempos e calculou a média. Demorou um pouco mais para o apertão se propagar pela fila. Então medimos a distância entre nossas mãos e nossos cérebros e, em seguida, a distância entre nossos tornozelos e nossos cérebros. A diferença entre essas duas distâncias correspondia à distância extra que o sinal do apertão tinha de viajar quando passava de mão para tornozelo, em vez de mão para mão. Calculando a média de muitas tentativas, determinamos o tempo que o sinal levava para viajar essa distância extra e, assim, estimamos sua velocidade. Nossa estimativa correspondeu quase exatamente à resposta que Rozin, sem que soubéssemos, anotara com antecipação.

Demonstrações como essa me despertaram para o poder do pensamento científico. Mais especificamente, elas me mostraram como métodos inteligentes podem transformar os mistérios da mente humana em perguntas passíveis de respostas. Parte do que me fascinou nesse método foi que ele poderia ter sido usado há milhares de anos, embora ninguém tivesse pensado nisso até o século XIX. (Com um número suficiente de pessoas e repetições, não é preciso um cronômetro.) O poder estava não na tecnologia avançada, mas em um estilo de pensamento que combinava raciocínio afiado e criatividade.

Rozin também me apresentou à sociobiologia, o estudo do comportamento social, em especial o comportamento social humano, da perspectiva evolutiva. (Desde então, esse campo se separou em vários outros, incluindo a psicologia evolutiva, que tenta compreender como a evolução modelou a mente humana.) Os sociobiólogos sabiam explicar por que — perdoe meu rude idioma universitário — garotas, mas não garotos, podiam transar sempre que quisessem. A explicação vem da teoria de investimento parental de Robert Trivers:[3] fêmeas precisam investir uma quantidade imensa de trabalho na produção de proles viáveis — nove meses de gestação e anos de amamentação, no mínimo dos mínimos. Machos, em contraste, só precisam depositar uma pequena quantidade de esperma. (É claro que machos que investem mais em sua prole têm mais probabilidade de produzir proles bem-sucedidas, mas seu investimento *mínimo* é baixo.) Assim, diz Trivers, fêmeas são mais seletivas na escolha de parceiros. Uma fêmea que aceita esperma do primeiro doador voluntário tem pouca probabilidade de conseguir uma prole tão apta quanto a das que são mais seletivas. Machos, em contraste, não arcam com nenhum custo por oferecer seu material genético mais livremente. (Isso me fez lembrar de uma música popular na época, do Red Hot Chili Peppers, intitulada "Give It Away".) Muitas pessoas consideraram — e continuam a considerar — essa teoria evolutiva uma racionalização pseudocientífica para o papel tradicional dos gêneros, mas eu fiquei impressionado. E isso não porque era fã do papel tradicional dos gêneros — ao contrário, teria ficado muito satisfeito se as fêmeas de meu ambiente fossem menos seletivas —, mas porque a teoria, além de responder pelos fatos sociais observáveis, fizera algumas predições não óbvias que se provaram corretas. De acordo com Trivers, o que importa não é macho *versus* fêmea *per se*, mas baixo *versus* alto investimento parental. Se houvesse uma espécie na qual os machos fossem os maiores investidores, seriam eles, e não as fêmeas, a adotar comportamentos mais seletivos. E, de fato, em algumas espécies de pássaros e peixes, são os machos que protegem e nutrem a prole em desenvolvimento e são eles que se mostram mais exigentes.[4]

Na faculdade, estive encarregado de minhas próprias finanças pela primeira vez. Com essa nova liberdade, veio um novo senso de responsabilidade. Eu gastava grande parte de minha mesada em pequenos luxos — CDs da loja de música, comidas interessantes do Center City Philadelphia. Mas como justificar isso? Eu imaginava uma mulher desesperadamente pobre implorando: "Por favor, me dê 10 dólares. Sem dinheiro, não posso comprar comida. Meu filho vai morrer." Eu poderia olhá-la nos olhos e dizer não? "Sinto muito, mas preciso de outro CD do John Coltrane. Seu filho vai ter que morrer." Eu sabia que jamais faria isso. (Embora passasse por pessoas sem-teto o tempo todo.) Ao mesmo tempo, porém, eu via aonde esse argumento levava. O mundo estava cheio de pessoas desesperadas que precisavam mais do meu dinheiro do que eu precisava de uma coleção de música maior. Onde terminava minha obrigação? (Mais sobre isso na parte 3.)

Encontrei um professor de psicologia chamado Jonathan Baron que, de acordo com sua biografia, estava interessado em psicologia, economia e ética. Ele parecia o cara ideal para conversar sobre esse assunto. Marquei uma hora. Ele explicou que os filósofos argumentavam sobre esse problema desde que

Peter Singer o apresentara pela primeira vez,[5] alguns anos antes de eu nascer. Era um problema que também o incomodava.

Baron e eu nos demos muito bem e começamos a trabalhar juntos em nossas pesquisas. Foi somente depois que percebi quão improvável havia sido que, naquela época, com minhas preocupações incomuns, eu tivesse encontrado o único psicólogo moral de carteirinha do mundo. Pelo que eu sabia, havia um em cada universidade. Baron e eu trabalhamos no problema da "insensibilidade à quantidade" nas tomadas de decisão ambientais. Se você perguntar às pessoas "Quanto você pagaria para limpar dois rios poluídos?", receberá uma resposta. Se perguntar a um grupo diferente "Quanto você pagaria para limpar vinte rios poluídos?", receberá, na média, a mesma resposta. Você poderia pensar — poderia esperar — que limpar vinte rios poluídos parecesse dez vezes melhor que limpar dois. Porém, com muita frequência, os números não importam. Dois rios, vinte rios: tudo parece igual.[6] Baron e eu tentávamos descobrir por que as pessoas se mostram "insensíveis à quantidade". Nossa pesquisa não solucionou o problema, mas descartamos algumas teorias promissoras, o que foi uma espécie de progresso. Esse projeto de pesquisa deu origem à minha primeira publicação científica,[7] mas, ainda mais importante, trabalhar com Baron me apresentou ao estudo de "heurística e vieses", os atalhos mentais (heurística) que as pessoas usam para tomar decisões e os erros irracionais (vieses) que resultam do pensamento heurístico.[8]

Após perder o interesse nos negócios, eu me transferi para Harvard e passei a estudar filosofia. No primeiro período por lá, fiz um curso chamado "Pensando sobre pensar", ministrado por três professores lendários: o filósofo Robert Nozick, o biólogo evolutivo Stephen Jay Gould e o professor de Direito Alan Dershowitz. (O apelido do curso era "Egos sobre egos".) No programa havia um ensaio da filósofa Judith Jarvis Thomson intitulado "O problema do bonde".[9]

O PROBLEMA DO BONDE

Esse ensaio, como descobri, fora a fonte do *dilema do transplante de órgãos* que me pegara de surpresa no ensino médio. O engenhoso ensaio de Thomson discutia uma série de dilemas morais, todos tratando do mesmo tema: sacrificar uma vida para salvar cinco. Em alguns casos, trocar uma vida por cinco parecia claramente errado, como no dilema do transplante. Outro era o *dilema da passarela*, que apresento aqui de maneira um pouco modificada:

> Um bonde desgovernado vai na direção de cinco ferroviários que serão mortos se o bonde continuar no curso atual. Você está de pé em uma passarela sobre os trilhos, entre o bonde e os cinco ferroviários. Perto de você há um único ferroviário carregando uma grande mochila. A única maneira de salvar os cinco é empurrar esse homem da passarela, para que caia nos trilhos lá embaixo. O homem morrerá, mas seu corpo e a mochila impedirão que o bonde chegue aos outros. (Você não pode pular porque, sem uma mochila, não é grande o bastante para parar o bonde e não há tempo suficiente para colocar a mochila nas costas.) É moralmente aceitável salvar cinco pessoas ao empurrar o estranho para sua morte? (Ver Figura 9).

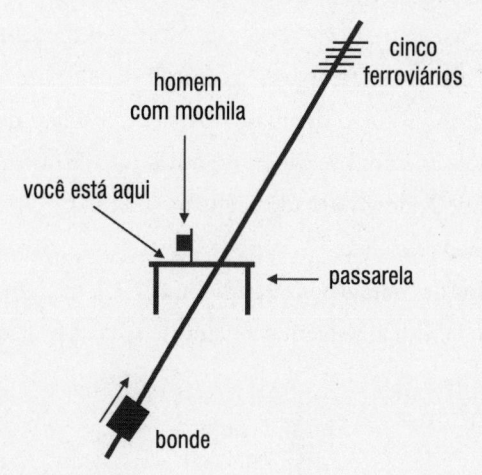

Figura 9. O dilema da passarela.

A maioria das pessoas dirá que é errado empurrar o homem da passarela a fim de salvar os outros cinco.[10] Essa, todavia, não é a resposta utilitarista, ao menos se aceitarmos as premissas do dilema. Empurrar promove o bem maior e, mesmo assim, parece errado.

Há muitas maneiras de tentar fugir desse problema. A estratégia de fuga mais tentadora é questionar as hipóteses do dilema: empurrar o homem de fato salvará os outros cinco? E se os cinco puderem ser salvos de outra maneira? E se o ato de empurrar for visto pelos outros, que em contrapartida perderão o respeito pela vida humana e terminarão cometendo assassinatos? E se, como resultado desses assassinatos, milhões de pessoas passarem a viver com medo de utilitaristas empreendedores? São questões bastante razoáveis, mas não solucionam o problema do utilitarista. Pode ser verdade que, sob hipóteses mais realistas, haja boas razões utilitaristas para não empurrar. Esse é um ponto importante que enfatizaremos mais tarde. Por ora, colocaremos essas dúvidas de lado e levaremos a sério a ideia de que empurrar o homem da passarela é errado, mesmo que promova o bem maior.

Por que deve ser errado? A queixa mais comum sobre o utilitarismo é que ele subestima os *direitos* das pessoas, que nos permite fazer coisas fundamentalmente erradas, sem levar em consideração as consequências. Já mencionei o imperativo de Kant, que ele notoriamente resumiu como:

Agir a fim de tratar a humanidade, seja em sua própria pessoa ou na pessoa de outrem, sempre como fim e nunca apenas como meio.[11]

Em tradução grosseira: não *use* as pessoas. É difícil pensar em um exemplo mais dramático de usar alguém que empregá-lo como obstáculo humano para um bonde.

Uma coisa bacana sobre o dilema da passarela é o fato de ele ter alguns irmãos interessantes. Em uma versão alternativa, que chamaremos de *dilema do interruptor*, um bonde desgovernado segue na direção de cinco ferroviários que serão mortos se nada for feito. Você pode salvar essas cinco pessoas ao acionar um interruptor que desviará o bonde para um trilho lateral. Infelizmente, há um único ferroviário no trilho lateral que será morto se você fizer isso (ver Figura 10).

Figura 10. O dilema do interruptor.

É moralmente aceitável desviar o bonde dos cinco para atingir aquele um? Pareceu moralmente aceitável para Thomson, e eu concordei. Como aprenderia mais tarde, pessoas em todo o mundo concordam.[12] Por que, então, dizemos sim para o caso do interruptor, mas não para o caso da passarela?

Esse era, para mim, o problema científico perfeito. O problema do bonde reunia, em um modelo tão acessível e verificável quanto o da mosca-das-frutas, todas as coisas que haviam me intrigado desde o início da adolescência. Primeiro, pegava o grande problema filosófico por trás de todos aqueles debates do ensino médio e o reduzia a sua essência: quando e por que os direitos do indivíduo assumem precedência sobre o bem maior? Toda grande questão moral — aborto, ação afirmativa, impostos altos ou baixos, matar civis durante a guerra, controle de armas, pena de morte — tratava, de alguma maneira, do conflito entre os direitos (reais ou alegados) de alguns indivíduos e o (real ou alegado) bem maior. O problema do bonde ia direto ao ponto. No dilema da passarela, sacrificar uma pessoa em nome do bem maior parecia errado, uma grave violação dos direitos individuais. No dilema do interruptor, trocar uma vida por cinco parecia justificado, embora não ideal. Era Kant *versus* Mill, tudo em um único e organizado enigma. Se pudesse entender esses dois dilemas simples, eu poderia entender muita coisa.

O problema do bonde também é agradavelmente limpo, *à la* Helmholtz. Como você descobre a velocidade de um sinal no sistema nervoso? Não é preciso traçar o caminho do sinal subindo pelo braço, passando pelo inescrutável labirinto do cérebro e descendo pelo outro braço. Só é preciso trocar um braço por uma perna e *subtrair*. O problema do bonde é uma adorável subtração. Esses dilemas possuem centenas de atributos potencialmente relevantes, mas as diferenças entre os casos do interruptor e da passarela são mínimas. Em algum lugar dessa curta lista de diferenças, estão aquelas que importam moralmente, ou ao menos parecem importar.

O problema do bonde também é um problema decisório que pode ficar mais claro ao pensarmos em termos de "heurística e vieses". Nossa intuição diz que a ação no caso da passarela é errada. Que molas e alavancas do cérebro nos fazem chegar a essa conclusão? E será que podemos confiar nessa maquinaria? Nosso cérebro, ao menos às vezes, diz que limpar vinte rios poluídos não é melhor que limpar dois. Nesse caso, damos a mesma resposta para duas coisas que deveriam receber respostas diferentes. Talvez o problema do bonde envolva o viés oposto: tratar coisas similares como se fossem muito diferentes. Talvez seja uma idiossincrasia da psicologia humana que trocar uma vida por cinco pareça certo em um caso e errado no outro. Era uma ideia tentadora que talvez pudesse validar o utilitarismo, que de todos os outros modos parecia tão razoável.

No verão após "Pensando sobre pensar", recebi uma pequena bolsa para realizar pesquisas independentes sobre o problema do bonde. Li muitos livros de filosofia e artigos de psicologia e, para cumprir minhas obrigações em relação à bolsa, escrevi um ensaio intitulado "As duas moralidades", no qual distingui entre dois tipos diferentes de pensamento moral, que chamei de "abstrato" e "solidário". Foi o início da teoria do julgamento moral de "modo dual", que descreverei em breve.

Na primavera seguinte, participei de uma classe de neurociência comportamental, esperando que os cientistas do cérebro tivessem as respostas que eu procurava. Não as encontrei em sala de aula, mas descobri o livro recém-publicado do neurologista António Damásio. O livro, *O erro de Descartes*, referia-se ao papel da emoção na tomada de decisões. Damásio descreveu o caso de Phineas Gage, um famoso paciente neurológico que viveu e trabalhou em Vermont durante o século XIX.[13] Gage era um respeitado supervisor ferroviário cujo caráter mudou dramaticamente depois que uma explosão acidental lançou um soquete de 90 centímetros através de seu olho, saindo pelo topo do crânio. O ferimento destruiu grande parte de seu córtex pré-frontal medial, a parte do cérebro atrás dos olhos e da testa, logo atrás do nariz. De forma surpreendente, após algumas semanas parecia que Gage havia recuperado as habilidades cognitivas. Ele conseguia falar, fazer contas, lembrar o nome de pessoas e lugares e assim por diante. Porém, já não era mais o mesmo. O supervisor ferroviário diligente e trabalhador se tornara um andarilho irresponsável.

Damásio estudara pacientes com danos nas porções ventrais (inferiores) do córtex pré-frontal medial (o córtex pré-frontal ventromedial ou CPFVM).

E encontrara um padrão consistente. Esses pacientes parecidos com Gage se saíam bem em testes cognitivos padrão, como testes de QI, mas tomavam decisões desastrosas na vida real. Em uma série de estudos, Damásio e seus colegas demonstraram que seus problemas se deviam a déficits emocionais.[14] Um dos pacientes, após ver fotografias de acidentes violentos e vítimas de afogamento, observou que não sentia nada ao observar as cenas trágicas, mas sabia que costumava responder emocionalmente a elas antes do dano cerebral. Damásio descreveu essa situação como "saber, mas não sentir".[15]

Quando li essa passagem, estava sozinho no hotel. Fiquei tão excitado que comecei a pular na cama. O que compreendi naquele momento foi a conexão com o problema do bonde: o que faltava naqueles pacientes era o que motiva a resposta das pessoas comuns ao caso da passarela. E havia, é claro, uma maneira perfeita de testar a ideia: apresentar os dilemas do interruptor e da passarela a pacientes com danos no CPFVM. Se eu estivesse certo, pacientes com danos no CPFVM, pacientes como Phineas Gage, forneceriam respostas utilitaristas não apenas ao caso do interruptor, mas também ao caso da passarela. Infelizmente, eu não conhecia ninguém com danos no CPFVM.

No ano seguinte, escrevi sobre essas ideias em minha monografia, intitulada "Psicologia moral e progresso moral" e predecessora deste livro. No outono de 1997, fui admitido no programa de Ph.D. em Filosofia de Princeton. Passei os primeiros dois anos frequentando seminários e cumprindo requisitos, estudando uma variedade de tópicos, da *República* de Platão à filosofia da mecânica quântica, e gozando da vida de filósofo em geral. No verão de 1999, ouvi falar de um neurocientista do Departamento de Psicologia que estava interessado em conversar com filósofos. Princeton recrutara Jonathan Cohen para dirigir o novo Centro para o Estudo do Cérebro, da Mente e do Comportamento. Visitei o website e vi que a pesquisa dele usava imagens cerebrais. Talvez eu não precisasse de pacientes neurológicos, afinal. Talvez pudesse ver o efeito passarela no cérebro de pessoas saudáveis. Marquei uma reunião.

Ainda havia caixas por abrir em todo o laboratório de Cohen. No escritório, livros e papéis se amontoavam em pilhas instáveis que pareciam estalagmites acadêmicas. Ele se recostou na cadeira. "O que você tem?", perguntou. Comecei a explicar o problema do bonde — primeiro o caso do interruptor e depois o caso da passarela. Ele me interrompeu, listando dez maneiras diferentes pelas quais os casos divergiam. "Espere só um pouco", respondi. Então comecei a descrever o livro de Damásio e Phineas Gage, mas, antes que pudesse terminar, ele explodiu: "Entendi! Entendi! Ventral/dorsal! Ventral/dorsal!" Reconheci a palavra *ventral*, mas não sabia o que ele queria dizer com *dorsal*. Como a barbatana de um tubarão? (*Dorsal* se refere à metade superior do cérebro, o lado alinhado com as costas em um quadrúpede.) De qualquer modo, fiquei feliz por ele também estar excitado. "Vamos fazer isso", disse ele. "Mas você precisa aprender a lidar com imagens cerebrais." Parecia bom para mim.

O que Cohen entendeu naquela primeira reunião — e eu ainda não entendia — foi a outra metade da história neurocientífica do bonde, a parte que se conectava mais diretamente a seu trabalho. Eu estava pensando sobre o papel da emoção em nos fazer dizer não no caso da passarela, mas o que nos faz dizer sim no caso do interruptor? E o que permanece intacto em Phineas Gage e outros como ele? Se esses pacientes podem "saber", mas não "sentir", o que lhes permite "saber"? Para mim, era óbvio. O pensamento utilitarista, em termos de custo-benefício: salvar cinco vidas é melhor que salvar uma. No entanto, para um neurocientista cognitivo, nada sobre como a mente trabalha é óbvio.

Cohen dirige o Laboratório de Neurociência do Controle Cognitivo. Controle cognitivo, como ele o define, é "a habilidade de orquestrar pensamento e ação de acordo com objetivos internos".[16] Um teste clássico de controle cognitivo é a tarefa de nomear cores de Stroop,[17] que envolve dar nome às cores nas quais as palavras surgem em uma tela. Você pode ver a palavra "pássaro" escrita em azul, por exemplo, e sua tarefa será dizer "azul". A situação fica complicada quando a palavra nomeia uma cor que não é a cor na qual ela surge — como a palavra "vermelho" escrita em verde. Sua tarefa é dizer "verde", mas seu primeiro impulso será dizer "vermelho", porque ler é mais automático que nomear cores. Nesses casos complicados, há um conflito interno, com uma população de neurônios dizendo "Leia a palavra!" e uma população diferente de neurônios dizendo "Nomeie a cor!" (É claro que esses neurônios não falam inglês. Aqui e ali, antropomorfizo as coisas com propósitos ilustrativos.) O que soluciona o conflito entre esses comandos? E o que assegura que ele será solucionado da maneira correta ("Nomeie a cor") e não da maneira errada ("Leia a palavra")?

Esse é o trabalho do controle cognitivo, um selo distintivo de cognição humana, que é ativado por circuitos neurais no córtex pré-frontal *dorsal lateral* (dorsolateral) ou CPFDL.[18] Na tarefa de nomear cores de Stroop, o CPFDL diz: "Ei, time. Estamos nomeando cores aqui. Nomeadores de cores, por favor, se apresentem; leitores de palavras, por favor, se afastem." O CPFDL pode usar regras explícitas de decisão ("Nomeie a cor") para guiar o comportamento e superar impulsos conflitantes ("Leia a palavra"). E foi por isso que Cohen exclamou "Ventral/dorsal!" Como especialista em neurociência do controle cognitivo, ele imediatamente viu que "Salve mais vidas" é como "Nomeie a cor". É uma regra explícita de decisão que pode ser usada para guiar a resposta de alguém ao problema. Além disso, Cohen percebeu que a resposta utilitarista ao caso da passarela — aprovar o ato de empurrar o homem para salvar mais vidas — é como nomear a cor em uma daquelas tarefas complicadas de Stroop, como quando a palavra "vermelho" está escrita em verde. Para dar uma resposta utilitarista, é preciso superar o impulso conflitante.

Juntando essas ideias, temos uma teoria "de modo dual" do julgamento moral, ilustrada pelo caso da passarela e seu contraste com o caso do interruptor. É uma teoria de modo dual porque postula distintas, e às vezes conflitantes, respostas automáticas e controladas. (Falaremos mais sobre teorias de modo dual no próximo capítulo.) Em resposta ao caso do interruptor, aplicamos de forma consciente uma regra de decisão utilitarista usando nosso CPFDL. Por razões que discutiremos depois, a ação prejudicial no caso do interruptor não gera muita resposta emocional. Como resultado, tendemos a dar respostas utilitaristas, favorecendo acionar o interruptor para maximizar o número de vidas salvas (ver a parte superior da Figura 11). Em resposta ao caso da passarela, também aplicamos a regra de decisão utilitarista usando nosso CPFDL. Nesse caso, contudo, por alguma razão, a ação prejudicial *gera* uma resposta emocional (relativamente) forte, ativada pelo córtex pré-frontal ventromedial (CPFVM). Como resultado, a maioria das pessoas julga a ação errada, mesmo entendendo que esse julgamento conflita com a análise utilitarista de custo-benefício (ver a parte inferior da Figura 11). Foi essa teoria que decidimos testar.

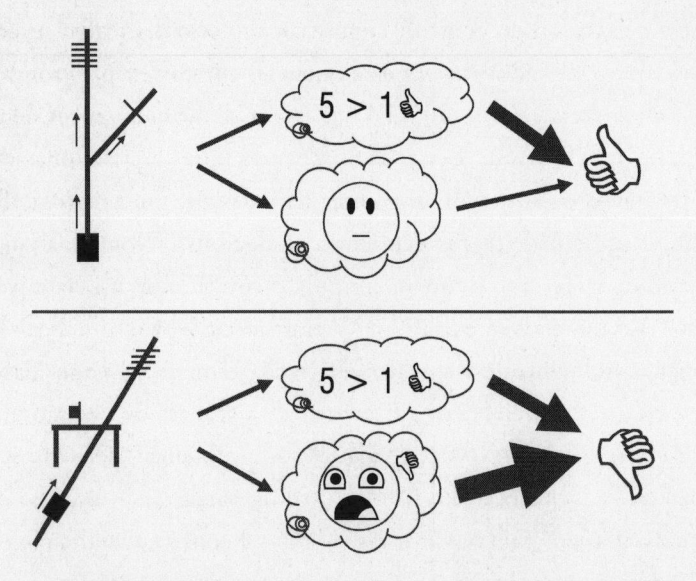

Figura 11. Moralidade de processo dual. Desviar o bonde de cinco pessoas e direcioná-lo para atingir apenas uma (acima) faz sentido utilitarista e não desencadeia uma resposta emocional de oposição. Empurrar o homem da passarela também faz sentido do ponto de vista utilitarista, mas desencadeia uma considerável resposta emocional negativa, fazendo com que a maioria das pessoas desaprove essa conduta.

NO SCANNER

Em nosso primeiro experimento, criamos um conjunto de dilemas morais parecido com o caso do interruptor e um conjunto parecido com o caso da passarela. Chamamos esses dois conjuntos de "impessoal" e "pessoal". Fizemos com que os participantes lessem e respondessem aos dois conjuntos de dilemas enquanto escaneávamos seus cérebros usando imagem por ressonância magnética funcional ou fMRI.[19] Então pegamos as imagens cerebrais dessas duas tarefas de julgamento moral e, à maneira de Helmholtz, *subtraímos*. Como previsto, os dilemas "pessoais", parecidos com o caso da passarela, produziram aumento de atividade no córtex pré-frontal medial, incluindo partes do CPFVM.[20] Em outras palavras, os casos parecidos com o da passarela causaram aumento de atividade exatamente na parte do cérebro que fora danificada em Phineas

Gage e nos pacientes de Damásio, aqueles que "sabiam", mas não "sentiam". Em contraste, os dilemas impessoais, parecidos com o caso do interruptor, geraram aumento de atividade no CPFDL, exatamente a região que Cohen observara tantas vezes antes em seus experimentos com imagens cerebrais usando a tarefa de nomear cores de Stroop. Nosso segundo experimento demonstrou que, quando as pessoas dão respostas utilitaristas a dilemas como o da passarela (endossando o ato de empurrar uma pessoa para salvar cinco, por exemplo), elas exibem aumento de atividade em uma região próxima do CPFDL.[21] Esse experimento também demonstrou que uma região diferente do cérebro conhecida por seu papel na emoção, a amígdala, torna-se mais ativa quando as pessoas contemplam casos "pessoais", como o da passarela, do que quando contemplam casos "impessoais", como o do interruptor. Como você pode lembrar do capítulo 2, a atividade na amígdala está associada à vigilância aumentada, respondendo, entre outras coisas, a rostos de indivíduos que não pertencem ao grupo.

Ficamos maravilhados com os resultados, que se adequavam perfeitamente a nossa teoria, mas ainda havia espaço para dúvidas. Nosso experimento não fora tão controlado quanto gostaríamos. Em um mundo ideal, teríamos usado apenas dois dilemas, o do interruptor e o da passarela. Isso tornaria o experimento mais claro, pois os dois casos são bastante similares. Porém, os dados das imagens cerebrais são cheios de ruído, o que torna muito difícil comparar dois eventos cerebrais individuais. Em vez disso, é preciso gerar exemplos repetidos de ambos os tipos de evento, que podem então ser comparados, a fim de obter uma média. (Exatamente como na média calculada por Rozin quando nos fez apertar muitas vezes as mãos e então os tornozelos uns dos outros, a fim de estimar a diferença de velocidade.) Isso significa que tínhamos de empregar muitos casos como o da passarela e muitos casos como o do interruptor para comparar como conjuntos. Não podíamos tornar os casos muito similares ou as pessoas parariam de pensar e dariam a mesma resposta todas as vezes. Ainda pior, não sabíamos quais eram as diferenças essenciais entre os dois casos, o que tornava difícil criar um conjunto de casos *parecidos* com o da passarela e outro de casos *parecidos* com o do interruptor. De que maneira os casos no interior de cada conjunto deveriam ser parecidos? (Lidamos com essa questão em um trabalho posterior, discutido no capítulo 9.)[22] Assim, demos um palpite sobre as diferenças essenciais, sabendo que esse palpite estaria errado, mas esperando que fosse próximo o bastante para nos permitir testar nossa hipótese sobre "ventral" e "dorsal". Funcionou.

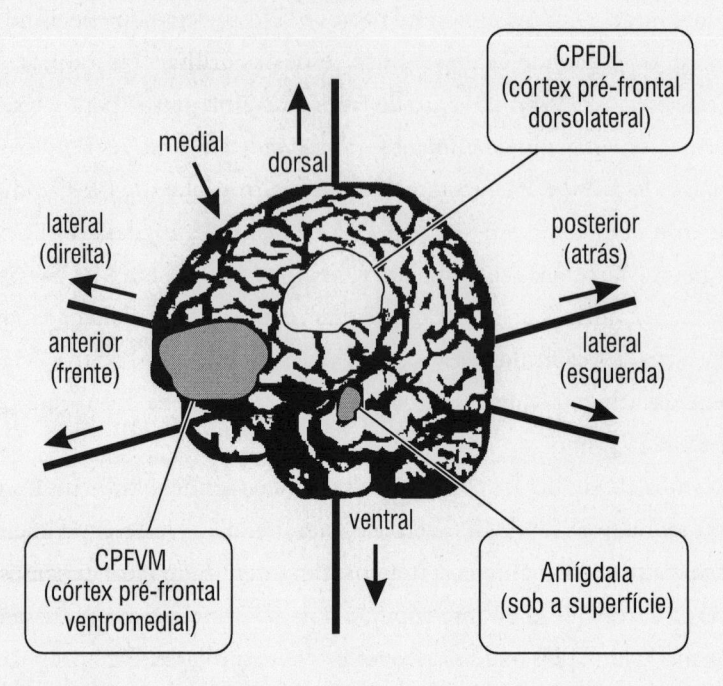

Figura 12. Imagem em 3D destacando três das regiões do cérebro implicadas no julgamento moral.

Nossos experimentos iniciais tinham outra limitação importante. Os dados das imagens cerebrais são "correlacionais", significando que não se pode dizer com certeza se a atividade cerebral revelada nas imagens *causa* os julgamentos das pessoas ou está apenas *correlacionada* a eles. Vendas de sorvete e afogamentos estão correlacionadas, mas sorvete não causa afogamentos.[23] O que acontece é que, em dias quentes, as pessoas tendem a consumir mais sorvete e também tendem a querer nadar, o que leva a mais afogamentos. Como os cientistas frequentemente dizem, "Correlação não implica causação". (Mas correlação ainda é *evidência* de causação, algo que os cientistas com frequência esquecem em seus esforços para serem rigorosos.) Assim, havia correlação entre contemplar dilemas "pessoais" e atividade no CPFVM e na amígdala. Mas a atividade nessas regiões era a *causa* de as pessoas dizerem não em dilemas como o caso da passarela? Do mesmo modo, havia correlação entre contemplar dilemas "impessoais" e atividade no CPFDL. Mas o CPFDL era a *causa* de as pessoas dizerem sim a dilemas como o caso do interruptor e, com menos frequência, a dilemas como o caso da passarela?

O INÍCIO DA BONDOLOGIA EXPERIMENTAL

Uma das alegrias da ciência é colocar uma ideia no mundo e ver outros cientistas trabalharem com ela. Nos anos que se seguiram aos dois experimentos com imagens cerebrais, muitos pesquisadores de diferentes campos, usando diferentes métodos, construíram a partir de nossos resultados, fornecendo evidências adicionais para nossa teoria e levando-a para novas direções. E nós, claro, continuamos nossos estudos.[24]

O próximo estudo-chave do bonde veio de Mario Mendez e seus colegas na UCLA, que examinaram julgamentos morais em pacientes com demência frontotemporal (DFT).[25] DFT é um transtorno neurológico degenerativo que afeta o CPFVM, entre outras regiões do cérebro. Em consequência, pacientes com DFT com frequência apresentam problemas comportamentais similares aos de pacientes com danos no CPFVM, como Phineas Gage. Em particular, pacientes com DFT são conhecidos por seu "amortecimento moral" e falta de empatia. Mendez e colegas deram versões dos dilemas do interruptor e da passarela a pacientes com DFT, pacientes com Alzheimer e pessoas saudáveis. Os resultados foram impressionantes, e de acordo com o que prevíramos. Em resposta ao dilema do interruptor, os três grupos apresentaram o mesmo padrão, com ao menos 80% dos participantes aprovando o desvio do bonde para salvar cinco vidas. Cerca de 20% dos pacientes com Alzheimer aprovaram empurrar o homem da passarela, e o grupo de controle saudável fez o mesmo. Mas quase 60% dos pacientes com DFT, um número três vezes maior, aprovaram empurrar o homem da passarela.

Esse estudo solucionou os dois problemas mencionados antes. Primeiro, como os pesquisadores testaram pacientes, em vez de usar imagens cerebrais, não precisaram calcular a média entre muitos dilemas. Isso evitou o problema de definir uma classe de dilemas "pessoais" (como o da passarela) e outra de dilemas "impessoais" (como o do interruptor). Eles apenas compararam os dois dilemas originais, que são uma ótima combinação. Segundo, o estudo lidou com o problema de "correlação não é causação". Ou seja, eles demonstraram mais definitivamente que as respostas emocionais são a *causa* de as pessoas dizerem não no dilema do interruptor ao mostrar que pessoas com déficits emocionais são três vezes mais propensas a dizer sim.

Dois anos depois, o próprio Damásio conduziu o experimento que eu imaginara enquanto pulava sobre a cama do hotel. Ele e seus colaboradores, liderados por Michael Koenigs e Liane Young, mostraram nosso conjunto de dilemas a seus famosos pacientes "Phineas Gage", ou seja, com danos no CPFVM.[26] E, de fato, esses pacientes se mostraram cinco vezes mais propensos a dar respostas utilitaristas a dilemas morais "pessoais", aprovando o ato de empurrar o homem da passarela e assim por diante. No mesmo ano, um grupo de pesquisadores italianos liderados por Elisa Ciaramelli e Giuseppe di Pellegrino encontrou resultados similares. O grupo italiano também associou a relutância de pessoas saudáveis em fornecer respostas utilitaristas à excitação fisiológica aumentada (indexada por palmas das mãos suadas).[27]

Muitos estudos recentes apontam para a mesma conclusão.[28] Respostas emocionais fazem com que as pessoas digam não ao ato de empurrar o homem da passarela, agindo do mesmo modo em relação a outras ações utilitaristas "pessoalmente" prejudiciais que promovem o bem maior. Pacientes com lesões no CPFVM estão mais propensas a aprovar o desvio do bonde na direção de membros da família para salvar um grande número de estranhos.[29] Psicopatas de baixa ansiedade[30] (conhecidos por seus déficits socioemocionais) fazem julgamentos mais utilitaristas, assim como pessoas com alexitimia, um transtorno que reduz a autoconsciência dos estados emocionais.[31] Pessoas que exibem maior excitação fisiológica (nesse caso, contrição dos vasos sanguíneos periféricos) em resposta ao estresse fazem menos julgamentos utilitaristas,[32] assim como pessoas que relatam responder com intensidade aos próprios instintos.[33] Induzir as pessoas a sentir hilaridade (a emoção positiva associada ao humor, que os pesquisadores julgaram ser capaz de se contrapor às respostas emocionais negativas) aumenta o número de julgamentos utilitaristas.[34]

Vários estudos indicam a importância de outra região do cérebro relacionada à emoção e já mencionada, a amígdala.[35] Pessoas com tendências psicopáticas exibem respostas reduzidas da amígdala a dilemas "pessoais".[36] Do mesmo modo, um estudo de meu laboratório liderado por Amitai Shenhav mostra que a atividade na amígdala está correlacionada de modo positivo à incidência de emoções negativas em resposta a casos como o da passarela e de forma negativa a julgamentos utilitaristas.[37] Esse estudo também indica que a amígdala funciona mais como alarme inicial, ao passo que o CPFVM é responsável por integrar o sinal emocional em uma decisão do tipo "considerando tudo..." Em um excitante estudo mais recente, Molly Crockett e seus colegas administraram citalopram — um inibidor seletivo de recaptação da serotonina parecido com o Prozac — em voluntários, que então responderam a nosso conjunto padronizado de dilemas. Um efeito de curto prazo do citalopram é o incremento da reatividade emocional na amígdala e no CPFVM, entre outras regiões. Como previsto, eles descobriram que pessoas sob influência do citalopram (em comparação com um placebo) fizeram menos julgamentos utilitaristas em resposta a dilemas "pessoais", como o caso da passarela.[38] Outro estudo mostrou que a droga ansiolítica lorazepam tem o efeito oposto.[39] Um estudo recente de meu laboratório liderado por Elinor Amit destaca o papel das imagens visuais no desencadeamento de respostas emocionais:[40] as pessoas que pensam de modo mais visual, como mensurado por seu desempenho em um teste de memória visual, fazem menos julgamentos utilitaristas. Do mesmo modo, interferir com o processamento visual das pessoas enquanto fazem julgamentos morais torna seus julgamentos mais utilitaristas.

Em resumo, há agora muitas evidências — de muitos tipos diferentes — nos dizendo que as pessoas dizem não ao ato de empurrar o homem da passarela (e outras ações utilitaristas "pessoalmente" prejudiciais) por causa de respostas emocionais geradas pelo CPFVM e pela amígdala. Mas e quanto ao outro lado do processo de modo dual ("dorsal!")? Tínhamos duas hipóteses relacionadas sobre os julgamentos utilitaristas. Primeiro, julgamentos utilitaristas decorrem da aplicação explícita de uma regra de decisão utilitarista ("Faça aquilo que resultar no maior bem").[41] Segundo, julgamentos utilitaristas feitos em face de respostas emocionais conflitantes requerem a aplicação de controle cognitivo (adicional). Mais uma vez, dizer sim ao caso da passarela é como nomear a cor em um dos casos complicados de Stroop (por exemplo, "vermelho" escrito em verde). É preciso aplicar uma regra de decisão em face de um impulso conflitante.

Já vimos uma evidência dessa hipótese: quando as pessoas fazem julgamentos utilitaristas, exibem aumento de atividade no CPFDL, a região do cérebro mais proximamente associada à aplicação de regras "de cima para baixo" [*top--down*] e ao sucesso na tarefa de Stroop.[42] Outros estudos envolvendo imagens cerebrais encontraram resultados similares,[43] mas, como mencionado, esses resultados são "correlacionais". Seria útil se pudéssemos interferir com a cognição controlada, mais ou menos como uma lesão no CPFVM interfere com o processamento emocional.

Uma maneira de interferir com a cognição controlada é fazer com que as pessoas realizem uma tarefa que exige atenção paralelamente ao que quer que estejam tentando fazer. Eu e meus colaboradores fizemos isso e descobrimos, como previsto, que dar às pessoas uma tarefa simultânea (isto é, exigir delas "esforço cognitivo") reduzia seus julgamentos utilitaristas, mas não tinha efeito sobre os não utilitaristas.[44] Isso é condizente com nossa ideia de que julgamentos utilitaristas dependem mais do controle cognitivo. Outra maneira de modular o controle cognitivo para cima ou para baixo é colocar as pessoas sob pressão temporal ou remover essa pressão e encorajar a deliberação. Renata Suter e Ralph Hertwig fizeram isso e descobriram, como previsto, que remover a pressão temporal e encorajar a deliberação aumenta a incidência de julgamentos utilitaristas.[45] Outra abordagem é colocar as pessoas em um estado mental que favoreça a deliberação, e não os julgamentos rápidos e intuitivos. Uma maneira de colocar as pessoas em um estado mental mais deliberativo é lhes fornecer a experiência de serem malconduzidas pela intuição.[46] Joe Paxton, Leo Ungar e eu fizemos isso ao pedir que as pessoas solucionassem problemas matemáticos complicados nos quais a resposta intuitiva estava errada.[47] Como previsto, as pessoas que solucionaram esses problemas antes de fazerem julgamentos morais fizeram mais julgamentos utilitaristas.[48] De modo semelhante, Dan Bartels descobriu que pessoas que em geral favorecem o pensamento elaborado sobre o intuitivo estão mais propensas a fazer julgamentos utilitaristas, e Adam Moore e seus colegas descobriram que o julgamento utilitarista está associado a melhores habilidades de controle cognitivo.[49]

Por fim, podemos aprender muito ao examinar as razões morais das quais as pessoas estão conscientes quando fazem julgamentos.[50] Como explicarei adiante, há muitos fatores que de forma inconsciente afetam os julgamentos morais. Porém, em todos os meus anos como bondologista, jamais encontrei alguém que não estivesse consciente do raciocínio utilitarista por trás da ação de empurrar o homem da passarela. Ninguém jamais disse: "Tentar salvar mais vidas? Isso nunca me ocorreu!" Quando as pessoas aprovam o ato de empurrar, é sempre porque os benefícios superam os custos. E quando desaprovam, é sempre com aguda consciência de que estão fazendo esse julgamento a despeito do raciocínio utilitarista conflitante. As razões para não empurrar são muito diferentes. Quando as pessoas dizem que é errado empurrar o homem, com frequência estão confusas com seu próprio julgamento ("Eu sei que é irracional, mas...") e tipicamente têm dificuldade para justificá-lo de maneira consistente.[51] Quando precisam explicar por que é errado empurrar, muitas vezes dizem coisas como "É assassinato". Mas, é claro, atropelar alguém com um bonde também pode ser assassinato, e as pessoas costumam aprovar essa ação em resposta ao caso do interruptor. Em resumo, o raciocínio utilitarista está sempre presente na consciência, mas as pessoas com frequência estão no escuro em relação a suas próprias motivações não utilitaristas. Isso nos diz algo importante sobre a maneira como nossas emoções operam. (Mais sobre isso no capítulo 9.)

O PACIENTE NOS TRILHOS DO BONDE

Os filósofos começaram a argumentar sobre os dilemas do bonde porque eles encapsulam um profundo problema filosófico: a tensão entre os direitos do indivíduo e o bem maior. Na década passada, aprendemos muito sobre como nossas mentes e cérebros respondem a esses dilemas e, como mencionado, estamos começando a compreendê-los no nível molecular.[52] A questão é: as lições aprendidas com essas moscas-das-frutas morais de fato se aplicam ao pensamento moral no mundo real? É uma pergunta razoável e difícil de responder. Em um mundo científico ideal, criaríamos experimentos controlados nos quais as pessoas tomariam decisões reais de vida e morte no interior de um scanner, em condições de esforço cognitivo, após sofrer uma lesão no CPFVM e assim por diante. É lamentável que isso não seja possível. A segunda melhor coisa, então, pode ser examinar os julgamentos hipotéticos de pessoas que tomam decisões de vida e morte reais em função de sua profissão.

Com isso em mente, Katherine Ransohoff, Daniel Wikler e eu conduzimos um estudo examinando os julgamentos morais de médicos e profissionais de saúde pública.[53] Apresentamos a ambos os grupos dilemas morais do tipo bondológico, assim como dilemas mais realistas de assistência médica. Alguns deles envolviam o racionamento de medicamentos ou equipamentos — negar recursos médicos a algumas pessoas porque eles seriam mais úteis em outro lugar. Um dilema envolve a quarentena de um paciente infectado para proteger os outros. Outro envolve a escolha entre medicamentos preventivos baratos para muitas pessoas e tratamentos dispendiosos para algumas poucas que estão muito doentes. Esses são todos problemas enfrentados pelos profissionais de saúde na vida real.

Primeiro, descobrimos, em ambos os grupos profissionais, uma robusta correlação entre o que dizem sobre dilemas convencionais como o do bonde e o que dizem sobre dilemas mais realistas de assistência médica. Em outras palavras, alguém que aprova empurrar o homem da passarela está mais propenso a racionar drogas, colocar pacientes infectados em quarentena, etc. Isso sugere que a psicologia de processo dual presente nos dilemas do bonde também está presente nas tomadas de decisão sobre assistência médica no mundo real.

Em seguida, testamos a predição crítica sobre como os julgamentos morais de médicos e profissionais de saúde pública tenderiam a diferir. Médicos têm o objetivo de promover a saúde de indivíduos específicos e o dever de minimizar o risco de prejudicar seus pacientes.[54] Assim, seria razoável esperar que estivessem especialmente preocupados com os direitos do indivíduo. Para os profissionais de saúde pública, em contraste, o paciente é a sociedade como um todo e a missão primária é promover o bem maior. (De modo condizente com essa filosofia, o lema da Faculdade Bloomberg de Saúde Pública, da Universidade Johns Hopkins, é "Proteger a saúde e salvar vidas — *milhões de cada vez*".) Assim, seria razoável esperar que estivessem em especial preocupados com o bem maior. E foi, de fato, o que descobrimos. Profissionais de saúde pública, quando comparados a médicos, dão respostas mais utilitaristas tanto a dilemas como o do bonde quanto a dilemas mais realistas de assistência médica. Também são mais utilitaristas que as pessoas comuns, cujos julgamentos se parecem com os dos médicos. Em outras palavras, a maioria das pessoas, assim como os médicos, está automaticamente sintonizada com os direitos do indivíduo. Dar prioridade ao bem maior parece exigir algo mais incomum.

Essas descobertas são importantes porque indicam que a psicologia moral de processo dual opera no mundo real, e não apenas em laboratório. Os dilemas do experimento eram hipotéticos, mas a mentalidade profissional das pessoas que testamos era muito real. Se pessoas que trabalham com saúde pública fornecem mais respostas utilitaristas a dilemas morais hipotéticos, só pode ser por duas razões: pessoas com orientações mais utilitaristas tendem a se envolver com saúde pública ou pessoas envolvidas com saúde pública se tornam mais utilitaristas como resultado de seu treinamento profissional. (Ou ambos.) De qualquer modo, são fenômenos *do mundo real*. Se o tipo de pessoa que decide trabalhar com saúde pública demonstra mais preocupação com o bem maior em dilemas hipotéticos, isso quase certamente está relacionado ao trabalho que escolheu fazer no mundo real. Do mesmo modo, se o treinamento em saúde pública torna as pessoas mais utilitaristas no laboratório, presumivelmente é porque tal treinamento as torna mais utilitaristas em campo. Afinal, o objetivo do treinamento não é mudar a maneira como os aprendizes respondem a dilemas hipotéticos, mas sim a maneira como fazem seu trabalho.

Demos aos médicos e profissionais de saúde pública a oportunidade de comentar suas decisões, e seus comentários foram muito reveladores. Um profissional de saúde pública escreveu: "Naquelas situações extremas [...] senti que a filosofia utilitarista era a mais apropriada. No fim, era a coisa moral a se fazer [...] Parecia a coisa mais justa e menos turva." Em contraste, um médico escreveu: "Tomar uma decisão de vida ou morte em nome de alguém capaz de tomar essa decisão por si mesmo (e que não abriu mão desse direito ao cometer conscientemente um crime capital, por exemplo) é uma grave violação de princípios morais e éticos." São as vozes de Mill e Kant, falando de além-túmulo.

DUAS MENTES MORAIS

Vemos evidências da psicologia moral de processo dual no laboratório e em campo, em pessoas saudáveis e naquelas com déficits emocionais severos, em estudos usando questionários simples e outros usando imagens cerebrais, psicofisiologia e drogas psicoativas. Está claro que possuímos cérebros morais de processo dual. Mas por que nosso cérebro é assim? Por que deveríamos ter duas respostas automáticas e controladas às questões morais? Isso parece especialmente problemático quando pensamos que esses sistemas às vezes fornecem respostas conflitantes. Não faria mais sentido ter um senso moral unificado?

No capítulo 2, vimos como uma variedade de emoções morais e outras tendências automáticas — da empatia e da impetuosidade ao desejo irresponsável de fofocar — trabalham juntas para permitir a cooperação no interior dos grupos. Se essa visão da moralidade estiver correta, nossa reação negativa ao ato de empurrar pessoas inocentes de passarelas é apenas um de nossos muitos impulsos promotores de cooperação. (Lembre-se do estudo de Cushman, no qual estimular atos de violência no laboratório fez com que as veias das pessoas se contraíssem.) Faz sentido possuirmos essas tendências automáticas, afiadas por milhares de anos de evolução biológica e cultura. Mas por que elas não são suficientes? Por que dar atenção ao pensamento moral consciente e deliberado?

Em um mundo ideal, você só precisaria da intuição moral, mas, no mundo real, há benefícios em ter um cérebro de processo dual.

5

Eficiência, flexibilidade e o cérebro de processo dual

Quando meu filho tinha 4 anos, lemos muitas vezes um livro chamado *Everything Bug: What Kids Really Want to Know About Insects and Spiders* [Tudo sobre bichos: o que as crianças realmente querem saber sobre insetos e aranhas].[1] Ele explicava:

> Aranhas jovens sabem até mesmo como criar teias perfeitas. Elas agem por instinto, que é o comportamento com o qual nascem. A coisa boa sobre o instinto é que ele é confiável. Ele sempre faz um animal agir de determinada maneira. A coisa ruim sobre o instinto é que ele não deixa o animal agir de nenhuma outra maneira. Assim, insetos e aranhas jovens se saem bem desde que seu ambiente permaneça o mesmo. Mas se encontrarem uma nova situação, não podem pensar em um novo modo de lidar com ela. Precisam continuar a fazer o que seus instintos lhes dizem para fazer.

Esse relato de cognição aracnoide sugere uma resposta para a questão "Por que temos um cérebro de processo dual?" Essa resposta é uma das ideias centrais deste livro, e uma das mais importantes a emergir das ciências comportamentais nas últimas décadas.[2]

Essa ideia é sumarizada por uma analogia mencionada na introdução e à qual sempre retornaremos: o cérebro humano é como uma câmera de modo dual, com uma *configuração automática* e um *modo manual*. A configuração automática está otimizada para situações fotográficas típicas ("retrato", "paisagem", "ação"). O usuário aperta um único botão e a câmera automaticamente configura o ISO, a abertura, a exposição etc. — aponte e dispare. Uma câmera de modo dual também tem um modo manual que permite que o próprio usuário ajuste todas as configurações. Uma câmera que disponha tanto de configuração automática quanto de modo manual exemplifica uma solução elegante para um problema universal de design, especificamente o compromisso entre *eficiência* e *flexibilidade*. A configuração automática é bastante eficiente, mas não muito flexível, e o inverso é verdadeiro para o modo manual. Coloque-os juntos, entretanto, e terá o melhor de dois mundos, desde que saiba quando ajustar de modo manual as configurações e quando apontar e disparar.

Aranhas, ao contrário de seres humanos, possuem apenas configurações automáticas, e elas são adequadas, desde que as aranhas permaneçam em seu elemento. Nós seres humanos, em contraste, levamos vidas muito mais complicadas, e é por isso que precisamos de um modo manual. Na nossa rotina, encontramos e dominamos problemas desconhecidos, tanto como indivíduos quanto como grupos. Nossa espécie consiste em uma única população reprodutora e, todavia, habitamos quase todo ambiente terrestre do planeta — um testamento de nossa flexibilidade cognitiva. Coloque uma aranha da selva na Antártica e terá uma aranha morta e congelada. Já um bebê da Amazônia pode, com a orientação certa, sobreviver no norte gelado.

A flexibilidade comportamental humana se retroalimenta: quando inventamos algo, como barcos, criamos oportunidades para novas invenções, como forquilhas para estabilizá-los e velas para propeli-los. Quanto mais flexivelmente nos comportamos, mais nossos ambientes mudam, e quanto mais nossos ambientes mudam, mais oportunidades temos para ter sucesso ao sermos flexíveis. Assim, reinamos na Terra como campeões indisputáveis do comportamento flexível. Dê-nos uma árvore e podemos escalá-la, queimá-la, esculpi-la, vendê-la, abraçá-la ou determinar sua idade ao contar seus anéis. As escolhas que fazemos dependem das oportunidades e dos desafios específicos que enfrentamos, e nossas escolhas não precisam ser parecidas com ações que nós mesmos ou outros adotamos no passado.

Neste capítulo, analisaremos como o cérebro humano trabalha de modo mais geral. Veremos como a teoria do processo dual do julgamento moral, descrita no último capítulo, se encaixa em um entendimento mais amplo de nosso cérebro humano de processo dual. Em quase todos os domínios da vida, nosso sucesso depende tanto da eficiência de nossa configuração automática quanto da flexibilidade de nosso modo manual. (Para um tratamento esplêndido dessa ideia por seu mais influente proponente, ver *Rápido e devagar: duas formas de pensar*, de Daniel Kahneman.)[3]

EMOÇÃO *VERSUS* RAZÃO

Às vezes descrevemos nossos dilemas como opor "o coração" e "a cabeça". A metáfora coração-*versus*-cabeça é uma simplificação exagerada, mas, mesmo assim, reflete uma verdade profunda sobre as decisões humanas. Toda disciplina científica que estuda o comportamento humano tem sua própria versão da distinção entre emoção e razão. Mas o que exatamente são essas coisas e por que temos ambas?

Emoções variam bastante em suas funções, origens e instanciações. Por essa razão, alguns argumentaram que deveríamos nos livrar inteiramente do conceito de "emoção".[4] Acho que seria um erro. As emoções são unificadas não no nível mecânico, mas no nível funcional. No nível mecânico, uma motocicleta tem mais em comum com um cortador de grama que com um veleiro, mas "veículo" ainda é um conceito útil. Ele apenas opera em um nível mais alto de abstração.

Emoções são processos automáticos. Você não pode escolher experimentar uma emoção da maneira como pode escolher contar até dez em sua cabeça. (No máximo, pode escolher fazer algo que provavelmente *provocará* uma emoção, como pensar em alguém que ama ou odeia.) Emoções, como processos automáticos, são mecanismos para adquirir *eficiência* comportamental. Como as configurações automáticas de uma câmera, produzem comportamentos em geral adaptativos, sem necessidade de pensamento consciente sobre o que fazer. E, como as configurações automáticas de uma câmera, o design das respostas emocionais — a maneira como associam *inputs* ambientais a *outputs* comportamentais — incorpora as lições de experiências passadas.

Nem todas as respostas automáticas são emocionais. O processamento visual de baixo nível — o trabalho de peão que seu córtex cerebral realiza ao definir os limites dos objetos que você vê para integrar a informação de seus olhos e assim por diante — é automático, mas não é emocional.[5] Seu cérebro faz muitas coisas de forma automática, como coordenar as contrações de seus músculos em movimento, regular sua respiração e transformar as ondas de pressão em seu tímpano em mensagens significativas. De fato, a maioria das operações do seu cérebro é automática. O que, então, torna alguns processos automáticos *emocionais*?

Não há uma definição universalmente aceita de emoção, mas uma característica importante de algumas emoções é o fato de apresentarem *tendência à ação*.[6] O medo, por exemplo, não é apenas um sentimento que se experimenta. Ele envolve um conjunto de respostas fisiológicas que preparam o corpo para responder a ameaças, primeiro aprimorando a habilidade do indivíduo de avaliar a situação e então preparando seu corpo para fugir ou lutar. As funções de algumas emoções são reveladas em suas expressões faciais características. Expressões de medo alargam os olhos e expandem as cavidades nasais, ampliando o campo de visão e aprimorando o olfato.[7] Expressões de repulsa fazem o oposto, enrugando a face e reduzindo a possibilidade de um patógeno penetrar o corpo pelos olhos ou pelo nariz. Nem todas as emoções possuem expressões faciais características, mas, falando de modo geral, emoções exercem pressão sobre o comportamento. Elas são, em resumo, processos automáticos que nos dizem o que fazer.

O conselho comportamental que recebemos de nossas emoções varia em nível de especificidade. A resposta de medo gerada por um objeto específico, como uma cobra, nos diz de forma muito específica o que fazer ("Saia de perto dessa coisa!") Outros estados emocionais, como os que chamamos de "ânimos", exercem uma influência menos direta. Esses estados emocionais giram o botão para cima em algumas configurações automáticas e para baixo em outras. Em um estudo recente realizado por Jennifer Lerner e colegas, por exemplo, os pesquisadores influenciaram as decisões econômicas dos participantes ao influenciar seus estados de ânimo.[8] Algumas dessas pessoas ficaram tristes ao assistir a uma cena do filme *O campeão*. Essas pessoas tristes se mostraram mais dispostas que outras a vender um objeto recém-adquirido. A tristeza, é claro, não impele as pessoas a venderem suas posses da maneira como uma comichão impele as pessoas se coçarem. (Imagine um teatro cheio de espectadores lacrimosos enviando mensagens a seus corretores de ações.) A tristeza envia um sinal mais difuso que diz algo como "As coisas não estão indo bem. Vamos nos abrir para a mudança". E então, quando uma oportunidade de mudança se apresenta, esse sinal inconsciente influencia o comportamento naquela direção. Assim, algumas emoções podem promover eficiência comportamental não ao nos dizer diretamente o que fazer, mas ao modular as configurações automáticas que nos dizem o que fazer.

O raciocínio, assim como a emoção, é um fenômeno psicológico real com contornos difusos. Se alguém definir "raciocínio" de modo suficientemente amplo, ele pode se referir a qualquer processo psicológico que leve a um comportamento adaptativo. Por exemplo, você pode dizer que seu sistema automático de reconhecimento visual de objetos "raciocina" que a coisa à sua frente é um pássaro, com base na presença de penas, bico etc. Ao mesmo tempo, pode-se definir o raciocínio de forma tão estrita que a definição exclui tudo que não a aplicação consciente de regras lógicas formais. Para nossos objetivos, adotaremos uma definição mais moderada. O raciocínio, como aplicado na tomada de decisões, envolve a aplicação consciente de regras de decisão. Uma forma simples de raciocínio opera na tarefa de Stroop, na qual aplicamos com consciência a regra de decisão "Nomear a cor". Pode-se ver a tarefa de nomear a cor de Stroop na presença de uma palavra vermelha como a aplicação do seguinte silogismo prático: "A cor da palavra na tela é vermelho. Minha tarefa é nomear a cor da palavra na tela. Assim, devo dizer a palavra 'vermelho'." O raciocínio pode ficar muito mais complicado, mas é assim que começa. Para nossos objetivos, quando uma pessoa se comporta com base no raciocínio, ela sabe o que está fazendo e por que está fazendo; ela possui acesso consciente à regra de decisão operativa, a regra que associa as características relevantes de uma situação ao comportamento adequado.

Embora os substratos neurais da emoção sejam muito variáveis, há um alto grau de unidade nos substratos neurais dos processos de raciocínio. Raciocinar, como você agora sabe, depende criticamente do córtex pré-frontal dorsolateral (CPFDL). Isso não significa que o raciocínio ocorre apenas no CPFDL. Ao contrário, o CPFDL é mais como um maestro que como um solista. Muitas regiões do cérebro estão envolvidas no raciocínio, incluindo regiões críticas para a emoção, como o córtex pré-frontal ventromedial (CPFVM). Há, contudo, uma assimetria entre raciocínio e emoção em termos de como eles se relacionam um com o outro. Há animais que possuem emoções, embora não possuam capacidade de raciocínio (em nosso sentido), mas não há animais capazes de raciocínio que também não possuam emoções motivadoras. Embora nem todos concordem, acho que está claro que raciocinar não é um fim em si mesmo e, nesse sentido, a razão é, como na famosa declaração de Hume, "escrava das paixões".[9] ("Paixões" aqui se referem a processos emocionais em geral, não exclusivamente a sentimentos de luxúria.) Ao mesmo tempo, a função da razão é nos libertar de nossas "paixões". Como pode ser assim?

A razão é a defensora do azarão emocional, permitindo que as "paixões calmas" de Hume vençam as "paixões violentas". Raciocinar nos livra da tirania de nossos impulsos imediatos ao nos permitir servir a valores que não são automaticamente ativados pelo que está à nossa frente. Ao mesmo tempo, a razão não pode produzir boas decisões sem algum tipo de *input* emocional, por mais indireto que seja.[10]

O CÉREBRO DE PROCESSO DUAL

O cérebro de processo dual revela sua estrutura em muitas decisões simples. Veja, por exemplo, o onipresente problema de *agora* versus *depois*. Baba Shiv e Alexander Fedorikhin conduziram um experimento no qual os participantes podiam escolher entre dois lanches: salada de frutas e bolo de chocolate.[11] Para a maioria das pessoas, bolo de chocolate é o que querem comer *agora*, ao passo que salada de frutas é o que desejarão ter comido *depois*. Shiv e Fedorikhin colocaram metade dessas pessoas em uma situação de esforço cognitivo (ver p. 134), nesse caso, um número de sete dígitos para memorizar. A outra metade teve de memorizar um número de dois dígitos, um esforço menor. Cada pessoa foi instruída a memorizar o número, caminhar por um corredor até outra sala e dizer o número ao pesquisador. As duas opções de lanche estavam em um carrinho no corredor, e os participantes foram instruídos a escolher um deles.

Resultado: as pessoas que haviam memorizado o número de sete dígitos — aquelas realizando um grande esforço cognitivo — se mostraram 50% mais propensas a escolher o bolo de chocolate que aquelas que haviam memorizado o número de dois dígitos. E, entre participantes altamente impulsivos (como indicado por um questionário), a manipulação do esforço mais que dobrou o número de pessoas que escolheram bolo.

Assim, parece haver dois sistemas distintos em operação no cérebro que faz um lanche. Há um sistema guloso básico que diz "Me dá! Me dá! Me dá!" (configuração automática) e um sistema mais controlado e deliberativo que diz "Pare. Pense nas calorias" (modo manual). O sistema controlado, o modo manual, considera a situação um todo, incluindo recompensas presentes e futuras, mas o sistema automático só se importa com o que pode conseguir agora. E, como vimos no último capítulo, quando o modo manual está ocupado, a resposta automática prevalece com mais facilidade.

Essa abordagem híbrida do consumo, que nos faz ao mesmo tempo querer e não querer o bolo de chocolate, pode parecer uma peça fajuta de engenharia cognitiva, mas, no contexto natural, é na verdade muito esperta. Para quase todos os animais em quase todos os contextos, faz sentido consumir alimentos ricos em caloria assim que estão disponíveis. Em um mundo competitivo, uma criatura que precisa parar e pensar explicitamente se os benefícios de comer superam os custos vai perder o almoço. E, mesmo assim, graças à tecnologia moderna, muitos de nós conhecem uma superabundância de almoços. Pelo bem de nossa saúde, para não mencionar nosso apelo a outros seres humanos, precisamos de flexibilidade cognitiva para dizer "Não, obrigado". É um problema peculiarmente moderno que enfrentamos com graus variados de sucesso, mas estamos todos em melhores condições por possuir tanto um apetite decente quanto a capacidade de controlá-lo. Isso não significa que só os seres humanos modernos exigem controle: um faminto caçador paleolítico que não conseguisse dizer não a um arbusto de frutinhas maduras perderia sua presa.

Em anos recentes, os neurocientistas cognitivos estudaram o problema da "gratificação retardada" em humanos, revelando o agora familiar elenco de personagens neurais em seus papéis característicos. Em um estudo, Sam McClure e seus colegas apresentaram aos participantes dois tipos diferentes de decisão.[12] Algumas envolviam abrir mão de recompensas imediatas (2 dólares agora ou 3 dólares semana que vem),[13] ao passo que outras envolviam apenas recompensas retardadas (3 dólares semana que vem ou 4 dólares daqui a duas semanas). A perspectiva de recompensa imediata gerou atividade em várias regiões cerebrais, incluindo o CPFVM. Todas as decisões, porém, geraram aumento de atividade no CPFDL. Além disso, quando as pessoas escolheram recompensas imediatas (Me dá! Me dá!), exibiram relativamente mais atividade no primeiro conjunto de regiões cerebrais e, quando escolheram recompensas maiores, porém retardadas ("Pense no futuro..."), exibiram relativamente mais atividade no segundo conjunto de regiões cerebrais (ver a fileira superior da Figura 13).

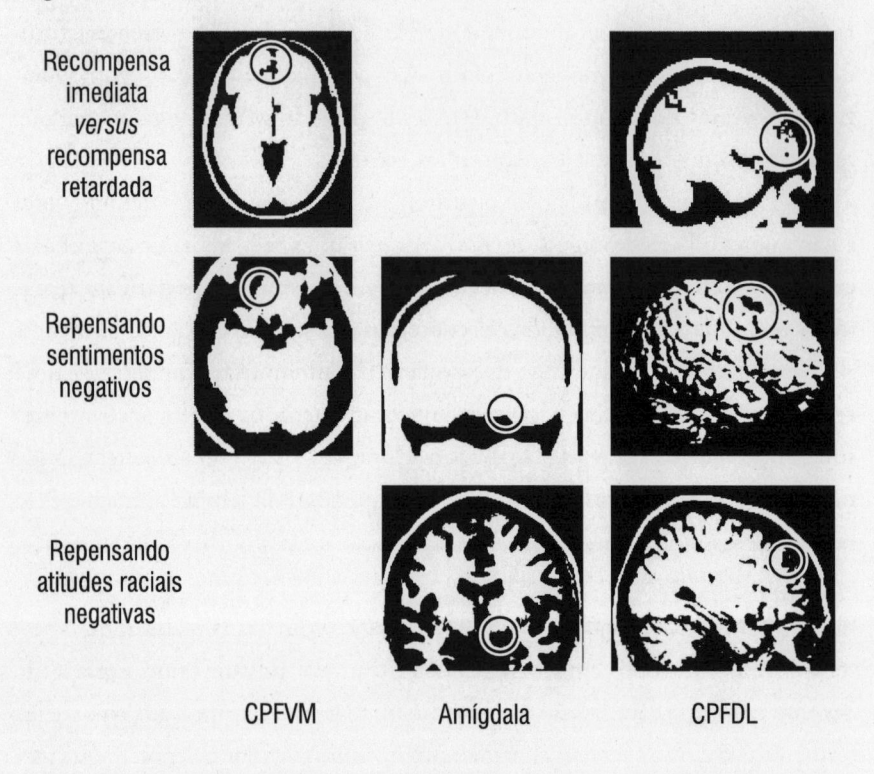

Figura 13. Resultados de três experimentos com imagens cerebrais ilustrando a interação entre respostas emocionais automáticas ("configurações automáticas") e cognição controlada ("modo manual").

Observe, aliás, que escolher uma recompensa retardada maior é, em alguns contextos, como escolher empurrar a pessoa para o trilho do bonde. Em ambos os casos, usamos o CPFDL para optar pelo "bem maior", a despeito da tendência emocional oposta suportada pelo CPFVM. Há, é claro, diferenças importantes. No dilema agora-*versus*-depois, o sinal emocional reflete um desejo autointeressado, ao passo que no dilema da passarela reflete a preocupação moral com outro alguém. Do mesmo modo, no dilema agora-*versus*-depois, o bem maior é para si (*intra*pessoal), enquanto no dilema da passarela é para outros (*inter*pessoal).[14] Mesmo assim, no nível funcional mais geral e no nível da neuroanatomia funcional, vemos o mesmo padrão.

Vemos um padrão similar quando as pessoas tentam regular suas emoções.[15] Kevin Ochsner e colegas mostraram a voluntários fotografias que geravam fortes emoções negativas (como mulheres chorando em frente a uma igreja) e pediram que as reinterpretassem de maneira mais positiva,[16] imaginando, por exemplo, que as mulheres estavam chorando de felicidade em um casamento, e não de tristeza em uma missa fúnebre. Simplesmente observar essas fotografias negativas produziu atividade aumentada em nossos velhos amigos emocionais, a amígdala e o CPFVM. Em contraste, o ato de reavaliar as fotografias foi associado à atividade aumentada no CPFDL (ver a fileira do meio da Figura 13). Além disso, os esforços de reinterpretação do CPFDL reduziram o nível de atividade tanto na amígdala quanto no CPFVM.

Parece que muitos de nós participam por vontade própria desse tipo de reinterpretação ao encontrar membros de grupos raciais diferentes. Wil Cunningham e seus colegas apresentaram a pessoas brancas fotografias de rostos de pessoas brancas e negras.[17] Às vezes, as fotografias eram apresentadas subliminarmente — ou seja, por apenas 30 milissegundos, rápido demais para serem percebidas de forma consciente. Outras vezes, eram apresentadas por cerca de meio segundo, permitindo que os participantes percebessem conscientemente os rostos. Quando foram apresentadas de maneira subliminar, os rostos negros, quando comparados aos brancos, produziram mais atividade na amígdala dos participantes brancos (ver fileira inferior da Figura 13). Além disso, o efeito foi mais forte em pessoas que possuíam mais associações negativas com pessoas negras, como mensurado por um IAT (ver p. 59–63).

Todos os participantes do estudo relataram estar motivados a responder aos rostos sem preconceito, e seus esforços foram refletidos nas ressonâncias. Quando os rostos ficavam na tela tempo suficiente para serem conscientemente percebidos, a atividade do CPFDL aumentava (ver fileira inferior da Figura 13) e a atividade da amígdala diminuía, assim como no experimento de regulação da emoção de Ochsner. De modo condizente com esses resultados, um estudo subsequente demonstrou que, para pessoas brancas que não querem ser racistas, interagir com uma pessoa negra impõe uma espécie de esforço cognitivo,[18] levando a desempenhos mais pobres na tarefa de nomear cores de Stroop (ver p. 126).

Assim, vemos o design de processo dual do cérebro não apenas no julgamento moral, mas também nas escolhas que fazemos sobre comida e dinheiro e nas atitudes que gostaríamos de mudar. Para a maioria das coisas que fazemos, nosso cérebro possui configurações automáticas que nos dizem como proceder,[19] mas também podemos usar nosso modo manual para ignorar essas configurações automáticas, desde que estejamos conscientes da oportunidade de fazer isso e motivados a aproveitá-la.

FICANDO ESPERTO

Baseado no que eu disse até agora, você pode pensar que nossas configurações automáticas só trazem problemas — tornando-nos gordos, tristes e racistas. Esses impulsos indesejados, porém, são exceções, e não regra. Nossas configurações automáticas podem ser, e tipicamente são, muito, muito espertas (ver capítulo 2). Como Paul Whalen e seus colegas demonstraram, a amígdala pode responder a uma expressão facial amedrontada após ser exposta a ela por apenas 1,7 centésimo de segundo.[20] Para fazer isso, ela usa um belo truque. Em vez de analisar todo o rosto em detalhes, ela simplesmente observa um sinal revelador de medo: olhos arregalados, com escleras aparentes (ver Figura 14).

O CPFVM também é muito esperto. O grupo de Damásio demonstrou, por exemplo, que o CPFVM ajuda as pessoas a tomarem decisões que envolvem riscos.[21] Em um experimento clássico, os participantes tiveram de escolher cartas de quatro baralhos. Cada carta fazia o jogador ganhar ou perder dinheiro. Dois baralhos eram bons, significando que, na soma geral, davam lucro. Dois eram ruins, significando que geravam grandes ganhos, mas perdas ainda maiores, resultando em prejuízo. Os jogadores não sabiam de início quais eram os baralhos bons e os ruins. Para descobrir, tiveram de escolher suas cartas e ver o resultado. Pessoas saudáveis logo desenvolveram respostas negativas aos baralhos ruins, como revelado pela palma suada[22] quando estenderam a mão para pegar uma carta. De forma surpreendente, elas começaram a transpirar antes de estarem conscientes de que os baralhos ruins eram ruins. Pacientes com danos no CPFVM, todavia, não receberam esses sinais fisiológicos e tenderam a persistir na escolha dos baralhos ruins. Em outras palavras, em pessoas saudáveis o CPFVM integra muitas peças de informação obtidas com a experiência (por exemplo, muitas cartas de diferentes baralhos) e as traduz em um sinal emocional que dá bons conselhos sobre o que fazer. E, outra vez, esse conselho, esse instinto, pode preceder qualquer conhecimento consciente sobre o que é bom ou ruim ou por quê. Isso explica por que pessoas com danos no CPFVM tomam decisões desastrosas na vida real, a despeito de seu bom desempenho em testes de raciocínio padrão realizados em laboratório. Elas "sabem", mas não "sentem", e sentimentos são muito úteis.

Figura 14. Estímulo de medo usado para ativar a amígdala.

Assim, precisamos de nossas configurações emocionais automáticas e de nosso modo manual, e precisamos deles para coisas diferentes.[23] Na fotografia, as configurações automáticas funcionam bem em situações que foram antecipadas pelo fabricante da câmera, como fotografar uma pessoa a 1,5 metro com luz artificial moderada ("retrato") ou uma montanha à distância em plena luz do sol ("paisagem"). Do mesmo modo, as configurações automáticas do cérebro funcionam melhor quando "fabricadas" com base em lições aprendidas com experiências passadas.

Tais experiências surgem em três formas, baseadas em três diferentes tipos de tentativa e erro. Primeiro, nossas configurações automáticas podem ser modeladas por nossos genes. O design de nosso cérebro incorpora lições aprendidas do modo difícil por nossos parentes há muito falecidos, aqueles cujos genes jamais chegaram a nossos corpos. Segundo, podem ser modeladas pelo aprendizado cultural,[24] por meio das tentativas e erros de pessoas cujas ideias nos influenciaram. Graças a elas, você não precisa conhecer pessoalmente nazistas ou membros da Ku Klux Klan para saber, em seu coração — ou seja, em sua amígdala —, que suásticas e homens usando capuzes brancos pontudos são má notícia. Por fim, há a boa e velha experiência pessoal, como quando as crianças aprendem, da maneira difícil, a não encostarem no fogão quente. Nossos "instintos" não precisam ser inatos como os de uma aranha, mas, para serem úteis, precisam refletir as lições aprendidas com a experiência de alguém, seja esse alguém você, seus antepassados biológicos ou seus "ancestrais" culturais.

O modo manual do cérebro (isto é, sua capacidade de cognição controlada) funciona de modo fundamentalmente diferente das configurações automáticas. De fato, a função da cognição controlada é solucionar problemas que não podem ser solucionados pelas configurações automáticas. Analise, por exemplo, o problema de aprender a dirigir. É claro que, não possuímos instintos geneticamente transmitidos sobre como dirigir um carro e, para pesar dos adolescentes ansiosos, a familiaridade cultural com a direção não nos permite dirigir (ao menos não com segurança). E, é claro, um novo motorista não pode se basear na experiência pessoal, porque ela é na realidade aquilo que ele não possui. Aprender a dirigir exige uso intensivo do CPFDL. Se você tentar dirigir no "automático" da primeira vez que se sentar atrás do volante, terminará dando de cara com uma árvore.

Assim, ficar esperto exige três coisas. Primeiro, a aquisição de instintos adaptativos — de nossos ancestrais biológicos, das pessoas em torno e de nossas próprias experiências. Segundo, facilidade com o modo manual, a habilidade de deliberadamente enfrentar problemas novos e complexos. Terceiro, uma espécie de habilidade metacognitiva semelhante à de um fotógrafo. Nós, ao contrário de câmeras, não temos mestres para nos dizer quando apontar e disparar e quando usar o modo manual. Precisamos decidir por nós mesmos, e entender como nossa mente funciona pode nos ajudar a decidir com mais sapiência, tanto como indivíduos quanto como pastores tentando viver juntos nos novos pastos.

PARTE III

Moeda comum

6

Uma ideia esplêndida

Como nós, os pastores dos novos pastos, podemos resolver nossas diferenças? Como podemos evitar a tragédia da moralidade do senso comum? Esse é o problema que tentamos solucionar, e agora estamos prontos para começar a pensar em soluções. Vamos retraçar nossos passos.

No capítulo 1, contrastamos a tragédia da moralidade do senso comum com a tragédia moral original, a tragédia dos comuns, na qual o egoísmo ameaça a cooperação. A moralidade é a solução da natureza para a tragédia dos comuns, permitindo-nos colocar o "nós" acima do "eu". A natureza, no entanto, não tem uma solução pronta para a tragédia da moralidade do senso comum, o problema de permitir que o "nós" se dê bem com o "eles". E aí jaz nosso problema. Se quisermos evitar a tragédia da moralidade do senso comum, precisamos encontrar nossa própria e artificial solução: o que chamei de *metamoralidade*, um sistema moral de nível mais elevado que possa arbitrar entre as moralidades conflitantes das tribos assim como a moralidade da tribo arbitra entre indivíduos em conflito.

No capítulo 2, examinamos a maquinaria moral padrão instalada em nosso cérebro. Ainda bem que, para nós, viemos equipados com programas comportamentais automatizados que motivam e estabilizam a cooperação nas relações pessoais e no interior dos grupos. Eles incluem capacidade para empatia, vingança, honra, culpa, constrangimento, tribalismo e justa indignação. Esses impulsos sociais servem como contrapeso a nossos impulsos egoístas. Eles nos levam ao canto mágico e evitam a tragédia dos comuns.

No capítulo 3, demos uma segunda olhada nos novos pastos e na maquinaria moral que trazemos até eles. Nossos cérebros morais, que fazem um trabalho até certo ponto bom ao permitir a cooperação *no interior* dos grupos ("eu" *versus* "nós"), não são nem de perto tão bons em permitir a cooperação *entre* grupos ("nós" *versus* "eles"). Da perspectiva biológica, isso não é surpresa porque, biologicamente falando, nosso cérebro foi projetado para a cooperação no interior do grupo[1] e a competição com outros grupos. A cooperação entre grupos é prejudicada pelo tribalismo (egoísmo no nível do grupo), desacordos sobre os termos adequados da cooperação (individualismo ou coletivismo?), compromissos com "nomes próprios" locais (líderes, deuses, livros sagrados), senso de justiça parcial e percepção tendenciosa dos fatos.

Nesses três primeiros capítulos (parte 1), descrevemos o cérebro humano como coleção de impulsos automáticos: impulsos egoístas que tornam a vida social desafiadora e impulsos morais que a tornam possível. Na parte 2, expandimos nosso entendimento do cérebro humano. Como uma câmera de modo dual, nosso cérebro possui *configurações automáticas*, respostas emocionais que nos permitem tomar decisões *eficientes*, com base em lições pré-compiladas do passado genético e cultural e da experiência individual. E nosso cérebro possui um *modo manual*, uma capacidade geral de raciocínio consciente, explícito e prático, que torna o processo decisório humano *flexível*. A tensão entre pensamento rápido e lento é destacada por dilemas morais como o caso da passarela, no qual reações instintivas ("Não empurre o homem!") competem com raciocínios morais conscientes e baseados em regras ("Mas isso salvará mais vidas!"). E, como explicado no último capítulo, a tensão entre reações instintivas e raciocínio não é específica da moralidade. Ela está inclusa na arquitetura geral de nosso cérebro, como revelado em nossas escolhas cotidianas a respeito de coisas como decidir entre comer bolo de chocolate ou salada de frutas.

Essas ideias sugerem uma solução para os problemas dos novos pastos? Sim, sugerem. Na verdade, tanto a parte 1 quanto a parte 2 sugerem soluções — uma filosófica e uma psicológica. E mais: essas duas soluções são a mesma, em uma notável convergência. Vamos começar com a filosofia.

UMA IDEIA ESPLÊNDIDA

Os nortistas individualistas dizem que ser um bom pastor significa assumir responsabilidade por suas próprias ações, manter suas promessas e respeitar a propriedade dos outros. Os sulistas coletivistas dizem que bons pastores devem fazer mais que isso. Uma sociedade justa, dizem eles, é aquela na qual os fardos e os benefícios da vida são partilhados de mesma maneira. As tribos possuem outras discordâncias — questões de honra, quem bateu em quem primeiro, quem bateu com mais força, a palavra de quem é infalível, quem merece nossa lealdade, quem merece uma segunda chance e que tipos de comportamento são abomináveis aos olhos do Deus Todo-Poderoso. Dadas suas visões incompatíveis de vida moral, como as tribos dos novos pastos devem viver?

Uma resposta é que não há resposta certa. Algumas tribos fazem as coisas de um jeito, outras, de outro, e isso é tudo. Essa é a resposta do proverbial "relativista moral".[2] O problema com a resposta relativista é que, falando em termos práticos, não é uma resposta. O relativista pode estar certo sobre algo importante. Talvez, como ele afirma, não exista verdade moral absoluta. Porém, mesmo que isso esteja correto, as pessoas precisam viver de um jeito ou de outro. O relativista pode não querer escolher, mas alguém precisa. E quando o relativista se recusa a escolher, isso também é uma escolha, refletindo um tipo de julgamento contra o ato de julgar. Mesmo que esteja certo sobre a inexistência de uma verdade moral, não há como escapar da escolha moral.

Se recuar para o relativismo não é a resposta, então qual é? Eis uma ideia natural: talvez os pastores devam apenas fazer *o que funciona melhor*. Se o individualismo funciona melhor que o coletivismo nos novos pastos, então escolham o individualismo. Se o coletivismo funciona melhor, façam o oposto. Se um código estrito de honra mantiver a paz, vamos promover uma cultura de honra. Se a cultura de honra levar a contendas infinitas, então não. E assim por diante.

Eu acho que a ideia de fazer aquilo que funciona é esplêndida, e o restante deste livro é devotado à tarefa de desenvolvê-la e defendê-la. Como você decerto notou, é uma ideia *utilitarista*. (De modo mais geral, é uma ideia *consequencialista*. Falaremos mais a respeito em breve.) Apresentada assim, em caráter abstrato, a ideia de fazer o que funciona melhor parece obviamente correta. Afinal, quem *não quer* fazer o que funciona melhor? Todavia, como vimos no capítulo 4, quando pensamos sobre problemas morais mais específicos, não é tão claro que fazer aquilo que produz as melhores consequências seja sempre correto: empurrar o homem da passarela parece errado para muitas pessoas, mesmo quando assumimos que isso produzirá os melhores resultados possíveis. Além disso, esse tipo de pensamento em termos de custo-benefício conflita com valores bastante enraizados sobre como uma sociedade deve ser organizada. A fim de ilustrar esses conflitos, começaremos com nossas pessoas fictícias favoritas.

A SABEDORIA DOS ANCIÕES

Se você perguntar aos nortistas típicos o que eles acham de nossa ideia — fazer o que funciona melhor —, quase todos concordarão que é esplêndida. Dirão que também preferem adotar o sistema que funciona melhor: o individualismo, é claro. Se perguntar a sulistas típicos o que acham de nossa esplêndida ideia, eles darão uma resposta similar, mas incompatível. Os sulistas coletivistas dirão que os pastores dos novos pastos devem adotar o sistema que funciona melhor: o coletivismo, é claro.

O que está acontecendo aqui? Talvez nortistas e sulistas tenham, no fundo, os mesmos valores morais: ambos querem fazer o que funciona melhor. Seu desacordo, então, é apenas um desacordo factual sobre o que funciona melhor. Para ver se é isso mesmo, façamos um experimento mental. Suponha que submetemos aos nortistas individualistas uma montanha de evidências indicando que o coletivismo funciona melhor. E submetemos aos sulistas coletivistas uma montanha de evidências indicando que o individualismo funciona melhor. Nenhuma das tribos pode desafiar de forma plausível as evidências, porque possuem apenas uma débil noção sobre como de fato funciona a vida na sociedade oposta. Como responderão ao desafio? Alguns poucos nortistas podem ficar intrigados, mas a maior parte da tribo achará que as supostas evidências são um monte de besteiras. (Lembre-se de nossa discussão sobre preconceitos tribais no capítulo 3.) E a maioria dos sulistas fará o mesmo. Não parece um simples desacordo factual.

Eis outro teste. Em vez de apresentar a nortistas e sulistas evidências favorecendo o modo de vida do outro lado, pediremos apenas que as imaginem. Aos nortistas individualistas, apresentaremos a seguinte situação hipotética: suponham que a vida é melhor nas sociedades coletivistas porque, nas sociedades individualistas, há vencedores e perdedores. Alguns possuem rebanhos enormes e alguns ficam com quase nada. Nas sociedades coletivistas, não há vencedores ou perdedores. Todos possuem os mesmos modestos recursos. Há mais riqueza total nas sociedades individualistas, mas as coisas são piores de modo geral, porque as perdas dos perdedores pesam muito contra os ganhos dos vencedores. Nas sociedades coletivistas, em contraste, a taça de ninguém transborda, mas a taça de todos contém o suficiente e, no geral, a sociedade coletivista se sai melhor. "Se tudo isso fosse verdade", perguntaremos aos nortistas, "vocês se converteriam ao coletivismo?"

Primeiro, nossos amigos nortistas dirão que a pergunta é de fato estúpida. É estúpida porque todo mundo sabe que o coletivismo leva à ruína. E nos darão uma série de explicações detalhando as várias maneiras pelas quais o coletivismo inevitavelmente leva à ruína. Dirão que coletivistas são um bando de preguiçosos que querem que os outros cuidem deles, ingênuos que não entendem como o mundo funciona ou pobres coitados que sofreram lavagem cerebral. Assentiremos de forma polida e os lembraremos de que não estamos perguntando como o coletivismo funciona no mundo real. Por agora, estamos simplesmente fazendo uma pergunta hipotética: vocês favoreceriam o coletivismo se ele funcionasse melhor? Após algumas rodadas de conversa, alguns de nossos amigos nortistas concordarão em responder à ofensiva pergunta hipotética. Apertando o nariz, eles dirão que se, em algum mundo maluco e de cabeça para baixo, o coletivismo produzisse os melhores resultados, faria sentido favorecê-lo.

Então o Grande Ancião do Norte, o mais sábio de todos, dará um passo à frente. Ele explicará que o coletivismo, além de produzir resultados ruinosos na prática, é filosoficamente podre. É errado que os tolos e preguiçosos exijam uma parcela daquilo que foram tolos e preguiçosos demais para ganhar por si mesmos. Uma sociedade deve ser mensurada não pela soma dos benefícios que produz, mas por seu comprometimento com a justiça. E o coletivismo é apenas injusto, punindo as pessoas melhores e recompensando as piores. Com isso, a multidão nortista irromperá em aplausos, tendo ouvido seus valores essenciais serem afirmados com tanta eloquência.

Aos sulistas coletivistas, apresentaremos a pergunta hipotética oposta: vocês favoreceriam o individualismo se ele funcionasse melhor? Assim como suas contrapartes nortistas, eles começarão por desdenhar da pergunta. Todo mundo sabe que uma sociedade fundada na ganância individualista está fadada à ruína. Voltamos a insistir em nossa pergunta hipotética. Como no norte, alguns concordarão, relutantes, que o individualismo seria preferível se, de algum modo, funcionasse melhor. E então essa modesta concessão será combatida pela Grande Anciã do Sul, que fala com a sabedoria e a autoridade das eras. Ela explicará que o individualismo, além de produzir miséria disseminada na prática, é filosoficamente podre. Uma sociedade fundada sobre o princípio da ganância é inerentemente imoral, e nenhuma quantidade de riquezas seria suficiente para que os nobres pastores vendessem seus ideais de amor, compaixão, irmandade e fraternidade. Amém, dirá a multidão sulista.

Esses são experimentos mentais e tive o privilégio de inventar os resultados, mas os resultados que inventei estão bem fundamentados no que aprendemos sobre psicologia moral. Os pastores nortistas não estão comprometidos com o individualismo porque sabem que funciona melhor. Não fizeram uma análise comparativa de custos e benefícios dos sistemas sociais. Os pastores sulistas tampouco chegaram a suas convicções coletivistas dessa maneira. Nortistas e sulistas acreditam no que acreditam porque passaram a vida inteira imersos em suas respectivas culturas tribais. Suas intuições morais estão sintonizadas com seu modo de vida, seu sistema para evitar a tragédia dos comuns. Sem uma dramática mudança cultural, o coletivismo sempre parecerá errado para os nortistas e o individualismo sempre parecerá errado para os sulistas, quaisquer que sejam os fatos. Ambos os lados acreditam mesmo que seus respectivos modos de vida produzem os melhores resultados. Entretanto — e esse é o ponto crucial —, ambos os lados estão mais comprometidos com seu modo de vida que com a produção de bons resultados. Os grandes anciões entendem isso. Eles são os guardiões da sabedoria local e espertos demais para cair em nossa armadilha hipotética. Eles compreendem que seus valores não são, no fundo, sobre "o que funciona". Eles aspiram a verdades morais mais profundas.

CONSEQUENCIALISMO, UTILITARISMO E PRAGMATISMO

As pessoas acham que fazer o que funciona melhor é esplêndido, até perceberem que aquilo que mais querem não é necessariamente o que funciona melhor. Mesmo assim, talvez fazer o que funciona *realmente* seja uma ideia esplêndida. Esse é o pensamento por trás do utilitarismo, uma filosofia de todo moderna que é confundida com facilidade com senso comum.

A ideia de que deveríamos fazer o que funciona melhor parece muito com "pragmatismo" no sentido coloquial. (Na filosofia anglo-americana, "pragmatismo" muitas vezes possui um significado diferente.)[3] Mas o utilitarismo é mais que a injunção para ser pragmático. Primeiro, "pragmatismo" pode implicar preferência pela conveniência de curto prazo, em detrimento dos interesses de longo prazo. Não é isso que temos em mente. O utilitarismo diz que devemos fazer aquilo que *realmente* funciona melhor no longo prazo, e não apenas no agora. Segundo, "pragmatismo" pode sugerir nada mais que um estilo gerencial flexível que pode ser empregado a serviço de qualquer valor. Um individualista ferrenho e um coletivista ferrenho podem, ambos, ser "pragmáticos" no sentido coloquial. O utilitarismo, em contraste, é sobre valores essenciais. É sobre levar o "pragmatismo" até o nível dos princípios primários. Ele começa com o compromisso de fazer aquilo que funciona melhor, o que quer que seja, mesmo que vá contra os instintos tribais.

Por essa razão — e por outras que discutiremos mais tarde —, prefiro pensar no utilitarismo como *pragmatismo profundo*. Quando sua convidada para o jantar diz "Sou utilitarista", está na hora de pedir a conta. Mas você pode passar a noite com uma "pragmatista profunda" e, mais tarde, levá-la para conhecer seus pais. A palavra "utilitarista" é tão feia e enganosa que é melhor abandoná-la. Contudo, como pragmatista profundo, entendo que não conseguirei deslocar um termo filosófico de duzentos anos apenas digitando algumas palavras. Além disso, preciso convencê-lo de que o pragmatismo profundo de fato é aquilo que estamos buscando, e não as mesmas velhas ideias com uma nova maquiagem — ou colônia pós-barba, como pode ser o caso. Por ora, irei me curvar à tradição e me referir a nossa esplêndida ideia usando seu nome feio, enganoso e convencional. Na parte 5, retornaremos à ideia de que o utilitarismo, propriamente compreendido e aplicado com sapiência, é de fato pragmatismo profundo.

O que, então, é utilitarismo e de onde veio essa ideia? Para começar, o utilitarismo é uma forma de *consequencialismo*, e tudo que eu disse até agora sobre o utilitarismo se aplica ao consequencialismo de modo mais amplo. O consequencialismo diz que, no fim das contas, as consequências — os "resultados", como um pragmático poderia dizer — são as únicas coisas que importam. Aqui, a expressão "no fim das contas" é muito importante. Não é que coisas que não são consequências — coisas como ser honesto, por exemplo — não importem, mas importam por causa de *suas* consequências. De acordo com o consequencialismo, nosso objetivo final deve ser fazer com que as coisas transcorram tão bem quanto possível.[4]

Mas o que queremos dizer com "bem"? O que torna algumas consequências melhores que outras? O utilitarismo fornece uma resposta específica a essa pergunta, e é isso que o diferencia do consequencialismo. O consequencialismo parece muito com uma análise de custo-benefício e, em certo sentido, de fato é. No entanto, usualmente, quando as pessoas falam sobre análises de custo-benefício, estão falando sobre dinheiro. Talvez os pastores devessem mensurar seu sucesso em termos de produtividade econômica: o que funciona melhor é aquilo que maximiza o PPB ("produto do pasto bruto"). Isso simplificaria nossa contabilidade moral, porque riqueza material é fácil de mensurar. Mas é a produtividade econômica o que importa *no fim das contas*? É fácil imaginar uma sociedade bastante produtiva em termos econômicos, mas na qual todo mundo é infeliz. Seria uma boa sociedade?

Se as consequências que realmente importam não são as econômicas, o que *realmente* importa? Podemos começar perguntando o que queremos da produtividade econômica. Mais uma vez, se estamos infelizes, nossa riqueza aparentemente não está nos fazendo nenhum bem. Por outro lado, se todos estivéssemos felizes, poderíamos dizer que não importa se somos ricos ou pobres. Assim, uma ideia natural é a de que a *felicidade* é o que realmente importa. Nem todo mundo concorda com essa conclusão, mas ela é, no mínimo, um lugar razoável para começar. Se combinarmos a ideia de que a felicidade é o que importa com a ideia de que devemos maximizar as boas consequências, teremos o utilitarismo.

Os fundadores do utilitarismo, Bentham e Mill, não eram apenas filósofos diletantes. Eram ousados reformadores sociais, bem engajados com as questões sociais e políticas de sua época. Na verdade, muitas das questões sociais que conhecemos se tornaram questões sociais por causa deles. Suas visões foram consideradas radicais em seu tempo, mas hoje damos por favas contadas muitas das reformas sociais pelas quais lutaram. Eles estiveram entre os primeiros opositores da escravidão[5] e entre os primeiros defensores da liberdade de expressão, do livre mercado, da educação amplamente disponível, da proteção ao meio ambiente, da reforma penitenciária, dos direitos das mulheres, dos animais, dos homossexuais e dos trabalhadores, do direito ao divórcio e da separação entre igreja e Estado.

Bentham e Mill não estavam dispostos a aceitar os costumes morais usuais. Eles se recusaram a aceitar práticas e políticas como corretas só por causa da tradição, porque pareciam intuitivamente certas para a maioria das pessoas ou pertenciam "à ordem natural das coisas". Os fundadores do utilitarismo tampouco apelaram a Deus para justificar suas ideias morais. Em vez disso, fizeram o tipo de pergunta que fazemos aqui: o que realmente importa e por quê? Por que padrão podemos avaliar nossas ações e políticas, sem pressupor as perguntas que tentamos responder? Em que bases, por exemplo, pode-se dizer que a escravidão é errada? Bentham e Mill não podiam apelar a Deus porque seus oponentes pró-escravidão achavam que Deus estava do seu lado. Mesmo que tivessem querido apelar a Deus, como poderiam demonstrar que sua interpretação da vontade divina estava correta? Por razões similares, não podiam apelar aos direitos dos escravos porque os direitos dos escravos eram precisamente o que estava em questão. Em que bases é possível determinar ou discernir quem possui quais direitos?

Sua resposta foi o utilitarismo. Ao avaliar leis e práticas sociais, eles perguntavam apenas isto: elas aumentam ou diminuem a felicidade, e em quanto? Eles argumentaram, por exemplo, que a escravidão era errada não porque Deus se opunha a ela, mas porque qualquer bem que pudesse gerar (em termos de produtividade econômica, digamos) era muito superado pela infelicidade que produzia. O mesmo valia para a restrição à liberdade das mulheres, o tratamento brutal dado aos animais, as leis contra o divórcio e assim por diante.

Bentham e Mill introduziram um padrão perfeitamente geral para avaliar o valor moral e tomar decisões moralmente difíceis: todas as ações devem ser mensuradas pela soma de seus efeitos sobre a felicidade. O utilitarismo é uma ideia esplêndida e acredito ser a metamoralidade da qual nós, pastores modernos, precisamos de forma tão desesperada. Mas também é uma ideia bastante controversa, objeto de dois séculos de debate filosófico:[6] todos os valores morais podem ser traduzidos em uma única métrica? Se sim, a felicidade agregada é a métrica correta? Nos últimos capítulos, em especial na parte 4, consideraremos os desafios filosóficos do utilitarismo. Antes, porém, vamos deixar claro o que ele realmente é e por que algumas pessoas acham que a felicidade, e somente ela, é o que de fato importa.

ENTENDENDO (MAL) O UTILITARISMO

Como eu disse no capítulo 4, o utilitarismo é amplamente mal compreendido. O problema começa com seu nome horroroso, sugerindo preocupação com o mundanamente funcional. (*Utility room* é onde lavamos e secamos a roupa.) Substituir "utilidade" por "felicidade" é um passo na direção certa, mas isso também é enganoso. O que os filósofos utilitaristas querem dizer com "felicidade" é algo muito mais amplo que aquilo em que pensamos quando pensamos em "felicidade". Quando compreendemos de maneira adequada a felicidade, a ideia de que devemos maximizá-la também é fácil de entender errado. Imaginamos que a vida utilitarista é um cálculo constante, somando custos e benefícios de toda decisão. Não é assim. Por fim, a tarefa de maximizar a felicidade pode parecer repleta de paralisantes ambiguidades: estamos falando da felicidade de quem? Felicidade não significa coisas diferentes para pessoas diferentes? Como se pode medi-la? Quem decide o que conta como felicidade e qual é a melhor maneira de aumentá-la? E a ideia de maximizar a felicidade não é um tipo perigoso de utopismo? Tratarei dessas questões e tentarei esclarecer alguns dos mal-entendidos mais comuns sobre essa filosofia tão caluniada.

O que queremos dizer com "felicidade"?

No ensino fundamental, eu e meus colegas fizemos um "projeto sobre valores". Cada um de nós identificou seus dez valores mais importantes e produziu um livro — em essência um álbum de recortes com desenhos, fotos e explicações escritas sobre por que esses valores nos eram caros. Antes de começarmos nossos projetos individuais, fizemos um pouquinho de *brainstorming*. Os alunos citavam seus valores potenciais e a professora os escrevia no quadro: "família", "amigos", "religião", "esportes", "diversão", "amor", "ajudar os outros", "aprender coisas novas", "meu gato". Depois de alguma arrumação conceitual ("Vamos colocar seu gato em 'animais de estimação' e Disney World em 'diversão'"), conseguimos uma lista muito boa. Entre os itens listados estava "felicidade".

Como filósofo utilitarista incipiente, eu não sabia muito bem como encaixar felicidade em minha lista. Coloquei "família" primeiro e "amigos" em segundo lugar. Acho que felicidade acabou sendo o número 4. Mas eu não conseguia deixar de pensar que a felicidade estava oculta em todas aquelas outras coisas: ao valorizar minha família e meus amigos, eu não estava valorizando a felicidade deles e a felicidade que eles me traziam? Alguém valorizaria "esportes" ou "amor" se essas coisas não trouxessem felicidade? Eu achava que ainda havia alguma arrumação conceitual a ser feita.

Meus colegas, aparentemente, não partilhavam da minha preocupação. Eles não viram nenhum problema em tratar a felicidade como qualquer outro item da lista. No que estavam pensando? O que imaginavam ter em mente — o que a maioria de nós tem em mente quando pensa em felicidade — é algo mais ou menos assim: valorizar a felicidade significa valorizar as coisas que são diretamente responsáveis por nos fazer sorrir. A lista canônica de indutores de sorrisos surge na música "My Favorite Things", de *A noviça rebelde*. Elaboração posterior surge na letra de "Happiness Is", de *You're a Good Man, Charlie Brown*.

A versão adulta contemporânea apresenta as atividades de lazer retratadas em catálogos brilhantes: ler o jornal no iPad reclinado em uma rede que balança de modo gentil, conversar com os vizinhos antes de subir a montanha de bicicleta, brindar no deque ao pôr do sol... Chamamos isso de concepção "coisas favoritas" de felicidade. Se o que queremos dizer com felicidade é usufruir de nossas coisas favoritas, então ela de fato é apenas outro item na lista de valores. Além disso, se felicidade é usufruir de nossas coisas favoritas, então chamá-la de valor último, de padrão pelo qual mensurar todas as ações, parece incrivelmente superficial.

A concepção "coisas favoritas" de felicidade, porém, não resiste ao escrutínio. O problema, mais uma vez, é que nossa felicidade é bastante afetada por coisas nas quais não pensamos quando pensamos em "felicidade". Trocar as pastilhas de freio do meu carro não é uma das minhas coisas favoritas, mas, se eu não trocar, muitas pessoas (eu mesmo, minha família, outros motoristas, suas famílias) podem ter sua felicidade reduzida de maneira significativa. Considere alguém que se dedica durante anos a uma tarefa recompensadora, porém árdua. No âmbito do projeto de valores, isso parece mais "trabalho duro", "perseverança" e "disciplina" que felicidade. Todavia, esse trabalho duro presumivelmente está sendo feito para aprimorar o bem-estar de alguém — se não do trabalhador, então de alguma outra pessoa. Do mesmo modo, considere alguém que faz trabalho voluntário em um abrigo para moradores de rua, não por gostar em particular da tarefa, mas por achar que é importante ajudar os menos afortunados. Parece mais "ajudar os outros", "caridade" ou "responsabilidade social" que felicidade. No entanto, o voluntário presumivelmente espera aumentar a possibilidade de essas pobres pessoas terem uma vida melhor, e terem uma vida melhor presumivelmente inclui serem felizes e contribuírem para a felicidade de outros. Esse último exemplo destaca um problema adicional da concepção "coisas favoritas": ela ignora o lado negativo da escala de felicidade. Se nosso objetivo é maximizar a felicidade, retirar as pessoas da miséria em geral é mais importante que adicionar cerejas ao sundae dos outros. Porém, quando pensamos em "felicidade", estamos mais propensos a pensar em cerejas que em abrigos para sem-teto.

Assim, a felicidade está embutida em muitas coisas que, à primeira vista, parecem mais profundas e significativas que ela. Mencionei família, amigos e amor. Acrescente a isso valores intelectuais (conhecimento, verdade, educação, arte), valores cívicos (liberdade, justiça) e valores de caráter (bravura, honestidade, criatividade). Todas essas coisas tornam o mundo mais feliz, e isso não deixa de ter relação com o fato de as valorizarmos. De modo mais geral, é difícil pensar em valores dignos de serem valorizados que não estejam intimamente conectados à felicidade. O que isso significa, no mínimo, é que a felicidade como valor moral é mal compreendida e subestimada com facilidade. Para pensar adequadamente na felicidade, temos de fazê-lo *abstratamente* e, de forma mais específica, *contrafactualmente*. Valorizar a felicidade no sentido utilitarista não é apenas valorizar as coisas que nos vêm à mente quando pensamos em "felicidade". É valorizar todas as coisas cuja *ausência* diminuiria nossa felicidade, e isso inclui quase tudo que valorizamos.

O utilitarismo, entretanto, é mais que dizer que a felicidade é valiosa. É dizer que a felicidade — adequadamente compreendida — é a *única coisa* que importa no fim das contas. Por que alguém pensaria assim? Para entender por que, comece com as coisas com as quais se importa mais de imediato e então trabalhe de trás para a frente, perguntando repetidamente a si mesmo "Por que me importo com isso?" até ficar sem respostas: você foi trabalhar hoje. Por que fez isso? Talvez porque goste do seu trabalho, mas também para ganhar dinheiro. Por que você quer dinheiro? Para comprar coisas como comida. Por que você quer comida? Porque você e sua família gostam de comer e não gostam de sentir fome. A comida também mantém você e sua família vivos. Mas por que você e aqueles que ama querem permanecer vivos? Porque vocês gostam de estar vivos e, em particular, gostam de viver uns com os outros. Por que você se importa com o fato de você e sua família gostarem de estar vivos? Hum...

Seguindo sempre essa lógica, você pode concluir que tudo o que faz é para, no fim das contas, melhorar a qualidade da *experiência* de alguém. Mesmo coisas como a punição, cujo objetivo imediato é causar experiências desagradáveis, estão relacionadas com a melhoria da experiência: punimos as pessoas para fazer com que se sintam mal, o que impede que elas e outras façam coisas ruins, o que melhora a experiência de suas vítimas potenciais. Do mesmo modo, em geral vemos coisas que não possuem experiência, como pedras, como estando além do escopo de nossa preocupação moral.

Assim, é plausível que a bondade ou a ruindade de tudo se traduza, no fim das contas, em termos da qualidade da experiência das pessoas. Dessa perspectiva, há muitos valores admiráveis: família, educação, liberdade, bravura e todos os outros listados no quadro-negro. Porém, dizem os utilitaristas, essas coisas são valiosas por causa de seus efeitos em nossa experiência, e somente por causa deles. Subtraia delas seus efeitos positivos sobre a experiência e seu valor estará perdido. Em resumo, se algo não afeta a experiência de alguém, então na realidade não importa.

Essa é a ideia central por trás da concepção utilitarista de felicidade. A felicidade não é (apenas) sorvete e tardes cálidas de verão na casa do lago. A felicidade de alguém é a qualidade global de sua experiência, e valorizar a felicidade é valorizar tudo que melhora a qualidade da experiência para si mesmo e para os outros — em especial aqueles cujas vidas têm muito espaço para melhoria. De uma perspectiva utilitarista, não é que a felicidade *supere* os outros valores da lista. A felicidade, adequadamente compreendida, *engloba* os outros valores. A felicidade é o protovalor, o bóson de Higgs da normatividade, o valor que dá aos outros valores seu valor.[7]

Você pode ou não concordar com isso. Como explicarei depois, acho que é um exagero. (Se a felicidade é o valor último, como os valores podem estar em conflito?) Por agora, quero afirmar duas coisas: primeiro, a concepção utilitarista de felicidade é muito ampla, englobando todos os aspectos positivos da experiência, assim como a remoção dos aspectos negativos. É isso que queremos dizer com "felicidade". Segundo, à luz dessa concepção, não é desarrazoado pensar na felicidade como ocupando um lugar especial entre nossos valores, como mais que apenas outro item da lista. Ao contrário dos utilitaristas mais ardorosos, não acho que ela seja o único valor verdadeiro. O que a torna especial — e, em minha opinião, esse foi o verdadeiro *insight* de Bentham e Mill — é o fato de ela ser a *moeda comum* dos valores humanos. Desenvolveremos essa ideia nos dois capítulos seguintes.

Alguns tipos de felicidade não são mais valiosos que outros?

Eu disse que a concepção utilitarista de felicidade é muito ampla, mas existe debate sobre quão ampla deveria ser. Bentham concebeu a utilidade de modo bastante estrito, em termos de prazer e dor. Mill assumiu uma perspectiva mais ampla, vendo alguns prazeres como qualitativamente diferentes e mais valiosos que outros. Suas famosas palavras foram:

> É melhor ser um humano insatisfeito que um porco satisfeito; melhor ser Sócrates insatisfeito que um tolo satisfeito. E se o tolo ou o porco tiverem uma opinião diferente, é porque só conhecem seu próprio lado da questão. A outra parte da comparação conhece os dois lados.[8]

De um lado, parece tolo limitar nossa concepção de bem-estar a meros prazer e dor e contar todos os prazeres como igualmente válidos. De outro, o fato de Mill privilegiar os prazeres mais "elevados" parece inescrupuloso e, talvez, elitista: "Meu querido e tolo porquinho, se você pudesse apreciar as alegrias da mente, também as preferiria à cerveja." Felizmente, acho que podemos reconciliar essas duas visões usando um argumento que Mill cita apenas de passagem, mas que, em minha opinião, é melhor que seu argumento original e sustentado pela psicologia mais recente.[9]

Como argumentou Barbara Frederikson em sua teoria "amplie e construa" da emoção positiva,[10] as coisas que achamos prazerosas com frequência são coisas que amealham recursos. Comida saborosa fornece recursos nutricionais. Passar tempo com os amigos aumenta os recursos sociais. Aprender gera recursos cognitivos. Parece que os "prazeres elevados" de Mill são derivados de atividades que geram recursos *duráveis* e *partilháveis*. Isso permite um argumento utilitarista mais escrupuloso a seu favor.

Mill quer dizer que filosofia é melhor que cerveja, apesar da grande popularidade da última. Sua solução é insistir que aqueles que conhecem ambos favoreçam a filosofia, indicando que ela oferece um prazer melhor, *mais elevado*. De acordo com ele, o tolo bêbado na realidade está perdendo algo. Suspeito que essa não é a melhor maneira de defender a vida da mente e os prazeres elevados de modo geral. Sugiro que ser um tolo satisfeito é — ou pode ser — melhor *para o tolo*, ao passo que ser Sócrates é melhor *para o restante de nós*. (Soa familiar?) Do mesmo modo, ser um tolo satisfeito pode ser melhor para o tolo *agora*, mas não tão bom *mais tarde*. Dessa perspectiva, não é que ler Platão produza um *prazer melhor* que cerveja. Em vez disso, é melhor — se é que é — porque leva a *mais prazer*, não apenas para o leitor, mas também para os outros. Ao defender a vida nobre, Mill apelou ao autointeresse imediato ("Sério, é um barato muito melhor!") quando deveria ter apelado ao bem maior: os prazeres elevados são elevados por causa de suas características de longo prazo, e não por causa do que nos fazem sentir.

Há, todavia, uma desvantagem nessa reconciliação entre Mill e Bentham: é preciso concluir que uma vida de sexo, drogas e rock and roll *seria* melhor que uma vida de plácida contemplação intelectual, desde que as consequências de longo prazo fossem constantes. Tenho sentimentos ambíguos sobre essa conclusão. Quando se trata da devassidão alheia, fico feliz em dizer "Que bom para elas!", desde que as pessoas não estejam prejudicando a si mesmas ou a outrem. Mas quando a contemplo como escolha pessoal, as coisas ficam mais difíceis. Se eu soubesse que não haveria consequências mais amplas para mim ou para outros, será que abriria mão de minha prazerosa existência professoral por uma festa sem fim? Provavelmente, não. Mas talvez eu só precise — hipoteticamente — superar minhas neuras e mergulhar de cabeça.

De qualquer modo, o ponto por agora é que o utilitarismo não precisa ser construído como "moralidade suína". Temos razões utilitaristas perfeitamente boas para valorizar ao menos alguns prazeres "elevados" mais que outros "mais baixos". Os prazeres elevados são melhores (ao menos às vezes) não porque são *prazeres* melhores, mas porque nos servem melhor no longo prazo.

Estamos falando da felicidade de quem?

Todo mundo. A segunda característica definidora do utilitarismo, em adição a seu foco na experiência, é o fato de ele ser *imparcial*. A felicidade de todos tem o mesmo valor. Isso não significa que, em um mundo utilitarista, todo mundo seja igualmente feliz. Como dirão os pastores nortistas, um mundo no qual todo mundo obtém o mesmo resultado, não importando o que faça, é um mundo ocioso no qual as pessoas têm pouco incentivo para fazer algo. Assim, a maneira de maximizar a felicidade não é decretar que todos devem ser igualmente felizes, mas encorajar as pessoas a se comportarem de maneiras que maximizem a felicidade. Quando mensuramos nosso sucesso moral, contamos a felicidade de todos do mesmo modo, mas ter sucesso quase certamente envolve desigualdade tanto de riqueza material quanto de felicidade. Tal desigualdade não é ideal, mas justificável porque, sem ela, as coisas seriam piores no cômputo geral.

Há outra maneira de entender a pergunta "A felicidade de quem?" Podemos estar perguntando "Que *concepção* de felicidade deve prevalecer?" Felicidade, para mim, é dois tipos de sorvete. Para você, é ler Platão. Para outro alguém, é ser amarrado e açoitado por uma mulher de 140 quilos fantasiada de pastorinha. *A felicidade de quem?*

Esse é um problema majoritariamente verbal. Podemos dizer que felicidade significa coisas diferentes para pessoas diferentes, mas isso é desnecessariamente confuso. É mais claro dizer que a felicidade é a *mesma coisa* para todo mundo e pessoas diferentes ficam felizes ou infelizes com coisas diferentes. Dois tipos de sorvete me deixam feliz, mas não a você, e assim por diante.

Eu disse que é um problema *majoritariamente* verbal porque é possível duvidar que a felicidade de fato signifique a mesma coisa para todas as pessoas. Entretanto, duvidar que os seres humanos de todo o mundo possuem algo em comum quando experimentam "felicidade" é uma dúvida muito radical. Considere essas sentenças, sobre um garoto vivendo no Japão durante o século VIII: "Kammu foi até o poço e descobriu, para sua surpresa, que a água havia voltado. Isso o deixou muito feliz." Você acha isso confuso? É claro que não. Isso porque você entendeu as sentenças exatamente como foram enunciadas. Kammu está sentindo mais ou menos o que você sente quando se descreve como estando feliz. E quanto a essa aqui? "Kammu encontrou duas joaninhas mortas esmagadas sobre uma rocha. Isso o deixou muito feliz." Isso é esquisito, mas esquisito precisamente porque você está aplicando *o mesmo* entendimento de felicidade a você e a Kammu: o que você obtém com dois tipos de sorvete é, aparentemente, o que ele obtém com duas joaninhas mortas. Suas experiências e as experiências de Kammu podem diferir em uma miríade de formas interessantes, devido ao golfo cultural que os separa. Mesmo assim, e a despeito dessas diferenças, suas experiências têm algo em comum, que é o fato de ambas serem, em certa extensão, *positivas*. (E, em certa extensão, negativas.) A felicidade é uma moeda comum.

Como se pode medir a felicidade?

Tendo concordado que as pessoas por toda parte são capazes de ter experiências positivas (e negativas), nos voltamos para o problema da mensuração. Medir a felicidade é uma tarefa complicada que, nas últimas décadas, ocupou algumas das melhores mentes das ciências sociais.[11] Todavia, o ponto que quero salientar aqui não requer nenhuma análise científica complicada: medir a felicidade é fácil. Difícil é medi-la tão *acuradamente* quanto gostaríamos. Nossa inabilidade de medir a felicidade com perfeita acurácia apresenta formidáveis desafios práticos, mas nenhum problema filosófico profundo.

Veja o Ricardo. Ele está no hospital com a rótula fraturada — algo muito doloroso. Veja a Beatriz. Ela está deitada em uma rede que balança gentilmente

(315 dólares), lendo notícias em seu iPad (499 dólares). Podemos supor que, nesse momento, Beatriz se sente melhor que Ricardo. Mas como podemos saber? Podemos perguntar a eles: *em uma escala de 1 a 10, como você se sente?* Ricardo diz "2". Beatriz diz "8". Acabamos de medir seus respectivos níveis de felicidade.

Medimos com exatidão? Não sabemos. Talvez Ricardo se sinta ótimo, mas não queira nos alarmar. Talvez esse seja o pior momento de sua vida, mas, por medo de parecer chorão, ele tenha dito "2" em vez de "1". Talvez Beatriz esteja experimentando profundos tormentos internos, mas não queira admitir isso para nós ou para si mesma. Ou talvez esteja relutante em usar o nível máximo da escala, o que torna sua avaliação artificialmente baixa. Perguntamos a Ricardo e Beatriz como eles se sentem nesse momento, mas poderíamos perguntar também como anda sua vida de modo geral. Aqui, os problemas de mensuração são ainda piores. Talvez a vida de Ricardo esteja ótima, melhor que a de Beatriz, mas, nesse momento, ele não se sinta assim.

Esses são problemas sérios, mas sua existência não implica não podermos medir a felicidade. Significa apenas que nossas medidas são inevitavelmente *estimativas*. Se são boas o suficiente, depende do que estamos tentando fazer com elas. Se queremos saber exatamente quão feliz determinada pessoa está ou como sua felicidade se compara à de outra em circunstâncias similares, nossas estimativas podem não ser boas o bastante. Ainda bem que, quando se trata das grandes decisões que precisamos tomar como sociedade, não é necessário medir a felicidade de nenhum indivíduo com grande acuidade. Precisamos apenas entender os padrões gerais: que políticas tendem a aumentar a felicidade? Que políticas tendem a diminuir a felicidade?

É aqui que a nova ciência da felicidade se mostra excelente.[12] Aprendemos, por exemplo, que o desemprego é muitas vezes emocionalmente devastador,[13] com custos psicológicos que excedem em muito os custos econômicos. Em contraste, é improvável que ganhar um pouco menos de dinheiro quando você já é rico tenha algum efeito sobre sua felicidade.[14] É claro que algumas pessoas perdem o emprego e isso se revela uma bênção. E algumas pessoas passam pelo inferno (talvez) quando sua renda anual cai de 220 mil para 200 mil dólares. Mas, globalmente, os efeitos gerais dessas variáveis econômicas da felicidade são nítidos, e isso permite tomar decisões políticas mais informadas — sobre a escolha entre aumentar impostos e criar empregos, por exemplo. E isso é verdadeiro a despeito de nossa inabilidade de medir a felicidade de qualquer pessoa com grande acurácia.

Quando as pessoas se preocupam com nossa habilidade de medir a felicidade, elas podem ter algo diferente em mente. Não é que não lhes ocorra perguntar como as pessoas estão se sentindo. É que elas temem que apenas perguntar não seja o bastante. Querem uma medida "real" e direta que ignore nossas impressões subjetivas, assim como um termômetro ignora nossas sensações de calor e frio. Com o advento da ressonância magnética funcional, poderemos em breve ter tais medidas.[15] Todavia, quando o medidor neurológico de felicidade chegar, ele não mudará as regras do jogo. Poderemos usá-lo para regular as respostas verbais das pessoas ou pegar no flagra aquelas que, por alguma razão, mentirem sobre sua felicidade. Mas para a maioria dos objetivos, respostas simples a perguntas simples é tudo de que precisamos. Como Dan Gilbert observou, o optometrista não faz uma ressonância para descobrir que lentes produzem as percepções visuais mais claras; ele apenas pergunta "Está melhor assim?"

Medir a felicidade não é um problema insuperável e, na extensão em que é um problema, é um problema para *todos*, e não apenas para os utilitaristas. Ninguém acha que os efeitos de nossas escolhas sobre nossa felicidade sejam *irrelevantes*. Assim, mesmo que rejeite a ideia utilitarista de que a felicidade é tudo que de fato importa, desde que você ache que a felicidade importa em alguma extensão, também precisa medi-la!

Os utilitaristas estão sempre "calculando"?

Se há uma palavra que resume as impressões errôneas das pessoas sobre o utilitarismo, essa palavra é "calcular". O estereótipo do utilitarista "calculista" tem duas características relacionadas.

Primeiro, uma pessoa "calculista" é uma pessoa *ruim*, uma pessoa *egoísta*, que está sempre pensando em como melhor servir *a si mesma*. Esse estereótipo é desmerecido.[16] O utilitarista ideal é *imparcial*. Um utilitarista ideal valoriza o bem-estar dos outros na mesma medida em que valoriza o seu — um exemplo perfeito da regra de ouro. Longe de ser uma filosofia egoísta, o utilitarismo enfrenta a objeção de exigir um excesso de *abnegação*. (Mais sobre isso em breve.)

Há, entretanto, um grão de verdade nessa acusação. O cálculo moral, mesmo com as melhores intenções, pode desencaminhar. Pode-se tentar calcular em benefício do bem maior, mas, por meio de várias formas de autoengano, acabar calculando em benefício próprio. ("Tudo por amor a Roma!") Calcular é desconfiar, ao menos moralmente, da maquinaria moral descrita no capítulo 2, os instintos sociais que colocam o "nós" acima do "eu". A preocupação é que, ao fazer qualquer tipo de cálculo moral, saindo do piloto automático, você acabe se metendo em problemas. Essa visão é suportada pelos experimentos com jogos dos bens públicos descritos no fim do capítulo 2: mais raciocínio leva a mais carona e menos cooperação.

Essa preocupação com as armadilhas do cálculo moral nos leva à segunda parte do estereótipo, de acordo com o qual o utilitarista está sempre fazendo cálculos morais. Imagina-se um utilitarista padrão no corredor de uma loja, calculando os custos e benefícios de sair sem pagar. Felizmente, a maioria de nós não se envolve nesse tipo de cálculo, mas pode parecer que é isso que o utilitarismo recomenda. Se pensar a respeito, porém, você verá que essa é decididamente uma maneira não utilitarista de ser. Por quê? Porque o cálculo moral constante sobre o que serve ao bem maior *claramente não serve ao bem maior*. Se nos permitíssemos fazer o que quiséssemos, desde que pudéssemos nos convencer de que seria para "o bem maior", seria um desastre. Somos notoriamente tendenciosos em nosso próprio favor (ver capítulos 2 e 3) e não especialmente aptos a calcular os efeitos globais de longo prazo de nossas ações. Assim, na vida cotidiana, é muito melhor ouvirmos nossos instintos morais, em vez de tentar descobrir se o furto, por exemplo, pode servir ao bem maior. Nossos instintos morais evoluíram, tanto biológica quanto culturalmente, para nos ajudar a colocar o "nós" acima do "eu". Na vida cotidiana, tentamos ser mais espertos que esses instintos por nossa conta e risco.[17]

Nesse ponto, você pode estar se perguntando se o utilitarismo foi defendido até a obsolescência: se nossos instintos morais nos guiam com confiança na direção do bem maior, por que nos preocuparmos com uma filosofia moral, utilitarista ou não? Aqui é importante não confundir nossas duas tragédias. Repetindo, nossos instintos morais se saem bem com a tragédia dos comuns ("eu" *versus* "nós"), mas não tão bem com a tragédia da moralidade do senso comum ("nós" *versus* "eles"). A coisa utilitarista a fazer, então, é deixar que nossos instintos nos levem para longe das tentações da vida cotidiana ("eu" *versus* "nós"), mas iniciar o raciocínio explicitamente utilitarista quando tentarmos descobrir como viver nos novos pastos ("nós" *versus* "eles"). Falarei mais sobre como isso funciona na parte 5.

O utilitarismo não é um tipo perigoso de utopismo?

A história está repleta de grandes visões utópicas que acabaram mal, incluindo a ascensão e (quase completa) queda do comunismo durante o século XX. Comunistas como Stalin e Mao justificaram milhares de assassinatos, milhões de mortes por inanição e governos totalitários repressivos em nome do "bem maior". Não deveríamos ser muito cautelosos em relação a pessoas com grandes planos que dizem que é tudo em nome do bem maior?

Sim, deveríamos. Especialmente quando esses grandes planos exigem grandes sacrifícios. E *especialmente*, especialmente quando as pessoas que fazem os sacrifícios (ou são sacrificadas!) não são as que fizeram os grandes planos. Mas essa cautela é perfeitamente pragmatista e utilitarista. Estamos falando de *evitar consequências ruins*. Aspirar ao bem maior não significa seguir com fidelidade qualquer líder carismático que diga que é tudo pelo bem maior. Essa é uma receita para o desastre.

Começamos este capítulo comparando os ideais e a retórica dos pastores nortistas individualistas e dos pastores sulistas coletivistas. O utilitarista não está, como se poderia esperar, necessariamente do lado dos coletivistas. Nem é necessariamente individualista. Nossa esplêndida ideia é que todas as tribos coloquem de lado suas respectivas ideologias e descubram o que de fato funciona melhor — o que maximiza a felicidade — nos novos pastos. E o que funciona melhor pode ser mais individualista ou mais coletivista. Descobrir o que funciona melhor exige colocar nossos preconceitos de lado e reunir e analisar *evidências* sobre como as várias políticas e práticas se saem no mundo real. O utilitarismo é, como eu disse, o pragmatismo levado ao nível dos princípios primários.[18]

Essa preocupação com o perigoso utopismo utilitarista exemplifica toda uma classe de objeções confusas, embora convincentes, ao utilitarismo: se o mundo utilitarista que você está imaginando parece um lugar miserável, então, por definição, você está imaginando a coisa errada. Sua objeção é uma objeção utilitarista e aquilo a que você objeta não é de fato utilitarismo.

Quem decide como maximizar a felicidade?

A essa altura, espero que você tenha pegado o jeito do pensamento utilitarista e possa responder sozinho a esse tipo de pergunta. Mas faremos isso juntos mais uma vez, em nome da completude.

Da perspectiva utilitarista, decidir quem deve decidir é uma decisão como qualquer outra. Não existe um decisor utilitarista oficial usando um chapéu estiloso. Da perspectiva utilitarista, um bom sistema de tomada de decisões é aquele no qual os decisores estão mais propensos a tomar decisões que produzem bons resultados. Em princípio, poderia ser um no qual todo o poder decisório está investido em um único rei filósofo. Porém, tudo que sabemos sobre a história e a natureza humana sugere que isso seria má ideia. Em vez disso, parece que nos damos melhor com uma democracia representativa, associada à imprensa livre, à educação acessível e amplamente disseminada e assim por diante.

Resumindo...

O utilitarismo combina duas ideias razoáveis e universalmente acessíveis. Podemos pensar nessas ideias como respostas a duas perguntas: *o que* realmente importa e *quem* realmente importa?

De acordo com o utilitarismo, o que importa no fim das contas é a qualidade de nossa experiência. O utilitarismo não quer maximizar a "utilidade", no sentido de a lavanderia ser um cômodo útil da casa, favorecendo o mundanamente funcional em detrimento das coisas que brilham. Nem favorece as coisas que brilham — nossas "coisas favoritas" — em detrimento das que são mais profundamente significativas ou importantes. O utilitarismo abarca quase todos os valores que nos são caros, incluindo aqueles associados a relacionamentos pessoais (família, amigos, amor), virtudes pessoais (honestidade, perseverança), objetivos nobres (verdade, arte, esportes) e boa governança (liberdade, justiça).

No entanto, segundo o utilitarismo, todos esses valores derivam seu valor de seus efeitos sobre nossa experiência.[19] Se não tivessem impacto sobre nossa experiência, não seriam valiosos.[20] Essa ideia pode ou não ser correta. Ainda não consideramos os argumentos contra ela. Mas é uma ideia plausível e, tão importante quanto, é uma ideia que qualquer pessoa ponderada, independentemente de sua tribo, pode compreender e apreciar.

O segundo ingrediente utilitarista é a imparcialidade,[21] a essência universal da moralidade que foi destilada na regra de ouro. Tendo acrescentado esse segundo ingrediente, podemos resumir o utilitarismo da seguinte maneira: a felicidade é o que importa e a felicidade de todos conta do mesmo modo. Isso não significa que todos serão igualmente felizes, mas sim que a felicidade de ninguém é inerentemente mais valiosa que a de qualquer outro.

A felicidade pode ser medida, embora medi-la acuradamente apresente desafios. Com frequência, porém, podemos descobrir o que precisamos saber não ao estudar a felicidade de indivíduos específicos com grande acuidade, mas ao estudar a felicidade da população, chegando a conclusões gerais sobre o que tende a aumentá-la ou diminuí-la.

Saber o que aumentará a felicidade no longo prazo é obviamente impossível. Algumas pessoas veem nisso uma falha fatal do utilitarismo, mas, se pensar a respeito, você verá que isso não faz sentido. *Todo mundo* precisa dar algum tipo de palpite — informado ou não — sobre o que produzirá as melhores consequências de longo prazo. (Todo mundo exceto as pessoas que não se importam com elas.) O utilitarismo não se distingue por sua preocupação com as consequências de longo prazo. Ele se distingue por dar total prioridade a elas.

O utilitarismo não é, ao menos não no nível fundamental, um *procedimento decisório*. É uma teoria sobre o que importa no nível mais fundamental, sobre o que vale a pena valorizar e por quê. Ele não requer que calculemos sempre os custos e benefícios esperados de nossas ações. Ao contrário, requer que confiemos em nossas intuições morais na maior parte do tempo, porque elas têm mais probabilidade de serem benéficas que o cálculo moral constante.

O utilitarismo não requer que marchemos cegamente atrás de alguém que afirma estar servindo ao bem maior. Em vez disso, pede que tomemos decisões da maneira que tem a maior probabilidade de chegar a bons resultados, levando em conta as limitações e os preconceitos inerentes a nossa natureza. E, dada a história da política utópica, requer que sejamos céticos em relação a líderes que afirmam saber tudo sobre o bem maior.

Em suma, o utilitarismo combina a imparcialidade da regra de ouro com a moeda comum da experiência humana. Isso leva a um sistema moral que pode reconhecer as escolhas morais e arbitrar entre elas, de uma maneira que faça sentido para os membros de todas as tribos.

UMA CONVERGÊNCIA NOTÁVEL

Olhando para os novos pastos de uma altura de 3 mil metros, observando pastores de tribos diferentes com sistemas e instintos morais diferentes atacarem uns aos outros, a solução utilitarista pragmática parece óbvia: eles devem colocar as ideologias tribais de lado, descobrir como a vida funciona melhor nos novos pastos e viver dessa maneira. Essa é a conclusão sugerida por nossa análise dos problemas morais na parte 1. Mas, como eu disse, há outra linha de raciocínio, sugerida pela análise psicológica apresentada na parte 2.

Outra vez, temos um cérebro de processo dual, com uma configuração automática que torna nosso raciocínio *eficiente* e um modo manual que o torna *flexível*. Essa analogia entre nosso cérebro moral e uma câmera de modo dual é útil não apenas porque fornece uma descrição adequada da psicologia moral, mas porque sugere uma resposta para nossa grande pergunta prática: como os pastores modernos podem resolver suas discordâncias? Anteriormente, fizemos a seguinte pergunta: que filosofia poderia servir como nossa metamoralidade? Também podemos fazê-la em termos psicológicos: que *tipo de raciocínio* é correto para novos pastos? Nesse contexto, a analogia da câmera é um bom guia.

O que é melhor para uma fotografia: configuração automática ou modo manual? A resposta, claro, é que nenhum deles é melhor no sentido absoluto. Essas duas formas de tirar fotografias são relativamente boas e relativamente ruins de diferentes maneiras. Se estiver enfrentando uma situação fotográfica típica, que o fabricante da câmera antecipou ("retrato", "paisagem"), então a configuração automática talvez seja tudo de que precisa — aponte e dispare. Mas, se estiver enfrentando uma situação que o fabricante da câmera jamais imaginou ou suas preferências estéticas diferirem das dele, você provavelmente precisará do modo manual.

Nossa pergunta agora é: moralmente falando, em que situação estamos? Os problemas dos novos pastos exigem *configuração automática* ou *modo manual*?

A tragédia dos comuns é evitada por um conjunto de *configurações automáticas* — emoções morais que motivam e estabilizam a cooperação no interior de grupos limitados. Mas a tragédia da moralidade do senso comum surge *por causa* delas, porque tribos diferentes possuem configurações automáticas diferentes, fazendo com que vejam o mundo através de lentes morais distintas. A tragédia dos comuns é uma tragédia de egoísmo, mas a tragédia da moralidade do senso comum é uma tragédia de *inflexibilidade moral*. Há conflito nos novos pastos não porque os pastores sejam irremediavelmente egoístas, imorais ou amorais, mas porque não conseguem se afastar de suas perspectivas morais. Como deveriam pensar? A resposta agora é óbvia: deveriam *mudar para o modo manual*.

Mas o que isso significa? Tivemos uma pista no capítulo 4. Parece haver conexão entre o modo manual e o pensamento *utilitarista*.[22] Em resposta ao dilema da passarela e outros semelhantes, o modo manual nos aconselha a maximizar o número de vidas salvas, enquanto nossas reações instintivas nos dizem para fazer o oposto. As partes do cérebro que suportam a resposta utilitarista, mais notavelmente o CPFDL, são as mesmas que permitem que nos comportemos de modo flexível em outros domínios — mantendo nossas dietas e sendo menos racistas, por exemplo. E as partes do cérebro que trabalham contra a resposta utilitarista nos dilemas morais, de maneira mais notável a amígdala e o CPFVM,[23] são as que inflexivelmente respondem com vigilância aumentada a coisas como o rosto de indivíduos que não pertencem ao grupo. Isso não prova que o pensamento utilitarista está certo ou que o não utilitarista está errado. Como veremos mais tarde, o modo manual humano também pode implementar princípios não utilitaristas. E não queremos condenar sem ver nossas intuições morais por "culpa por associação neural". Mesmo assim, é uma convergência notável.

Se eu estiver certo, essa convergência entre o que parece ser a filosofia moral correta (de certa perspectiva) e a psicologia moral correta (de certa perspectiva) não é acidental. Se eu estiver certo, Bentham e Mill fizeram algo fundamentalmente diferente de todos seus predecessores, filosófica e psicologicamente. Eles transcenderam as limitações da moralidade do senso comum ao entregar o problema da moralidade (quase) inteiramente ao modo manual. Colocaram de lado suas configurações automáticas inflexíveis e fizeram duas perguntas muito abstratas. Primeira: o que de fato importa? Segunda: qual é a essência da moralidade? Concluíram que a *experiência* é o que realmente importa e que a *imparcialidade* é a essência da moralidade. Combinando essas duas ideias no modo manual, temos o utilitarismo: devemos maximizar a qualidade de nossa experiência, dando o mesmo peso à experiência de todas as pessoas. Assim, os utilitaristas originais pegaram a ambígua regra de ouro[24] — que captura a ideia de imparcialidade — e lhe deram potência ao pareá-la com uma moeda moral universal, a moeda da experiência.

Mas é a moeda certa? E essa é realmente a melhor filosofia para nós? Como eu disse, o utilitarismo é bastante controverso. Na verdade, a maioria dos especialistas acredita que é profundamente falho. Como mencionado, ele parece dar respostas incorretas em alguns casos: empurrar o homem da passarela parece errado, mesmo que fazer isso produza as melhores consequências e aumente a quantidade total de felicidade. E essa é apenas uma de muitas objeções intuitivamente convincentes. Discutiremos essas objeções em detalhes na parte 4. Mas, primeiro, mergulharemos mais fundo na ideia da moeda comum. Existem outras filosofias que podem cobrir a distância entre "nós" e "eles"? Será que alguma delas é melhor que o utilitarismo? Existe uma filosofia moral que seja mesmo correta — uma *verdade moral*? Se sim, é o utilitarismo ou alguma outra? Nos próximos dois capítulos, consideraremos nossas opções (capítulo 7) e veremos por que o utilitarismo é unicamente adequado para servir como metamoralidade do mundo moderno (capítulo 8).

7

Em busca da moeda comum

A democracia exige que os religiosamente motivados traduzam suas preocupações em valores universais, e não especificamente religiosos. Exige que suas propostas estejam sujeitas à argumentação e sejam receptivas à razão. Eu posso me opor ao aborto por razões religiosas, mas, se busco aprovar uma lei banindo essa prática, não posso simplesmente indicar os ensinamentos de minha igreja ou [evocar] a vontade de Deus. Preciso explicar por que o aborto viola algum princípio acessível a pessoas de todas as crenças, incluindo aquelas que não professam nenhuma.

— Barack Obama

Como a observação de Obama sugere, os pastores modernos precisam de uma moeda comum, uma métrica universal para mensurar os valores de tribos diferentes. Sem uma moeda comum, não pode haver metamoralidade, nenhum sistema para chegar a compromissos e fazer escolhas. Encontrar uma moeda comum é desafiador. Alguns dizem que é impossível.

O desafio mais fundamental vem das tribos legalistas. Obama urge os pensadores morais religiosos a traduzirem suas preocupações em valores "universais", e não "especificamente religiosos". Mas e se você acreditar com convicção que sua religião *específica* possui a verdade moral *universal*? Nesse caso, a distinção entre valores universais e especificamente religiosos não faz sentido. (Obama está ciente do problema.[1]) Rick Santorum, um senador socialmente conservador que tentou a nomeação presidencial republicana em 2012, declarou que a posição de Obama o deixou enjoado. "Em que tipo de país vivemos, no qual apenas as pessoas sem profissão de fé podem ir à praça pública e defender suas ideias?"² Santorum está exagerando. Ninguém disse que pessoas religiosas não podem defender suas ideias. Em vez disso, diz Obama, elas devem expor suas ideias morais *em termos seculares*. No entanto, para muitos moralistas religiosos, isso é como dizer a uma bailarina para dançar em um daqueles trajes acolchoados de sumô. Tente traduzir "O modo de vida homossexual é uma abominação contra Deus" em termos seculares. Não é à toa que Santorum se sente enjoado.

Outro desafio, já mencionado, vem do proverbial "relativista", do "comunitarista" e de outros que duvidam da existência de valores universais. De acordo com eles, simplesmente não há moeda moral universal e os que dizem o contrário estão, assim como os fundamentalistas religiosos, projetando seus valores tribais no restante do mundo. Aqui, o adesivo de para-choque diz "Toda moralidade é local".

Outro desafio ainda vem dos moralistas modernos, que são otimistas sobre a moralidade secular universal, mas pessimistas sobre o tipo que defendo. Outra vez, muitos pensadores morais contemporâneos acreditam que a moralidade trata, em essência, de *direitos*. Eles dizem que a verdade moral — a verdade moral secular e universal — é fundamentalmente a verdade sobre quem possui quais direitos e quais deles assumem precedência sobre os outros. Não são apenas os filósofos que pensam dessa maneira. É assim que a maioria de nós fala quando nos pedem para justificar nossas convicções morais, tornar nossas propostas "sujeitas à argumentação e receptivas à razão". Quando argumentamos sobre o aborto, por exemplo, falamos sobre o "direito de escolha" da mulher e o "direito à vida" do feto. Insistimos que um desses direitos tem mais peso que o outro ou negamos que o outro exista.

Utilitaristas também podem falar sobre direitos e pesar um contra o outro: o "direito de escolha" tem mais peso que o "direito à vida" se preservar o direito de escolha à custa do direito à vida maximizar a felicidade. Mas não é assim que a maioria de nós pensa sobre direitos. Lembre-se do problema do bonde: empurrar o homem da passarela maximiza a felicidade, mas, mesmo assim, parece uma grave violação de seus direitos. Direitos, como ordinariamente os concebemos, não se "reduzem" a consequências. Eles *triunfam* sobre elas.³

Se os fatos sobre quais direitos possuímos (ou deveríamos possuir) não são fatos sobre aquilo que produz consequências boas, então que tipo de fatos são?

Um modelo tradicional para os fatos morais é a *matemática*: qual é o centésimo número primo? Você não sabe, mas, se quisesse, poderia descobrir. Do mesmo modo, se pensarmos muito, talvez possamos deduzir os fatos morais dos princípios primários. Isso nos daria um tipo diferente de moeda comum: fatos sobre que direitos existem e suas prioridades e pesos relativos. Dessa perspectiva, poderíamos descobrir se o direito de escolha supera o direito à vida assim como podemos descobrir qual é o centésimo número primo. É claro que ninguém acha que fatos morais *são* fatos matemáticos, a serem descobertos por intermédio do cálculo; a ideia é que fatos morais são *como* fatos matemáticos, verdades abstratas que podem ser descobertas se pensarmos de maneira bem intensa, objetiva e cuidadosa. Esse é o sonho de muitos pensadores morais modernos.[4]

Outro modelo para os fatos morais vem da ciência natural: algumas tribos dizem que terremotos são causados pelos movimentos bruscos de um bagre gigante. Outras, que são causados pelos calafrios da terra quando está doente.[5] Porém, a ciência diz que são causados por largas placas de crosta terrestre flutuando em rocha derretida e se chocando umas contra as outras. O entendimento científico moderno não é apenas outro mito tribal. Está baseado em evidências — que, com suficiente tempo e paciência, podem ser apreciadas por membros de qualquer tribo. Falando de modo geral, quando se trata de entender o mundo natural, a ciência fornece uma espécie de moeda comum. A moderna teoria das placas tectônicas, por exemplo, é aceita por cientistas de todos os continentes, com *backgrounds* culturais diversos. Com isso em mente, é possível esperar que a ciência revele a *essência* oculta da moralidade e, assim, não apenas a *descreva* (como fizemos nos capítulos 2, 3 e 4), mas também a *prescreva*. Talvez a ciência possa nos dizer que direitos de fato existem e como seus pesos respectivos se comparam — uma tabela periódica dos elementos morais. Isso também nos daria a moeda comum de que necessitamos.

Neste capítulo, exploraremos nossas opções para encontrar uma moeda comum moral e sua correspondente metamoralidade. Há duas maneiras de pensar sobre nossa busca. Se estivermos nos sentindo metafisicamente ambiciosos, podemos buscar a *verdade moral*: princípios universais que nos dirão como nós, pastores dos novos pastos, realmente devemos viver e que direitos e deveres na realidade possuímos.

Com isso em mente, começaremos com as três abordagens da verdade moral delineadas aqui: o modelo religioso, o modelo matemático e o modelo científico. Explicarei por que não é provável que nenhum deles nos dê o que precisamos. Sem uma verdade moral imposta de fora — por Deus, pela Razão ou pela Natureza —, teremos de nos contentar com uma metamoralidade mais modesta, um sistema intertribal que funcione, seja ou não a verdade moral.[6] No capítulo seguinte, utilizarei a teoria da psicologia moral de processo dual apresentada na parte 2 para explicar por que o utilitarismo está unicamente qualificado para a tarefa.

NOSSA MOEDA COMUM VEM DE DEUS?

Para muitas pessoas, há somente uma fonte de regras morais universais, e essa fonte é Deus. Há, todavia, ao menos dois grandes problemas com o apelo à autoridade moral divina, um relacionado ao *escopo* dessa autoridade e outro à sua *acessibilidade*.

O primeiro problema remonta a Platão, que questionou a relação entre autoridade moral e vontade divina.[7] Traduzindo a pergunta de Platão para o idioma teológico moderno, ela se apresenta assim: as coisas más são más porque Deus as desaprova ou Deus as desaprova porque são más? Veja, por exemplo, o caso do estupro. O estupro é mau. Deus pensa assim e nós também. Mas Deus poderia dizer outra coisa? Está dentro dos limites do poder divino tornar o estupro aceitável? Se você, como Platão, acha que a resposta é não, então o que você na realidade está dizendo é que Deus não cria as regras morais — ao menos não todas. Algumas regras morais, incluindo algumas muito importantes, como aquelas contra o estupro, são independentes da vontade divina. Se isso for verdade, precisamos de alguma explicação secular para o fato de algumas coisas serem certas e outras erradas. Alternativamente, você pode pensar que Deus poderia modificar as regras morais do jeito que quisesse: autorizando ou mesmo exigindo o aborto, por exemplo. Mas se a vontade divina é tão irrestrita, se Deus pode tornar qualquer coisa certa ou errada, em que sentido a vontade divina é moral? Se o máximo que podemos dizer da vontade divina é "Porque Deus quis assim", então ela é apenas um conjunto arbitrário de regras que ao acaso conta com o endosso de um poder supremo.

O argumento de Platão existe há algum tempo, mas não tirou a moralidade religiosa de combate. Para começar, esse argumento pode não ser tão convincente hoje quanto era em seu contexto original e politeísta. Os deuses da Grécia antiga eram bastante impetuosos e não exatamente um modelo de virtude. Com deuses assim, é fácil pensar que a moralidade independe da vontade divina. No entanto, uma concepção de divindade mais moderna e sofisticada pode resistir ao argumento de Platão. Os teólogos modernos podem dizer que é impossível separar a moralidade da vontade divina. E embora seja verdade que Deus não aprova o estupro, isso não se deve a alguma inconveniente limitação de seu poder. Deus é uma força todo-abrangente, fora dos limites do espaço e do tempo, cujas ações não são eventos discretos que conhecem sucesso ou fracasso, mas antes características da realidade que os seres humanos só podem compreender com imperfeição, em função de suas mentes finitas. O fato de que Deus não aprova o aborto simplesmente reflete a eterna e essencial perfeição da vontade divina. (Nada mal para um ateu, não?) Em resumo, teólogos sofisticados podem ignorar o desafio de Platão afirmando que ele depende de uma concepção simplista de Deus. Ou é isso que dizem. Para mim, parece uma versão melhorada de "É um mistério da fé". Mas não precisamos resolver essa questão aqui. Para nós, o problema mais sério com a verdade moral divina é nossa inabilidade de saber que verdade moral é essa sem empregar uma petição de princípio.

Vamos conceder que Deus existe e sua vontade define a verdade moral. Como podemos conhecer a vontade divina?[8] Muitos cristãos dizem que sexo homossexual é imoral. Como sabemos se estão certos? A primeira referência é o Velho Testamento, que declara em Levítico 18:22: "Não se deite com um homem como quem se deita com uma mulher; é repugnante." A próxima referência é Levítico 20:13: "Se um homem se deitar com outro homem como quem se deita com uma mulher, ambos praticaram um ato repugnante. Terão que ser executados, pois merecem a morte." Essas passagens decerto requerem alguma interpretação, mas suponhamos, como fazem muitos, que são claras denúncias do sexo homossexual. O desafio para os moralistas inquisitivos é descobrir se devem levar essas denúncias a sério, uma vez que o Velho Testamento denuncia muitas coisas que hoje em dia parecem perfeitamente razoáveis e aprova muitas coisas que parecem repugnantes.

A mensagem a seguir destaca esse desafio interpretativo. Ela foi escrita como carta aberta à dra. Laura Schlessinger,[9] uma radialista e comentarista conservadora que certa vez citou o Velho Testamento como base para sua denúncia da homossexualidade.

Prezada dra. Laura.

Muito obrigado por se esforçar tanto para educar as pessoas em relação às leis de Deus. Aprendi muito com seu programa e tentarei dividir esse conhecimento com tantas pessoas quanto possível. Quando alguém tentar defender o estilo de vida homossexual, por exemplo, simplesmente lembrarei que Levítico 18:22 afirma com clareza que o ato é repugnante. Fim do debate.

Preciso de seu conselho, porém, sobre algumas leis específicas e como segui-las.

Quando queimo um touro no altar como sacrifício, sei que isso cria um aroma agradável ao Senhor (Lv. 1:9). O problema são meus vizinhos. Eles afirmam que o aroma não é agradável para eles. Devo feri-los?

Eu gostaria de vender minha filha como escrava, como sancionado em Êxodo 21:7. Em nossa época, qual seria o preço justo por ela?

Sei que não posso ter nenhum contato com uma mulher enquanto ela estiver passando por seu período de impureza menstrual (Lv. 15:19-24). O problema é: como saber? Tentei perguntar, mas a maioria das mulheres fica ofendida.

Lev. 25:44 declara que posso possuir escravos e escravas, desde que sejam comprados das nações vizinhas. Meu amigo disse que isso se aplica aos mexicanos, mas não aos canadenses. A senhora pode esclarecer? Por que não posso possuir canadenses?

Tenho um vizinho que insiste em trabalhar no sábado. Êxodo 35:2 afirma claramente que ele deve ser morto. Sou moralmente obrigado a matá-lo?

Meu amigo acha que, embora comer molusco seja repugnante (Lv. 11:10), é menos repugnante que a homossexualidade. Eu não concordo. A senhora pode falar mais sobre isso?

Lv. 21:20 diz que não posso me aproximar do altar de Deus se tiver um defeito de visão. Preciso admitir que uso óculos de leitura. Minha visão precisa ser perfeita ou há espaço para negociação?

A maioria de meus amigos corta o cabelo, incluindo o cabelo em torno das têmporas, mesmo sendo expressamente proibido em Lv. 19:27. Como eles devem ser mortos?

Sei, de Lv. 11:6-8, que tocar na pele de um porco morto me torna impuro, mas posso jogar futebol se usar luvas?

Meu tio tem uma fazenda. Ele viola Lv. 19:19 ao plantar dois grãos diferentes no mesmo campo, assim como sua mulher ao usar vestimentas de dois fios (mescla de algodão e poliéster). Ele também tende a praguejar e blasfemar. É realmente necessário nos darmos ao trabalho de reunir toda a cidade para apedrejá-los (Lv. 24:10-16)? Não poderíamos simplesmente matá-los na fogueira, em um momento familiar privado, como fazemos com aqueles que dormem com as sogras (Lv. 20:14)?

Sei que a senhora estudou a fundo esses assuntos e estou confiante de que pode me ajudar. Obrigado novamente por nos lembrar que a palavra de Deus é eterna e imutável.

Seu devotado discípulo e fã,

J. Kent Ashcraft

Como você pode imaginar, o argumento não termina aqui. Intérpretes sofisticados da Bíblia têm muito a dizer sobre quais passagens oferecem orientação moral direta e quais não. Porém, o sr. Ashcraft decerto está correto ao indicar que simplesmente recorrer às escrituras é insuficiente para estabelecer a verdade moral, mesmo no interior de uma única tradição religiosa. Os problemas se multiplicam quando tradições religiosas competem pela autoridade escritural. Se queremos encontrar a verdade moral em escrituras, temos de decidir quais interpretações de que passagens em que textos de quais religiões realmente possuem autoridade. Como é improvável que pessoas em lados opostos de uma discordância moral tomada de religiosidade concordem sobre que textos, passagens e interpretações possuem autoridade, é improvável que o recurso às escrituras resolva qualquer discordância moral, com exceção das mais estritas e acadêmicas.

O mesmo problema se aplica a supostas verdades morais reveladas em sonhos, visões, sinais cósmicos e outras formas de comunicação divina. Como explicou Obama no discurso mencionado:

Abraão recebeu de Deus a ordem de oferecer seu único filho e, sem argumentar, levou Isaac até o topo da montanha, o amarrou em um altar e ergueu a faca, preparado para agir como ordenado. [...] Mas é justo dizer que se qualquer um de nós, ao sair da igreja, visse Abraão em um telhado com a faca erguida, no mínimo chamaria a polícia e esperaria que o Departamento de Serviços para a Família e a Infância tirasse Isaac de Abraão. Faríamos isso porque não ouvimos o que Abraão ouve e não vemos o que Abraão vê, por mais verdadeiras que essas experiências possam ser. Assim, o melhor que podemos fazer é agir de acordo com aquilo que vemos e ouvimos, sejam as leis comuns ou a razão básica.[10]

No fim, não há argumento que possa impedir os legalistas tribais de obedecerem às ordens de suas tribos. Nenhum argumento convencerá o senador Santorum e a dra. Laura de que suas convicções religiosas, não traduzidas para termos seculares, são bases inadequadas para uma política pública. No máximo, podemos pedir moderação, lembrando aos legalistas tribais que eles não estão agindo com base no "senso comum", mas antes impondo a versão de verdade moral de sua tribo a pessoas que não veem o que eles veem nem ouvem o que eles ouvem.

Meu objetivo aqui, contudo, não é formular um argumento contra a existência da verdade moral divina. Apesar de tudo que eu disse, a verdade moral pode estar na interpretação da vontade de Deus feita por certa tribo. Nossa tarefa é encontrar uma moeda comum e, para isso, Deus não é de muita ajuda. (Por causa disso, talvez não seja surpreendente o fato de que a reflexão desencoraja a crença em Deus.)[11]

As religiões do mundo têm muito em comum. Elas nos dizem para ser gentis com nossos vizinhos, não mentir, não roubar e não abrir exceções morais para nós mesmos. Em resumo, permitem que seus aderentes evitem a tragédia dos comuns colocando o "nós" na frente do "eu". O que não fazem — ao menos não a maioria delas[12] — é nos ajudar a evitar a tragédia da moralidade do senso comum. Elas exacerbam, em vez de amenizar, os conflitos entre os valores do "nós" e os valores do "eles". Precisamos procurar nossa moeda comum em outro lugar.

A MORALIDADE É COMO A MATEMÁTICA?

Basta de fé. Próxima parada: *razão*. Sou um grande fã da razão. Todo este livro — na verdade, toda minha carreira — foi devotado a produzir um entendimento mais racional da moralidade. Entretanto, há uma visão racionalista da moralidade que, em minha opinião, vai longe demais. De acordo com os racionalistas linha-dura, a moralidade é como a matemática: as verdades morais são verdades abstratas que podemos deduzir por meio do raciocínio claro, da maneira como matemáticos descobrem verdades matemáticas. Kant, por exemplo, notoriamente alegou que verdades morais substantivas, como o fato de ser errado mentir e roubar, podem ser deduzidas dos princípios da "razão pura prática".[13] Hoje, poucas pessoas endossam explicitamente essa visão. Mesmo assim, muitos de nós parecemos ter algo como o racionalismo kantiano linha-dura em mente quando insistimos que nossas perspectivas morais, ao contrário das de nossos oponentes, são apoiadas pela *razão*. Muitas pessoas afirmam ou sugerem que seus oponentes morais possuem perspectivas que não podem ser racionalmente defendidas,[14] sendo os equivalentes morais de 2 + 2 = 5.

O que seria necessário para que a moralidade fosse como a matemática? Para que fosse completamente racional? Os matemáticos estão no negócio de fornecer teoremas. Todas as provas começam com hipóteses, e as hipóteses das provas matemáticas vêm de duas fontes: teoremas previamente provados e *axiomas*. Axiomas são declarações matemáticas tomadas como verdade *autoevidente*. Um dos axiomas da geometria plana de Euclides, por exemplo, afirma que é possível conectar quaisquer dois pontos com uma linha reta. Euclides não defende essa declaração. Ele apenas assume que isso é verdade e que você também será capaz de ver que é verdade. Como todos os teoremas derivam de axiomas e teoremas prévios e teoremas não regridem indefinidamente, todas as verdades matemáticas são derivadas de axiomas, de verdades matemáticas fundacionais consideradas autoevidentes.

Se a moralidade fosse como a matemática, as verdades morais às quais apelamos em nossos argumentos seriam necessariamente derivadas de axiomas morais, de um conjunto viável de verdades morais autoevidentes.[15] O problema fundamental com modelar a moralidade pela matemática é que, após séculos de tentativas, ninguém encontrou um conjunto viável de axiomas morais que a) sejam autoevidentemente verdadeiros e b) possam ser usados para derivar conclusões morais substantivas capazes de solucionar desacordos morais no mundo real.[16] Você pode achar óbvio que a moralidade não possa ser axiomatizada e, em consequência, não seja como a matemática. Mas vale a pena fazer uma pausa para considerarmos as implicações desse fato óbvio.

Veja o caso do aborto, que discutiremos detalhadamente no capítulo 11. O direito à vida do feto supera o direito de escolha da mulher? Não podemos resolver a questão apelando para a doutrina religiosa. (Que doutrina? Que interpretação?) E — por enquanto — estamos relutantes em pensar em direitos em termos puramente utilitaristas. De acordo com os pró-vida, um feto, assim como o homem na passarela, tem direito absoluto à vida. (Um direito que independe dos custos e benefícios líquidos do aborto.) Do mesmo modo, os pró-escolha dizem que a mulher tem o direito absoluto de escolher. O que solucionará esse debate?

Eis o que solucionará esse debate: a *Razão*. Por Razão com R maiúsculo quero dizer *somente a razão* ou, como Kant diria, a "razão pura prática". Como mencionado, sou grande fã do raciocínio e do raciocínio sobre problemas morais. Porém, se a moralidade não é como a matemática, então somente a razão não pode fazer isso. A razão não pode dizer que direitos possuímos e quais assumem precedência sobre os outros. Outra vez, porque todo raciocínio requer *premissas*. Se as premissas de Joe não forem autoevidentemente verdadeiras e Jane não gostar das conclusões que se seguem a elas, Jane estará livre para apenas rejeitar uma ou mais dessas premissas e, com elas, as conclusões de Joe.

Meu ponto é o seguinte: sem premissas autoevidentes, a razão pura não responde nossas perguntas. O que ela pode fazer é nos forçar a obter mais *consistência* em nossas crenças factuais e morais, o que é importante. (Mais sobre isso no capítulo 11.) No entanto, o raciocínio moral não pode nos dizer o que pensar sobre o aborto da maneira como a matemática pode nos dizer o que pensar sobre $439.569 > 3 \times 17 \times 13$. Isso porque a matemática começa com um pequeno número de hipóteses partilhadas e autoevidentes, enquanto a moralidade começa com um grande número de hipóteses interconectadas e amplamente inquestionadas, todas parecendo razoáveis para quem as enuncia e poucas sendo verdadeiramente autoevidentes. (Em outras palavras, a epistemologia moral é *coerentista* e não *fundacionalista*).

Como pessoa cerebral, posso torcer para que a Razão atravesse o pântano dos valores humanos conflitantes. Infelizmente, ela não pode. As pessoas com frequência falam como se isso fosse possível: "Minhas opiniões, ao contrário das suas, são baseadas na Razão." Isso é uma meia verdade, na melhor das hipóteses. Repetindo: o raciocínio pode tornar nossas opiniões morais mais consistentes, tanto entre nós mesmos quanto, creio eu, entre tribos. E, como explicarei no próximo capítulo, nossa capacidade partilhada de raciocínio desempenha papel fundamental em minha defesa da metamoralidade utilitarista. Porém, a razão *por si só* não nos diz como escolher entre valores conflitantes de tribos morais diferentes nem quais direitos temos ou como direitos conflitantes pesam uns contra os outros. Precisamos procurar nossa moeda comum em outro lugar — mais uma vez.

A CIÊNCIA FORNECE A VERDADE MORAL?

Se nem a religião nem a razão pura podem resolver nossas discordâncias morais, então talvez devêssemos consultar nossa fonte favorita de fatos objetivos e imparciais: a *Ciência*. Talvez a ciência possa nos fornecer premissas morais que, embora não sejam autoevidentes, ainda sejam *evidentes*, suportadas por coisas que descobrimos sobre nós mesmos e sobre o mundo que nos rodeia.

No capítulo 1, resumi uma teoria científica geral da moralidade, refletindo um consenso que vem sido construído desde Darwin:

> A moralidade é um conjunto de adaptações psicológicas que permite que indivíduos de outro modo egoístas colham os benefícios da cooperação.

Suponha que essa teoria esteja correta. (E, como eu já disse, realmente é a única opção disponível.) Será que compreender a função natural da moralidade nos fornece qualquer tração no problema da verdade moral? Se a função da moralidade é promover a cooperação, por que não podemos dizer que a verdade moral é a metamoralidade que melhor promove a cooperação? É uma ideia intrigante, mas apresenta sérios problemas.

Se estivermos certos, a moralidade evoluiu para promover a cooperação, mas essa não é toda a história. Repetindo, a moralidade evoluiu (biologicamente) para promover a cooperação *no interior dos grupos* em benefício da *competição entre grupos*.[17] A única razão pela qual a seleção natural favoreceu genes que promovem a cooperação foi o fato de que indivíduos cooperativos são melhores em superar outros. Isso destaca um ponto mais geral sobre a moralidade, que é o fato de sua função principal, assim como todas as adaptações biológicas, ser a de disseminar material genético. A evolução pode favorecer pessoas que são gentis com seus vizinhos, mas também aquelas com tendências genocidas,[18] e pelas mesmas razões subjacentes. Assim, se você está olhando para a evolução em busca da verdade moral, está latindo para a árvore errada. (Note que esse argumento, aliás controverso, também se aplica à evolução cultural.)[19]

O problema de olhar para a evolução em busca da verdade moral exemplifica um problema mais geral conhecido como "ser-dever ser",[20] às vezes chamado (de modo ligeiramente incorreto) de "falácia naturalista".[21] A falácia é identificar o que é natural com o que é certo ou bom. Essa falácia foi notoriamente cometida pelos assim chamados darwinistas sociais,[22] que viram na impiedosa competitividade da natureza — remover os fracos, promover os fortes — o modelo para a sociedade humana. Hoje, sabemos que a seleção natural pode promover tanto comportamentos agradáveis quanto rudes (ver capítulo 2) e, portanto, olhar para a teoria evolucionária em busca de *insights* sobre a verdade moral não soa tão fascista. Porém, dizer que uma ação é correta porque é condizente com a função evolutiva da moralidade ou errada porque não condiz com essa mesma função ainda é falacioso. Simplesmente não se verifica que algo é bom porque está fazendo o que evoluiu para fazer.

Buscar a verdade moral na função evolutiva é, na verdade, apenas uma versão da ideia de que a moralidade é como a matemática. Por trás da abordagem evolutiva da verdade moral há um axioma oculto: certo é aquilo que cumpre melhor o objetivo para o qual a moralidade evoluiu. Esse axioma não é autoevidentemente verdadeiro ou suportado por evidências científicas. É apenas uma hipótese. Para ver quão dúbia é essa hipótese, imagine tentar vencer uma discussão com ela. Suponha que uma política pró-vida nos ajude a disseminar nossos genes. Se você for pró-escolha, isso fará com que mude de ideia? Não fará e não deveria fazer. Você acredita no direito de escolha da mulher, não em espalhar material genético humano. Os pró-vida tampouco deveriam mudar de ideia se os fatos evolutivos caminhassem para o lado oposto. (Eis algo que pró-escolha e pró-vida poderiam cantar juntos do lado de fora das clínicas: "Que mané evolução! Certo não é necessariamente aquilo que dissemina nossos genes!")

Mesmo assim, você pode pensar que há algum mérito na ideia de encontrar a verdade moral na função natural da moralidade. Vejamos se conseguimos fazê-la funcionar. Dispensaremos o não especialmente moral objetivo de disseminar genes e focaremos no objetivo mais próximo da cooperação. Será a cooperação o bem moral definitivo? E podemos *assumir*, sem evidências ou outros argumentos, que é o bem moral definitivo? Considere a ameaça interestelar conhecida como Borg, da série *Jornada nas estrelas*. Para os não iniciados, Borg não é um campeão sueco de tênis, mas sim uma coleção de humanos e alienígenas humanoides que foram "assimilados" em um vasto coletivo de drones cibernéticos (parte mecânicos, parte biológicos). O Coletivo Borg funciona como um formigueiro superinteligente e tecnologicamente avançado, engolindo outras formas de vida e incorporando-as a sua colônia errante. Dois pontos sobre os borgs: primeiro, eles são tão cooperativos quanto se pode ser. Segundo, ser um deles não parece muito divertido. Ainda assim, se a cooperação fosse o bem moral definitivo, o triunfo dos borgs seria o melhor fim possível para a vida no universo. E isso seria verdade mesmo que a vida como borg fosse completamente infeliz, desde que fosse altamente cooperativa.

Portanto, como os borgs nos fizeram descobrir, é implausível pensar que a cooperação é o bem moral definitivo. Mas se a cooperação não é o que de fato importa, o que é? Pode-se pensar que a cooperação é valiosa não como fim em si mesma, mas porque gera benefícios e, no fim das contas, produz felicidade e alívio do sofrimento. *Essa* me parece uma ideia esplêndida.

Note quão longe da teoria evolutiva estamos. Por intermédio de uma série de ajustes, transformarmos nossa teoria evolutiva da verdade moral em uma teoria moral anterior a Darwin. Em outras palavras, quando limpamos suficientemente nossa teoria evolutiva da verdade moral, ela deixa de ser evolutiva. Em vez de começar com "valores" evolutivos e modificá-los para se adequarem a nós, podemos muito bem começar com nossos próprios valores e buscar neles nossa moeda comum.

PLANO B: EM BUSCA DE VALORES PARTILHADOS

Se houvesse um Deus cuja vontade pudéssemos discernir sem empregar petições de princípio, se pudéssemos deduzir verdades morais substantivas de princípios primários autoevidentes ou fôssemos capazes de descobrir verdades morais da maneira como descobrimos a causa dos terremotos, estaríamos bem. Em vez disso, estamos de volta ao pântano dos valores morais conflitantes. (Daqui para a frente, eu o chamarei apenas de "pântano".)

Isso significa que não existe verdade moral? Permaneço agnóstico. Em certo momento da vida, achei que essa era *a* questão,[23] mas mudei de ideia desde então. O que de fato importa é se temos acesso direto, confiável e sem petições de princípio à verdade moral — um caminho aberto por meio do pântano[24] —, não se ela existe. Pelas razões mencionadas, estou confiante de que não temos esse tipo de acesso. (Se há maneiras confiáveis de solucionar desacordos morais que não se valem de revelação divina, razão pura ou investigação empírica, nunca ouvi falar delas.) Quando nos resignamos a trabalhar com o pântano, a questão da verdade moral perde sua importância prática.

(Em resumo, o problema da verdade moral se torna a questão de como descrever aquilo que nos sobra quando sujeitamos nossas crenças morais a tanta melhoria objetiva quanto possível. Chamamos o que sobra de "verdade moral"? Ou apenas de "o que sobrou"? Já não acho que essa questão tenha uma resposta clara, mas também já não acho que tenhamos de respondê-la.[25])

Resignados ao pântano, não temos escolha senão capitalizar os valores que partilhamos e buscar neles nossa moeda comum. Identificar nossos valores partilhados é mais difícil do que parece, contudo, porque palavras — especialmente as bonitas — podem ser enganosas. Duas famílias podem valorizar a "família", mas isso não precisa ser fonte de concordância moral. Se a questão é promover políticas de apoio à família no ambiente de trabalho, então os valores partilhados podem ser fonte de concordância entre as duas. Porém, se a questão é "o que seu filho fez ao meu", o fato de ambas valorizarem a "família" pode piorar as coisas. Assim, abstrações morais como "família" podem criar a ilusão de valores partilhados. E o mesmo acontece, como explicarei mais tarde, com valores como "liberdade', "igualdade", "vida", "justiça", "direitos humanos" e assim por diante. Identificar os valores que verdadeiramente partilhamos é mais difícil do que parece, porque profundas diferenças morais podem ser revestidas de retórica moral partilhada. Qual é, então, nosso verdadeiro terreno comum moral?

Como você agora sabe, acredito que os valores por trás do utilitarismo são nosso verdadeiro terreno comum. Repetindo: nós pastores somos unidos por nossa capacidade de vivenciar *experiências* positivas e negativas, sermos felizes e sofrermos, e por nosso reconhecimento de que a moralidade deve, em seu nível mais elevado,[26] ser *imparcial*. Coloque tudo isso junto e nossa tarefa, desde que sejamos morais, é tornar o mundo tão feliz quanto possível, dando peso igual à felicidade de todos.

Não afirmo, todavia, que o utilitarismo é a verdade moral. Nem afirmo, mais especificamente — e alguns leitores poderiam esperar que o fizesse —, que a ciência prova que o utilitarismo é a verdade moral. O que afirmo é que o utilitarismo se torna unicamente atraente quando nosso pensamento moral é *objetivamente melhorado* pela compreensão científica da moralidade. (Se isso o torna "verdade moral", é uma questão que deixo em aberto.[27]) Embora possamos não ser capazes de estabelecer o utilitarismo como verdade moral, acredito que podemos usar a ciência do século XXI para defender essa filosofia moral do século XIX contra seus críticos do século XX.

No próximo capítulo, argumentarei que o utilitarismo é baseado em valores partilhados. Consideraremos o utilitarismo das perspectivas psicológica, neural e evolutiva: o que ele é? E por que os valores utilitaristas são uma moeda comum tão excelente?

8
Moeda comum encontrada

Em um provocativo episódio de *Além da imaginação*,[1] um casal recebe uma oferta tentadora. Um estranho misterioso entrega uma pequena caixa com um botão no topo. Ele explica que se um deles apertar o botão, duas coisas acontecerão: eles receberão 200 mil dólares, dos quais precisam desesperadamente, e alguém que não conhecem morrerá. Após muita agonia moral e racionalização, um deles aperta o botão. O homem misterioso retorna para entregar o dinheiro. Ele explica — alerta de *spoiler*! — que agora entregará a caixa, nos mesmos termos, a outra pessoa, alguém que "vocês não conhecem".

A maioria de nós, ou assim espero, não apertaria o botão, mas algumas pessoas decerto apertariam. Como maneira de delinear nossos valores partilhados, vamos pensar sobre os botões que apertaríamos ou não. Começaremos com alguns botões não morais e abriremos caminho até os morais.

Pergunta 1: O botão da felicidade. Na próxima semana, você sem querer tropeçará em uma calçada irregular e quebrará a patela. Isso será bastante doloroso e reduzirá significativamente sua felicidade durante vários meses. Contudo, se pressionar um botão, uma pequena mágica o tornará mais atento quando estiver caminhando e você não quebrará a patela. Você apertará o botão? É claro que sim. Isso nos diz algo bem óbvio: *se todo o restante for igual*,[2] as pessoas preferem estar mais felizes que menos felizes. Próxima pergunta.

Pergunta 2: O botão da felicidade líquida. Aqui, você também evitará uma patela quebrada se apertar um botão. No entanto, nesse caso, apertar o botão fará com que um mosquito pique seu braço, causando uma coceira um pouco irritante durante alguns dias. Você apertará o botão? É claro que sim. A irritação da picada do mosquito com certeza vale evitar uma patela quebrada. Lição: estamos todos dispostos a assumir *compromissos* nos quais aceitamos uma perda de felicidade em troca de um grande ganho de felicidade. Falando de modo mais geral, *se todo o restante for igual*, preferimos mais felicidade líquida a menos felicidade líquida.

Pergunta 3: O botão da felicidade do outro. Aqui, as coisas são como a pergunta 1, exceto que agora estamos em território moral. Em vez de poupar a si mesmo de uma patela quebrada, apertar o botão poupará alguém desse sofrimento. Você apertará? Certamente sim, se for alguém que conhece e de quem gosta ou um membro de uma tribo com a qual se identifica. E talvez não, se for alguém de quem não gosta. Suponhamos, porém, que se trate de alguém que "você não conhece". Minha aposta é que você apertará o botão.

Todas as pessoas fariam isso? Infelizmente, é provável que não. Algumas são psicopatas que não ligam para os outros. E, dentro da população normal, as pessoas exibem graus variáveis de altruísmo, indiferença e antipatia por estranhos (ver capítulo 2). Pensemos, contudo, no contexto de nossa pergunta. Estamos procurando uma metamoralidade baseada em valores partilhados. Para nossos propósitos, os valores partilhados não precisam ser perfeitamente universais. Só precisam ser bastante partilhados, por membros de tribos diferentes cujas discordâncias esperamos resolver apelando para um padrão moral comum. Se você é tão egoísta que não está disposto a erguer o dedo para poupar outro ser humano do sofrimento, então não faz parte desta conversa. Você não faz parte do "nós" que está interessado em responder a essas perguntas. Com isso em mente, *nós* podemos dizer: *se todo o restante for igual*, preferimos que outros sejam mais felizes que menos felizes. Além disso, acho que podemos assumir que nos importamos com a felicidade *líquida* das outras pessoas: você ainda apertaria o botão, mesmo que poupar um estranho de uma patela quebrada também significasse infligir a ele a picada de um mosquito.

Pergunta 4: O botão da felicidade de mais pessoas. Agora, há dois botões. O botão A poupará uma pessoa de uma patela quebrada e o botão B poupará dez pessoas do mesmo destino. Você apertará o botão A ou o botão B? Ou decidirá na moeda? Minha aposta é que você apertará o botão B. Lição: *se todo o restante for igual*, preferimos aumentar a felicidade de mais pessoas que aumentar a felicidade de menos pessoas.

Pergunta 5: O botão utilitarista. Nossa última pergunta. O botão A poupará duas pessoas de picadas de mosquito. O botão B poupará uma pessoa de uma patela quebrada. A, B ou decidir na moeda? Minha aposta é que você apertará o botão B, evitando o maior sofrimento, embora o botão A seja melhor para mais pessoas. Lição: *se todo o restante for igual*, preferimos mais felicidade total entre as pessoas que menos felicidade total entre as pessoas.

Talvez você tenha achado essas perguntas entediantes. Se sim, isso é bom. Estamos estabelecendo a fundação de nossa metamoralidade utilitarista, e quanto mais óbvias forem as respostas a essas perguntas, mais sólida será nossa fundação. O que estabelecemos, primeiro, é que, *se todo o restante for igual*, preferimos mais felicidade que menos felicidade, não só para nós mesmos, mas também para os outros. Segundo, estabelecemos que, quando se trata dos outros, nos importamos não apenas com a quantidade de felicidade dos indivíduos, mas também com o número de indivíduos afetados. E, por fim, estabelecemos que nos importamos com a soma de felicidade dos indivíduos, levando em conta tanto a quantidade de felicidade para cada indivíduo quanto o número de indivíduos afetados. *Se todo o restante for igual*, preferimos aumentar a quantidade total de felicidade entre as pessoas.

Repetindo, o "nós" aqui não é todo ser humano que já viveu. O que importa é que esse "nós" é muito amplo e diverso, incluindo membros de todas as tribos. Eu conjecturo que não existe nenhuma tribo no mundo cujos membros não possam sentir a atração do pensamento utilitarista descrito e, nos parágrafos que se seguem, explicarei por quê. (Antropólogos experimentais, sintam-se encorajados a ir a campo e verificar.[3]) Se eu estiver certo — se todos tivermos (ou pudermos ser convencidos a ter) um compromisso "se todo o restante for igual" com o aumento da felicidade —, isso possui profundas implicações morais. Significa que temos um terreno moral comum muito substancial.[4]

É claro que o que temos é apenas um compromisso *padrão* com a maximização da felicidade, refletido no qualificador "se todo o restante for igual". É esse qualificador que torna as perguntas anteriores tão tediosas. Suponha que o casal de *Além da imaginação* tivesse recebido a seguinte opção: aperte o botão e um estranho morrerá e outro estranho receberá 200 mil dólares. Teria sido um episódio muito tedioso. Isso porque, nessa versão, *todo o restante é igual.* Não é uma questão de grande ganho para "nós" *versus* grande perda para "eles". Na versão tediosa, não há diferença significativa entre vencedor e perdedor e, assim, a maximização imparcial da felicidade prevalece de maneira previsível.

Agora, considere esta escolha: se você escolher o botão A, cinco pessoas viverão e uma morrerá. Se escolher o botão B, cinco pessoas morrerão e uma viverá. Que botão você escolherá? *Se todo o restante for igual*, escolherá o botão A, claro. Suponha, porém, que estejamos falando do dilema da passarela (ou do dilema do transplante). Nesse caso, as coisas *já não são iguais.* Com esses detalhes, o botão A (empurrar o homem da passarela) parece errado.

Como esse exemplo sugere, muita coisa pesa sobre o qualificador "se todo o restante for igual". Se mantemos o qualificador, nosso compromisso com a maximização da felicidade é perfeitamente aprazível, mas também impotente. Todos estamos felizes em maximizar a felicidade, desde que fazer isso não conflite com algo com que nos importamos. Se removemos o qualificador, temos o utilitarismo. Temos um sistema moral completo, uma metamoralidade que pode (com suficiente informação factual) resolver qualquer discordância moral. Mas, ao remover o qualificador, aquilo que ganhamos em "potência" perdemos em aprazibilidade. Maximizar a felicidade significa (ou poderia, em princípio, significar) fazer coisas que parecem erradas, como empurrar pessoas na frente de bondes.

Nossa pergunta agora é: devemos remover a cláusula "se todo o restante for igual" e apenas mirar na felicidade máxima? Ou isso é simples demais? Trataremos dessa questão na parte 4. Primeiro, vamos dar uma olhada mais de perto na parte do cérebro moral que acha que maximizar a felicidade é esplêndido, e tentar entender os mecanismos evolutivos e cognitivos por trás de nosso terreno comum, utilitarista.

O QUE É UTILITARISMO?

Já sabemos a resposta do livro didático de filosofia, mas essa não é toda a história. Na verdade, é apenas a ponta filosófica de um iceberg psicológico e biológico muito mais profundo.

Não somos todos utilitaristas — longe disso. Mas todos "sacamos" o utilitarismo. Todos entendemos por que maximizar a felicidade é, ao menos à primeira vista, uma coisa razoável a se fazer. Por que todos nós sacamos isso? Por que existe uma filosofia moral sistemática que faz sentido para todo mundo? E por que essa filosofia universalmente compreensível também consegue, em um momento ou outro, ofender as sensibilidades morais de todo mundo? É como se houvesse uma parte de nosso cérebro que pensa que o utilitarismo faz perfeito sentido e outras partes que ficam terrivelmente ofendidas com ele. Isso deve soar familiar.

Entender o utilitarismo requer a estrutura de processo dual exposta na parte 2. Se eu estiver certo, o utilitarismo é a filosofia nativa do *modo manual* humano, e todas as objeções a ele são essencialmente motivadas pelas *configurações automáticas*.[5] O utilitarismo faz sentido para todo mundo porque todos os seres humanos possuem mais ou menos a mesma maquinaria de modo manual. É por isso que o utilitarismo é unicamente adequado para servir como nossa metamoralidade e nos fornece uma inestimável moeda comum.

Nossas configurações automáticas, em contraste, são muito menos uniformes. Como explicado no capítulo 2, nós pastores temos o mesmo *tipo* de configuração automática, as mesmas emoções morais, que incluem sentimentos de empatia, raiva, repulsa, culpa, vergonha e desconforto com certas formas de violência pessoal. Porém, os gatilhos precisos de nossas emoções morais podem variar de tribo para tribo e de pessoa para pessoa. A despeito dessa variedade, as configurações automáticas de todas as tribos humanas têm algo em comum: os instintos de ninguém são sempre utilitaristas. Assim, nosso cérebro moral de processo dual faz com que o utilitarismo pareça parcialmente, se não completamente, correto para todos. Todos *sacamos* o utilitarismo porque todos temos o mesmo modo manual, e todos ficamos *ofendidos* com ele porque todos possuímos configurações automáticas não utilitaristas. Por que é assim?

Com base no que aprendemos no capítulo 2 ("Maquinaria moral"), não surpreende que nossas configurações automáticas não sejam utilitaristas. Nosso cérebro moral evoluiu para nos ajudar a disseminar nossos genes, não para maximizar nossa felicidade coletiva. De maneira mais específica, nossa maquinaria moral evoluiu para conseguir um equilíbrio biologicamente vantajoso entre egoísmo ("eu") e cooperação no interior do grupo ("nós"), sem preocupação com pessoas mais propensas a serem competidoras que aliadas ("eles"). Portanto, espera-se que nossas intuições morais sejam, no todo, mais egoístas e tribais que o prescrito pelo utilitarismo. Mesmo que nosso cérebro tivesse evoluído para maximizar a felicidade coletiva, as configurações automáticas são, por sua própria natureza, instrumentos cegos — eficientes, mas inflexíveis. Assim, seria muito surpreendente se nos guiassem com consistência direção da maximização da felicidade, mesmo que esse fosse seu objetivo biológico, o que não acontece. Nossas configurações automáticas não são, nem se poderia esperar que fossem, utilitaristas.

Nossas configurações automáticas não são utilitaristas, mas, se eu estiver certo, nossos modos manuais são. Por quê? Primeiro, recapitulemos, do capítulo 5 ("Eficiência, flexibilidade e o cérebro de processo dual"), o que é o modo manual humano e por que o possuímos, em primeiro lugar. Considere outra vez o problema de decidir quando e o que comer. Comer é, em geral, bom para os animais, e é por isso que temos configurações automáticas que nos inclinam a comer. Mas é claro que, às vezes, considerando-se tudo e dependendo da situação, é melhor não comer. Repetindo, você poderia ser um caçador perseguindo um grande animal, sem tempo para desfrutar de frutinhas, por mais suculentas que fossem. O modo manual é o que nos dá a flexibilidade de ignorar nossas configurações automáticas (*Frutinhas! Delícia!*) e fazer aquilo que atende melhor a nossos objetivos de longo prazo (*Mastodonte! Uma semana de comida para todo o vilarejo!*). O modo manual também nos dá a habilidade de fazer planos grandiosos e visualizar possibilidades que não são automaticamente sugeridas pelo que quer que esteja à nossa frente. Quero enfatizar que aquilo que estou chamando de "modo manual" não é uma coisa abstrata. É, repito, um conjunto de redes neurais, baseado primariamente no córtex pré-frontal, que permite o engajamento de seres humanos em raciocínios e planejamentos conscientes e controlados. É o que permite que nós, ao contrário das aranhas, solucionemos problemas novos e complexos.

Mas o que exatamente é solução de problemas? No jargão da inteligência artificial, solucionar um problema comportamental é realizar um *estado objetivo*. Um solucionador de problemas começa com uma ideia (uma representação) de como o mundo poderia ser e então opera (se comporta) no mundo de maneira a torná-lo dessa maneira.[6] Um tipo muito simples de solucionador de problemas é o termostato.[7] Ele tem um estado objetivo (a temperatura desejada) e mecanismos que permitem que opere no mundo a fim de realizar esse estado objetivo. Um termostato é bastante flexível. Ele pode aquecer ou resfriar coisas. Pode aquecer ou resfriar pelo tempo certo, ajustando seu comportamento de acordo com as condições flutuantes de temperatura. Entretanto, no que diz respeito a sistemas solucionadores de problemas, ainda é bastante simples e flexível. Você pode enganá-lo com facilidade, colocando algo quente ou frio no sensor.

Os sistemas solucionadores de problemas variam muito, mas, no nível mais abstrato, todos partilham certas propriedades. Primeiro, todos lidam com *consequências*. Um estado objetivo é uma consequência, que pode ser real ou meramente desejada. Todos os solucionadores de problemas realizam *ações*, selecionadas com base em seus *relacionamentos causais* com consequências desejadas e indesejadas. Assim, um termostato pode aumentar o calor (uma ação) porque aumentar o calor irá *causar* uma consequência desejada (o cômodo chegar a 22 graus).

Um termostato é um sistema solucionador de problemas simples por várias razões. Em qualquer momento dado, ele tem apenas um objetivo: fazer a temperatura real se igualar à desejada. Do mesmo modo, tem apenas uma "crença" sobre o estado corrente do mundo: sua representação da temperatura corrente. Um termostato pode executar apenas quatro ações diferentes (ligar ou desligar a fornalha, ligar ou desligar o ar condicionado) e "conhece" apenas duas relações causais: 1) ligar a fornalha aumenta a temperatura e 2) ligar o ar-condicionado diminui a temperatura. Por fim, pode realizar alguns cálculos internos, em especial para determinar se a temperatura corrente está mais alta, mais baixa ou igual à temperatura desejada.

Por mais simples que seja um termostato, há dispositivos úteis que são ainda mais simples. Um sensor de movimento, por exemplo, tem apenas uma "crença" (relacionada a se algo está ou não se movendo) e uma ação (*Ei! Alguma coisa está se movendo!*) Um sensor de movimento pode contribuir para solucionar um problema (fornecer segurança às peças de arte em um museu), mas não é, em si mesmo, um solucionador de problemas. Ele não representa um estado objetivo e não opera no mundo até sentir que esse estado objetivo foi realizado. Um sensor de movimento apenas liga ou não, dependendo do que sente. É um sistema reflexo, uma configuração automática.

É desnecessário dizer que o modo manual humano é muito mais complicado que um termostato. Um único ser humano tem muitos objetivos, muitas crenças sobre o estado corrente do mundo, muitas ações disponíveis e várias crenças gerais sobre as relações causais entre ações e eventos. Mesmo assim, a solução humana de problemas, ao menos no nível mais abstrato, partilha a "ontologia" básica de um termostato: consequências, ações, crenças sobre o estado corrente do mundo e crenças gerais sobre como o mundo funciona — ou seja, sobre as relações causais entre possíveis ações e consequências. Para ver como isso funciona, vamos considerar um problema que, no presente, é solucionável apenas por um cérebro humano.

Suponha que eu lhe ofereça 10 mil dólares para me encontrar na agência de correio de Oxford, Maine, ao meio-dia da próxima sexta-feira. Antes de receber minha oferta, seu cérebro codifica três coisas diferentes: um conjunto de objetivos, um conjunto de ações que você pode realizar e um modelo elaborado de como o mundo funciona. Então você recebe minha oferta e seu cérebro começa a trabalhar. Usando seu modelo do mundo, você infere que, ao obter 10 mil dólares adicionais, atingirá com mais facilidade alguns de seus objetivos atuais. Seu modelo de como o mundo funciona também lhe diz que minha oferta é confiável; que fazer o que pedi realmente fará com que você obtenha 10 mil dólares adicionais. Assim, seu córtex pré-frontal transfere o valor de obter 10 mil dólares (menos os custos antecipados) para a consequência de chegar ao Maine e estar no lugar certo na hora marcada.

Tendo estabelecido seu novo objetivo, você se apoia em seu entendimento das relações causais para construir um plano de ação. Para permitir a realocação de seu corpo até Oxford, no Maine, você precisará de um carro e talvez de passagens de avião. Isso pode envolver ligar seu computador e pressionar uma sequência de teclas, visitar uma oficina mecânica ou implorar para que sua irmã empreste o carro. A sequência particular de movimentos corporais que você realiza é muito elaborada e bastante específica a cada situação. Nenhum conjunto de instintos, nenhuma coleção de configurações automáticas, poderia fazer isso, porque nenhuma criatura na história do planeta — nem mesmo você — possui experiência de tentativa e erro na movimentação de seu corpo de sua casa até a agência de correio de Oxford, Maine, com seu conjunto único de restrições lógicas. E é por isso que você precisa de um tipo fundamentalmente diferente de sistema cognitivo, um planejador de ações de uso geral que possa adotar um objetivo arbitrário e usar um modelo complexo do mundo para mapear a sequência específica de ações que realizará esse objetivo. Isso, em resumo, é o que o córtex pré-frontal humano faz.[8]

Então por que o modo manual humano é utilitarista? Eu não acho que ele seja *inerentemente* utilitarista. Acho que o utilitarismo é a filosofia que o modo manual humano se mostra predisposto a adotar quando está em busca de uma filosofia moral. Vamos reformular: por que o modo manual humano está predisposto na direção do utilitarismo? O trabalho do modo manual é, novamente, realizar estados objetivos, produzir *consequências* desejadas. Para um solucionador de problemas simples, como um termostato, não há muita avaliação de consequências. Tudo que importa para o termostato é se a temperatura corrente está muito quente, muito fria ou correta. Um termostato não enfrenta nenhum *compromisso*. Para um termostato, não há algo como uma temperatura que é boa de certas maneiras, mas ruim de outras. A tomada de decisão humana, em contraste, sempre envolve compromisso.

Como um termostato, seu córtex pré-frontal seleciona ações que geram consequências desejadas, mas ele apena não o impele à ação quando traça o caminho comportamental entre onde você está e onde quer estar. Se fizesse isso, você poderia gastar 600 dólares em um copo de chá gelado. O córtex pré-frontal leva em conta tanto o valor do objetivo quanto os custos de atingi-lo. Porém, isso tampouco é suficiente para o comportamento adaptativo. Se você estivesse com muita sede, poderia estar disposto a pagar 8 dólares por um copo de chá gelado, mas seria tolice fazer isso se pudesse comprar a mesma bebida por 2 dólares no estabelecimento seguinte. Assim, seu córtex pré-frontal não apenas compara os benefícios de fazer X com os custos de fazer X. Ele também compara os custos e benefícios líquidos de fazer X com os custos e benefícios líquidos de fazer Y. No entanto, nem mesmo *isso* é suficiente para o comportamento adaptativo. Suponha que o chá gelado de 8 dólares venha com um sanduíche de cortesia. Ou que o chefão criminoso local realmente insista para que você compre chá gelado na loja do primo dele, em vez de na loja mais barata logo ao lado. Não só você precisa considerar os custos e benefícios diretos associados à compra do chá em ambos os locais, como também precisa considerar os custos e benefícios associados a quaisquer *efeitos secundários* de escolher uma opção e não outra. E a situação fica ainda mais complicada quando reconhecemos que os resultados no mundo real são incertos.

Assim, seu planejador de ações de uso geral é, por necessidade, um dispositivo muito complexo não apenas em termos de consequências, mas também em termos dos compromissos envolvidos em escolher uma ação e não outra, com base nas consequências esperadas, incluindo efeitos secundários. Em outras palavras, o modo manual humano é projetado para produzir *consequências ótimas*, em que "ótima" é definida pelos objetivos finais do decisor, levando em conta os efeitos esperados de suas ações, que incluem os efeitos pretendidos e os efeitos secundários previsíveis. (É claro que as decisões humanas nem sempre são ótimas e com frequência se desviam do ótimo de maneira sistemática. Contudo, em geral são nossas configurações automáticas que levam a esses erros sistemáticos e é nosso modo manual de pensar que nos permite reconhecer tais erros como erros.[9]) Daqui, chegar até o utilitarismo é um processo de dois passos, correspondendo a seus dois ingredientes essenciais.

DA RACIONALIDADE GERAL À MORALIDADE UTILITARISTA

O modo manual humano, sediado no córtex pré-frontal, é um solucionador de problemas de uso geral, um otimizador de consequências. Mas o que conta como ótimo? Essa pergunta pode ser dividida em duas outras. Primeira, ótimo para quem? Segunda: o que conta como ótimo para determinada pessoa? Comecemos com a primeira pergunta.

Suponha que você é completamente egoísta e você e outras nove pessoas egoístas encontraram algo valioso e fungível — um baú contendo mil moedas de ouro idênticas. E suponha que todos são lutadores igualmente habilidosos. Ninguém tem vantagem. Você gostaria de ficar com todo o ouro, é claro.

O que deveria fazer? Você poderia começar uma luta, tentando incapacitar tantos competidores quanto possível. Porém, se fizesse isso, seus competidores reagiriam e outros também poderiam começar a lutar. Ao começar uma luta, você terminaria com uma grande parcela das moedas, mas também poderia terminar sem nenhuma, muito ferido ou mesmo morto.

Há, claro, uma solução óbvia: todo mundo divide as moedas nas mesmas proporções e cada um segue seu caminho. Por que nas mesmas proporções? Porque, se a divisão for desigual, isso dará às pessoas com partes menores uma razão para lutar: se é possível conseguir uma parte maior — e claramente é —, por que não lutar por ela ou ameaçar lutar por ela? Se não há assimetria de poder, a divisão igual é a única solução estável. Em outras palavras, o que chamaríamos de distribuição "justa" de recursos emerge com naturalidade entre as pessoas — mesmo entre aquelas que não dão bola para a "justiça" — quando não há desequilíbrio de poder. Essa é uma maneira de obter o primeiro ingrediente essencial do utilitarismo, a *imparcialidade*.[10]

Eis outra maneira de se chegar à imparcialidade, traçada por Peter Singer em seu livro *The Expanding Circle*.[11] As pessoas não são naturalmente imparciais. Elas se importam acima de tudo consigo mesmas, com os membros de sua família, com seus amigos e com outros integrantes de seu grupo. Na maior parte dos casos, não se importam muito com estranhos. Todavia, ao mesmo tempo, podem apreciar o seguinte fato: as outras pessoas são, mais ou menos, exatamente como elas. Também se importam acima de tudo consigo mesmas, com os membros de sua família, com seus amigos e assim por diante. Eventualmente, as pessoas podem dar um salto cognitivo, ou uma série de saltos cognitivos, culminando em um raciocínio assim: "Para mim, eu sou especial, mas outras pessoas se veem como tão especiais quanto eu. Portanto, não sou de fato especial, porque, mesmo que seja especial, não sou especialmente especial. Não há nada que torne meus interesses objetivamente mais importantes que os interesses dos outros."

É evidente que, esse reconhecimento não gera, por si só, um compromisso com a imparcialidade. Os dez lutadores com as moedas de ouro podem entender que suas posições são simétricas e, mesmo assim, continuar a lutar. Em outras palavras, reconhecer que não há razão *objetiva* para favorecer a si mesmo não significa abandonar as razões *subjetivas* para favorecer a si mesmo.[12] Contudo, parece que, de algum modo, conseguimos traduzir esse *insight* intelectual em uma preferência, por mais débil que seja, pela imparcialidade genuína. Suspeito que essa tradução tenha algo a ver com a *empatia*, a habilidade de ter os mesmos sentimentos dos outros.[13] A empatia humana é volúvel e limitada, mas nossa capacidade de empatia pode fornecer uma semente emocional que, regada pelo raciocínio, floresce na moralidade imparcial ideal.

Sendo muito sincero, não sei como o ideal de imparcialidade fincou raízes no cérebro humano, mas estou bastante confiante sobre duas coisas. Primeiro, ele fincou raízes em nós (nós, que participamos desta conversa) não como ideal dominante, mas como ideal que podemos apreciar. Nenhum de nós vive perfeitamente pela regra de ouro, mas ao menos todos nós a "sacamos". Segundo, estou confiante de que o ideal moral de imparcialidade é um fenômeno do modo manual. Esse ideal quase certamente tem origem nas configurações automáticas, em sentimentos de preocupação com os outros, mas nossas emoções morais não chegam nem perto de ser imparciais. Apenas uma criatura com modo manual pode compreender a ideia de imparcialidade. Como Adam Smith observou no século XVIII, a ideia de perder seu dedinho amanhã o manteria acordado a noite toda, mas você poderia dormir um sono tranquilo sabendo que amanhã milhares de pessoas distantes morrerão em um terremoto. E, mesmo assim — foi Smith quem notou isso —, reconhecemos que milhares morrerem em um terremoto é muito pior que perdermos o dedinho e seria monstruoso escolher o dedinho em detrimento da vida de milhares de pessoas inocentes. Esse tipo de raciocínio moral exige o modo manual.[14]

Agora, você pode estar se perguntando como sentimentos como a empatia podem ser traduzidos em um ideal abstrato motivador. Eu também me pergunto. De qualquer modo, esse tipo de processo pode ser mais familiar do que parece. Considere, por exemplo, o contraste entre ir ao supermercado quando estamos com fome e quando estamos satisfeitos. As decisões humanas relacionadas à obtenção de alimento *podem* ser motivadas pelas configurações automáticas, como são em outros animais. Mas também é possível comprar comida quando estamos totalmente satisfeitos, em um momento no qual a ideia de comer algo, até mesmo Nutella, não exerce nenhuma atração. Nessas condições, você fará escolhas diferentes, talvez melhores, mas de qualquer modo a tarefa será realizada. Como isso é possível? Certamente, as decisões de compra que você toma quando está satisfeito estão relacionadas a suas configurações automáticas, a seus apetites brutos. Mesmo satisfeito, você tende a comprar as coisas de que gosta e a evitar as de que não gosta. Mas, ao mesmo tempo, fazer compras satisfeito significa que você não pode se apoiar diretamente em seus apetites brutos. Em vez disso, as preferências "quentes" geradas por suas configurações automáticas são traduzidas em cognições "frias" que podem ser representadas de forma mais impassível no modo manual. Quando você está satisfeito, sabe que precisa comprar Nutella para a semana seguinte do mesmo modo que sabe que Tallahassee é a capital da Flórida.

Suas decisões de compra podem ser distanciadas de seus apetites brutos de maneiras mais complexas. Você pode fazer compras para outras pessoas, substituindo suas preferências pelas delas. Ao fazer compras para outras pessoas, suas decisões serão afetadas não só pelo que você e elas gostam, mas por cálculos matemáticos relacionados ao número de pessoas que você precisa alimentar. E, do mesmo modo, quando faz compras para si mesmo, você deve considerar o período para o qual está comprando. (Preciso de Nutella para uma semana ou um ano?) De algum modo, o cérebro humano pode pegar valores que se originaram com configurações automáticas e traduzi-los para estados emocionais suscetíveis à influência do raciocínio explícito e da manipulação quantitativa. Não sabemos a forma exata como isso funciona, mas claramente acontece.

Vamos recapitular: primeiro, o modo manual humano é, por natureza, um sistema de raciocínio de custo-benefício que visa a consequências ótimas. Segundo, o modo manual humano é suscetível ao ideal da imparcialidade. E, acrescento eu, essa suscetibilidade não é específica de uma tribo. Membros de qualquer tribo podem entender a ideia por trás da regra de ouro. Junte essas duas coisas e teremos modos manuais que aspiram, ainda que com imperfeição, a produzir consequências ótimas de uma perspectiva imparcial, dando o mesmo peso a todas as pessoas.

Agora enfrentamos nossa segunda pergunta: o que conta como ótimo para alguém? O que torna uma consequência boa ou ruim para mim ou qualquer outro? Tentamos responder a essa pergunta no capítulo 6 ("Uma ideia esplêndida"), no jogo repetitivo "Por que você se importa com isso?" A maioria das pessoas se importa com dinheiro, por exemplo. Mas por que dinheiro é bom?

Porque permite que você compre coisas, como Nutella e gadgets sofisticados. Mas por que você quer essas coisas? Repetindo, uma ideia natural é que, se você seguir essa cadeia de valores até o fim, encontrará preocupação com a qualidade da experiência — experiência de felicidade, em sentido amplo, seja sua ou alheia. Como eu disse, essa conclusão não é inevitável, mas decerto é natural. Além disso, é uma conclusão que qualquer um consegue "sacar". Mesmo que nem *todas* as nossas cadeias de valores terminem em felicidade, certamente é verdade que todos nós temos *muitas* cadeias que terminam em felicidade. Todos fazemos coisas apenas porque gostamos e evitamos coisas porque não gostamos. Em outras palavras, damos *valor intrínseco* à nossa própria felicidade e à felicidade de ao menos algumas outras pessoas, como demonstrado pelos botões que estamos dispostos a apertar. E isso também é um fenômeno do modo manual, mesmo que comece com configurações automáticas. Todos endossamos de forma consciente a ideia de que a felicidade é intrinsecamente valiosa. Nenhum de nós diz: "Aumentar a felicidade de alguém? Por que eu iria querer fazer *isso*?"

O utilitarismo pode ser resumido em quatro palavras: *maximizar imparcialmente a felicidade*. A parte de "maximizar" vem do modo manual humano, que é, por natureza, um mecanismo de maximização. Eu afirmo que é universal — um mecanismo-padrão em todo cérebro humano saudável. A parte da "felicidade" vem de refletir sobre o que de fato importa para nós como indivíduos. A felicidade — sua e dos outros — pode não ser a única coisa que você valoriza intrinsecamente, como fim em si mesma, mas de fato é uma das primeiras coisas que valoriza de maneira intrínseca. Também afirmo que isso é universal, ou quase. Todo mundo "saca" que a felicidade importa e todo mundo pode ver, com um pouco de reflexão, que ela está por trás de muitas das coisas que valorizamos, se não todas. Finalmente, a ideia de "imparcialidade" vem de algum tipo de reconhecimento intelectual. Pode vir do reconhecimento de que soluções imparciais com frequência são estáveis. Ou de uma espécie de salto cognitivo moral, quando a empatia colide com o reconhecimento de que ninguém é objetivamente especial. Nenhum de nós é de fato imparcial, mas todos sentimos a atração da imparcialidade como ideal moral. Isso também é universal, ou quase.

Assim, se eu estiver certo, o utilitarismo é especial e Bentham e Mill fizeram algo sem precedentes na história intelectual. Eles arrastaram a filosofia moral para longe das configurações automáticas, das limitações de nossa história biológica e cultural, e a entregaram quase inteiramente aos cuidados do sistema de solução de problemas de uso geral do cérebro. O modo manual não vem com uma filosofia moral, mas pode criar uma se for semeado com dois valores morais universalmente acessíveis: felicidade e imparcialidade. Essa combinação gera um sistema moral completo que é acessível aos membros de todas as tribos. Isso abre para nós um caminho por intermédio do pântano, um sistema para transcender nossas visões incompatíveis sobre a verdade moral. O utilitarismo pode não ser a verdade moral, mas acho que é a metamoralidade que estamos procurando.

A vasta maioria dos especialistas, porém, discorda de forma enfática. A maioria dos filósofos morais pensa que o utilitarismo é uma relíquia pitoresca do século XIX. O utilitarismo, dizem eles, é simples demais. Captura algo importante sobre a moralidade, com certeza, mas em seu imperialismo, em sua redução de certo e errado a uma fórmula de uma linha, está terrivelmente, horrivelmente errado.

O QUE HÁ DE ERRADO COM O UTILITARISMO?

Já encontramos uma objeção poderosa: às vezes, a ação que produz as melhores consequências (mensuradas em termos de felicidade ou outro critério) simplesmente parece errada. Aqui, o exemplo clássico é o dilema da passarela, no qual usar alguém como obstáculo humano para o bonde pode promover o bem maior.

Como já mencionado, você pode tentar se esquivar do problema ao rejeitar as hipóteses do dilema: talvez empurrar não funcione. Talvez crie um precedente ruim. E assim por diante. Se é nisso que está pensando, decerto está na pista certa. Realmente há algo suspeito e irreal no dilema da passarela. Mas, por favor, resista à tentação, porque o caso da passarela pretende ilustrar um ponto mais amplo que devemos levar a sério: às vezes, fazer o que produz as melhores consequências parece claramente errado. Assumindo que isso é verdadeiro ao menos em alguns casos, o que nos diz?

Muitos filósofos morais acham que o dilema da passarela destaca uma falha fundamental do utilitarismo. Repetindo, a queixa mais comum contra o utilitarismo é a de que ele subestima os *direitos* das pessoas. Muitos críticos dizem que é simplesmente errado usar alguém como obstáculo humano para um bonde, e isso é verdade mesmo que usá-lo como obstáculo produza as melhores consequências. É um argumento muito convincente, e não termina aqui.

De acordo com John Rawls, o crítico mais influente do utilitarismo, ele é um princípio pobre para organizar uma sociedade pela mesma razão que é um princípio pobre para decidir se devemos empurrar ou não.[15] Bentham e Mill estiveram entre os primeiros a se opor à escravidão e merecem crédito por isso. No entanto, de acordo com Rawls, não se opuseram *o bastante*. Os utilitaristas se opuseram à escravidão porque acreditavam que ela reduzia imensamente a soma total de felicidade. Mas, pergunta Rawls, e se ela maximizasse a felicidade? Então seria certa? Suponha que 90% de nós pudéssemos aumentar nossa felicidade ao escravizar os 10% restantes. E suponha que os ganhos em felicidade dos 90% escravizadores fossem grandes o bastante para compensar as perdas dos 10% escravizados. Parece que o utilitarismo endossaria essa grave injustiça, assim como endossa empurrar o homem da passarela para benefício dos outros cinco. Não parece uma ideia tão esplêndida.

Em linhas similares, o utilitarismo endossa o que alguns veem como graves erros da justiça penal. Lembre-se do caso do juiz e da multidão, no capítulo 3: e se a única maneira de prevenir um motim violento fosse acusar e condenar uma pessoa inocente? Muitas pessoas — os americanos mais que os chineses, aparentemente — acham que fazer isso seria horrivelmente errado. No entanto, um utilitarista diria que pode muito bem ser a melhor coisa a fazer, dependendo dos detalhes.

E as coisas ficam piores. Nos casos descritos, o utilitarismo parece moralmente negligente, permitindo que pisemos nos direitos das outras pessoas. Em outros casos, contudo, ele parece moralmente *exigente*, pisando em nossos próprios direitos. E essas demandas utilitaristas não são hipotéticas. Na verdade, você está prestes a está passar por um desses casos agora.

Enquanto você lê isso, milhões de pessoas estão desesperadas precisando de comida, água e medicamentos. Muitas mais sofrem com falta de acesso à educação, proteção contra a perseguição, representação política e outras coisas importantes que as pessoas abastadas dão como certas. Enquanto eu escrevo, a Oxfam America, uma organização internacional de auxílio muito conceituada, fornece água limpa, alimentos, saneamento e outras formas de apoio econômico a mais de 300 mil civis vitimados pelo conflito na região de Dafur, no Sudão. Uma pequena doação para a Oxfam America — menos de 100 dólares — pode fazer grande diferença para essas pessoas. Com frequência ouvimos que é possível salvar a vida de alguém "por alguns dólares". De acordo com a GiveWell, uma organização fundada por analistas financeiros que avalia a relação custo-eficácia das instituições beneficentes, tais estimativas subestimam de forma dramática o verdadeiro custo (médio) de salvar uma vida. Eles dizem que se pode esperar salvar uma vida por cerca de 2.500 dólares,[16] levando-se em conta todos os custos e incertezas. Não são apenas "alguns dólares", mas é um valor perfeitamente ao alcance das pessoas de classe média e, ao longo do tempo, mesmo de algumas pessoas pobres.

Digamos que você possa salvar a vida de alguém doando 500 dólares uma vez ao ano durante os próximos cinco anos ou que você e mais quatro amigos possam fazer o mesmo agora. E digamos que você tem 500 dólares que planejava gastar consigo mesmo, não para algo de que de fato precisa, mas somente por diversão — uma estação de esqui em vez de um acampamento mais barato, por exemplo. Por que não doar esses 500 dólares à Oxfam ou à Against Malaria Foundation (AMF), a instituição mais conceituada na lista da GiveWell?[17]

Enfatizo que os detalhes pessoais (upgrade das férias *versus* 500 dólares para a caridade) não são essenciais. Se você não tem 500 dólares sobrando, pense em 50 ou 10 dólares. (Você pode fazer muitas coisas boas, mesmo que não consiga salvar sozinho a vida de alguém.) Se não gosta de esquiar, substitua por seu próprio luxo desnecessário: sushi em vez de sanduíche, trocar a cômoda velha, mas perfeitamente funcional por uma nova e mais estilosa etc. Do mesmo modo, se a Oxfam e a AMF não estiverem no topo de sua lista de instituições, substitua por qualquer uma que ajude pessoas cujas necessidades são mais desesperadas que as suas. O ponto crítico é que, se você está lendo este livro, as chances são de que seu orçamento possua renda verdadeiramente disponível, um dinheiro que você gastará consigo mesmo e que poderia gastar com pessoas que, sem terem nenhuma culpa por isso, possuem necessidades muito mais prementes que as suas. Por que não gastar o dinheiro com elas?

Essa pergunta foi feita por Peter Singer, filósofo utilitarista e herdeiro do legado de Bentham e Mill. O argumento utilitarista para doar é direto: esquiar em vez de acampar (ou qualquer outra coisa) pode aumentar sua felicidade, mas não é nada se comparado ao aumento de felicidade que uma criança africana pobre obtém de água limpa, alimento e abrigo. Sem mencionar a felicidade que a mãe da criança obtém ao não ver o filho morrer de fome ou de uma doença tratável. Assim, diz o utilitarismo, você deveria gastar esse dinheiro ajudando as pessoas desesperadamente necessitadas em vez de em pequenos luxos para você mesmo.[18]

Pode parecer um bom argumento. Na verdade, acho que *é* um bom argumento e irei defendê-lo no capítulo 10. Porém, levar esse argumento a sério sugere uma conclusão radical e muito difícil de engolir. Vamos concordar que você deveria doar seus 500 dólares para a Oxfam ou a AMF em vez de gastá-lo consigo mesmo. E quanto aos próximos 500 dólares? O mesmo argumento ainda se aplica. O mundo ainda está cheio de pessoas desesperadas e você poderia preencher outro cheque. A sangria utilitarista continuará até que você tenha doado toda sua renda disponível — onde "disponível" se refere a toda renda da qual você não precisa, a fim de maximizar sua habilidade de doar para pessoas que estão em situação pior que a sua. O utilitarismo aparentemente exige que você se transforme em uma *bomba de felicidade*. Para a maioria das pessoas, isso não soa tão esplêndido assim.

(E essa, lamento informar, não é a única implicação não tão esplêndida atribuída ao utilitarismo.[19])

Como ideia abstrata, o utilitarismo soa bem razoável, ainda que não obviamente correto. Por que quereríamos um mundo menos feliz se ele pudesse ser de outro modo? Da mesma forma, quando consideramos os novos pastos de uma perspectiva distante e imparcial, parece óbvio que as tribos em conflito deveriam colocar de lado suas ideologias, descobrir que modo de vida funciona melhor e viver dessa maneira. Todavia, quando aplicamos o pensamento utilitarista a certos problemas específicos, ele parece absurdo.[20] O utilitarismo quer que nós, ao menos em princípio, usemos algumas pessoas como obstáculos humanos para bondes, escravizemos outras, perpetuemos erros da justiça penal e nos transformemos em bombas de felicidade.

O que, então, devemos concluir sobre ele? É a metamoralidade que estamos buscando, um padrão racional baseado em valores partilhados com o qual podemos solucionar nossas desavenças morais? Ou é uma simplificação excessiva e equivocada da moralidade que, levada a sério, conduz ao absurdo moral? Para responder a essas duas perguntas, precisamos de um entendimento melhor da psicologia moral. Nossas reações instintivas nos dizem que o utilitarismo, às vezes, lida com as coisas de uma maneira terrivelmente errada. Esses instintos refletem verdades morais profundas? Ou refletem apenas a inflexibilidade de nossas configurações automáticas? Em outras palavras, o problema está no utilitarismo ou em *nós*? A nova ciência da cognição moral pode nos ajudar a responder essas perguntas.

Leitores, estejam avisados: os próximos dois capítulos são carga pesada, mas necessários para completar o argumento do livro. As objeções clássicas ao utilitarismo são muito intuitivas. Mas é lamentável que, as melhores respostas a essas objeções não sejam. Elas exigem um entendimento científico da maquinaria moral por trás das objeções e uma boa quantidade de argumentos filosóficos. Esses capítulos também nos farão penetrar mais fundo no mundo dos dilemas filosóficos hipotéticos, um mundo que alguns leitores preferem não visitar. (Infelizmente, o valor das perguntas hipotéticas como ferramentas para iluminar o mundo real é bastante subestimado,[21] mas esse é um tópico metafilosófico para outra hora.)

Se você está convencido de que o utilitarismo é uma boa metamoralidade para os pastores modernos, pode pular os próximos dois capítulos e seguir direto para a parte 5. Lá, nos dois capítulos finais do livro, retornaremos aos problemas do mundo real que nos dividem e aplicaremos as lições que aprendemos. Mas primeiro, se quiser ver o utilitarismo ser defendido contra as convicções de seus críticos, por favor continue lendo e se prepare para exercitar seu modo manual.[22]

PARTE IV

Convicções morais

9

Atos alarmantes

Naquele fatídico debate escolar em Jacksonville, Flórida, fui confrontado com uma terrível verdade sobre o utilitarismo: promover o bem maior pode, ao menos em princípio, significar fazer coisas que parecem terrivelmente, horrivelmente erradas: remover os órgãos das pessoas contra sua vontade, empurrar pessoas inocentes na frente de bondes descontrolados e assim por diante. Não surpreende, portanto, que muitas pessoas, em especial filósofos ponderados, tenham concluído que há mais coisas envolvidas na questão do que é certo e errado que maximizar a felicidade.

Neste capítulo e no próximo, enfrentaremos esse desafio de frente, empregando duas estratégias gerais que chamaremos de *acomodação* e *reforma*.[1] Com *acomodação*, quero dizer demonstrar que maximizar a felicidade na verdade não possui as implicações absurdas que parece possuir. Em outras palavras, as respostas que o utilitarismo fornece no mundo real em geral são condizentes com o senso comum. Há, por exemplo, excelentes razões para pensar que é pouco provável que empurrar pessoas de passarelas e roubar órgãos, mesmo com a melhor das intenções, possa promover o bem maior no mundo real, no longo prazo.[2]

O utilitarismo, porém, é mais que apenas a afirmação filosófica do senso comum. Não poderia ser apenas isso. As tribos morais do mundo possuem diferentes versões do senso comum — daí a tragédia da moralidade do senso comum. As moralidades das tribos mundiais não podem ser todas igualmente boas da perspectiva utilitarista, e isso significa que o utilitarismo deve estar em conflito com ao menos algumas versões do senso comum. Lembre-se que o utilitarismo surgiu na Inglaterra do século

XIX como justificativa para a reforma social. Pedir reforma é desafiar a sabedoria convencional e, para desafiá-la efetivamente, um reformador deve explicar por que está errada, a despeito de ser convincente. Mill argumentou contra a sabedoria convencional de seu tempo ao dizer que as mulheres são intelectualmente iguais aos homens. E, de maneira mais específica, que a aparente inferioridade intelectual das mulheres pode ser explicada por seu acesso limitado à educação.[3]

O argumento de Mill é um exemplo de argumento *desmascarador*, que explica como algo pode parecer verdadeiro mesmo não sendo. Neste capítulo e no seguinte, nossa estratégia reformadora espelhará a dele, explicando aparentes verdades morais. Mais especificamente, usaremos ciência para analisar nossas intuições morais antiutilitaristas e entender por que são úteis e por que são inflexíveis demais para servir como árbitros definitivos de certo e errado.[4]

Nossas configurações automáticas, nossas intuições morais, podem falhar de duas maneiras. Primeira, podem ser *sensíveis demais*, respondendo a coisas que, refletindo a respeito, não parecem moralmente relevantes: as pesquisas demonstram que, infelizmente, os veredictos dos júris em casos de pena de morte com frequência são sensíveis à raça do réu, um fator que nós (os participantes desta conversa) vemos como moralmente irrelevantes.[5] As configurações automáticas também podem ser *sensíveis de menos*, falhando em responder a coisas que, refletindo a respeito, parecem moralmente relevantes: um júri pode dar seu veredito sem levar em consideração a idade do réu na época do crime, um fator que vemos como moralmente relevante.

No que se segue, veremos evidências de ambos os tipos de falta de confiabilidade em nossas intuições morais antiutilitaristas. Começaremos com nossa mosca-das-frutas moral favorita, o dilema do bonde. Mais tarde, explicarei como nossas reações instintivas a casos hipotéticos estão relacionadas a problemas do mundo real. (Já fizemos parte desse trabalho. Lembre-se do estudo do julgamento moral em médicos *versus* profissionais de saúde pública no capítulo 4, p. 128-31.)

APERTANDO BOTÕES MORAIS

Vamos revisar os fatos básicos do dilema do bonde: em resposta ao caso do interruptor, a maioria das pessoas aprova acionar um interruptor que afastará o bonde de cinco pessoas e o levará na direção de uma outra. Em resposta ao caso da passarela, a maioria das pessoas desaprova empurrar o homem da passarela sobre os trilhos do bonde, assim trocando uma vida por cinco. A pergunta psicológica: por que achamos aceitável trocar uma vida por cinco no caso do interruptor, mas não no caso da passarela?

Tivemos uma resposta parcial no capítulo 4. Temos uma resposta emocional automática que nos faz desaprovar empurrar o homem da passarela, mas não temos uma resposta emocional comparável à ideia de acionar o interruptor. Em ambos os casos, lançamos mão de pensamento utilitarista do tipo custo-benefício ("É melhor salvar cinco vidas ao custo de uma"). Mas somente no caso da passarela a resposta emocional é (tipicamente) forte o suficiente para triunfar sobre o pensamento utilitarista (ver Figura 11, p. 128).

Repetindo, essa explicação do processo dual é embasada em estudos empregando ressonância magnética funcional, pacientes neurológicos com déficits emocionais, medidas fisiológicas de excitação emocional, induções emocionais, manipulações que atrapalham o pensamento de modo manual (pressão temporal, tarefas secundárias distrativas), manipulações que atrapalham a imaginação visual, questionários pessoais, testes cognitivos e intervenções farmacológicas (ver p. 128-135). Essa explicação, porém, é apenas parcial: o dilema da passarela é mais emocional que o dilema do interruptor, mas *por quê*? O que, no dilema da passarela, aperta nossos botões emocionais?

Antes de passarmos à resposta correta, vale a pena revisar as evidências contra uma resposta errônea, mas muito convincente sobre o que ocorre no dilema do bonde, uma que já mencionamos: no caso do interruptor, a ação que salva as cinco vidas tem mais probabilidade de *funcionar*. No caso da passarela, um milhão de coisas podem dar errado. O corpo de uma pessoa realmente é capaz de parar um bonde? E se o cara não cair sobre os trilhos? E se reagir? Em outras palavras, há várias boas razões *utilitaristas* para acionar o interruptor — mas não para empurrar o homem — no mundo real. Embora isso seja indubitavelmente verdadeiro, as evidências sugerem que não é por isso que as pessoas dizem não ao ato de empurrar. Se dizer não estivesse baseado em raciocínios pragmáticos do tipo custo-benefício, por que as pessoas que apresentam números mais altos em testes de "reflexão cognitiva" se mostrariam menos propensas a dizer não? Por que colocar as pessoas sob pressão temporal as tornaria mais propensas a dizer não? Por que pessoas com déficits emocionais e imaginação visual comprometida se mostram menos propensas a dizer não? E assim por diante. Esses resultados nos dizem que nossa reação negativa ao ato de empurrar vem de uma reação instintiva, e não de cálculos ultrarrealistas de custo-benefício. (Evidências posteriores vêm de experimentos que estou prestes a descrever, nos quais controlamos as expectativas das pessoas em relação ao mundo real.[6]) Se é uma reação instintiva, e não o pensamento utilitário realista, que nos faz ter objeções a empurrar, o que desencadeia essa reação?

No capítulo 4, chamei casos como o da passarela de "pessoais" e casos como o do interruptor de "impessoais". Isso sugere uma teoria que podemos testar ao comparar versões do caso da passarela que diferem na "pessoalidade" da ação prejudicial.[7] Podemos começar comparando o caso original da passarela com um caso no qual o dano é causado pelo acionamento de um interruptor à distância, como no caso do interruptor. Chamamos isso de *caso remoto da passarela*.

Nesse caso, nosso protagonista, Joe, pode acionar um interruptor que abrirá um alçapão na passarela, derrubando o homem nos trilhos, parando o bonde e salvando os cinco trabalhadores (ver Figura 15). Em um estudo usando o caso original da passarela, 31% das pessoas aprovaram empurrar o homem para salvar os outros cinco. Oferecemos o caso remoto da passarela a um grupo separado de pessoas de outro modo idênticas e 63% aprovaram, praticamente dobrando o número de julgamentos utilitaristas. Isso sugere que, de fato, algo como "pessoalidade" está envolvido.

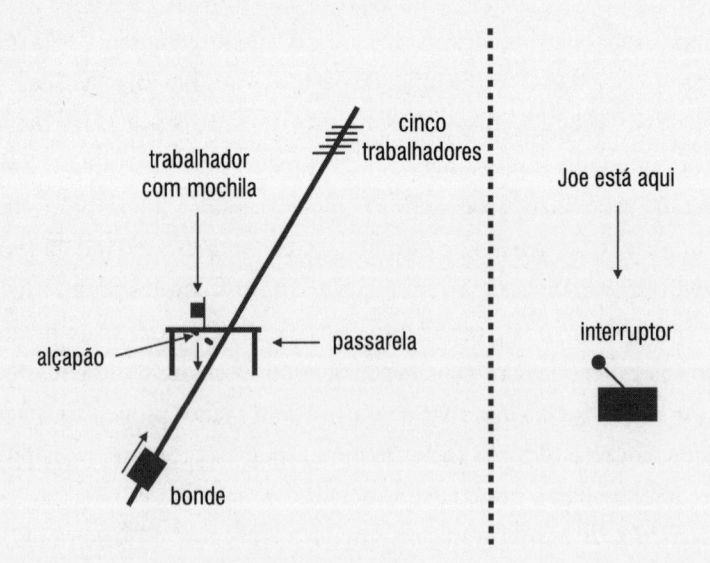

Figura 15. O dilema remoto da passarela.

O caso remoto da passarela difere do original pelo fato de que o agente está mais afastado da vítima. E também pelo fato de que o agente não *toca* a vítima. Então se trata de distância, toque ou ambos? Para descobrir, podemos usar o *caso do interruptor na passarela* (ver Figura 16). Ele é como o caso remoto, exceto que aqui o interruptor está na passarela, perto da vítima.

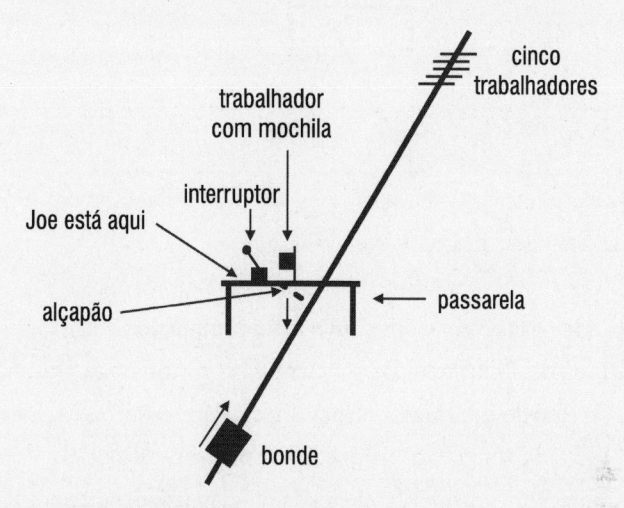

Figura 16. O caso do interruptor na passarela.

Aqui, 59% das pessoas aprovaram a ação utilitarista. Esse resultado é muito parecido com o que vimos no caso remoto da passarela e não é estatisticamente diferente. Assim, parece que a distância espacial tem pouco ou nenhum efeito. O que parece importar é o toque.[8]

Mesmo aqui, porém, há múltiplas interpretações. No caso da passarela, mas não no caso remoto da passarela, o agente toca a vítima. Mas também faz algo mais sutil. Ele atinge diretamente a vítima com a força de seus músculos. Ele *empurra* a vítima. Chame isso de aplicação de *força pessoal*. Para distinguir entre toque e uso de força pessoal, usaremos o *caso da passarela com vara* (ver Figura 17). Ele é exatamente igual ao caso original, exceto que o agente empurra a vítima com uma vara. Assim, temos aplicação de força pessoal, mas sem toque.[9]

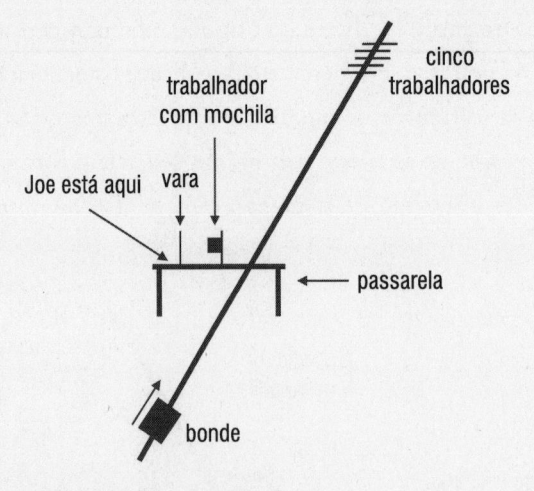

Figura 17. O dilema da passarela com vara.

Nesse caso, 33% das pessoas aprovam o ato de empurrar — uma grande queda.[10] É cerca de metade do número de pessoas que aprovam o ato no caso remoto da passarela e no caso do interruptor na passarela. Além disso, essa aprovação de 33% não difere estatisticamente da aprovação de 31% no caso original da passarela.

Assim, parece que uma diferença psicológica importante entre os casos da passarela e do interruptor está relacionada à "pessoalidade" do dano e, mais especificamente, à força pessoal — empurrar *versus* acionar um interruptor.

Da perspectiva normativa, a coisa interessante sobre a força pessoal é que ela não é algo que nós, refletindo a respeito, veríamos como moralmente relevante. A disposição para causar dano usando força pessoal pode ser relevante ao avaliar o caráter de alguém — ou seja, você respeitaria menos alguém disposto a matar com as próprias mãos, em vez de usar meios indiretos (*acomodação*[11]) —, mas isso não significa que a aplicação de força pessoal realmente torne uma ação mais errada (*reforma*). Pense nisso desta maneira: suponha que um amigo telefone para você de uma passarela, buscando conselho moral: "Devo matar uma pessoa para salvar cinco?" Você não dirá: "Depende. Você vai empurrar a pessoa ou consegue derrubá-la com um dispositivo?" É evidente que o mecanismo físico não é, em si ou por si mesmo, moralmente relevante. Mas parece ser *psicologicamente* relevante.

E isso é exatamente o que a teoria do processo dual prediz. Sabemos, de toda a ciência descrita no capítulo 4, que é uma configuração automática, uma resposta emocional intuitiva, que nos faz desaprovar o ato de empurrar no caso da passarela. E sabemos, do capítulo 5, que configurações automáticas são mecanismos heurísticos bastante inflexíveis que, em consequência, tendem a ser pouco confiáveis, ao menos em alguns contextos. De que maneira, no entanto, essa configuração automática é pouco confiável?

Com base somente no que vimos até agora, não podemos dizer com certeza. Podemos ter uma configuração automática infrassensível: talvez derrubar o homem pelo alçapão de fato seja errado, mas, como a ação não envolve empurrar, não ficamos alarmados o suficiente. Ou talvez ela seja ultrassensível: empurrar é mesmo certo, mas nossa configuração automática está excessivamente preocupada com o dano causado ao homem empurrado, ignorando o dano cinco vezes maior que seria evitado pelo ato de empurrar. Retornaremos à pergunta mais tarde. O ponto, por agora, é que nossas configurações automáticas estão, de um jeito ou de outro, nos levando na direção errada.

MEIO E EFEITO SECUNDÁRIO

Há outra diferença importante entre os casos do interruptor e da passarela, já aludida no capítulo 4. É a distinção entre dano causado como *meio* e dano causado como *efeito secundário*. No caso da passarela, estamos falando sobre literalmente *usar* alguém como obstáculo ao bonde, mas, no caso do interruptor, a vítima é morta como efeito secundário — "dano colateral". Uma maneira de pensar sobre essa diferença é imaginar o que aconteceria se a vítima desaparecesse por magia. No caso da passarela, a vítima desaparecida frustraria o plano: não haveria nada para parar o bonde. No caso do interruptor, entretanto, o desaparecimento da pessoa sozinha no trilho lateral seria uma bênção divina.

A distinção entre meio e efeito secundário tem uma longa história na filosofia, datando ao menos de Santo Tomás de Aquino (1225–1274), que estruturou a "doutrina do duplo efeito", que é essencialmente a "doutrina do efeito secundário". De acordo com ela, é errado prejudicar alguém como meio para um fim, mas pode ser permissível prejudicar alguém como efeito secundário de perseguir um fim benéfico. Do mesmo modo, como observado no capítulo 4, Kant diz que a lei moral requer que tratemos as pessoas "sempre como fim, e jamais apenas como meio".

Essa distinção desempenha papel importante no mundo real, da lei penal e da bioética às regras internacionais de guerra. Por exemplo, a distinção entre meio e efeito secundário é a base para a distinção entre "bombardeio estratégico" e "bombardeio terrorista". Se alguém bombardear civis como modo de abalar o moral inimigo, isso é bombardeio terrorista, proibido pelas leis internacionais.[12] Todavia, se alguém bombardear uma fábrica de munições sabendo que civis próximos serão mortos como "dano colateral", isso é bombardeio estratégico e não é estritamente proibido. Do mesmo modo, a Associação Médica Americana distingue entre intencionalmente pôr fim à vida de um paciente incurável ao administrar altas doses de analgésicos (proibido) e fazer o mesmo com a intenção de reduzir a dor, embora sabendo que as drogas porão fim à vida do paciente (não necessariamente proibido).[13]

Nossas configurações automáticas são sensíveis a essa distinção? E isso poderia explicar nossas respostas aos diferentes dilemas do bonde? Para descobrir, podemos comparar o caso original da passarela com um caso similar, no qual o dano é causado como efeito secundário. Considere o *caso da colisão com o obstáculo*:

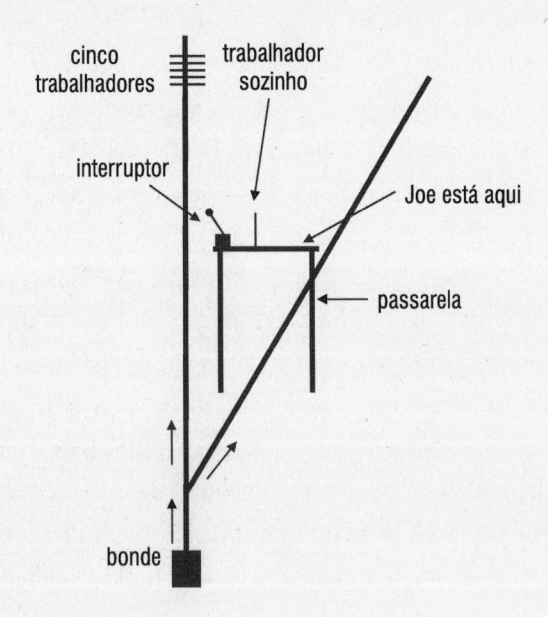

Figura 18. O dilema da colisão com o obstáculo.

Aqui o bonde vai na direção de cinco pessoas e há um trilho lateral com apenas uma. Como no caso do interruptor, é possível salvar as cinco pessoas ao acionar um interruptor que desviará o bonde para o trilho lateral. Nosso protagonista, Joe, se encontra em uma passarela alta e estreita sobre os trilhos. O interruptor que desvia o bonde está do lado oposto e, infelizmente, um único trabalhador aparece entre Joe e o interruptor. Para salvar as cinco pessoas, Joe precisa chegar muito rapidamente ao interruptor. Para fazer isso, deve correr o mais rápido que puder. Ele sabe que, se fizer isso, irá colidir com o trabalhador e jogá-lo para fora da passarela, causando sua morte. Nesse caso, assim como no caso original da passarela, a ação prejudicial é totalmente *pessoal*. Joe joga o trabalhador para fora da passarela usando força pessoal. Porém, nesse caso, ao contrário do caso da passarela, a vítima é prejudicada como *efeito secundário*, como dano colateral. Se esse trabalhador desaparecesse magicamente, isso seria ótimo para todo mundo.

Aqui, 81% de nossos voluntários aprovam o fato de Joe salvar as cinco pessoas, embora sabendo que isso causará a morte do trabalhador como efeito secundário. É uma taxa de aprovação muito alta, muito mais alta que a de 31% no caso da passarela. Além disso, não está longe (e não é estatisticamente diferente) da taxa de aprovação de 87% que recebemos no caso original do interruptor. Assim, parece que nossas configurações automáticas são bastante sensíveis à distinção entre meio e efeito secundário, e esse fator pode explicar por que as pessoas dizem sim no caso do interruptor e não no caso da passarela.[14]

Isso começa a soar como uma validação de nossas configurações automáticas. A distinção entre meio e efeito secundário é vista como moralmente relevante. E nossas intuições morais parecem estar rastreando essa distinção muito bem, dizendo não quando a vítima é prejudicada como meio (passarela, passarela com vara) e sim quando é prejudicada como efeito secundário, como dano colateral (interruptor, colisão com o obstáculo). Há, contudo, uma falha técnica. A maioria das pessoas aprova as ações do caso remoto da passarela e do caso do interruptor na passarela, votando sim em cerca de 60% do tempo, mesmo que esses casos envolvam usar um trabalhador como obstáculo ao bonde. E fica pior.

Nos dias iniciais da bondologia filosófica, Judith Jarvis Thomson apresentou uma versão do seguinte caso, que chamaremos de *caso do circuito*.[15] É como o caso do interruptor, exceto que, aqui, o trilho lateral retorna ao trilho principal, como demonstrado na Figura 19.

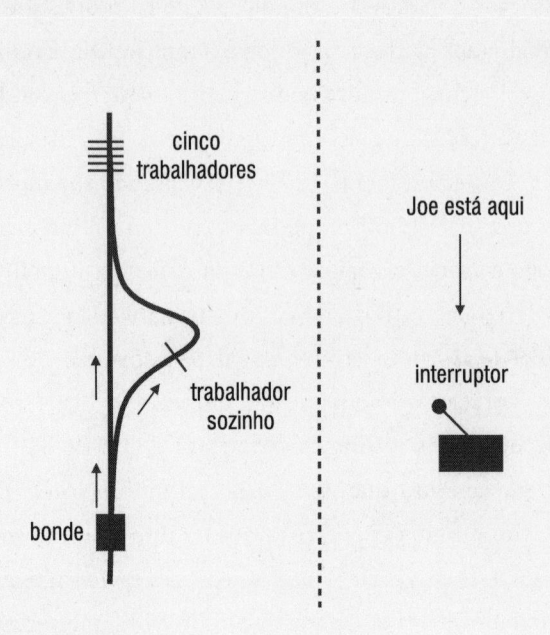

Figura 19. O caso do circuito.

Nesse caso, se a pessoa sozinha não estivesse no trilho lateral, o bonde retornaria ao trilho principal e atropelaria as outras cinco. Em outras palavras, se Joe acionar o interruptor, usará a vítima como *meio* de salvar as cinco pessoas, como obstáculo ao bonde. (Se o trabalhador sozinho não estivesse lá, não haveria razão para acionar o interruptor.[16]) Mesmo assim, 81% das pessoas que testamos aprovaram o acionamento do interruptor.[17] Assim, ao menos às vezes, usar alguém como obstáculo para um bonde parece moralmente aceitável.

Eis outro caso que causa problemas para a distinção entre meio e efeito secundário. (Bondologistas aplicados, tomem nota. Ele também causa problemas para a "doutrina do triplo efeito".[18]) Nesse caso, que chamaremos de *caso do alarme de colisão*, o mecanismo prejudicial é idêntico ao do caso original do interruptor, mas a vítima é prejudicada como meio (ver Figura 20).

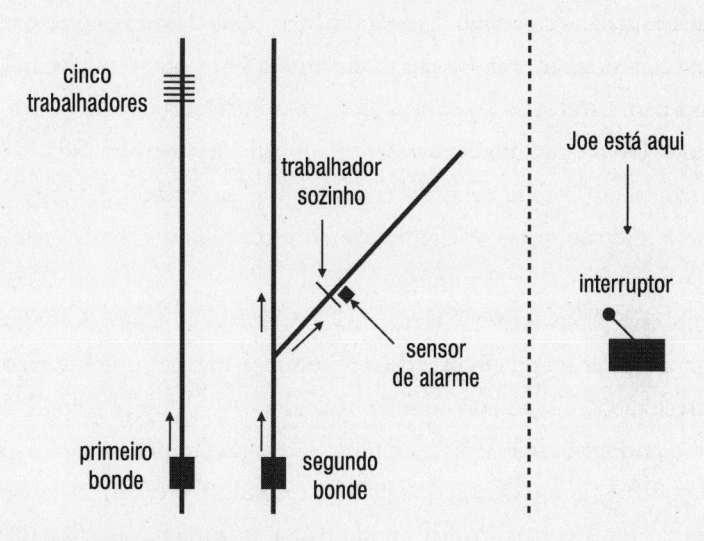

Figura 20. O caso do alarme de colisão.

Eis como funciona: o primeiro bonde vai na direção de cinco pessoas e, se nada for feito, elas morrerão. O segundo bonde está em um trilho diferente, sem nada a sua frente. Joe pode acionar um interruptor que desviará o segundo bonde para um trilho lateral. Nesse trilho lateral há uma pessoa e, perto dela, um sensor conectado a um sistema de alarme. Se Joe acionar o interruptor, o bonde desviará para o trilho lateral e colidirá com a pessoa. O sensor detectará a colisão e disparará o alarme. Isso cortará a eletricidade de todo o sistema de bondes, cortando também a do primeiro bonde e evitando que mate as cinco pessoas. O ponto crítico, novamente, é que estamos usando a vítima como *meio* para salvar cinco pessoas.

Oitenta e seis por cento das pessoas em nossa amostra aprovaram a ação utilitarista nesse caso, o que é quase idêntico aos (e não estatisticamente diferente dos) 87% que aprovaram a ação no caso original do interruptor.[19] Assim, aqui também as pessoas aprovaram matar um para salvar cinco, mesmo com a vítima sendo morta como *meio* de salvar os outros.

O que está acontecendo? Identificamos dois fatores que afetam os julgamentos intuitivos das pessoas no problema do bonde: se a vítima é prejudicada por meio da aplicação direta de *força pessoal* (empurrar *versus* acionar um interruptor) e se a vítima é prejudicada como *meio* ou *efeito secundário* (usada como obstáculo contra o bonde *versus* dano colateral). Mas a influência desses fatores é inconsistente. Às vezes, a força pessoal importa muito (como em interruptor na passarela *versus* passarela com vara) e, às vezes, não (como em interruptor *versus* colisão com o obstáculo). Do mesmo modo, às vezes o fator meio ou efeito secundário importa muito (como em colisão com o obstáculo *versus* passarela), mas, às vezes, não (como em interruptor *versus* circuito e alarme de colisão). Por que esses fatores importam às vezes, mas não sempre?

Se observar com atenção, verá que é a *combinação* desses dois fatores que importa. Prejudicar alguém usando força pessoal, mas como efeito secundário, não parece tão ruim (colisão com o obstáculo, 81% de aprovação). Prejudicar alguém como meio, mas sem uso da força pessoal, tampouco parece tão ruim (circuito, 81%; alarme de colisão, 86%). No entanto, prejudicar alguém como meio *e* usar força pessoal parece errado para a maioria das pessoas (passarela, 31%; passarela com vara, 33%). Assim, parece que o dano como meio de usar força pessoal é uma combinação mágica.[20] (Em termos técnicos, isso é uma *interação*, como a interação entre dois medicamentos: o efeito de ingerir os dois medicamentos ao mesmo tempo é maior que o efeito de ingeri-los de forma separada.)

É muito bonde. Vamos fazer uma pausa e refletir sobre o significado dessas descobertas. Estamos tentando descobrir se nossas intuições morais são confiáveis nesses casos. São? Parece que não muito. Nossos julgamentos (às vezes) são sensíveis à força pessoal (empurrar *versus* acionar um interruptor) e esse fato parece moralmente irrelevante. Nossas intuições morais parecem acompanhar a distinção entre meio e efeito secundário, mas de maneira muito imperfeita. Parece que nossa sensibilidade à muito amada distinção entre meio e efeito secundário está ligada à nossa não tão amada sensibilidade à força pessoal.[21]

Há uma importante questão adicional aqui. Está bem claro que, a mera diferença entre empurrar e acionar um interruptor é moralmente irrelevante. Porém, se você perguntar a um filósofo moral credenciado, ele dirá que a diferença entre ferir como fim e ferir como efeito secundário é bastante relevante em termos morais. Mas por quê? Por que matar alguém como dano colateral, sabendo muito bem que isso acontecerá, é melhor que matar alguém como fim para um meio? Afinal, quando você é morto como dano colateral, você está morto do mesmo jeito. E a pessoa que o matou sabia muito bem que você morreria pelas mãos dela. (Note que estamos falando de efeitos secundários *previsíveis*, como no caso do interruptor, não de acidentes.) A ideia de que matar alguém como meio é pior que matar alguém como efeito secundário está em voga há muito tempo e é bastante respeitada. Mas, até onde sei — até onde qualquer um sabe —, a venerável doutrina do duplo efeito não tem justificativa para além do fato de ser apoiada (imperfeitamente) por algumas de nossas intuições. De fato, pessoas em todo o mundo fazem julgamentos (imperfeitamente) condizentes com a doutrina do duplo efeito sem ter nenhum conhecimento dessa doutrina.[22] Isso nos diz que os julgamentos intuitivos vieram primeiro e a doutrina é apenas seu (imperfeito) sumário organizador. Em outras palavras, a distinção "de princípio" entre dano como meio e dano como efeito secundário não justifica nossos julgamentos intuitivos. Em vez disso, são nossos julgamentos intuitivos que justificam o princípio.[23]

Então de onde vêm esses julgamentos intuitivos? Por que prejudicar alguém como meio (com frequência) parece pior que prejudicar alguém como efeito secundário previsível? No que se segue, apresentarei uma teoria que explica por que nosso cérebro moral é sensível à distinção entre meio e efeito secundário. E, se essa teoria estiver certa, lançará sérias dúvidas sobre a legitimidade moral da consagrada doutrina do duplo efeito, que, como mencionado, é a base de muitas políticas do mundo real, em função das quais as pessoas vivem e morrem todos os dias.

MIOPIA MODULAR

Chamo essa teoria de *hipótese da miopia modular*. Ela sintetiza a teoria do julgamento moral de processo dual com uma teoria sobre como nossa mente representa ações. A hipótese da miopia modular é a ideia mais complicada que apresentarei neste livro. Para facilitar as coisas, primeiro resumirei a ideia geral e então entrarei em detalhes.

Eis a ideia geral: primeiro, nosso cérebro possui um subsistema cognitivo, um "módulo" que monitora nossos planos comportamentais e soa um alarme emocional quando contemplamos causar danos a outras pessoas.[24] Segundo, esse sistema de alarme é *"míope"*, porque é *cego para os efeitos secundários danosos*. Esse módulo inspeciona os planos de ação procurando danos, mas, por razões que explicarei em breve, não "vê" aqueles que ocorrerão como efeito secundário das ações planejadas. O módulo vê apenas eventos danosos que são planejados como meio para atingir um objetivo. Assim, a hipótese da miopia modular explica nossa tendência intuitiva de perceber a distinção entre meio e efeito secundário apenas nos termos das limitações de um subsistema cognitivo, um módulo, que é responsável por nos prevenir contra o cometimento de atos básicos de violência. Essas limitações nos tornam emocionalmente cegos — mas não cognitivamente cegos — para certos tipos de dano. Essa ideia, de que podemos ser *emocionalmente*, mas não *cognitivamente* cegos, deveria soar familiar. Como explicarei, essa dualidade é a dualidade da teoria do "processo dual" do julgamento moral.

Essa descrição sumária da hipótese da miopia modular suscita duas grandes questões. Primeira: por que o cérebro humano deveria ter um sistema que inspeciona planos de ação, procurando danos? Na próxima seção, explicarei por que faria sentido termos tal mecanismo em nossas cabeças. Segunda: por que esse módulo deveria ser míope precisamente dessa maneira? Como também explicarei, a beleza da hipótese do módulo míope é que ela deriva naturalmente da teoria do processo dual do julgamento moral, combinada a uma teoria simples sobre como nosso cérebro representa planos de ação.

POR QUE NÃO SOMOS PSICOPATAS?

Por que o cérebro humano precisa de um inspetor de planos de ação? Minha hipótese é a seguinte.

Em algum momento de nossa história, nossos ancestrais se tornaram sofisticados planejadores de ações que podiam pensar em objetivos distantes e sonhar com maneiras criativas de atingi-los. Em outras palavras, adquirimos o modo manual de raciocinar e planejar. Foi um avanço fantástico. Permitiu que nossos ancestrais matassem grandes animais por meio de ataques coordenados e armadilhas, construíssem abrigos melhores, plantassem com a intenção de colher meses depois e assim por diante. No entanto, essa habilidade geral de sonhar com maneiras de atingir objetivos distantes veio com um custo terrível. Ela abriu a porta para a *violência premeditada*. A violência já não tinha de ser motivada por um *impulso presente*. Podia ser empregada como ferramenta de uso geral para conseguir as coisas que se queria. Cansado de receber ordens daquele babaca? Espere o momento certo e se livre dele! Gostou da fêmea que mora ao lado? Espere até que esteja sozinha e faça o que quiser com ela! Uma criatura que pode planejar para o futuro, que pode sonhar com novas maneiras de atingir objetivos, é um tipo muito perigoso de criatura, especialmente se usar *ferramentas*.

É bastante difícil para um chimpanzé matar outro chimpanzé, ainda mais se o outro for maior e mais forte. Mas um fato interessante — e assustador — sobre primatas como os humanos é que, como Hobbes observou,[25] qualquer adulto saudável é capaz de matar qualquer outro membro da espécie, sem ajuda de ninguém. Uma mulher de 1,60 metro pode se esgueirar até um homem de 1,95 metro enquanto ele dorme e esmagar sua cabeça com uma pedra, por exemplo.[26] Assim, quando nós humanos ficamos melhores em planejar ações e usar ferramentas para nosso benefício, adquirimos uma enorme capacidade para a violência.

O que há de errado em possuir enorme capacidade para a violência? Talvez nada, se você for um animal solitário e territorial como um tigre. Seres humanos, contudo, sobrevivem vivendo juntos em grupos cooperativos. Humanos que são atacados tendem a buscar vingança ("olho por olho") e isso torna a violência perigosa para atacante e atacado.[27] Isso é especialmente verdade se a vítima potencial for um planejador capaz de usar ferramentas. Mesmo que o atacante violento seja duas vezes maior que a vítima, desde que sobreviva a vítima pode esperar o momento certo para retaliar com uma pedra na cabeça ou uma faca nas costas. E, se não sobreviver, pode ter familiares ou amigos motivados a buscar vingança em seu nome. Em um mundo onde as pessoas são vingativas e qualquer um é capaz de matar, você precisa ser muito cuidadoso na maneira como trata os outros.[28] Além disso, mesmo que a relutância em usar violência não concedesse nenhuma vantagem individual, poderia conceder vantagens ao grupo, de modo que grupos (internamente) mais dóceis seriam mais cooperativos e, por isso, possuiriam uma vantagem na luta pela sobrevivência. Em resumo, indivíduos violentos de forma indiscriminada estão mais propensos a sofrer com a represália que recebem de outros membros de seu grupo e podem atrapalhar sua habilidade de cooperação, colocando-os em desvantagem na competição com grupos rivais.

Para manter o comportamento violento em xeque, seria útil possuir algum tipo de monitor interno, um sistema de alarme que dissesse "Não faça isso!" quando o indivíduo estivesse contemplando um ato de violência.[29] Tal inspetor de planos de ação não objetaria necessariamente a todas as formas de violência. Ele poderia se desligar, por exemplo, quando fosse hora de se defender ou atacar inimigos. Porém, de modo geral, tornaria os indivíduos muito relutantes em ferir fisicamente uns aos outros, protegendo-os da retaliação e, talvez, apoiando a cooperação no nível do grupo. Minha hipótese é que o módulo míope é precisamente esse sistema de inspeção de planos de ação, um mecanismo para nos impedir de sermos, às vezes, violentos.

Por que tal módulo seria míope? Porque todos os módulos o são, de uma maneira ou de outra. O que estamos supondo é um pequeno sistema de alarme, uma configuração automática que verifica os planos potencialmente perigosos criados pelo modo manual maximizador de resultados. (O qual, se você se lembra, tende a ser tudo menos imparcial quando há ganhos e perdas pessoais em jogo.) Todas as configurações automáticas são heurísticas e, portanto, míopes de um modo ou de outro. Veja, por exemplo, o sistema cognitivo baseado na amígdala que automaticamente reconhece medo com base em escleras mais visíveis (ver p. 148). Esse sistema é cego para o fato de que o "branco do olho" ao qual está respondendo pode ser formado por pixels na tela do computador e não pelos olhos de uma pessoa real em uma situação de perigo real. Todas as configurações automáticas se apoiam em pistas específicas que estão apenas imperfeitamente relacionadas às coisas que foram designadas para detectar. Do mesmo modo, nosso hipotético alarme antiviolência, como quer que funcione, responde a um conjunto limitado de pistas. Assim, a questão não é *se* um inspetor automático de planos de ação seria míope. A questão é: *de que maneiras* seria míope?

Até agora, tudo isso é apenas teoria. Há alguma evidência de que possuímos tal módulo em nosso cérebro? Na verdade, há. Sabemos que apresentamos respostas emocionais automáticas a certos tipos de ação violenta, como empurrar pessoas de passarelas. E sabemos que esse sistema é ao menos parcialmente "modular".³⁰ Ou seja, as operações internas desse sistema estão separadas do restante do cérebro, ou ao menos das partes do cérebro que geram pensamento consciente. (E é por isso que não podemos descobrir como funcionam nossas intuições em relação ao bonde por meio de introspecção e, em vez disso, precisamos recorrer a experimentos como os descritos para entendê-las.) A bondologia experimental indica que há algo como um sistema antiviolência automatizado em nosso cérebro.

A hipótese da miopia modular faz três predições adicionais. Primeira, o módulo não evoluiu para responder a dilemas do bonde. Apenas violência real deveria acionar o alarme. Segunda, se o módulo responde a *pistas* relacionadas à violência, então violência real não deveria ser necessária para acioná-lo, apenas as pistas certas. Em outras palavras, apenas *simular* violência do tipo certo deveria ser suficiente para acioná-lo, mesmo que a pessoa envolvida na simulação soubesse (no modo manual) que não há violência real em curso. Terceira, se a função desse sistema de alarme é impedir *o próprio indivíduo* de cometer violência (sem provocação), então ele deveria responder com mais intensidade a ações violentas simuladas *contra o indivíduo*, em oposição a assistir a outras pessoas simularem violência ou simular ações fisicamente similares, mas não violentas, por si mesmo.

Com tudo isso em mente, Fiery Cushman, Wendy Mendes e seus colegas conduziram um experimento que já mencionei no capítulo 2. Eles fizeram com que os participantes simulassem ações violentas como esmigalhar a perna de alguém com um martelo ou a cabeça de um bebê contra a mesa. Como vimos, as veias periféricas dos participantes se contraíram (dando-lhes "frio na barriga") quando eles realizaram essas ações pseudoviolentas *por si mesmos*, mas não quando observaram outros fazendo o mesmo e tampouco quando executaram ações fisicamente similares que não eram pseudoviolentas. E isso aconteceu a despeito de saberem com clareza (no modo manual) que as ações eram inofensivas. Assim, Cushman e seus colegas observaram com exatidão o que a teoria da miopia modular previu: uma aversão automática a realizar pessoalmente ações que são superficialmente (mas não superficialmente demais) similares a atos de violência.

Todavia, a hipótese do módulo míope vai mais longe. Não somente temos um sistema de alarme que responde a pistas relacionadas a ser violento como, de acordo com a teoria, o sistema é míope de uma maneira específica. Ele é cego ao dano causado como *efeito secundário* antecipado. Por que seria assim?

CEGUEIRA AOS EFEITOS SECUNDÁRIOS

É aqui que as coisas ficam meio complicadas. Essa parte da teoria começa com uma teoria de representação da ação proposta por John Mikhail a partir de propostas iniciais de Alvin Goldman e Michael Bratman.[31] A ideia de Mikhail é que o cérebro humano representa ações em termos de *planos de ação* ramificados como os da Figura 21, que descreve os planos de ação para os agentes dos dilemas do interruptor e da passarela.

Todo plano de ação tem uma cadeia primária ou "tronco" que começa com um movimento corporal do agente e termina com seu objetivo (o resultado pretendido). A cadeia primária consiste na sequência de eventos *causalmente necessários* para a obtenção do objetivo. Por exemplo, no caso do interruptor, o fato de o agente mover as mãos (o movimento corporal) faz com que o interruptor seja acionado, o que faz com que o trilho se alinhe para o desvio, o que faz com que o bonde vá para o trilho lateral em vez de permanecer no trilho principal, o que salva as cinco pessoas no trilho principal (o objetivo).

Do mesmo modo, no caso da passarela, o fato de o agente mover as mãos (o movimento corporal) faz com que a pessoa escorregue da passarela, o que faz com que caia nos trilhos, o que faz com que colida com o bonde, parando o bonde e salvando as cinco pessoas (o objetivo). Você pode ver essas sequências de eventos na Figura 21, começando na parte de baixo de cada uma das cadeias primárias e avançando até o topo. Qualquer evento representado na cadeia primária do plano de ação é representado como *meio* para o objetivo do agente, como passo necessário para fazer com que o objetivo seja atingido.

Os planos de ação da Figura 21 também possuem cadeias secundárias que se ramificam a partir da cadeia primária. No caso do interruptor, o desvio do bonde tem dois efeitos (ou seja, um "duplo efeito"). Ele faz com que as cinco pessoas no trilho principal sejam salvas (o objetivo), mas também tem um efeito secundário notável: matar a pessoa no trilho lateral. Esse evento é representado em uma cadeia secundária porque é um efeito secundário previsível. É um evento que o agente espera que ocorra, mas que não é causalmente necessário para a obtenção de seu objetivo. (Repetindo, se a pessoa no trilho lateral desaparecesse, o objetivo ainda seria atingido.) Do mesmo modo, há efeitos secundários previsíveis no dilema da passarela. Usar o homem como obstáculo para o bonde salvará cinco vidas, mas podem-se esperar outros efeitos, como transtornar sua família. Assim, a Figura 21 representa esse efeito como evento em uma cadeia secundária, um evento previsível, mas não causalmente necessário para a obtenção do objetivo. Aqui, o plano ainda funciona mesmo que a família da vítima fique feliz com o resultado.

O dilema do interruptor

OBJETIVO: salvar as cinco pessoas

EFEITO SECUNDÁRIO: atropelar uma pessoa com o bonde

MEIOS: desviar o bonde, alinhar o trilho, acionar o interruptor, mover as mãos

O dilema da passarela

OBJETIVO: salvar as cinco pessoas

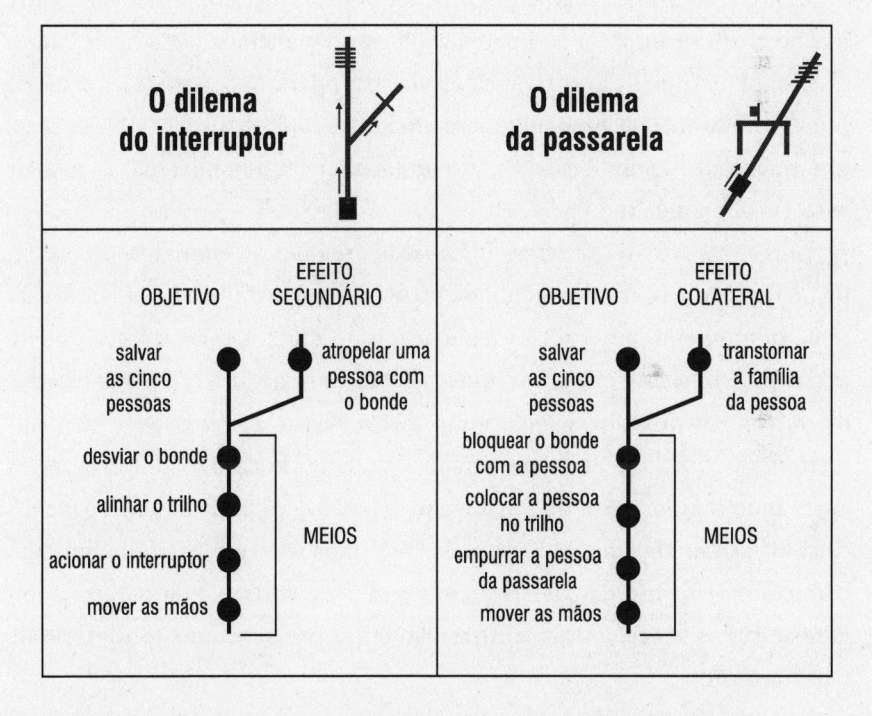

EFEITO COLATERAL: transtornar a família da pessoa

MEIOS: bloquear o bonde com a pessoa, colocar a pessoa no trilho, empurrar a pessoa da passarela, mover as mãos

Figura 21. Planos de ação para os dilemas do interruptor e da passarela.

A teoria de Mikhail é relativamente simples: achamos errado empurrar o homem da passarela porque isso envolve usá-lo como meio e achamos aceitável desviar o bonde no caso do interruptor porque estamos matando o homem "meramente" como efeito secundário previsível. Mikhail acha que um certo tipo de representação mental, um plano de ação assimetricamente ramificado, pode servir como formato natural para representar a distinção entre meio e efeito secundário. É uma ideia de fato elegante.

Quando conheci sua teoria, achei que era interessante, mas não que estivesse certa. Primeiro, já havia muitas evidências apontando para a teoria do processo dual, de acordo com a qual respostas emocionais de uma parte do cérebro competem com julgamentos utilitaristas de outra. Na teoria de Mikhail, não há emoção e nenhuma competição entre sistemas conflitantes. Em vez disso, há um único sistema, uma "gramática moral universal" que faz todo o trabalho ao representar e analisar, sem emoção, planos de ação ramificados. Assim, achei que sua teoria, embora intrigante, era um passo na direção errada. Segundo, e mais imediatamente convincente, eu sabia que a distinção entre meio e efeito secundário não podia explicar de maneira adequada os dados. O exemplo original da teoria meio/efeito secundário é o caso do circuito de Judith Thomson, que vimos anteriormente neste capítulo (p. 228). Nesse caso, um único trabalhador é usado como obstáculo para o bonde, mas as pessoas parecem achar que tudo bem.

Então, em um dia de verão infernalmente quente, enquanto estava em pé na frente do ar-condicionado de meu antigo apartamento na Filadélfia, tive um momento eureca! (Ao menos *eu* acho que foi eureca. Você poderá julgar por si mesmo em um minuto.) Eu acabara de analisar alguns dados de outros pesquisadores mostrando que a distinção entre meio e efeito secundário *funciona* em uma ampla variedade de casos, com as pessoas aprovando mais os casos que envolvem efeitos secundários danosos e menos os casos nos quais o dano é um meio.[32] (Vimos isso, por exemplo, quando comparamos o caso da passarela com o caso da colisão com o obstáculo.) Esses estudos sugeriam que a distinção entre meio e efeito secundário de fato importa.

Mas como reconciliar essas descobertas com a teoria do processo dual? Repetindo, a teoria do processo dual diz que as ações das quais não gostamos, como empurrar o homem da passarela, são as que geram resposta emocional negativa. Assim, pensei, se a distinção entre meio e efeito secundário importa, deve importar por influenciar o sistema que gera essas respostas emocionais. Em outras palavras, devemos responder com mais emoção a casos nos quais o dano é causado como meio. Mas então por que não nos importamos com isso no caso do circuito, que claramente envolve usar a vítima como obstáculo para o bonde? Há algo diferente nesse caso? Algo que impede que o dano nos incomode? Foi quando percebi que a teoria de representação da ação de Mikhail e a teoria do processo dual poderiam ser integradas.

Há algo diferente no caso do circuito. Ele é um caso de meio incomumente complicado. Mais de forma específica, é complicado porque você tem de *acompanhar múltiplas cadeias causais* para ver que a vítima é usada como meio. Em um caso mais simples, como o da passarela, você só tem de acompanhar uma única cadeia causal para ver que alguém será ferido. Tudo que precisa saber é o que vê na Figura 22.

OBJETIVO
salvar as cinco pessoas

bloquear o bonde com a pessoa
colocar a pessoa no trilho
empurrar a pessoa da passarela
mover as mãos

MEIOS

Figura 22. Cadeia causal primária para o plano de ação do dilema da passarela.

Ou seja, tudo que precisa saber é que o evento prejudicial — bloquear o bonde com a pessoa — é um passo necessário no caminho entre o movimento corporal (mover as mãos) e o objetivo (salvar as cinco pessoas). Porém, no caso do circuito, você tem de acompanhar *duas* cadeias causais a fim de ver que o evento prejudicial é necessário para atingir o objetivo. Isso porque há duas maneiras de o bonde ferir as cinco pessoas: 1) prosseguir pelo trilho principal e 2) usar o desvio. Ambas as cadeias causais devem ser interrompidas a fim de salvar as cinco pessoas. A interrupção da primeira está diagramada na Figura 23.

```
                OBJETIVO
                  salvar
                 as cinco
                 pessoas
                    |
             desviar o bonde  ⎫
             alinhar o trilho  ⎬  MEIOS
             mover o interruptor ⎪
             mover as mãos    ⎭
```

Figura 23. Cadeia causal primária dos casos do circuito e do interruptor. Acionar o interruptor impede a realização de uma cadeia causal diferente, na qual o bonde atinge as cinco pessoas.

No caso do circuito, o bonde segue na direção das cinco pessoas, mas isso pode ser evitado se ele for desviado. Em outras palavras, o desvio do bonde interrompe a primeira cadeia causal, aquela na qual o bonde prossegue pelo trilho principal e mata as cinco pessoas. Se fosse o caso do interruptor, não haveria mais nada a dizer sobre os eventos necessários para atingir o objetivo. Você desviaria o bonde e não precisaria de mais nada para salvar as cinco pessoas. Em outras palavras, a Figura 23 é mais ou menos um diagrama completo dos eventos necessário para salvá-las. No caso do circuito, entretanto, o que você vê na Figura 23 é apenas parte da história. Nesse caso, há uma segunda cadeia causal que deve ser interrompida. Desviar o bonde o coloca no trilho lateral, onde ele ameaça as cinco pessoas outra vez, mas de uma direção diferente — ou seja, por meio de uma cadeia causal diferente. Para que o bonde não tenha uma segunda chance de ferir as pessoas, deve haver algo no desvio que o impeça. E há, é claro: a vítima indefesa. A interrupção da segunda cadeia causal é retratada na Figura 24.

```
                        OBJETIVO
                         salvar
                        as cinco
                        pessoas
                           •
                           |
                           |
                     o bonde é
                     bloqueado ┐
                     pela pessoa │ MEIOS
                           •    ┘
          OBJETIVO    o bonde
                   se move ao longo
           salvar  do trilho lateral
          as cinco ⋮    •
          pessoas  ⋮ ⋰
                   ⋮⋰
        desviar o bonde ⋮
                        ⋮
        alinhar o trilho ⋮
                        ⋮ ┐ MEIOS
        mover o interruptor ⋮ ┘
                        ⋮
        mover as mãos   ⋮
```

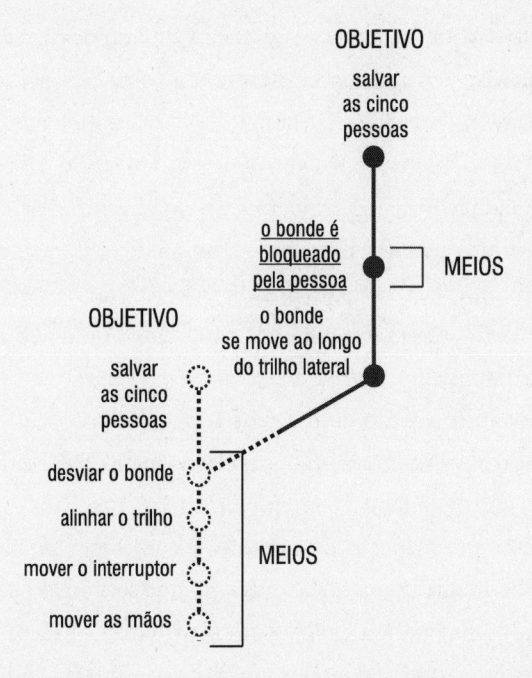

Figura 24. Diagrama destacando a cadeia causal secundária no caso do circuito.

Se você olhar apenas para a cadeia causal primária, como descrita na Figura 23, não verá nenhum dano. O bonde é desviado das cinco pessoas e isso é tudo. Para ver que há dano no caso do circuito, um dano necessário para atingir o objetivo, você precisa ver a segunda cadeia causal, destacada na Figura 24.

Agora voltemos à teoria do processo dual por um momento. De acordo com ela, há uma configuração automática que soa um alarme emocional em resposta a certos tipos de ação prejudicial, como no caso da passarela. Então há o modo manual, que, por natureza, tende a pensar em termos de custo-benefício. O modo manual olha para todos esses casos — interruptor, passarela e circuito — e diz: "Cinco por um? Parece um bom negócio." Como o modo manual sempre chega à mesma conclusão nesses casos cinco-por-um ("Bom negócio!"), a tendência no julgamento de cada um deles é determinada, no fim das contas, pela configuração automática — ou seja, pelo fato de o módulo míope soar ou não o alarme.[33]

Mas o que determina se o sistema soará o alarme? Sabemos que, ao menos às vezes, nossos julgamentos são sensíveis à distinção entre meio e efeito secundário. E, todavia, não são *sempre* sensíveis a ela, como demonstrado no caso do circuito. O que acontece nesse caso? Obtivemos o que parecia ser uma resposta adequada: o ingrediente faltante é a força pessoal. Dizemos não a empurrar o homem da passarela e sim a desviar o bonde para o trilho lateral porque empurrar o homem envolve *empurrar*. Contudo, se essa fosse toda a explicação, adicionar um empurrão ao caso do circuito deveria tornar a ação utilitarista tão errada quanto empurrar o homem da passarela, e isso não parece acontecer.[34] Há alguma razão para nosso cérebro tratar o caso do circuito mais como caso de *efeito secundário* e menos como caso típico de *meio*, ainda que ele *seja* um caso de meio?

Eis uma pista: de acordo com a teoria do processo dual, supõe-se que o sistema que soa o alarme emocional seja relativamente simples, um monitor de ação que soa o alarme quando contemplamos executar atos violentos.

Eis a próxima pista: o caso do circuito é, como mencionado, um caso de meio excepcionalmente complicado. Para ver que se trata de um caso de meio, não é suficiente olhar para a cadeia causal primária, presente na Figura 23. Para ver que atingir o objetivo requer causar dano, é preciso olhar para a cadeia causal secundária, destacada na Figura 24.

Já entendeu? Se eu estiver certo, a solução para o mistério do caso do circuito — e muito mais — é mais ou menos assim: temos um sistema automático que "inspeciona" planos de ação e soa o alarme sempre que detecta um evento prejudicial (por exemplo, atropelar alguém com um bonde). No entanto (soem os tambores, por favor...), esse inspetor de planos de ação é relativamente simples, um sistema de "canal único" que *não acompanha múltiplas cadeias causais*. Ou seja, *não pode acompanhar planos de ação ramificados*. Em vez disso, ao ser confrontado com um plano de ação para inspeção, *só vê o que está na cadeia causal primária*.

Por que ele seria assim? Pense sobre como você se lembra da letra de uma música. Qual é a terceira estrofe de "I've Been Working on the Railroad?" Mesmo que você saiba a resposta, provavelmente não pode produzi-la de imediato. Precisa começar lá no início e avançar: *I've been working on the railroad all the live-long day. I've been working on the railroad just to pass the time away. Can't you hear the whistle blowing?* [Trabalhei na ferrovia o dia inteiro. Trabalhei na ferrovia apenas para passar o tempo. Você não está ouvindo o apito?] Em vez de processar toda a letra de uma só vez, você segue passo a passo, contando com o fato de que cada estrofe trará consigo a próxima. A ideia, então, é que o pequeno inspetor de planos de ação em sua cabeça processa de forma inconsciente um plano de ação da mesma maneira que você processa com consciência a letra de uma música: avançando passo a passo por uma cadeia. Ao inspecionar um plano de ação, esse processador começa com o movimento corporal (por exemplo, empurrar) como você começa com *I've been working on...* e continua até o objetivo (por exemplo, salvar as cinco pessoas) como você continua até o fim da música. O monitor não consegue ver os ramos secundários do plano de ação porque tudo que sabe é como avançar passo a passo até o ramo principal.

Em consequência, quando esse sistema olha para o plano de ação do dilema da passarela, ele não vê o que está à direita na Figura 21. Vê apenas o que está na Figura 22. Mas isso é suficiente para soar o alarme, porque o evento prejudicial, o fato de o bonde estraçalhar o homem, está bem ali na cadeia primária.

Porém, quando olha para o plano de ação do dilema do interruptor, ele não vê o que está à esquerda na Figura 21. Vê apenas o que está na Figura 23. E aqui *não há dano a ser encontrado*. No que diz respeito ao sistema, eis o que acontece no caso do interruptor: mover as mãos → acionar o interruptor → alinhar o trilho → desviar o bonde → salvar cinco vidas. Em outras palavras, ele vê apenas o que está na Figura 25.

Figura 25. Diagrama espacial da cadeia causal primária dos casos do interruptor e do circuito.

Como o sistema vê apenas a cadeia causal primária, está alegremente inconsciente do fato de que essa ação matará alguém. Em outras palavras, como o dano é um efeito secundário pertencente à cadeia causal secundária, o alarme jamais é soado.

E quanto ao caso do circuito? Foram nossas reações anômalas a esse caso que forneceram evidências críticas (embora preliminares) para a teoria da miopia modular. Repetindo, nossas respostas são "anômalas" porque a maioria das pessoas aprova o desvio do bonde, ainda que isso envolva usar alguém como obstáculo, como meio. A coisa diferente sobre o caso do circuito é que ele é *estruturado como um caso de efeito secundário*, embora seja um caso de meio. De maneira mais específica, o evento prejudicial ocorre em uma cadeia causal secundária, exatamente como em um caso de efeito secundário, ainda que o prejuízo seja ao acaso necessário, um meio para atingir o objetivo de salvar as cinco pessoas. Como explicado, a cadeia causal primária no caso do circuito é idêntica à cadeia causal primária do caso do interruptor. Portanto, assim como no caso do interruptor, o inspetor de planos de ação vê as coisas como: mover as mãos → acionar o interruptor → alinhar o trilho → desviar o bonde → salvar cinco vidas. E, como no caso do interruptor, o alarme jamais soa, pois não há dano na cadeia causal primária. (E por que, pergunta você, a cadeia causal na qual o dano ocorre é *secundária*?[35]) Como o evento prejudicial não está na cadeia causal primária, o módulo míope não consegue vê-lo. Repetindo, o evento prejudicial no caso do circuito é um meio *estruturado como efeito secundário*, e assim invisível para o módulo míope.[36]

De acordo com essa teoria, o módulo é míope porque é cego para os efeitos secundários, mas isso não significa que *nós* também sejamos. Ao contrário, somos perfeitamente capazes de reconhecer que o caso do interruptor é um caso de efeito secundário e os casos da passarela e do circuito são casos de meio. Se podemos ver esses efeitos secundários, mas o módulo míope não pode, isso deve significar que alguma outra parte de nosso cérebro consegue ver (isto é, representar) efeitos secundários. Então, onde os efeitos secundários são representados?

Entra, mais uma vez, a teoria do processo dual do julgamento moral. O módulo míope é apenas uma configuração automática, um dispositivo que determina se o alarme emocional deve ser soado. Mas há também o outro lado da história do processo dual, o modo manual do cérebro. Como explicado no último capítulo, esse sistema é projetado para a maximização de modo geral, para contabilizar custos e benefícios. Como tal, é perfeitamente capaz de ver efeitos secundários. O modo manual sabe o que é um efeito secundário e o que não é, mas não "dá bola" se um evento, como atropelar alguém com um bonde, é meio ou efeito secundário. (A menos que tenha frequentado a faculdade de Filosofia.) O modo manual maximizador diz a mesma coisa em resposta a todos esses casos: "Cinco por um? Bom negócio." E, repetindo, o modo manual tende a prevalecer, desde que não haja alarmes sendo disparados e enviando a mensagem oposta. É por isso que tendemos a dar respostas utilitaristas no caso do interruptor e do circuito, mas não no da passarela.

Para sua conveniência, toda essa história está resumida na Figura 26.

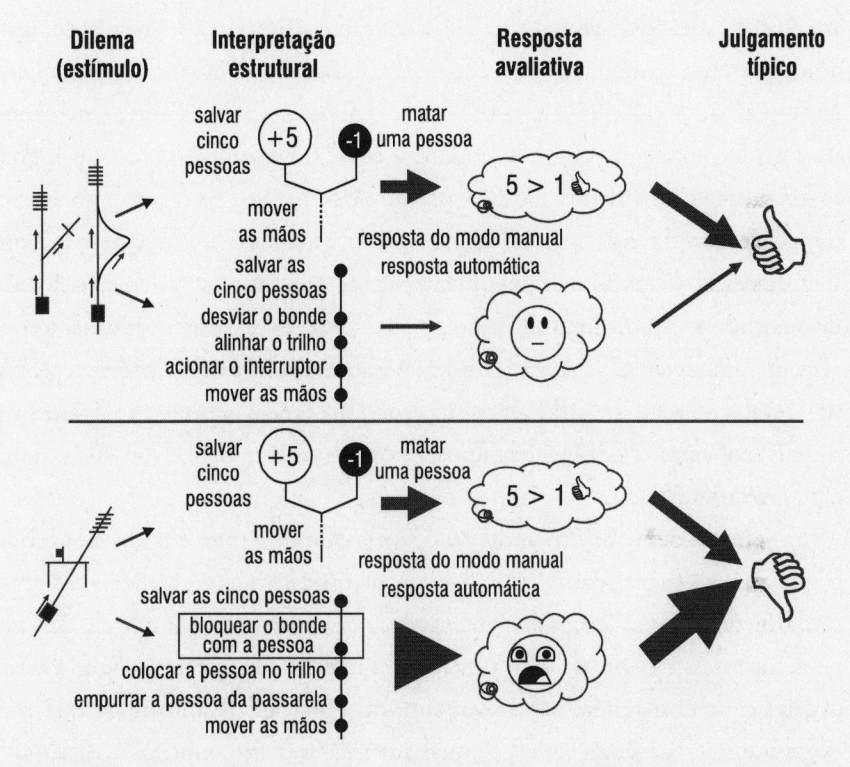

Figura 26. Diagrama das respostas de processo dual aos dilemas do interruptor, do circuito e da passarela. Os três dilemas evocam pensamento utilitarista no modo manual (fileiras 1 e 3), mas só a morte no dilema da passarela é "vista" pelo sistema que automaticamente gera respostas emocionais negativas a (certos tipos de) ações prejudiciais (fileira 2 *versus* fileira 4).

O módulo míope inspeciona os planos de ação e responde a qualquer dano que consiga ver soando um alarme emocional, mas é cego para os efeitos secundários prejudiciais porque representa apenas os eventos por acaso necessários para a aquisição do objetivo, a saber, aqueles que constituem a cadeia causal primária do plano de ação. Esse sistema não vê problemas na ação nos casos do interruptor e do circuito porque não pode ver o dano (segunda fileira). Porém, soa o alarme de maneira estridente em resposta ao caso da passarela porque pode ver o evento prejudicial, que está bem ali na cadeia causal primária (quarta fileira). O modo manual pode representar eventos prejudiciais que são efeitos secundários, assim como eventos causalmente necessários para atingir seus objetivos, mas não "dá bola" se um dano é o meio para atingi-lo ou apenas um efeito secundário previsível, significando que não concede mais peso emocional aos danos causados como meios. Tudo com que se importa é o resultado: que ação apresenta as melhores consequências líquidas? Assim, em geral fica feliz em trocar uma vida por cinco (fileiras 1 e 3). Esses dois sistemas interagem da seguinte maneira. Quando o alarme emocional está silencioso, o modo manual prevalece (fileiras 1 e 2). Contudo, quando soa o alarme emocional, o argumento do modo manual tende a perder (fileiras 3 e 4). (Note que nem sempre perde. O modo manual provavelmente superará a resposta emocional, favorecendo seu próprio argumento de custo-benefício, se esse argumento for atraente o suficiente.[37]) Assim, a hipótese do módulo míope integra a teoria dos planos de ação de Mikhail com a teoria do processo dual do julgamento moral, explicando por que nos importamos menos com danos causados como efeitos secundários.

Essa teoria depende da suposição de que o módulo míope pode ver apenas o que está na cadeia causal primária do plano de ação, a cadeia de eventos causalmente necessários para a obtenção do objetivo. Mas por que ele deveria ser míope dessa maneira? Não funcionaria melhor se pudesse ler também as cadeias causais secundárias? Talvez sim, mas isso seria muito mais exigente do ponto de vista cognitivo, por duas razões. Primeiro, em nossa discussão até agora, assumimos que há só duas cadeias causais: uma primária e uma secundária. Essa é uma enorme simplificação. Com exceção de casos estranhos e cheios de voltas, há apenas uma cadeia causal de eventos conectando os movimentos corporais do agente ao objetivo — ou seja, só uma candidata a cadeia causal primária. Porém, para cada ação dada, pode haver *muitas* cadeias causais secundárias irradiando dos movimentos corporais. Por exemplo, quando alguém aciona o interruptor, esse alguém mata a pessoa no trilho lateral, mas é possível prever muitas outras coisas. Ele pode agitar o ar em torno do trilho lateral. Perturbar os amigos e a família da pessoa que foi atropelada. Possuir memória dos eventos. Ter problemas com a lei. E assim por diante. Para cada ação há muitos, muitos efeitos secundários previsíveis. Assim, acompanhar tanto os efeitos secundários quanto os pretendidos faria com que o trabalho do módulo aumentasse muitas, muitas vezes. Isso o impediria de operar com eficiência, o que é uma exigência, dada sua função.

A segunda coisa que tornaria muito difícil para o inspetor de planos de ação analisar todas as ramificações é o fato de que isso exigiria um tipo de sistema de memória muito mais sofisticado, algo como o que os cientistas da computação chamam de "fila", um sistema para armazenar itens que devem ser processados em uma ordem particular. Lembre-se da ideia de que o módulo míope lê os planos de ação de modo linear, de maneira muito parecida com a que nos lembramos da letra de uma música, com cada elo da cadeia puxando o seguinte. Esse tipo de processamento só é possível se a cadeia for mesmo linear. Se ela se *ramificar*, então é preciso haver um estoque de memória que mantenha uma tarefa em suspenso (descer ao segundo ramo da cadeia) e se lembre de retornar a ela uma vez que a primeira tarefa (descer ao primeiro ramo da cadeia) esteja completa. Realizar esse tipo de multitarefa, com objetivos principais e subordinados, é fácil para computadores, mas um desafio real para cérebros animais.[38] É, todavia, algo que o modo manual humano faz muito bem. Mesmo assim, seria difícil, talvez impossível, para um simples módulo cognitivo, uma configuração automática, fazer isso.

Portanto, a suposição de que o módulo míope é cego para os efeitos secundários, longe de ser submotivada, faz perfeito sentido cognitivo. Seria muito difícil para um inspetor de ação eficiente e automatizado "revisar" os efeitos secundários previsíveis de todas as ações, porque haveria um número muito grande deles e porque isso exigiria um sistema de memória bastante sofisticado.

Cobrimos muito terreno técnico aqui, mas a essência é a seguinte: se a hipótese da miopia modular estiver correta, então a distinção moral intuitiva entre dano causado como meio e dano causado como efeito secundário pode não ser mais que um acidente cognitivo, um subproduto. Danos causados como meio apertam nossos botões morais-emocionais não porque são objetivamente piores, mas porque o sistema de alarme que nos impede de sermos ao acaso violentos não possui a capacidade cognitiva de acompanhar efeitos secundários. Falaremos mais sobre isso. Antes, vamos considerar outra distinção moral clássica que está no caminho da maximização da felicidade.

FAZER E PERMITIR

Uma vez, saindo do refeitório da faculdade, tentei arremessar meu guardanapo no lixo. Eu o amassei e mirei no cesto cheio até a boca, mas ele quicou e caiu no chão. Sendo uma pessoa decente, eu não queria que minhas ações piorassem a bagunça, então fui até lá para recolher meu guardanapo e jogá-lo no cesto. Mas não pude dizer qual dos muitos guardanapos amassados no chão era o meu. Passei um longo e embaraçoso momento encarando a bagunça, tentando descobrir a localização mais condizente com a trajetória do meu guardanapo. Finalmente, decidi que estava sendo estúpido. *Um guardanapo é um guardanapo é um guardanapo*, pensei, e não havia razão para tentar distinguir aquele que chegara por meio de minhas ações. Selecionei um guardanapo, mais ou menos de forma aleatória, e o coloquei no cesto de lixo. Mas então me vi com um novo problema: por que parar em um único guardanapo? Eu já cruzara a linha entre limpar minha própria sujeira e limpar a sujeira alheia. Já tocara no guardanapo nojento *de outra pessoa*. Por que não tocar em mais alguns? Mas quantos mais? Peguei um punhado, joguei no cesto e fui embora.

A convicção de que temos mais responsabilidade moral pelo guardanapo que nós mesmos jogamos, em comparação com guardanapos que chegaram até lá por outros meios, possui uma nobre história filosófica. Essa convicção foi canonizada como "doutrina de fazer e permitir",[39] que diz que os danos causados por ações, por coisas que fizemos ativamente, são piores que aqueles causados por omissão. Essa ideia é intuitivamente convincente e desempenha papel importante nas decisões morais do mundo real. Por exemplo, de acordo com as orientações éticas da Associação Médica Americana, jamais é aceitável que um médico cause ativamente (e intencionalmente) a morte de um paciente, mas é aceitável que (intencionalmente) *permita* que o paciente morra, em certas circunstâncias. Nossa sensitividade a essa distinção também afeta nossas respostas ao sofrimento evitável. Você não causaria um terremoto fatal, mas está disposto a permitir que vítimas de terremotos morram ao não contribuir para o esforço de resgate. Você não mataria pessoas em Ruanda ou Darfur, mas permite que outros as matem ao não participar ativamente de sua defesa. E assim por diante.

De acordo com os utilitaristas, a distinção entre fazer e permitir é moralmente irrelevante ou, ao menos, não possui força moral independente. Um *dano é um dano é um dano*, dizemos, e não há distinção moral fundamental entre danos que causamos ativamente e danos que apenas permitimos que ocorram. (Há, todavia, diferenças práticas e não fundamentais. Falaremos sobre isso em breve.) Dados nossos valores e circunstâncias, faz sentido traçar uma distinção moral entre o que fazemos e o que permitimos que aconteça? Como no caso da distinção entre meio e efeito secundário, acredito que podemos explicar nossa tendência de criar uma distinção moral fundamental entre ações e omissões em termos de mecanismos cognitivos mais básicos, que não possuem nenhuma relação com a moralidade em si. Em outras palavras, acho que a autoridade moral (independente) da distinção entre fazer e permitir pode ser *desacreditada*.

Esqueça a moralidade por um momento. Por que o cérebro de um animal distinguiria entre coisas que causou ativamente e coisas que apenas permitiu que acontecessem? Justo agora, enquanto lê este livro, você está ativamente fazendo com que seus olhos se movam pela página, ativamente virando as páginas etc. Isso é o que você está *fazendo*. Mas pense em todas as coisas que *não está fazendo*. Você não está ensinando um poodle a dançar, não está escrevendo uma carta para Rod Stewart, não está fazendo malabarismo com tochas acesas e não está instalando uma banheira em seu porão. E esse é apenas o começo. A qualquer momento, há um número infinito de coisas que você não está fazendo, e seria impossível para seu cérebro representar todas elas, ou mesmo uma fracção significativa. (Soa familiar?) Isso significa que o cérebro do agente *precisa*, em certo sentido, privilegiar as ações em detrimento das omissões. Temos de representar ações a fim de realizá-las, a fim de nos assegurarmos de que transcorram como planejado e a fim de entender as ações dos outros. Porém, simplesmente não podemos acompanhar todas as coisas que nós e o outros *não* fazemos. Isso não significa que não podemos pensar sobre omissões, mas sim que nosso cérebro tem de representar ações e omissões de maneiras fundamentalmente diferentes, de modo que a representação das ações é mais básica e acessível.

O fato de que a representação da ação é mais básica pode ser visto em bebês. Em uma tentativa pioneira de entender as raízes cognitivas da distinção entre ação e omissão, Fiery Cushman, Roman Feiman e Susan Carey conduziram um experimento no qual bebês de seis meses observaram um pesquisador escolher entre pares de objetos.[40] Os bebês foram treinados para reconhecer as preferências do pesquisador. Na frente do bebê, havia, digamos, uma caneca azul à direita e uma caneca vermelha à esquerda. O pesquisador pegava a caneca azul. Na rodada seguinte, a escolha podia ser entre a caneca azul à direita (como antes) e uma caneca verde à esquerda, e de novo o pesquisador escolhia a caneca azul à direita. Uma rodada após a outra, o pesquisador escolhia a caneca azul à direita, e não qualquer outra caneca à esquerda, onde a caneca de cor diferente ficava. Então, na rodada crítica para o teste, a caneca azul surgiu à *esquerda* e uma nova caneca, de outra cor qualquer, à direita. Com alguns bebês, o pesquisador escolheu a caneca azul à esquerda. Com outros, a caneca à direita. A pergunta-chave: que escolha foi mais surpreendente para os bebês? Por um lado, o pesquisador sempre escolhia a caneca azul. Por outro, sempre escolhia a caneca à direita. O que os bebês esperariam, azul ou direita? Os bebês observaram por mais tempo quando o pesquisador escolheu a caneca de cor diferente à direita, uma indicação de que ficaram *surpresos*. Em outras palavras, esperavam que o pesquisador escolhesse a caneca azul. Isso significa que os cérebros de bebês de seis meses representaram o fato de que o pesquisador queria a caneca azul e agiu de maneira a consegui-la.[41]

Isso, entretanto, foi apenas metade do experimento. Na outra metade, os bebês de novo observaram um pesquisador escolher entre uma caneca azul e uma caneca de outra cor, rodada após rodada. Dessa vez, o pesquisador escolheu repetidamente a *outra caneca*, não a azul à direita. E então, na rodada crítica, outra vez teve de escolher entre a caneca azul à esquerda e uma caneca de outra cor à direita. A questão, novamente, estava relacionada às expectativas dos bebês. Na primeira rodada, quando viram o pesquisador escolher a caneca azul uma vez após a outra, eles esperaram que escolhesse a caneca azul. Na segunda, viram-no *não* escolher a caneca azul uma vez após a outra. (Uma omissão repetida.) Será que agora esperariam que *não* escolhesse a caneca azul?

Não. Os bebês não mostraram sinais de surpresa quando o pesquisador escolheu a caneca azul. Isso significa que bebês conseguem compreender a ideia de "escolher a caneca azul", mas não a de "não escolher a caneca azul". Note que os bebês conseguiam *distinguir* entre escolher e não escolher a caneca azul. Se não pudessem fazer isso, não teriam ficado surpresos quando o pesquisador escolheu uma caneca de outra cor, após escolher a azul repetidamente. No entanto, tudo que isso significa é que os bebês se mostraram capazes de esperar algo e saber que sua expectativa não foi atendida. O que aparentemente não conseguiram fazer foi representar a ideia de "não escolher a caneca azul" como comportamento distinto. Não conseguiram observar o pesquisador e pensar consigo mesmos: *Lá vai ele de novo, não escolhendo a caneca azul.*

O que isso significa, então, é que representar uma ação específica e orientada para um objetivo, como escolher uma caneca azul, é uma habilidade cognitiva bastante básica, já apresentada por bebês de seis meses. Mas representar uma omissão, a falha em fazer algo específico, é uma habilidade menos básica e mais sofisticada. Note que isso não se dá porque representar uma omissão necessariamente requer de forma substancial mais processamento de informações complexas. Se há apenas duas possibilidades — escolher A e não escolher A —, então representar o que não é feito não é muito mais difícil do que representar o que é feito. Se você está programando um computador para monitorar e prever duas alternativas de seleção de canecas, você pode programá-lo para representar "não escolheu a caneca azul" quase tão facilmente quanto "escolheu a caneca azul". (Tudo de que precisa é de um pequeno operador "não" para transformar esta representação naquela.) Mesmo assim, parece que os seres humanos acham muito mais fácil representar o que alguém faz, e não o que não faz. E isso faz sentido, dado que, na vida real, é mais importante acompanhar as relativamente poucas coisas que as pessoas fazem do que os milhões de coisas que poderiam fazer, mas não fazem.

O fato de que bebês representam fazer com mais facilidade que não fazer permite uma predição sobre os adultos: quando seres humanos adultos distinguem entre ações prejudiciais e omissões (não fazer) em seus julgamentos morais, isso é resultado de uma configuração automática, não da aplicação no modo manual da doutrina de fazer e permitir. Cushman e eu testamos essa predição em um estudo de imagens cerebrais no qual os voluntários avaliaram ações prejudiciais ativas e passivas.[42] Como previsto, descobrimos que *ignorar* a distinção entre ação e omissão — tratar o dano passivo como moralmente equivalente ao dano ativo — requer mais atividade de modo manual do CPFDL que obedecer a essa distinção.[43] Isso faz sentido, dado que a representação de omissões é inerentemente abstrata. Uma ação, ao contrário de uma omissão, pode ser representada de um modo sensorial básico. É fácil, por exemplo, desenhar alguém correndo. Mas como se desenha alguém *não* correndo? Você pode desenhar alguém parado, mas isso vai transmitir algo como "pessoa", "homem" ou "em pé", em vez de "não correndo". A maneira convencional de representar o que algo não é consiste em usar um símbolo abstrato, como um círculo atravessado por uma barra, junto com uma imagem convencional. Já uma imagem convencional não pode fazer o trabalho sozinha. É preciso um símbolo abstrato.

Ações, além de possuírem representações sensoriais naturais, também possuem representações motoras naturais. Ler palavras como "lamber", "pegar" e "chutar" automaticamente eleva a ativação nas sub-regiões do córtex motor que controlam, respectivamente, a língua, os dedos e os pés.[44] Não há, porém, nenhuma parte do cérebro que se ative quando as pessoas pensam sobre ações que não envolvem a língua (etc.), porque não há nenhuma parte do cérebro em especial devotada à realização de ações que não envolvem a língua.

Como já vimos, nossas emoções e, no fim, nossos julgamentos morais parecem ser sensíveis às propriedades sensoriais e motoras das ações, a coisas como empurrar. (E às imagens visuais de empurrar: ver p. 55-56.) Omissões, ao contrário de ações, não possuem propriedades sensoriais e motoras distintas e, em consequência, carecem de ao menos um tipo de gatilho emocional. Além disso, essa distinção sensorial e motora básica entre ações e omissões pode se estender ao reino dos comportamentos mais fisicamente amorfos, dependendo de como são contextualizados. Por exemplo, a ideia de "demitir" alguém (ativa) parece pior que a ideia de "deixar alguém ir" (passiva). Isso condiz com os resultados de um estudo que conduzi com Neeru Paharia, Karim Kassam e Max Bazerman, mostrando que aumentar o preço de medicamentos contra o câncer parece menos ruim se for feito de forma indireta, por intermédio de outro agente, mesmo que a ação física em si não seja mais indireta.[45]

A hipótese, então, é que omissões prejudiciais não apertam nossos botões morais emocionais da mesma maneira que ações prejudiciais. Representamos ações de uma maneira motora e sensorial básica, mas omissões são representadas de forma mais abstrata. Além disso, a diferença no modo como representamos ações e omissões não tem nenhuma relação com a moralidade, mas apenas com os limites cognitivos gerais de nosso cérebro — um cérebro que simplesmente não poderia acompanhar todas as ações que falhamos em realizar e que, originalmente, evoluiu como mecanismo sensorial e motor, não como mecanismo de pensamento abstrato. De novo, parece que uma sacrossanta distinção moral pode ser apenas um subproduto cognitivo. (Entretanto, como explicarei em breve, há espaço para alguma acomodação utilitarista da distinção entre ação e omissão.)

UTILITARISMO *VERSUS* DISPOSITIVO

Maximizar a felicidade parece uma ideia esplêndida, mas poderia, ao menos em princípio, significar fazer coisas terríveis, horrorosas. O que fazer? Nossa compreensão do cérebro moral nos diz que esses problemas "de princípios" podem não ser tão grandes, afinal. Não porque problemas "de princípios" não mereçam nossa preocupação, mas porque agora temos evidências relacionadas à confiabilidade de nossas reações instintivas a atos alarmantes. Dada a maneira como funciona nosso cérebro moral de processo dual, é praticamente certo que haverá casos nos quais fazer algo de fato bom parecerá terrivelmente, horrivelmente errado. Do mesmo modo, é praticamente certo que haverá casos nos quais fazer algo de fato mau parecerá perfeitamente certo. Ao darmos os toques finais em nosso relato de casos alarmantes, retornaremos a nossa mosca-das-frutas favorita, o dilema da passarela, e então consideraremos a importância mais ampla do que aprendemos.

Parece errado empurrar o homem da passarela, mesmo que fazer isso salve mais vidas. Por quê? Sabemos, do capítulo 4, que isso é obra de uma configuração automática. Porém, repetindo, essa é uma resposta apenas parcial. Uma resposta mais completa vem de nosso entendimento das características operacionais desse dispositivo cognitivo: a que ele responde? E a que *não* responde? Vamos começar com a primeira pergunta.

Primeiro, essa configuração automática responde mais a danos causados como *meio* para um fim (ou fim em si) que como efeito secundário. (Mas não se o meio prejudicial estiver estruturado como efeito secundário, a assinatura excêntrica desse mecanismo.) Em outras palavras, responde a danos que são *especificamente pretendidos*.[46] Segundo, responde mais a danos causados *ativamente*, em vez de passivamente. E, terceiro, responde mais a danos causados diretamente por *força pessoal*, em vez de mais indiretamente. Parece que esses três critérios não estão separados, como em uma lista de conferência. Eles parecem estar interligados na operação de nosso dispositivo de alarme, formando um todo orgânico. Repetindo, o fator força pessoal e o fator meio ou efeito secundário *interagem*. Quando o dano não é especificamente pretendido, não importa se é causado por força pessoal. E, se não é causado por força pessoal, importa muito menos o fato de ser especificamente pretendido. Além disso, a distinção entre dano ativo e passivo parece estar interligada aos outros dois fatores, como demonstrado por um erro comum que as pessoas cometem ao justificar seus julgamentos intuitivos no dilema do bonde.

Quando você pede às pessoas para explicarem por que é errado empurrar o homem no dilema da passarela, mas aceitável acionar o interruptor no dilema do interruptor, elas com frequência apelam para a distinção entre ação e omissão, muito embora ela não se aplique. Elas dizem coisas assim: "Empurrar o cara da passarela é *assassinato*. Você está *matando* o cara. Mas, no outro caso, só está permitindo que seja morto pelo bonde." Essa explicação na verdade não funciona. Em ambos os casos, o ato de matar é ativo. Considere isto: se você desviasse um bonde na direção de alguém com a *intenção específica* de matar a pessoa, isso seria bastante ativo e bastante homicida. No caso do interruptor, a ação física não é menos ativa que no caso do assassinato por bonde. Todavia, como o dano é causado por um efeito secundário e sem a aplicação direta de força pessoal, *parece* menos ativo. Assim, aparentemente esses três fatores contribuem para a mesma sensação.

Isso também se encaixa em nossa teoria sobre os mecanismos cognitivos da distinção entre meio e efeito secundário. Repetindo, de acordo com a hipótese da miopia modular, efeitos secundários prejudiciais não acionam o alarme porque o evento prejudicial não está na cadeia primária do *plano de ação*. Porém, danos causados de maneira passiva não possuem planos de ação (ao menos não usualmente), uma vez que não são ativos. Não há movimento corporal e, em consequência, não há cadeia de eventos para conectar o movimento corporal inexistente a um objetivo. Assim, a teoria dos planos de ação, que explica nossa sensibilidade à distinção entre meio e efeito secundário, também nos dá de brinde uma explicação mais detalhada sobre nossa sensitividade à distinção entre ação e omissão.[47]

A força pessoal também pode participar dos planos de ação. Os eventos em um plano de ação são organizados não apenas em sequência temporal, mas também em sequência *causal*. Cada evento causa o seguinte, conforme vamos do movimento corporal para o objetivo (acionar o interruptor... desviar o bonde... salvar as cinco pessoas). Há evidências de que representamos causas em termos de *forças*.[48] Quando você vê uma bola de bilhar bater na outra, tudo que suas retinas percebem são bolas em uma série de localizações, como quadros de um filme. Mesmo assim, você intui, aparentemente de modo correto, a transmissão de força de uma bola para a outra. Assim, o tipo da força representada em um plano de ação — força pessoal *versus* outros tipos — pode afetar a extensão em que sentimos estar pessoalmente causando danos. E a aplicação de força pessoal está relacionada à distinção entre ação e omissão porque a omissão, por definição, não envolve a aplicação de força pessoal.

Juntando esses três fatores, parece que nosso dispositivo de alarme responde a ações *prototipicamente violentas* — coisas como bater, estapear, socar, golpear com um porrete e, claro, empurrar.[49] Há comportamentos que resultam em danos e não apresentam nenhuma dessas três características — comportamentos como não salvar pessoas ao não doar dinheiro para caridade —, mas tais ações não parecem violentas. Do mesmo modo, é difícil, e talvez impossível, pensar em ações que não pareçam violentas, mas envolvam de forma ativa causar danos por meio da aplicação de força pessoal e com a intenção específica de causar tais danos, mesmo que só como meio para um fim.[50] Dizer que esse sistema automático de alarme responde à violência provavelmente é entender as coisas de trás para a frente. Suspeito que, em vez disso, nossa concepção de violência é *definida* por esse sistema automático de alarme.

Falamos sobre a que o dispositivo responde. Mas o que ele ignora? Entre outras coisas, parece ignorar quaisquer *benefícios* que possam ser obtidos por meio da violência. Eu e meus colaboradores submetemos a voluntários uma versão do caso da passarela no qual milhões de pessoas podem ser salvas pelo ato de empurrar.[51] O bonde, se não for parado, irá colidir com uma caixa de explosivos ao cruzar uma grande represa, destruindo a represa, inundando uma grande cidade e matando milhões. Em nossa amostra, 70% aprovaram empurrar. Isso é substancialmente menos que a aprovação de 87% que recebemos ao desviar o bonde no caso do interruptor, a despeito do fato de que, aqui, os benefícios de empurrar são praticamente um milhão de vezes maiores. Assim, parece que o dispositivo não "dá bola" para o que possa estar em jogo. É claro que muito mais pessoas aprovaram empurrar, quando comparamos esse caso com o caso original da passarela, no qual há só cinco vidas em jogo. Está evidente que nossos *julgamentos* são afetados pelos números, mas parece ser porque o alarme emocional é *ignorado* ou *superado* quando os números são altos, e não porque está silencioso. Isso nitidamente deriva da introspecção: empurrar alguém de uma passarela para salvar um milhão de pessoas não causa uma *sensação* melhor que empurrar para salvar cinco. E há evidências experimentais disso também. As pessoas menos dispostas a confiar em sua intuição (que são mais "cognitivamente reflexivas") estão mais propensas a aprovar o ato de empurrar para salvar milhões, indicando que a ação é contraintuitiva, a despeito de a maioria das pessoas aprová-la.

Assim, temos agora uma boa noção do que o dispositivo faz e não faz. Em resumo, ele responde de maneira negativa a atos prototipicamente violentos, sem considerar os benefícios que possam gerar. À luz dessa informação, quão seriamente devemos considerar os conselhos que recebemos dele?

Em geral, acho que devemos levar seus conselhos a sério. A violência em geral é má e, portanto, é muito bom termos no cérebro um pequeno dispositivo que grita conosco quando contemplamos usar violência para atingir nossos objetivos. Sem esse dispositivo, seríamos todos mais psicopáticos.[52] Esse sistema de alarme também fornece uma boa defesa contra o excesso de confiança e o viés. Mesmo que esteja contemplando violência com a melhor das intenções ("A revolução pode ser sangrenta, mas pense em nosso glorioso futuro!"), o alarme diz: "Cuidado, você está brincando com fogo!" Essa é uma boa voz para se ter na cabeça. (Lenin, Trotski, Mao... prestem atenção.) Em resumo, o sistema de alarme que nos faz estremecer à ideia de empurrar uma pessoa inocente para sua morte é, no geral, uma coisa muito boa.

Mas... por mais indispensável que o dispositivo humano antiviolência possa ser, faz pouco sentido vê-lo como *infalível* e elevar suas características operacionais a princípios morais. O dispositivo pode distinguir entre meio e efeito secundário previsível não porque essa distinção possui qualquer valor moral inerente, mas apenas porque ele não possui a capacidade cognitiva de acompanhar múltiplas cadeias causais. Do mesmo modo, pode distinguir entre dano ativo e passivo não porque causar dano ativamente seja inerentemente pior que causar dano passivamente, mas porque o sistema foi projetado para avaliar planos de *ação* e nosso cérebro representa a ação de forma diferente da inação. Por fim, pode responder com mais intensidade a danos causados com uso da força pessoal não porque a força pessoal importe em si mesma, mas porque as maldades mais básicas que um ser humano pode fazer ao outro (bater, empurrar, etc.) envolvem a aplicação direta de força pessoal.

Isso não quer dizer que essas distinções não possuam relações significativas com coisas que importam moralmente. Para começar, o fato de a maioria de nós estabelecer essas distinções permite que façamos inferências sobre o caráter moral de quem *não* as faz.[53] Como mencionado, alguém disposto a causar danos por meio do uso de força pessoal mostra fortes sinais de ter um alarme antiviolência defeituoso: se possuísse um senso moral normal, não faria isso. E, se não possui um senso moral *normal*, há boas chances de não possuir um senso moral *adequado*. (As chances de ter um senso moral bom, mas anormal são pequenas.) O mesmo se aplica a pessoas que pretendem de forma específica causar danos e as que ativamente causam danos. Tudo isso, todavia, pode ser acomodado na estrutura utilitarista. Ao avaliar *pessoas*, faz sentido levar a sério a distinção entre ação e omissão, meio e efeito secundário e uso ou não de força pessoal — não porque elas reflitam verdades morais profundas, mas porque as pessoas que as ignoram são moralmente anormais e, portanto, especialmente propensas a causar problemas.

A distinção entre ação e omissão também pode ter substancial valor utilitarista. Sem ela, você é responsável por todos os problemas que poderia evitar, como se os tivesse causado. (*Guardanapos, guardanapos por toda parte...*) Dado que não podemos ser super-heróis responsáveis por solucionar todos os problemas do mundo, faz sentido que cada um de nós assuma especial responsabilidade por suas próprias ações. (*Jogue fora seu próprio guardanapo!*)

Note, aliás, o paralelo com nossa explicação sobre por que a distinção entre ação e omissão é intuitiva. Ambas as explicações estão baseadas no fato de que omissões são muito mais numerosas que ações. É impossível para nosso cérebro acompanhar todas as coisas que alguém não faz (omissões) durante apenas um momento de comportamento. Do mesmo modo, é impossível para nós assumirmos a responsabilidade por todos os problemas que surgem de coisas que não fazemos. Mesmo assim, isso não significa que causar danos ativamente seja inerentemente pior que causar danos passivamente. (*Um guardanapo é um guardanapo é um guardanapo!*)

Nossa distinção intuitiva entre dano causado como meio e dano causado como efeito secundário também pode ter importantes benefícios práticos. Pode não haver nenhuma boa razão para distinguir danos especificamente planejados de danos que são efeitos secundários *previsíveis*. Contudo, decerto é importante distinguir danos especificamente planejados de danos que são efeitos secundários *imprevisíveis* — ou seja, *acidentes*. Alguém que prejudica pessoas por acidente pode ser perigoso, mas alguém que especificamente planeja prejudicar pessoas como meio para seus fins é *realmente* perigoso. Tais pessoas podem ou não ser mais perigosas que pessoas que de forma consciente causam problemas como dano colateral. Porém, no mínimo, um alarme moral que responde a danos especificamente pretendidos distingue esses danos "maquiavélicos" de danos acidentais. É uma boa coisa, mesmo que o alarme trace o limite no lugar errado, tratando efeitos secundários *previsíveis* como se fossem acidentes.

Assim, como eu disse, há muitas boas razões para ficarmos felizes com o fato de termos um dispositivo antiviolência no cérebro. Mas nossa pergunta-chave é: deveríamos deixar esse dispositivo determinar nossa filosofia moral predominante? Deveríamos ser persuadidos por ele a não buscar o bem maior? Do dilema da passarela e outros como ele, deveríamos tirar a lição de que às vezes é de fato, verdadeiramente errado maximizar a felicidade? Ou deveríamos concluir, em vez disso, que o dilema da passarela é *esquisito* e não vale nossa preocupação?

Chamei o dilema da passarela de mosca-das-frutas moral e essa analogia é duplamente apropriada porque, se eu estiver certo, esse dilema também é uma *peste* moral. É uma situação bastante forçada na qual se garante (por estipulação) que uma ação prototipicamente violenta causará o bem maior. A lição que a maioria dos filósofos tirou desse dilema é que, às vezes, é muito errado promover o bem maior. Contudo, nosso entendimento do cérebro moral de processo dual sugere uma lição diferente: nossas intuições morais são em geral sensíveis, mas não infalíveis. Como resultado, é praticamente certo que podemos imaginar exemplos que explorem sua inflexibilidade cognitiva. É praticamente certo que podemos imaginar uma ação hipotética que seja de fato boa, mas pareça terrivelmente, horrivelmente errada porque aperta nossos botões morais. Não conheço nenhum candidato melhor para essa honra que o dilema da passarela.

Você pode estar se perguntando — as pessoas com frequência o fazem — se estou mesmo dizendo que é certo empurrar o homem da passarela. Eis o que estou dizendo: se você não *sente* que é errado empurrá-lo, há algo errado com você. Eu também sinto que é errado, duvido que de fato pudesse me obrigar a fazer isso e estou feliz por ser assim. Além disso, no mundo real, não empurrar quase certamente seria a decisão correta. No entanto, se alguém com as melhores intenções conseguisse reunir a coragem necessária para empurrar o homem da passarela, sabendo com certeza que isso salvaria cinco vidas e não havia nenhuma opção melhor, eu aprovaria a ação, embora pudesse suspeitar da pessoa que escolheu realizá-la.

Próxima pergunta: se dilemas como o caso da passarela são esquisitos, forçados e devem ser ignorados, por que passei tanto tempo estudando cada um deles? Resposta: esses dilemas devem ser ignorados para alguns propósitos, mas não para outros. Se estivéssemos procurando um guia para uma metamoralidade viável, deveríamos ignorar o dilema da passarela. Não deveríamos deixar que o alarme que ele soa nos impedisse de buscar o bem maior. Porém, se estivéssemos procurando um guia de *psicologia moral*, deveríamos prestar muita atenção a ele. Como espero que agora esteja claro, esses estranhos dilemas são ferramentas maravilhosas para descobrir como nosso cérebro moral funciona. Na verdade, seu papel científico é quase exatamente análogo ao das ilusões visuais na ciência da visão. (Ilusões visuais são tão valorizadas por cientistas da visão que a Sociedade de Ciências da Visão oferece um prêmio para as melhores ilusões do ano.) Veja, por exemplo, a familiar ilusão Müller-Lyer, que mostra que o sistema visual usa linhas convergentes como pistas de profundidade.

Na Figura 27, a linha horizontal de cima parece mais longa que a de baixo, mas as duas possuem o mesmo comprimento. Assim como ilusões visuais revelam a estrutura da cognição visual, dilemas morais bizarros revelam a estrutura da cognição moral. Eles são ilusões morais — revelando a maneira pela qual nos enganam.

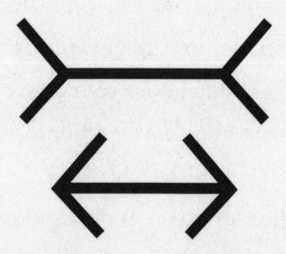

Figura 27. Na famosa ilusão Müller-Lyer, duas linhas iguais parecem ter comprimentos diferentes.

Dilemas do bonde podem ser esquisitos, mas há problemas morais no mundo real que espelham sua esquisitice, com consequências de vida e morte. Repetindo, o dilema da passarela é esquisito porque é um caso no qual uma ação prototipicamente violenta promove o bem maior. Isso raramente acontece na vida cotidiana, mas ocorre com regularidade no domínio da bioética, no qual o conhecimento e a moderna tecnologia nos dão a oportunidade de fazer coisas pseudoviolentas que promovem o bem maior.

Considere de novo a posição da Associação Médica Americana sobre o suicídio medicamente assistido. A AMA essencialmente endossa tanto a doutrina do duplo efeito quanto a doutrina de fazer e permitir. Se eu estiver certo, ela está essencialmente endossando as características operacionais de um módulo míope. Como resultado, pacientes com doenças crônicas podem sofrer só porque não temos a coragem necessária para ativa, intencional e pessoalmente fazermos o que é melhor para eles — e o que querem para si mesmos. (Isso não significa, claro, que não haja razões utilitaristas para sermos bastante cautelosos quando se trata da vida dos pacientes. Mas a AMA se opõe de forma categórica ao suicídio medicamente assistido como questão de "princípio".) As características operacionais do dispositivo também podem influenciar a atitude das pessoas em relação à vacinação obrigatória e às políticas de doação de órgãos e aborto. De fato, a bondologia nasceu como parte de uma discussão sobre o aborto e a doutrina do duplo efeito.[54]

Para além da medicina, as características operacionais do dispositivo podem influenciar nossas atitudes sobre pena de morte, tortura e guerra. Em todos esses casos, ações violentas ou semiviolentas que apertam nossos botões morais podem servir ao bem maior, e podemos rejeitá-las não por termos refletido sobre todas as considerações morais relevantes, mas por causa da maneira como elas nos fazem sentir. E assim como nosso alarme moral pode reagir demais por ser cego para os benefícios de certas ações alarmantes, também pode reagir de menos por ser cego para os custos de ações que não são alarmantes. Quando prejudicamos as pessoas (incluindo as pessoas futuras) ao danificar o meio ambiente, isso quase sempre é um efeito secundário, com frequência passivo e jamais infligido por intermédio da aplicação direta de força pessoal contra outra pessoa. Se, em termos de sensações, danificar o meio ambiente fosse parecido com empurrar alguém de uma passarela, nosso planeta estaria em condições muito melhores.[55]

Vale notar que, politicamente, o ceticismo em relação à sabedoria do dispositivo é uma faca de dois gumes. Nossos alarmes podem alimentar a oposição ao suicídio medicamente assistido e ao aborto, mas também a oposição à tortura e à pena de morte. Não estou me posicionando a favor ou contra nenhuma dessas políticas. Em vez disso, estou sugerindo que nos eduquemos a pensar nelas de uma maneira diferente.

É bom ficarmos alarmados com atos de violência. Os dispositivos emocionais automáticos em nosso cérebro não são infinitamente sábios. Nossos sistemas de alarme moral acham que a diferença entre empurrar e acionar um interruptor é de grande significância moral. Ainda mais importante, não veem diferença entre assassinato autointeressado e salvar um milhão de vidas ao custo de uma. É um erro conceder a esses dispositivos o poder de veto em nossa busca por uma filosofia moral universal.

10

Justiça e equidade

No capítulo anterior, focamos em ações que usam meios alarmantes em busca de bons fins. Aqui, focaremos nos fins: o que deveríamos estar almejando? Alguns dizem que o bem maior é incompatível com a justiça, forçando-nos a fazer coisas injustas para os outros e até para nós mesmos. Consideraremos essa objeção e a psicologia por trás dela.

Como antes, empregaremos duas estratégias. Às vezes, *acomodaremos*, argumentando que maximizar a felicidade no mundo real não leva às conclusões absurdas que alguns imaginam. Outras vezes, argumentaremos pela *reforma*, usando nosso entendimento cognitivo e evolutivo da psicologia moral para lançar dúvidas sobre nosso senso intuitivo de justiça.

O UTILITARISMO É EXIGENTE DEMAIS?

Como explicado no capítulo 8, ser um maximizador de felicidade é duro, porque o mundo está cheio de infelicidade evitável. Repetindo, se você quiser salvar a vida de alguém, provavelmente pode fazer isso por 2.500 dólares, nos quais pode pensar como 500 dólares por ano durante cinco anos ou 500 dólares seus e de mais quatro amigos. E, mesmo sem salvar vidas, você ainda pode aliviar muito sofrimento com uma doação modesta — menos do que gastaria jantando fora. Em termos mais simples, 1 dólar gasto de forma correta com os necessitados compra muito mais felicidade que para você, sua família ou seus amigos.[1]

Talvez você esteja se perguntando se isso é mesmo verdade. E sejamos honestos. Parte de você pode estar *torcendo* para que não seja. Porque, se não houver nada que você possa fazer para ajudar as pessoas menos afortunadas do mundo, então você está livre da responsabilidade. Sinto muito, mas não está. Nem eu. É verdade que alguns projetos de caridade dão errado, causando mais mal que bem. E é verdade que dinheiro enviado com a melhor das intenções às vezes cai nas mãos erradas, enchendo os cofres de ditadores odiosos. No entanto, hoje em dia você não pode se esquivar de ajudar dizendo que é impossível. As organizações internacionais de auxílio estão mais efetivas e mais responsáveis que nunca.[2] E, mesmo que algumas sejam ruins, só uma delas precisa ser boa para que você não esteja livre da responsabilidade. Muitas delas são boas, e mesmo que as melhores organizações humanitárias do mundo gastassem com frivolidade seu dinheiro (o que não fazem), ainda seríamos responsáveis, porque só dobrar o custo de ajudar não altera fundamentalmente a matemática. Hoje, não há como negar que você pode — se quiser — usar seu dinheiro para auxiliar pessoas desesperadas por ajuda.

No fim das contas, essa é uma boa notícia, mas coloca pessoas como nós — pessoas com ao menos alguma renda disponível — em uma difícil posição moral. Cem dólares podem alimentar uma criança pobre durante meses. Como, então, você pode gastar esse dinheiro em coisas das quais não precisa realmente? E quanto aos próximos 100 dólares e os 100 dólares seguintes? Você pode tirar férias? Levar alguém para jantar? Ter hobbies? Escolher uma carreira que não seja tão lucrativa? Fazer uma festa de aniversário para seu filho? *Ter um filho, em primeiro lugar?* Você pode pedir queijo adicional em sua pizza? Será que sequer pode pedir pizza? Para um utilitarista perfeito, a resposta a todas essas perguntas é a mesma: tais indulgências são permitidas desde que sejam absolutamente necessárias para mantê-lo o mínimo feliz e maximizar sua habilidade de aumentar a felicidade de outros, na maioria estranhos. Em resumo, ser um utilitarista perfeito requer abrir mão de quase tudo que você quer da vida e se transformar em uma bomba de felicidade.

Há alguns anos, um filósofo deu uma palestra defendendo o ideal utilitarista. Durante a parte das perguntas, outro filósofo se levantou e apontou para o laptop do palestrante: "Essa coisa custa no mínimo mil dólares", disse ele. "Como você pode justificar *isso* quando há pessoas passando fome no mundo?"

E o palestrante respondeu: "Não posso! Mas ao menos tenho a decência de admitir que sou hipócrita!"³ Acho essa resposta não apenas engraçada, mas também iluminada. (E provavelmente incorreta. Como explicarei em seguida, ele quase certamente *pode* justificar a compra de seu laptop.)

A preocupação de que o utilitarismo seja exigente demais é devastadora apenas se esperamos ser utilitaristas *perfeitos*, e tentar ser um utilitarista perfeito é uma coisa muito não utilitarista a se fazer. Considere, por exemplo, o dilema análogo que enfrentamos quando tentamos seguir uma dieta saudável. Em uma dieta saudável, você identificaria o conjunto de alimentos mais saudáveis e os consumiria exclusivamente, em quantidades otimizadas. Se você quisesse manter uma dieta perfeita, provavelmente jamais consumiria suas comidas favoritas, nem mesmo em seu aniversário. Você viajaria com pacotes de alimentos otimizados, porque poderiam não estar disponíveis no local de destino. Ao ser convidado para jantar, você recusaria, comeria antes, comeria depois ou levaria sua própria refeição otimizada. Você jamais convidaria alguém para jantar ou só convidaria para restaurantes que servissem comida otimizada. E assim por diante.

Se você fosse um computador capaz de se alimentar, manter uma dieta ótima poderia ser um objetivo realista. Porém, como pessoa real com limitações de tempo, dinheiro e força de vontade, tentar manter uma dieta fisiologicamente ótima não é, na verdade, ótimo. Em vez disso, a estratégia ótima é comer tão bem quanto possível, dadas as limitações do mundo real, incluindo suas próprias limitações fisiológicas e aquelas impostas pelo fato de que você é um ser social. Isso é desafiador porque não há fórmula mágica, nenhuma linha brilhante entre os extremos do perfeccionismo e a gula desenfreada. Para ser o mais saudável possível — não em princípio, mas na prática —, você precisa estabelecer objetivos razoáveis, inevitavelmente arbitrários, e trabalhar razoavelmente duro para atingi-los.

O mesmo vale para ser um utilitarista de carne e osso no mundo real, mas com ainda mais ênfase. A "dieta moral" utilitarista ideal é incompatível com a vida para qual nosso cérebro foi projetado. Ele não foi projetado para se preocupar a fundo com a felicidade de estranhos. Na verdade, pode até mesmo ter sido projetado para ser indiferente ou malevolente em relação a estranhos. Assim, um utilitarista de carne e osso vivendo no mundo real precisa ser muito tolerante consigo mesmo, mais que alguém que tenta seguir uma dieta saudável.

O que isso significa na prática? Aqui também não há fórmula mágica, só uma indefinida zona habitável entre dois extremos. Ser um utilitarista de carne e osso não significa tentar se transformar em uma bomba de felicidade. Para ver por que, basta considerar o que aconteceria se você tentasse: primeiro, você sequer tentaria. Segundo, se tentasse, seria infeliz, privando-se de quase todas as coisas que o motivam a sair da cama pela manhã (se ainda tivesse uma cama). Como bomba de felicidade não muito convicta, você logo encontraria uma racionalização para abandonar essa filosofia ou simplesmente se resignaria à hipocrisia, voltando ao ponto de partida e tentando descobrir quão hipócrita e quão heroico está disposto a ser.

Ao mesmo tempo, ser um utilitarista de carne e osso não significa ser um hipócrita *completo*, concedendo um passe livre para si mesmo. Sua inabilidade de ser um utilitarista perfeito não o livra da responsabilidade mais que sua inabilidade de seguir uma dieta perfeita justifica se entupir de comida em todas as refeições. É evidente que, há coisas que você pode fazer que aliviariam muito sofrimento e exigiriam comparavelmente pouco sacrifício de sua parte. Quanto sacrifício você deveria fazer? De novo, não há fórmula mágica e tudo depende de suas circunstâncias e limitações pessoais. Há uma dimensão social do problema que pode, no longo prazo, favorecer mais os esforços intensos que os esforços heroicos. Sua vida é um modelo para outras pessoas, em especial seus filhos (se os tiver). Se você melhorar a vida de centenas de pessoas todos os anos com suas doações, mas sua vida permanecer feliz e confortável, você é um modelo que outros podem emular. Se, em vez disso, chegar ao ponto de ruptura, pode fazer mais bem direto com seus dólares doados, mas acabar minando a causa maior ao se transformar em um exemplo pouco atraente. Promover uma cultura moderada e sustentável de altruísmo pode, no longo prazo, fazer mais bem que tentar ultrapassar seus limites pessoais. Heróis que fazem sacrifícios enormes pelos outros são "inspiradores", mas, quando se trata de motivar comportamento no mundo real, as pesquisas mostram que a melhor maneira de fazer com que as pessoas pratiquem uma boa ação é dizer a elas que seus vizinhos já estão ajudando.[4]

O ponto mais geral é o seguinte: se aquilo que o utilitarismo pede que você faça parece absurdo, então não é isso que ele está pedindo. Repetindo: o utilitarismo é uma filosofia inerentemente prática e não há nada menos prático que exigir que pessoas livres façam coisas que lhes parecem absurdas e contrariam suas motivações mais básicas. Assim, no mundo real, o utilitarismo é exigente, mas não exigente demais. Ele pode *acomodar* nossas necessidades e motivações humanas básicas, mas, mesmo assim, pedir substancial *reforma* de nossos hábitos egoístas.

Todavia, é possível objetar às reformas moderadas que o utilitarismo do mundo real exige. Pode-se dizer que ajudar estranhos é admirável, mas inteiramente opcional. Essa é uma posição moral defensável ou apenas uma racionalização confortável? Com isso em mente, consideremos o problema moral apresentado por Peter Singer[5] e a psicologia por trás de nosso intuitivo senso de dever para com os outros.

O DEVER DE AJUDAR

Suponha que você esteja caminhando no parque e encontre uma criancinha se afogando em um lago raso. Você poderia com facilidade entrar no lago e salvá-la, mas estragaria seu terno italiano novo, que custou mais de 500 dólares. É moralmente aceitável deixar a criança se afogar a fim de salvar o terno? É claro que não. Isso seria moralmente monstruoso. Mas por que, pergunta Singer, é moralmente aceitável gastar 500 dólares em um terno se você poderia usar esse dinheiro para salvar a vida de uma criança fazendo uma doação para uma organização internacional de auxílio? Em outras palavras, se você acha que salvar a criança se afogando é moralmente obrigatório, por que salvar crianças pobres em terras distantes é moralmente opcional?

(De novo, 500 dólares podem não ser suficientes para salvar uma vida, mas, de acordo com um colega bem-vestido, também não são suficientes para comprar um terno elegante. De qualquer modo, você pode imaginar que tem quatro amigos que doarão se você doar ou que essa situação ocorrerá mais quatro vezes nos anos seguintes.)

Primeiro, façamos uma pausa para reconhecer o valor de ternos bem-cortados. Suponha que você seja um advogado corporativo que orquestra acordos de centenas de milhões de dólares. Para você, comprar na J.C. Penney seria mesquinho e tolo. Suas roupas elegantes projetam confiança e competência e são um bom investimento financeiro. O mesmo vale para a belíssima mobília de carvalho em seu escritório, seu título do country club, sua bela casa, adequada para receber, e muitas outras coisas. (E o mesmo vale para seu laptop, se você for um acadêmico que ganha a vida lendo e escrevendo.) O ponto mais geral é o seguinte: muitos luxos talvez considerados desnecessários, a despeito das aparências, podem ser justificados em bases utilitaristas. Esse é um ponto válido e agradável para aqueles que, como eu, relutam em mudar de forma radical seus estilos de vida, mas não faz com que o problema de Singer desapareça. Isso porque ainda não há como negar que nós, os abastados do mundo, temos ao menos alguma renda verdadeiramente disponível. Se você deixar uma criança se afogar para salvar seu terno financeiramente funcional, você ainda é um monstro moral. Por quê? Porque, se pode comprar um terno como esse, você também pode substituí-lo. E se pode substituir o terno depois de salvar a vida de uma criança se afogando, então pode salvar a vida de uma criança em terras distantes antes de comprar o próximo terno. Depois que cuidamos de nossas próprias necessidades — no sentido amplo —, devemos nos voltar para nossas oportunidades morais.

Talvez tenhamos permissão para ignorar o drama de crianças distantes porque elas são (ao menos em nossa versão da história) cidadãs de nações estrangeiras. Mas então seria aceitável deixar uma criança estrangeira se afogar em um lago estrangeiro se estivéssemos no exterior? Talvez sua obrigação para com as crianças distantes seja diminuída pela existência de muitas outras pessoas que poderiam ajudá-las. No caso da criança se afogando de Singer, você é único capaz de ajudar. Mas quão importante é esse fato? Suponha que haja outras pessoas em torno do lago, cientes de que a criança está se afogando, mas nada fazendo para prestar socorro. Agora seria certo deixá-la morrer? Lição: é surpreendentemente difícil justificar o fato de tratarmos a criança se afogando que está próxima e a criança morrendo de fome que está distante de maneiras diferentes.[6]

De qualquer modo, parece óbvio que devemos salvar a criança próxima que se afoga e também parece óbvio que doar para instituições estrangeiras é, na maior parte dos casos, moralmente opcional. Em outras palavras, esses dois casos são *intuitivamente* muito diferentes. Devemos confiar em nossas intuições? Quando vemos esses dois casos como muito diferentes, estamos tendo um *insight* moral? Ou isso apenas reflete a inflexibilidade de nossas configurações automáticas?

Para ajudar a responder essa pergunta, eu e Jay Musen conduzimos uma série de experimentos com o objetivo de identificar os fatores que afetam nosso julgamento em casos como esse, essencialmente fazendo a "bondologia" do problema de Peter Singer.[7] Nesses experimentos, não observamos todos os fatores potencialmente relevantes. Obviamente seria importante, por exemplo, se a criança fosse seu filho ou sobrinho. Mas o parentesco não desempenha um papel no problema original de Singer. Queremos saber por que dizemos "Você deve salvar a criança se afogando" ao mesmo tempo que insistimos que lutar contra a pobreza global é admirável, mas opcional.

Em nossos experimentos, o fator de maior efeito foi sem dúvida a *distância física*. Em um de nossos cenários, por exemplo, você está de férias em um país em desenvolvimento que foi atingido por um tufão devastador. Felizmente, você não foi atingido pela tempestade. Está em um lindo e aconchegante chalé nas colinas, com vista para o mar e estocado com tudo de que você precisa. Porém, você pode ajudar dando dinheiro para as iniciativas de ajuda humanitária. Em uma versão diferente do cenário, tudo é igual, exceto que é seu amigo quem está lá. Você está em casa, sentado em frente ao computador. Seu amigo descreve a situação em detalhes e, usando a câmera e o microfone do smartphone, fornece um tour audiovisual pela área devastada, recriando a experiência de estar presente. Você pode ajudar doando on-line.

Em resposta à versão desse cenário na qual você está fisicamente presente, 68% dos voluntários disseram que você tem a obrigação moral de ajudar. Em contraste, ao responder à versão na qual você está longe, só 34% disseram que você tem a obrigação moral de ajudar. Observamos essa grande diferença a despeito do fato de que, na versão distante, você tem as mesmas informações e é também capaz de ajudar.

É válido enfatizar que o estudo controlou muitos dos fatores que as pessoas tipicamente citam quando resistem à conclusão utilitarista de Singer. Em nenhum de nossos cenários você é o único com a habilidade de ajudar, como no caso da criança se afogando. Em todos eles, a ajuda é fornecida da mesma maneira: por meio de uma organização de boa reputação que aceita doações. Os experimentos controlaram a variável de a ajuda ser necessária em resposta a uma emergência específica (criança se afogando) ou um problema crônico (pobreza). Em todos eles, as vítimas eram cidadãs de países estrangeiros, removendo a razão patriótica para ajudar umas mais que outras. Por fim, os experimentos controlaram a variável de as circunstâncias infelizes serem causadas por acidentes ou pela ação de outra pessoa, que então arcaria com mais responsabilidade de ajudar, assim liberando-o da sua. Em resumo, havia muito poucas diferenças entre as versões perto e longe desses dilemas de auxílio, sugerindo que nosso senso de obrigação moral sofre forte influência devido à mera distância física ou a outros fatores nessas mesmas linhas.[8]

A distância física *deveria* importar? Como na Bondolândia, pode-se argumentar que a distância física importa quando se trata de avaliar o *caráter* das pessoas. Alguém que permite que uma criança se afogue na sua frente porque está preocupado com o terno é um monstro moral, mas, claramente, não somos todos monstros morais por comprar coisas como ternos em vez de fazer doações. Mesmo assim, isso não significa que a distância *realmente* importe. Só significa que as pessoas insensíveis à distância são moralmente anormais e ser moralmente anormal importa. Considere, de novo, o amigo que telefona em busca de conselho moral: "Eu deveria ajudar essas pobres vítimas do tufão ou não?" Seria bastante estranho responder: "Depende. A quantos metros de distância elas estão?"

Parece que, mais uma vez, estamos sendo conduzidos por nossas inflexíveis configurações automáticas: a criança que se afoga perto de nós aperta nossos botões morais e a criança que morre de fome lá longe, não,[9] mas as diferenças entre elas são moralmente irrelevantes, assim como a força pessoal. Por que nossos botões morais funcionam dessa forma? Uma pergunta melhor é: por que não funcionariam? Repetindo: até onde sabemos, nossa capacidade de empatia evoluiu para facilitar a cooperação — não universalmente, mas com indivíduos específicos ou membros de uma tribo específica. Se você ajuda um membro de seu grupo, são boas as chances de que seu "amigo em necessidade" se torne, em algum momento, um "amigo necessário" (reciprocidade). E é possível que, ao ajudar membros de sua tribo, você ajude a si mesmo de forma indireta, tornando sua tribo mais forte que as outras. (A criança que você salvou de se afogar hoje pode liderar sua tribo na batalha de amanhã.) Em contraste, não há vantagem biológica — e enfatizo o termo *biológica* — em ser universalmente empático. Os traços prevalecem por seleção natural porque conferem vantagem competitiva no nível individual e, talvez, no nível grupal. Assim, não é difícil explicar por que em geral não ficamos comovidos com o sofrimento de pessoas distantes. A questão difícil, do ponto de vista biológico, é por que às vezes *ficamos* comovidos com o sofrimento de estranhos próximos. Essa explicação pode vir de uma evolução cultural, e não biológica.[10] Como explicado no capítulo 3, algumas culturas evoluíram normas segundo as quais se espera que estranhos se comportem com altruísmo em relação uns aos outros, desde que os custos não sejam muito altos.

Há outra diferença relevante entre a criança próxima que se afoga e a criança distante que é pobre. A criança se afogando é uma pessoa específica e identificável, ao passo que as crianças que você pode salvar com sua doação são, de sua perspectiva, pessoas "estatísticas" não identificadas.[11] O economista Thomas Schelling observou que as pessoas tendem a responder com maior urgência a vítimas identificáveis, quando comparadas a vítimas indeterminadas, "estatísticas".[12] Isso é conhecido como "efeito da vítima identificável", um efeito ilustrado no caso de Jessica McClure, também conhecida como "bebê Jéssica".[13]

Em 1987, a bebê Jessica, de dezoito meses, caiu em um poço em Midland, Texas, onde permaneceu presa por quase sessenta horas. Estranhos enviaram mais de 700 mil dólares para sua família, em apoio ao esforço de salvamento, uma soma que poderia ter salvado a vida de muitas crianças se fosse gasto em assistência médica preventiva. Deixar a bebê Jéssica morrer no poço seria impensável, moralmente monstruoso. Mas falhar em aumentar o orçamento estatal para assistência médica preventiva para crianças não é tão impensável. Como Schelling observou em seu artigo seminal sobre o efeito da vítima identificável, a morte de uma pessoa em particular evoca "ansiedade e emoção, culpa e reverência, responsabilidade e religião, [mas] [...] a maioria dessa reverência desaparece quando lidamos com mortes estatísticas".[14]

Inspirados pela observação de Schelling, Deborah Small e George Loewenstein conduziram uma série de experimentos examinando nossas reações a vítimas identificáveis e vítimas "estatísticas".[15] Eles deram a cada um de seus dez participantes um "fundo" de 10 dólares. Alguns deles escolheram aleatoriamente cartas que diziam "MANTENHA" e puderam reter seu fundo, enquanto outros escolheram cartas que diziam "PERCA" e subsequentemente perderam seu fundo, transformando-se em "vítimas". Cada não vítima escolheu o número de uma vítima, assim pareando uma não vítima com uma vítima. É importante notar que as não vítimas não conheciam a identidade da pessoa com a qual estavam pareadas. Como não vítima, você poderia saber que estava pareado com a "pessoa número 4", mas não tinha e jamais teria ideia de quem ela era. As não vítimas podiam dar parte de seu fundo para as vítimas com quem estavam pareadas e escolher quanto dar. Contudo — uma manipulação crucial —, algumas das não vítimas foram pareadas com vítimas específicas (sem jamais conhecê-las) *antes* de decidir quanto dar, ao passo que outras foram pareadas *após* decidir quanto dar. As que decidiram quanto dar antes de serem pareadas sabiam que seriam pareadas mais tarde. Assim, algumas pessoas enfrentaram a questão "Quanto quero dar para a pessoa número 4 [vítima determinada]?" e outras a questão "Quanto quero dar para a pessoa cujo número receberei [vítima indeterminada]?". Repetindo, em nenhum momento os decisores souberam quem receberia seu dinheiro.

Os resultados: a doação média para as vítimas determinadas foi mais que o dobro da doação média para as vítimas indeterminadas. Em outras palavras, as pessoas se mostraram mais inclinadas a dar dinheiro para a "aleatoriamente determinada pessoa número 4" que para a "pessoa número X a ser determinada aleatoriamente". Isso não faz sentido. Decerto, é irrelevante se você escolhe primeiro o receptor e depois a quantia ou vice-versa, desde que nada saiba sobre o receptor em nenhum dos casos.

Em um estudo sequencial, Small e Loewenstein mensuraram autorrelatos de simpatia (efetivamente o mesmo que "empatia") e descobriram, como esperado, que a simpatia pelas vítimas é capaz de prever os níveis de doação. Também conduziram um experimento de campo no qual deram às pessoas a oportunidade de doar dinheiro para a Habitat for Humanity. Cada doação ajudaria a dar uma casa para uma família necessitada. Em alguns casos, a família receptora fora determinada por antecipação, enquanto em outros seria determinada no futuro. Como no experimento de laboratório, nenhum dos decisores sabia quem se beneficiaria de sua doação. Como previsto, a doação média para as famílias determinadas foi duas vezes mais alta que a doação média para as famílias indeterminadas. Um estudo mais recente mostra, sem surpresa, que as pessoas estão mais inclinadas a dar dinheiro para caridade quando as doações são dirigidas para uma pessoa necessitada específica — nesse caso, uma garota maliana pobre de 7 anos chamada Rokia — do que quando são para a causa mais ampla da pobreza na África. A parte surpreendente, no entanto, foi que as pessoas se mostraram *menos* inclinadas a ajudar Rokia quando, além de apresentar sua história pessoal, os pesquisadores também apresentaram estatísticas descrevendo o problema mais amplo da pobreza na África. Isso transformou Rokia em "uma gota no oceano". Os números, contudo, não precisam ser altos ao extremo para embotar nossa simpatia. Tehila Kogut e Ilana Ritov solicitaram doações para ajudar uma criança doente precisando de um tratamento muito caro ou oito crianças na mesma situação.[16] As pessoas ficaram mais perturbadas com a única criança e deram mais dinheiro a ela que ao grupo de oito. Um estudo mais recente mostra que nossa simpatia é embotada com números tão pequenos quanto *dois*.[17]

Então... há mesmo diferença moral entre a criança que se afoga aqui perto e a criança que precisa de comida e remédio lá longe? Esses casos certamente *parecem* diferentes, mas sabemos agora que nosso intuitivo senso de obrigação moral é no mínimo pouco confiável, sensível a coisas que não importam de verdade, como distância física e o fato de sabermos, de maneira trivialmente mínima, quem estamos ajudando. Isso não significa que nossos programas empáticos automáticos sejam de todo ruins. Ao contrário, sem nossos sentimentos empáticos naturais, seríamos monstros morais. Nossa capacidade de empatia pode ser a característica mais quintessencialmente moral de nosso cérebro. Mesmo assim, também aqui seria tolice deixar que as inflexíveis características operacionais de nossos dispositivos de empatia servissem como princípios morais fundacionais.

COMPROMISSOS PESSOAIS

Vamos concordar, então, que somos indevidamente indiferentes ao sofrimento de pessoas distantes, "estatísticas". Mesmo assim, nosso dever de ajudar estranhos distantes engole tudo? E quanto a todo o restante com que nos importamos?

Seres humanos não são apenas alocadores de recursos. Somos pais e mães, filhos e filhas, irmãos e irmãs, amantes e amigos, compatriotas, mantenedores de nossa fé e defensores de uma miríade de causas dignas, das artes e da busca de conhecimento à vida bem vivida. Parece que esses compromissos nos dão obrigações morais e opções legítimas.[18] Se jamais comprou presentes de aniversário para seu filho porque seu dinheiro é mais bem gasto com crianças pobres, anônimas e distantes, você pode ser admirável à sua própria maneira, mas é um pai ruim. Se seus compromissos utilitaristas o deixam sem dinheiro para socializar, você não pode ser um bom amigo. Do mesmo modo, apoiar as artes e o time de esportes do colégio local dificilmente parece um erro moral. Maximizar a felicidade global precisa excluir as causas dignas de nossas vidas?

Aqui, também, o utilitarismo pode fazer muita acomodação. Se parece absurdo pedir a seres humanos reais para abandonarem suas famílias, amigos e outras paixões para melhorar a vida de estrangeiros anônimos, então isso não pode ser o que o utilitarismo realmente pede dos seres humanos. Tentar fazer isso seria um desastre, e desastres não maximizam a felicidade. Humanos evoluíram para ter vidas definidas por relacionamentos com pessoas e comunidades e, se nosso objetivo é tornar o mundo tão feliz quanto possível, devemos levar em conta essa característica definidora da natureza humana.[19]

Todavia, junto com essa flexível acomodação utilitarista vem alguma reforma desafiadora. *É claro* que você deveria comprar um presente de aniversário para seu filho. Mas ele de fato precisa de três presentes? Cinco? Dez? Em algum ponto, gastar dinheiro com seu próprio filho em vez de com crianças que precisam muito de comida e medicamentos pode de fato ser um erro moral. Apoiar a arte é maravilhoso, e provavelmente melhor que gastar dinheiro com você mesmo, mas talvez não seja moralmente defensável dar 1 milhão de dólares para o Museu Metropolitano de Arte — o suficiente para adquirir uma peça um pouco cara de arte de primeiro nível — se esse dinheiro pudesse alimentar, curar, vestir e educar mil crianças pobres. Como questão prática, é provavelmente contraproducente desdenhar de filantropos por estarem fazendo o bem da maneira "errada";[20] é melhor gastar dinheiro com o Met que em uma quarta casa de veraneio. Mas ajudar pessoas que precisam de ajuda seria ainda melhor. Como no caso de desejos egoístas e relacionamentos pessoais, quando se trata de causas nobres não há uma fórmula para estabelecer o limite entre uso razoável e indulgente de recursos. Todavia, no mundo real, não podemos traçar essa linha em um lugar que pareça absurdo, porque, se o fizermos, ela não será respeitada.

Portanto, também nesse caso, o utilitarismo é firme, mas razoável na prática, acomodando nossas necessidades e limitações. Mesmo assim, parece que ele deixou passar algo profundamente importante sobre os valores humanos.

VALORES HUMANOS *VERSUS* VALORES IDEAIS

O utilitarismo o perdoará por manter relacionamentos e interesses pessoais. Mas isso é algo que precisa de *perdão*? Um humano moralmente ideal, dirá você, não é uma bomba de felicidade. Alguém que investe nos amigos e na família não está exibindo uma fraqueza humana aceitável. Está sendo uma *boa pessoa* — pura e simplesmente. Não há algo errado com o utilitarismo se ele diz que devemos, idealmente, nos importar mais com estranhos desafortunados que com qualquer outra coisa?

Talvez não. Talvez, se nos distanciarmos o suficiente de nossos valores humanos, possamos ver que eles não são ideais, mesmo que continuemos a adotá-los. Eis um experimento mental que pode ajudar.

Imagine que você está encarregado do universo e decidiu criar uma nova espécie de seres inteligentes e sencientes. Essa espécie viverá em um mundo como o nosso, com recursos escassos e no qual a alocação desses recursos para os que não os têm elimina mais sofrimento e produz mais felicidade que alocá-los para os que já os têm. Você irá projetar a mente das novas criaturas e, assim, escolherá como elas tratarão umas às outras. Você reduziu suas escolhas a três opções.

> Espécie 1, *Homo egoisticus*. Essas criaturas não se importam nem um pouco umas com as outras. Elas fazem o que podem para garantir sua própria felicidade e não pensam na felicidade alheia. O mundo dos *Homo egoisticus* é um mundo bastante miserável no qual ninguém confia em ninguém e todos lutam constantemente por recursos escassos.

> Espécie 2, *Homo comoagenticus*. Os membros dessa espécie são bastante egoístas, mas também se importam muito com um número relativamente pequeno de indivíduos específicos e, em menor extensão, com indivíduos que pertencem a certos grupos. Se todo o restante for igual, preferem que

os outros sejam felizes, e não infelizes. Porém, na maior parte do tempo, não estão dispostos a erguer muito mais que um dedo em benefício de estranhos, especialmente estranhos que pertencem a outros grupos. É uma espécie amorosa, mas seu amor é bastante limitado. Muitos membros dessa espécie são muito felizes, mas a espécie como um todo é muito menos feliz do que poderia ser. Isso porque os *Homo comoagenticus* tendem a reunir tantos recursos quanto possível para si mesmos e seus associados mais próximos, deixando muitos membros da espécie — um pouco menos da metade — sem os recursos de que necessitam para ser felizes.

Espécie 3, *Homo utilitarius*. Os membros dessa espécie valorizam igualmente a felicidade de todos. A espécie é tão feliz quanto poderia ser, porque seus membros se importam uns com os outros tanto quanto se importam consigo mesmos. A espécie está tomada por um espírito de amor universal. Ou seja, os membros dessa espécie amam uns aos outros com a mesma apaixonada intensidade com que os membros da espécie *Homo comoagenticus* amam seus familiares e amigos. Em consequência, são muito felizes.

Se eu estivesse encarregado do universo, escolheria a espécie *Homo utilitarius*, uma espécie muito mais feliz imbuída de amor universal. Você pode discordar. Pode insistir que os membros da *Homo utilitarius* são drones autômatos cuja devoção indiscriminada empalidece em comparação com o rico e partidário amor que os humanos possuem na Terra — Romeu e Julieta *versus* Coletivo Borg. Isso, todavia, é apenas uma falha imaginativa. Para ajudar sua imaginação, considere alguns heróis da vida real. Algumas pessoas doam rins para estranhos sem pedir nada em troca. O surpreendente é que, não se veem como heroicas. Elas insistem, com cálido otimismo, que outras pessoas fariam o mesmo se tivessem a oportunidade de ajudar.[21] E então há Wesley Autrey, que se jogou na frente de um trem do metrô para salvar a vida de um homem que caíra nos trilhos durante uma crise epilética.[22] Autrey segurou o homem com o próprio corpo enquanto o trem passava sobre eles, arrancando fios de seu cabelo. Quando imaginamos *Homo utilitarius*, devemos imaginar heróis, não drones. Pessoas iguais a nós, mas dispostas a fazer mais pelos outros que a vasta maioria de nós.

Meu ponto é este: não é razoável esperar que seres humanos reais coloquem de lado quase tudo que amam em nome do bem maior. Falando por mim mesmo, eu gasto com meus filhos dinheiro que seria mais bem gasto com crianças distantes e famintas, e não tenho a intenção de parar. Afinal, sou apenas humano![23] Mas prefiro ser um humano que sabe que é hipócrita e tenta ser menos que um que confunde as limitações morais típicas de sua espécie com valores ideais.

SEM SOBREMESA

Há um argumento claramente utilitarista para punir pessoas que não seguem as regras: sem a ameaça de punição, as pessoas não se comportam.[24] Outros, todavia, dizem que a punição não se presta, ou não deveria se prestar, primariamente a encorajar o bom comportamento. Eles dizem que deveríamos punir os transgressores só porque *merecem*, independentemente dos benefícios práticos de punir. Essa abordagem da punição, conhecida como *retributivismo*, é favorecida por muitos teóricos morais e legais, entre os quais Immanuel Kant.[25] Kant, aliás, uma vez disse que se uma comunidade ilhéu tivesse de abandonar seu lar, sua lista de coisas a fazer deveria incluir a execução de quaisquer assassinos ainda na prisão, apenas para conseguir um pouco mais de justiça antes de ir embora.[26]

Os retributivistas fizeram algumas objeções interessantes ao utilitarismo. Primeiro, parece que utilitaristas, às vezes, punem quando não deveriam. Lembre-se do caso do juiz e da multidão, no capítulo 3 (ver p. 88), no qual o juiz pode evitar um tumulto violento se prender um inocente. Parece simplesmente errado punir uma pessoa inocente, mesmo que fazer isso produza as melhores consequências gerais. Segundo, parece que utilitaristas, às vezes, punem muito pouco. Para o retributivista, o mundo ideal é aquele no qual as pessoas boas são recompensadas e as pessoas más sofrem. Para um utilitarista, o mundo ideal é aquele no qual todo mundo é feliz ao extremo, incluindo as pessoas ruins. De fato, o sistema ideal de punição para o utilitarista é aquele no qual as punições são convincentemente falsas, e não realmente aplicadas. No mundo utilitarista ideal, os condenados seriam enviados para um lugar feliz, onde não pudessem incomodar ninguém, enquanto o restante de nós acreditaria que estavam sofrendo, a fim de mantermos nosso melhor comportamento.

Punir o inocente? Recompensar o culpado? Parece que o utilitarismo ignora a justiça. E isso, dizem alguns, nos dá boas razões para rejeitar o ideal utilitarista de maximizar a felicidade. Como sempre, começaremos acomodando tanto senso comum quanto possível, tendo em mente como as coisas funcionam no mundo real.

Essa preocupação com punir inocentes e recompensar culpados, ao menos no nível das políticas, não possui mérito real. Podemos imaginar casos como o do juiz e da multidão, no qual punir inocentes torna as coisas melhores, mas, no mundo real, seria desastroso adotar tal política. O mesmo se pode dizer das falsas punições. Para que tais políticas atendessem aos objetivos utilitaristas, os oficiais de governo deveriam manter de forma indefinida uma enorme conspiração de proporções orwellianas, ao mesmo tempo renunciando no dia a dia a oportunidades de abusar de seu poder. Não se pode esperar que isso leve a um mundo mais feliz.

O utilitarismo naturalmente acomoda outras características da justiça do senso comum. Por exemplo, punimos as pessoas muito menos (se é que as punimos) quando prejudicam outras *acidentalmente*, e não intencionalmente. Como explicado no último capítulo, há uma justificativa perfeitamente utilitarista para essa política do senso comum: as pessoas que causam danos intencionalmente são, no geral, muito mais perigosas que as pessoas que causam danos acidentalmente e, portanto, é mais importante detê-las. Além disso, atos intencionais estão sob controle consciente e é mais provável que sejam evitados pela ameaça de punição. É claro que punimos pessoas por acidentalmente causarem danos se o fizerem por *negligência*, e isso também faz sentido utilitarista. Desejamos deter tanto a falta de cuidado perigosa quanto o dano intencional.

Do mesmo modo, há justificativas utilitaristas para todas as desculpas e justificativas reconhecidas pela lei e pelo senso comum. Por exemplo, a lei reconhece "infância" (ser uma criança) como desculpa legal legítima, e isso também faz sentido utilitarista. Uma criança de 10 anos que comete um crime tem muito mais probabilidade que, digamos, um adulto de 30 anos de responder a incentivos mais gentis para se comportar e sofrer prejuízos irreparáveis por receber um tratamento mais duro. Pessoas mentalmente doentes também se mostram menos propensas a serem detidas pela ameaça de punição, dando-nos menos que uma razão utilitarista para as punir. Finalmente, há justificativas naturais para desobedecer à lei em autodefesa ou por "necessidade" (por exemplo, roubar um barco para salvar a própria vida ou a de alguém): não queremos impedir que as pessoas façam essas coisas.

Assim, no mundo real, um sistema legal que maximize a felicidade não envolverá precários esquemas orwellianos nos quais pessoas inocentes são intencionalmente punidas e pessoas culpadas são intencionalmente liberadas ou recompensadas. Do mesmo modo, punições que promovem o bem maior no mundo real reconhecerão todas as desculpas e justificativas padrão, distinguindo crimes intencionais de acidentes, crianças de adultos e assim por diante. Isso dito, a punição que visa apenas ao bem maior quase certamente envolverá algumas reformas controversas.

Considere, por exemplo, a segurança e o bem-estar dos prisioneiros, uma causa que conta com pouco suporte público e pode ser um inconveniente para os políticos. Prisioneiros são com frequência violentados por outros prisioneiros.[27] Achamos tal abuso lamentável — ao menos, muitos de nós acham —, mas não ficamos incomodados a ponto de exigir mais proteção para as vítimas encarceradas. Mas considere isto: você apoiaria uma política segundo a qual, como parte oficial de sua punição, os prisioneiros seriam estuprados por oficiais do Estado? O estupro prisional como *efeito secundário previsível* do encarceramento, com vítimas *a serem determinadas* pelo acaso, atinge muitas pessoas como lamentável, mas tolerável. No entanto, estupro como *meio* de punição estatal, realizado de modo intencional contra *indivíduos específicos*, é barbárico.[28] Da perspectiva utilitarista, todavia, essas duas formas de abuso sexual não são moralmente diferentes — *um estupro é um estupro é um estupro* — e devemos fazer mais para prevenir a violência de prisioneiros contra prisioneiros.

Reduzir a violência sexual entre prisioneiros é apenas um exemplo destacando a tensão entre o que parece certo para a sociedade e o que faz bem para a sociedade quando se trata de leis penais. Uma pergunta mais geral está relacionada à natureza e às consequências da experiência prisional: estar na prisão torna mais provável que alguém leve uma vida produtiva e conforme à lei após a soltura? O sofrimento da prisão encoraja outras pessoas a se comportarem? Há poucas dúvidas de que a ameaça geral de punição tem importantes efeitos dissuasivos. Contudo, é uma questão aberta se as punições incomumente duras e frequentes impostas nos Estados Unidos são uma resposta necessária a um conjunto incomum de problemas sociais ou apenas uma política ruim. Os criminosos potenciais conhecem e se importam com as leis locais? O ponto mais geral é o seguinte: um sistema de justiça penal visando ao bem maior não seria uma absurda máquina orwelliana, mas provavelmente pareceria diferente de nosso atual sistema de justiça penal, que é bastante retributivo.[29]

JUSTIÇA IDEAL

A justiça utilitarista é razoável na prática, mas ainda nos deixa com o perene problema dos "princípios". Suponha que punir uma pessoa inocente de fato promovesse o bem maior. Seria a coisa certa a fazer? E suponha que pudéssemos fingir punição de modo convincente, com baixos custos. Seria melhor dar a assassinos e estupradores vidas confortáveis, em vez de puni-los, desde que pudéssemos fazer isso sem perder os benefícios da punição (dissuasão etc.)? Para os utilitaristas, a punição é apenas um mal necessário. Mas não há algo inerentemente *certo* em punir pessoas que fazem coisas más? A concepção utilitarista de justiça, por pouco absurda que seja na prática, parece deixar de lado as verdades mais profundas da justiça.

É isso que nossos críticos dizem. Outra possibilidade é que nosso senso intuitivo de justiça seja um conjunto de heurísticas: maquinaria moral muito útil, mas longe de ser infalível. Nós *gostamos* de punição. Esse gosto, como todos os outros, é sutil e complicado, modelado por uma complexa mistura de genética e fatores culturais e idiossincráticos. Entretanto, nosso gosto pela punição ainda é um gosto, implementado por configurações automáticas e limitado por sua inflexibilidade. Todo gosto pode ser enganado. Enganamos nossas papilas gustativas com adoçantes artificiais. Enganamos nossos apetites sexuais com controle de natalidade e pornografia, coisas que fornecem gratificação sexual, mas nada fazem para disseminar nossos genes. Às vezes, todavia, nosso gosto nos engana. Nosso gosto por gordura e açúcar nos torna obesos em um mundo de abundância. Drogas tomam conta de nossos circuitos de recompensa e destroem vidas. Para saber se estamos enganando ou sendo enganados, precisamos nos afastar da perspectiva limitada de nossos gostos pessoais: em que extensão essa coisa — refrigerante diet, pornografia, Nutella, heroína — realmente atende a nossos melhores interesses? Devemos fazer a mesma pergunta em relação a nosso gosto pela punição.

Como eu disse, nosso senso intuitivo de justiça é bastante útil, e estaríamos perdidos sem ele. Como explicado no capítulo 2, a punição promove a cooperação, encorajando as pessoas a se comportarem de maneiras que são boas para o "nós", em vez de somente para o "eu". Em outras palavras, a função natural da punição é quase utilitarista:[30] somos punidores naturais porque a punição serve a uma função social.

Se você perguntar às pessoas por que devemos punir os transgressores, elas darão a resposta utilitarista óbvia:[31] sem ameaça de punição, as pessoas se comportariam mal. Esse é o modo manual falando. Quando analisamos julgamentos punitivos em resposta a casos específicos, fica claro que as pessoas não estão pensando primariamente em dissuasão. A punição é, como explicado no capítulo 2, motivada primariamente por sentimentos de raiva, repulsa etc. Esses sentimentos são gerados pelas próprias transgressões e pelas pessoas que as cometeram, não pela perspectiva de dissuadir futuras transgressões. Quando as pessoas designam punições para transgressões, elas tendem a ignorar fatores relacionados de forma específica à dissuasão, punindo com base apenas em como se *sentem*.[32] Por exemplo, faz sentido utilitarista punir crimes com mais severidade quando eles são difíceis de detectar: mais incentivo dissuasivo é necessário quando as chances de ser pego são poucas. (A Califórnia impõe multas de até mil dólares por sujar as ruas — não porque jogar um copo de papel no chão cause danos horríveis, mas porque é muito fácil fazer isso e sair impune.) As pessoas tendem a ignorar essa consideração utilitarista. Crimes com baixas taxas de detecção não nos deixam mais zangados e, portanto, não é intuitivo designar punições mais severas para eles.[33] Como explicado no capítulo 2, esse descuido com os custos e benefícios da punição é muito provavelmente uma característica de design: se você pune somente quando "vale a pena", não é um punidor confiável e se torna um alvo atraente. De outro modo, se for um "cabeça quente" com gosto pela vingança e conhecido por ser assim, pode dissuadir de modo mais efetivo.

Em alguns casos, nossos julgamentos punitivos são claramente irracionais. Small e Loewenstein, os pesquisadores que documentaram a preferência por ajudar vítimas determinadas, documentaram comportamento similar em um estudo sobre punição. Voluntários participaram de um jogo no qual podiam jogar cooperativamente ou egoisticamente. Após o jogo, os cooperadores receberam a oportunidade de punir os egoístas. Alguns cooperadores receberam a oportunidade de punir no anonimato um indivíduo determinado: "Quanto você gostaria de punir o egoísta número 4?" Outros receberam a oportunidade de punir anonimamente um indivíduo indeterminado: "Quanto você gostaria de punir o egoísta cujo número vai retirar?" Como esperado, os participantes puniram os transgressores "determinados" quase duas vezes mais,[34] e suas punições foram proporcionais a suas respostas emocionais.

Nossas emoções também influenciam nosso julgamento sobre quem deveria e quem não deveria ser moralmente responsabilizado. Shaun Nichols e Joshua Knobe apresentaram aos participantes de seu experimento a seguinte descrição de um universo "determinista":[35]

> Imagine um universo (Universo A) no qual tudo que acontece é completamente causado por algo que aconteceu antes. Isso é verdade desde sempre, de modo que aquilo que aconteceu no início do universo causou o que aconteceu em seguida, e assim sucessivamente, até o momento presente. Por exemplo, um dia John decidiu comer batatas fritas no almoço. Como todo o restante, essa decisão foi completamente causada por algo que aconteceu antes. Assim, se tudo nesse universo era exatamente igual até que John tomou a decisão, então *tinha que acontecer* que John decidiria comer batatas fritas.

Nichols e Knobe perguntaram aos participantes se as pessoas desse universo eram moralmente responsáveis por suas ações. Menos que 5% disseram que sim. Um grupo diferente leu a mesma descrição do Universo A, mas, em vez de responder a uma questão geral sobre responsabilidade, recebeu uma pergunta mais específica, projetada para excitar suas emoções.

> No Universo A, um homem chamado Bill se sente atraído pela secretária e decide que a única maneira de ficar com ela é matar a esposa e os três filhos. Ele sabe que é impossível escapar de sua casa em caso de incêndio. Antes de partir para uma viagem de negócios, ele instala um mecanismo no porão que incendeia a casa e mata sua família.

Aqui 72% dos participantes disseram que Bill era moralmente responsável por suas ações. É uma reviravolta impressionante. Se você fizer perguntas sobre responsabilidade em um universo determinista de modo *abstrato*, quase todo mundo dirá que ela não existe. Mas, se apresentar um exemplo particular de prevaricação emocionalmente excitante, esse julgamento abstrato sai pela janela.[36]

Talvez, como achava Kant, fazer com que os transgressores sofram seja um objetivo de fato nobre apenas por si mesmo. Mas, se for, trata-se de uma notável coincidência. Quão estranho seria se os verdadeiros princípios da justiça coincidissem com os sentimentos produzidos por nossos dispositivos punitivos, instalados em nosso cérebro pela seleção natural para nos ajudar a estabilizar a cooperação e assim produzir mais cópias de nossos genes. Sabendo como nosso cérebro funciona e como chegou até aqui, é mais razoável supor que nosso gosto pela justiça é uma ilusão útil. Vemos a punição como inerentemente nobre e não apenas um meio para conseguir comportamentos melhores, assim como vemos a comida como inerentemente gostosa e não como meio de obter nutrição. O prazer que experimentamos com a comida é tipicamente inofensivo, mas fazer com que as pessoas sofram jamais o é. Portanto, devemos ser cautelosos com uma punição que tem gosto bom, mas causa mais danos que benefícios. E não deveríamos criticar o utilitarismo por ver além das limitações de nosso gosto pela punição.

A SOCIEDADE JUSTA

O utilitarismo é uma filosofia muito igualitária, sugerindo que os que têm façam muito pelos que não têm. Se você acordasse amanhã como utilitarista renascido, a maior mudança em sua vida seria sua recém-encontrada devoção em ajudar os desafortunados. A despeito disso, uma das mais persistentes objeções ao utilitarismo é o fato de não ser suficientemente igualitário, de que falha — ou poderia falhar — em respeitar os direitos dos oprimidos.

De acordo com John Rawls, considerado o mais importante filósofo moral do século XX, maximizar a felicidade pode levar a grandes injustiças.[37] Os utilitaristas dizem que é certo reduzir a felicidade de alguns se isso proporcionar ganhos maiores em felicidade para outros. Esse é o princípio da taxação progressiva: os abastados pagarem um pouco mais implica mudanças insignificantes em seu estilo de vida, mas a renda gerada pode fazer muitas coisas boas pelo restante da sociedade. Mesmo assim, diz Rawls, distribuir recursos para maximizar a felicidade pode ser injusto. Lembre-se de seu exemplo no capítulo 8: imagine uma sociedade na qual a maioria escraviza a minoria. Se a maioria ficar feliz com esse arranjo — feliz o bastante para superar a infelicidade dos escravizados —, isso o torna certo? De acordo com Rawls, uma sociedade bem-ordenada começa com certos direitos e liberdades básicos, e não com o objetivo supremo de maximizar a felicidade.

É um argumento muito convincente. Decerto, a escravidão é injusta e qualquer padrão moral que a endosse é um padrão moral ruim. A questão, então, é se o utilitarismo realmente endossa a escravidão. Para ver se o faz, precisamos dividir o problema em duas partes: "em princípio" e "na prática". Vou focar "na prática", porque é isso que importa para o argumento que estou construindo neste livro. Não estou alegando que o utilitarismo é uma verdade moral absoluta. Estou alegando que é uma boa metamoralidade, um bom padrão para solucionar desacordos morais *no mundo real*. Desde que o utilitarismo não endosse coisas como a escravidão *no mundo real*, isso é bom o bastante para mim.

Eu não acredito que, no mundo real, maximizar a felicidade possa levar a nada como a escravidão. E digo isso como empirista convicto, como alguém muito relutante em fazer, da poltrona, pronunciamentos ousados sobre como o mundo funciona. Mas, nesse caso, serei ousado. O utilitarismo poderia endossar a escravidão em princípio, mas apenas se a natureza humana fosse muito diferente do que é. Para encontrar um mundo no qual maximizar a felicidade conduza à escravidão, temos de entrar no mundo da ficção científica. (Que é um mundo no qual nossas intuições morais não são necessariamente confiáveis.)

É excepcionalmente difícil pensar com clareza sobre a relação entre utilitarismo e justiça social. Mais especificamente, é muito difícil pensar com clareza sobre "utilidade", porque naturalmente confundimos utilidade com *riqueza*. Consideraremos essa falácia "riquista" na próxima seção. Por agora, quero demonstrar, de um modo diferente, quão difícil seria para a escravidão (ou outras formas de opressão) deixar o mundo mais feliz.

A escravidão gerou enorme riqueza para algumas pessoas. Também gerou enorme sofrimento. Quando pensamos sobre esses enormes ganhos e perdas em caráter abstrato e agregado, não é óbvio que as perdas *devam* pesar mais que os ganhos em todas as circunstâncias realistas. Em vez disso, parece uma questão empírica em aberto. Não acho que seja. Para pensar com mais clareza sobre como a escravidão afeta a felicidade humana, será útil focarmos na felicidade de indivíduos representativos.

Em uma sociedade escravocrata, há escravos e donos de escravos. Para tornar as coisas mais concretas, imaginemos uma sociedade representativa na qual metade das pessoas é dona de escravos e metade é escrava. (Note que essa taxa de um para um é uma hipótese *conservadora*[38] com relação ao argumento que pretendo defender.) Para que a escravidão maximize a felicidade, cada dono de escravos deve, na média, ganhar mais felicidade de *possuir* um escravo que o escravo perde por *ser* um escravo. Isso parece plausível?

Deixe-me apresentar a pergunta em estágios. Nesse momento você não é nem escravo nem dono de escravos. Sua primeira pergunta: o quanto sua felicidade aumentará por ter um escravo? É claro que, como você é uma pessoa decente, ter um escravo não o deixaria feliz, mas estamos tentando imaginar sua vida como escravocrata feliz, sem reservas morais. Para tornar as coisas mais fáceis, podemos imaginar que você tem como escravo um robô de alta tecnologia. Seu robô escravo pode fazer qualquer coisa que um ser humano fisicamente capaz e sem nenhuma instrução poderia fazer, mas, assim como seu laptop e sua torradeira, seu robô escravo nada sente. Assim, você não se preocupa mais em possuir seu robô escravo do que os escravagistas do passado se preocupavam em possuir seres humanos.

O que você fará com seu robô escravo? Se for como quase todos os escravagistas do passado, tentará obter dele tanto valor econômico quanto possível. Você o colocará para trabalhar. Suponhamos que seu escravo possa conseguir 50 mil dólares adicionais por ano. (Essa também é uma hipótese conservadora, tendendo para uma utilidade mais alta obtida pela posse do escravo. Mesmo com muitas horas adicionais de trabalho, 50 mil por ano é muito para se esperar de um trabalhador não qualificado. E não estamos sequer considerando os custos de prover as necessidades básicas do escravo.) Quão bom é ganhar 50 mil adicionais por ano? Bom, talvez. Mas não tão bom quanto se poderia pensar. Se você está em posição de ter escravos, já está se saindo bastante bem no lado financeiro. E se há uma coisa que aprendemos com as pesquisas sobre felicidade é que renda adicional (acima de um nível bastante modesto) acrescenta relativamente pouco à felicidade.[39] Algumas pesquisas sugerem que, acima de um nível modesto, nada acrescenta. A felicidade obtida com a renda adicional varia de pessoa para pessoa, mas sabemos que, na média, uma unidade adicional de renda para pessoas abastadas faz muito pouco, comparada ao que faz pelos pobres, e é isso que importa aqui. Enfatizo que essa não é uma conclusão hesitante.[40] Após décadas de pesquisa, a débil relação entre riqueza (acima de um nível modesto) e felicidade é mais como uma lei da natureza humana. Depois de certo ponto, a riqueza simplesmente não compra (muita) felicidade.

Assim, podemos concluir de forma conservadora que possuir um escravo lhe daria um acréscimo substancial de *riqueza* e um ganho modesto de felicidade. Agora, sua segunda pergunta: quanta felicidade você perderia ao se tornar escravo? A resposta, claro, é *muita*, por todas as razões óbvias. Não vou me deter nos horrores da escravidão, que historicamente incluíram espancamento, estupro, trabalho massacrante, ausência total de liberdade pessoal e dissolução da família. Basta dizer que ser propriedade de alguém é muito ruim na melhor das circunstâncias e inconcebivelmente miserável em circunstâncias típicas. É desnecessário dizer que passar da pessoa livre que é hoje para a escravidão significaria uma perda enorme de felicidade para você.

Tendo considerado como os indivíduos ganham e perdem felicidade com a escravidão, você está pronto para responder à terceira e última pergunta: os ganhos realmente poderiam superar as perdas? Talvez a melhor maneira de pensar nessa pergunta seja traduzi-la em termos de escolha pessoal: você estaria disposto a passar metade da vida como escravo para, na outra metade, ganhar 50 mil a mais por ano? Ou preferiria que sua vida continuasse como é agora? Espero que a resposta seja óbvia. E, se a resposta é óbvia, deveria ser também óbvio — agora que você pensou a respeito em termos mais concretos — que a escravidão não chega nem perto de maximizar a felicidade no mundo real. E o que vale para a escravidão vale para a opressão de modo geral. Grave injustiça é *grave* injustiça porque envolve resultados horríveis para algumas pessoas. Fora do reino da fantasia — habitado, por exemplo, por "monstros utilitários"[41] que derivam quantidades incompreensíveis de prazer do ato de comer seres humanos —, não há bens a serem extraídos das pessoas que sejam tão bons que superem os horrores da opressão.[42]

O que quase certamente *existe* no mundo real são desigualdades sociais e restrições à liberdade que promovem o bem maior. Ter um mercado livre leva à desigualdade econômica, suscitando a questão sobre quanto da renda devemos redistribuir, se alguma. Em um regime de redistribuição total (comunismo), a desigualdade é eliminada, junto com qualquer incentivo econômico para ser produtivo. Entendendo isso, quase todos nós, como os pastores nortistas, acreditamos que alguma desigualdade econômica é justificada pela maior produtividade (se não também como questão de justiça). O mesmo vale para as desigualdades em termos de liberdade. Nos Estados Unidos e em muitas outras nações, pode ser ilegal para um HIV positivo manter relações sexuais sem proteção sem informar o parceiro sobre o risco. Tais leis restringem a liberdade das pessoas HIV positivas, um grupo já oprimido, para começar, mas a maioria de nós acredita que isso é justificado pelo bem maior. O bem maior justifica restringir nossa liberdade de outras maneiras, como no velho caso de gritar "Fogo!" em um teatro lotado. Lição: certamente é possível ter desigualdades e restrições de liberdade que promovam o bem maior, mas não há nenhuma razão para pensar que, no mundo real, tais desigualdades e restrições são gravemente injustas. Podem parecer injustas para algumas pessoas. Mas o ponto, por agora, é que o utilitarismo do mundo real não leva, como afirmam seus críticos, a arranjos sociais claramente injustos como a escravidão. Digam o que quiserem sobre o utilitarismo *em princípio*; como questão prática, tornar o mundo tão feliz quanto possível não leva à opressão.

Por que, então, tantas pessoas sérias concluíram que o utilitarismo subscreve graves injustiças? Parte da resposta, como eu disse, jaz na confusão sobre o significado da palavra *utilidade*. As pessoas confundem utilidade com *riqueza*, e isso faz com que maximizar a utilidade pareça menos atraente e talvez injusto. Jonathan Baron e eu documentamos essa confusão em um experimento que descreverei na próxima seção. É meio complicado e, se quiser pular essa parte, sinta-se à vontade. Para os que decidirem não ler, eis a mensagem principal: se você acha que a opressão pode maximizar a felicidade no mundo real, quase certamente está imaginando a coisa errada. Está imaginando opressão que maximiza riqueza, não felicidade.

A FALÁCIA "RIQUISTA"

"Utilitarismo" é, novamente, um nome horrível para uma ideia esplêndida. O utilitarismo não é aquilo no que pensamos quando pensamos em "utilidade".

Como explicado no capítulo 7, a primeira ideia-chave do utilitarismo é a primazia da experiência: todas as coisas boas são boas e todas as coisas ruins são ruins por causa de seu efeito sobre a experiência. (A segunda ideia, repetindo, é que a experiência de todo mundo conta do mesmo modo.) A experiência — felicidade e infelicidade em sentido amplo — é a moeda utilitarista. Mas a palavra *utilidade* em geral é interpretada como "coisa útil". Ter muitas coisas úteis é ser rico. Assim, é fácil pensar que o utilitarismo é um "riquismo", a ideia de que deveríamos, acima de tudo, maximizar a riqueza.[43] Essa não é uma ideia esplêndida.

Porém, a confusão entre utilitarismo e riquismo é mais profunda que uma palavra enganosa. Quer a chamemos de "utilidade", "felicidade" ou "qualidade da experiência", é difícil pensar de forma adequada sobre ela. Estamos acostumados a quantificar *coisas* ou características das coisas: *Quantas maçãs? Quanta água? Quanto tempo durará a reunião? Quantos metros quadrados? Quanto dinheiro?* Entretanto, comumente, não quantificamos a qualidade de nossas experiências. E assim, quando imaginamos possíveis distribuições de "utilidade", é muito difícil não pensar em distribuição de coisas, em vez de distribuição de qualidade da experiência.

A utilidade está estreitamente relacionada às coisas, mas não equivale às coisas em si. Primeiro, a utilidade não precisa vir do mercado. A experiência positiva que se obtém com amizade, dias ensolarados, provando teoremas matemáticos e sendo respeitado pelos vizinhos é "utilidade". Segundo, a utilidade não é equivalente às coisas porque a quantidade de utilidade que obtemos de dada quantidade de coisa varia de pessoa para pessoa e de situação para situação. Para um pobre fazendeiro cambojano, 2 mil dólares podem mudar sua vida, mas, para um executivo rico, são somente um upgrade para a primeira classe no voo para Singapura. Assim, quando falamos sobre distribuição de utilidade, é importante lembrar que estamos falando sobre distribuição de *utilidade*, elusivas coisas mentais, não coisas do mundo físico ou em uma conta bancária.

A questão, então, é se desigualdades sociais que maximizam a *utilidade* — não coisas, não riqueza — podem ser profundamente injustas no mundo real. Quando Rawls imagina desigualdade utilitarista, ele imagina coisas como escravidão. Ela decerto é injusta, mas por que alguém pensaria que a escravidão (ou algo assim) poderia tornar o mundo mais feliz? Porque a escravidão que maximiza a utilidade soa plausível se você confunde utilidade com coisas — com *riqueza*.

Como mencionado, não é plausível que proprietários de escravos ganhem mais felicidade (isto é, utilidade) de possuírem escravos que os escravos percam por serem escravos. De novo, você não escolheria ser escravo durante metade da vida a fim de aumentar sua renda durante a outra metade. Do mesmo modo, não é plausível que 2 mil dólares signifiquem tanto para um executivo rico quanto para um fazendeiro pobre. Porém, a matemática poderia trabalhar mais a favor daqueles que têm do que daqueles que não têm se fizéssemos nossa contabilidade em termos de riqueza, e não de felicidade. O dono de escravos pode ganhar rios de dinheiro explorando seus escravos e uma noite melhor de sono para um vice-presidente em viagem pode concluir ou arruinar um acordo multimilionário. Em termos financeiros, os ganhos maiores dos ricos podem superar as perdas menores dos pobres. É isso que Rawls e outros têm em mente quando falam em injustiça utilitarista: "Sinto muito", diz o explorador feliz, "mas meus grandes, grandes ganhos justificam suas grandes perdas." No entanto, os ganhos só superam as perdas se estamos contando dólares, e não felicidade.[44]

O experimento mencionado mostra que as pessoas com facilidade confundem utilidade com riqueza, o que leva a conclusões como a de Rawls. Jonathan Baron e eu apresentamos a voluntários sociedades hipotéticas com distribuições variadas de renda anual (riqueza). No país A, as pessoas no terço inferior ganham 25 mil dólares, no terço médio, 45 mil dólares, e no terço superior, 70 mil dólares. No país B, tudo é igual, exceto que o terço inferior ganha apenas 15 mil dólares. Então pedimos que os voluntários comparassem os dois países. Mais especificamente, pedimos que avaliassem o quanto gostariam de viver em cada país, sabendo que teriam a mesma chance de estar nas porções econômicas superior, média e inferior. A diferença na avaliação dos países A e B nos diz o quanto as pessoas valorizam um salto de 10 mil dólares na parte inferior da escala, indo de 15 para 25 mil dólares. Usamos comparações similares para determinar o quanto valorizam outros saltos de renda, como um salto de 10 mil entre 40 e 50 mil dólares. Como esperado, nem todos os saltos de 10 mil são iguais. As pessoas valorizam passar de 15 para 25 mil dólares mais que valorizam passar de 40 para 50 mil, refletindo o declínio da utilidade marginal da riqueza. Quanto mais dólares você tem, menos cada dólar adicional significa para você e menos felicidade adicional ele traz.

Na fase seguinte do experimento, os voluntários avaliaram as rendas usadas na primeira fase. Em outras palavras, fizemos com que designassem níveis de utilidade para cada nível de renda. Pedimos que dessem à renda mais baixa a nota 0, e à renda mais alta, a nota 100. Então pedimos que avaliassem os outros níveis de renda usando notas entre 0 e 100, tendo o cuidado de garantir que cada incremento tivesse o mesmo valor; por exemplo, uma melhoria de 0 para 50 deveria ser tão desejável quanto uma de 50 para 100. Os voluntários deram suas notas e, como esperado, concederam mais peso aos aumentos na parte inferior da escala de renda, de modo condizente com a utilidade marginal declinante da riqueza. A diferença nas notas entre 15 e 25 mil dólares, por exemplo, foi tipicamente maior que a diferença nas notas entre 40 e 50 mil dólares.

Na terceira fase do experimento, nossos voluntários voltaram a avaliar o quanto gostariam de viver em vários países, mas, dessa vez, os países foram descritos não em termos de distribuições de renda, mas sim em termos de distribuição de *utilidade*. Em vez de dizer às pessoas quanto dinheiro ganhariam no terço inferior, médio e superior de cada sociedade, demos a elas uma *avaliação* do valor (da utilidade) da renda em cada terço. Essas avaliações foram apresentadas como "AVALIAÇÕES DE RENDA feitas por alguém como vocês, assim como vocês fizeram [na última parte do experimento]". Pudemos comparar o valor que as pessoas dão aos diferentes saltos, mas, aqui, os saltos eram em utilidade, não em renda. Pudemos determinar, por exemplo, o quanto valorizam pular de uma renda de nota 0 para uma renda de nota 25. Do mesmo modo, pudemos determinar o quanto valorizam pular de uma renda de nota 75 para a renda de nota 100. E, o ponto mais crítico, pudemos descobrir se acham que o primeiro salto de 25 pontos de utilidade é mais desejável que o segundo salto de 25 pontos.

Se as pessoas fossem consistentes, esses dois saltos seriam igualmente desejáveis. Isso porque estávamos lidando com utilidade, não níveis de renda. Lembre-se que os participantes da segunda parte do experimento tinham dado suas notas de modo que cada ponto da escala apresentasse o mesmo valor adicional. Ou seja, um crescimento de 25 pontos de utilidade seria o mesmo, fosse passando de 0 para 25 ou de 75 para 100.

Resultados: as respostas na terceira parte do experimento (avaliar os países com base em suas distribuições de utilidade) foram inconsistentes com as respostas na segunda parte do experimento (designar utilidade para diferentes níveis de renda). Em vez de tratar saltos de mesma utilidade como acrescentando o mesmo valor, os voluntários trataram a utilidade *exatamente como trataram a renda na primeira parte do experimento*. Ou seja, eles (como Rawls) deram mais peso ao incremento na parte inferior da escala, dizendo que um salto de 0 para 25 é mais desejável que um de 75 para 100. De fato, colocaram tanto peso na parte inferior da escala quanto haviam feito ao avaliar níveis de renda. Esse padrão de avaliação é internamente inconsistente, mas exatamente o que eu e Baron havíamos previsto que as pessoas fariam, com base na leitura de Rawls.[45]

Esse experimento demonstra que as pessoas têm muita dificuldade para pensar com clareza sobre a utilidade. Por um lado, elas entendem que coisa e utilidade são diferentes. Isso é demonstrado pelo fato de fornecerem diferentes avaliações a um salto de 10 mil dólares, dependendo de onde o salto se inicia (por exemplo, em 15 ou 40 mil dólares). Por outro, se você pede que avaliem distribuições de utilidade, elas tratam a utilidade como se fosse riqueza, em vez de uma abstração peculiar. Em outras palavras, olham para o salto de uma renda de utilidade 0 para uma de utilidade 25 e pensam: "Com tão pouca utilidade para começar, esse salto faria uma grande diferença." Então olham para a diferença entre rendas com notas 75 e 100 e pensam: "Seria um belo aumento, mas, começando com uma quantidade de utilidade tão boa, não seria uma melhoria tão grande." Esse modo de pensar é simplesmente errôneo. Você pode obter mais ou menos utilidade de dada quantidade de dinheiro, dependendo de sua situação, mas não pode obter *diferentes níveis de utilidade de sua utilidade. Utilidade é utilidade é utilidade.* E não é que nossos participantes tenham errado por pouco. Quando deixaram de pensar em distribuições de renda e passaram a pensar em distribuições de utilidade, eles não modificaram *em nada* seu modo de pensar. Trataram a utilidade *exatamente* como se fosse uma coisa. (E o grupo de filósofos profissionais que testamos fez a mesma coisa.)

O que isso significa? Significa que a crítica de Rawls ao utilitarismo, a ideia de que subscreve graves injustiças, é empiricamente refutável. Sua objeção deriva força de uma concepção errônea de utilidade que podemos demonstrar com facilidade em laboratório. As pessoas *meio que* entendem a diferença entre riqueza e utilidade. Entendem que, conforme a riqueza cresce, seu acréscimo passa a significar cada vez menos. Mas, quando avaliam distribuições de utilidade, esquecem por completo disso e tratam a utilidade exatamente como se fosse riqueza. Confundem utilitarismo e riquismo. Assim, incontáveis filósofos condenaram o pobre e inocente utilitarismo por crimes contra a humanidade.

(E quanto à versão "em princípio" dessa objeção?[46] E quanto ao argumento de Rawls sobre a "posição original"?[47])

JUSTIÇA E BEM MAIOR

O utilitarismo é injusto? Vamos revisar.

O utilitarismo requer que nos transformemos em bombas de felicidade? Que nos escravizemos ao bem maior? Não. Porque esse não é um objetivo realista para seres humanos de carne e osso, cujos cérebros não foram projetados para o heroísmo moral. Em vez disso, o utilitarismo pede apenas que nos esforcemos para ser moralmente melhores, nos importarmos mais do que fazemos hoje com as pessoas fora de nossos círculos imediatos. O utilitarismo não pede para sermos moralmente perfeitos. Pede que enfrentemos nossas limitações morais e façamos tudo que for humanamente possível para superá-las. Aqui a ciência pode ajudar, mostrando quão inconstante e irracional nosso senso de dever pode ser.

O utilitarismo endossa perversões da justiça penal, punindo inocentes e recompensando culpados? Em mundos imaginários, sim. Porém, no mundo real, essas são ideias desastrosas e nada que um maximizador da felicidade sábio endossaria. Como sempre, essa acomodação vem com reforma. Nosso gosto pela punição é útil, mas não infalível. Assim como nosso gosto por gordura e açúcar pode nos tornar obesos em um mundo cheio de milk-shakes, nosso gosto pela retribuição pode criar um sistema de justiça penal que satisfaça nosso gosto pela punição ao mesmo tempo que prejudica nossa saúde social.

O utilitarismo endossa a escravidão e outras formas de opressão? Não no mundo real. No mundo real, a opressão oferece apenas ganhos modestos de felicidade para os opressores enquanto acumula sofrimento sobre os oprimidos. A ideia de que o utilitarismo subscreve a injustiça social é baseada em uma falácia riquista, uma confusão sutil entre maximizar riqueza e maximizar felicidade. "Em princípio", pode-se maximizar a felicidade ao oprimir pessoas, mas, no mundo real, com a natureza humana sendo como é, a opressão não torna o mundo um lugar mais feliz.

Assim, no mundo real, não há tensão fundamental entre felicidade e justiça. Todavia, podemos refinar nosso senso de justiça por meio de um entendimento melhor sobre de onde vêm e como funcionam seus dispositivos cognitivos.

PARTE V

Soluções morais

11

Pragmatismo profundo

Agora é hora de juntar tudo, de transformar o que aprendemos com a biologia, a psicologia e a filosofia abstrata em algo que possamos usar. De posse do que agora sabemos, como deveríamos pensar nos problemas que nos dividem? Como deveríamos pensar no homem tolo que se recusa a contratar um plano de saúde? A assistência médica é um direito? (Mesmo para pessoas tolas?) Ou é apenas outro produto para o qual precisamos economizar nosso dinheiro? Dez por cento dos americanos controlam 70% da riqueza americana.[1] Isso é injusto? Ou é assim que as coisas funcionam na terra das oportunidades? A ameaça de aquecimento global é real ou apenas uma farsa bem-intencionada? E se for real, como dizem os especialistas, quem paga para evitá-la e quanto? O Irã tem o direito de desenvolver tecnologia nuclear? Israel tem o direito de impedi-lo? A Anistia Internacional está correta ao chamar a pena de morte de "violação fundamental dos direitos humanos"? Ou o juiz Alex Kozinski (Tribunal de Apelações, Nono Circuito) é quem está correto ao dizer que os assassinos "abrem mão do direito à própria vida"?[2] O casamento homossexual é um direito civil em desenvolvimento ou uma abominação aos olhos de Deus? Os médicos deveriam ajudar os pacientes terminais a pôr fim à própria vida, se quisessem fazê-lo? Ou deveríamos confiar na Associação Médica Americana, que considera o suicídio medicamente assistido "fundamentalmente incompatível com o papel de cura do médico"?

No capítulo 6, introduzimos uma ideia esplêndida: nós, os pastores modernos dos novos pastos, devemos colocar de lado nossas respectivas ideologias e fazer aquilo que funciona melhor. Apresentada assim, essa prescrição soa muito razoável e não muito útil. Porém, como vimos e veremos ainda, é na verdade uma ideia bastante poderosa e desafiadora. Levá-la a sério é modificar fundamentalmente a maneira como pensamos em nossos problemas morais.

DOIS COMPASSOS

Essa filosofia, que chamei de pragmatismo profundo, parece agradavelmente branda porque acreditamos já tê-la adotado. Todos acreditamos querer fazer o que é melhor, mas não podemos estar todos certos. Para dar à filosofia alguma potência, precisamos ser específicos sobre o que consideramos "melhor". Precisamos partilhar um padrão moral, o que chamei de *metamoralidade*. De novo, o trabalho da metamoralidade é nos ajudar a fazer escolhas difíceis, *compromissos* entre valores tribais conflitantes. Será que isso pode ser feito seguindo certos princípios?

O proverbial "relativista" diz que não. Há diferentes tribos com diferentes valores e isso é tudo. O relativista pode estar certo em algum sentido metafísico final. Talvez nossas questões morais objetivamente não possuam respostas corretas. Mas, mesmo que isso seja verdade, saber que é verdade não nos ajuda muito. Nossas leis precisam dizer *algo*. Temos de escolher e, a menos que nos contentemos em decidir na moeda ou aceitar que manda quem pode, precisamos escolher por *razões*. Precisamos apelar para algum padrão moral.

Indo em frente, há duas estratégias gerais. A primeira apela para algum tipo de autoridade moral independente — Deus, Razão ou Ciência. Como vimos no capítulo 7, nenhum deles nos deu algum tipo de verdade moral sem petição de princípio que possa solucionar nossas discordâncias. Assim, fomos jogados de volta ao "pântano", a rede emaranhada de valores e crenças que ao mesmo tempo nos mantém unidos e nos separa.

A segunda estratégia, a estratégia do pragmatismo profundo, é buscar o acordo em valores partilhados. Em vez de apelar para uma autoridade moral independente (Deus/Razão/Ciência diz "O direito à vida triunfa sobre o direito de escolha"), tentamos estabelecer uma *moeda comum* para avaliar valores conflitantes. Repetindo, essa é a genialidade do utilitarismo, que estabelece uma moeda comum baseada na *experiência*. Como revelado pelos botões que apertaríamos ou não, todos nos importamos com a experiência, tanto a nossa quanto a alheia. Todos queremos ser felizes. Nenhum de nós quer sofrer. E nossa preocupação com a felicidade e o sofrimento está por trás de quase tudo que valorizamos, embora ver isso exija alguma reflexão. Podemos pegar esse cerne de valor pessoal e transformá-lo em um valor *moral* ao valorizar sua *imparcialidade*, injetando nele a essência da regra de ouro: sua felicidade e seu sofrimento não importam nem mais nem menos que os dos outros. Por fim, podemos transformar esse valor moral em um *sistema* moral ao passá-lo pelo aparato otimizador de resultados do córtex pré-frontal humano. Isso gera uma filosofia moral que ninguém ama, mas todo mundo "saca" — uma segunda linguagem moral que os membros de todas as tribos podem falar. Nossas respectivas tribos possuem instituições morais diferentes, configurações morais diferentes, e é nelas que reside o conflito. Mas, felizmente para nós, podemos usar o raciocínio de modo manual para chegar a acordos com nossas "cabeças", a despeito das irreconciliáveis diferenças em nossos "corações". Esta é a essência do pragmatismo profundo: buscar terreno comum não onde pensamos que ele deveria estar, mas onde de fato está.

O pragmatismo é um personagem familiar, objeto tanto de admiração quanto de suspeita. Admiramos os pragmáticos por conseguirem "resultados", praticarem a "arte do possível" e diminuírem a distância entre "nós" e "eles". Porém, a preocupação é que, em seu zelo para chegar lá, eles percam o senso de direção. Suponha que duas crianças estão brigando por causa de um bolo. Uma delas quer dividi-lo ao meio. A outra quer tudo para si. Chega o "pragmático", sempre catalisador do compromisso: "Vamos lá, crianças. Sejam razoáveis. Você fica com três quartos e você com um quarto." A disposição indiscriminada para o compromisso não é uma virtude. Alguns compromissos são ruins e alguns sentimentos inflexíveis são bons. Mas se, no espírito do compromisso, deixamos de lado nossos sentimentos morais inflexíveis, o que resta para nos guiar? Onde está nosso compasso moral?

É por isso que o "profundo" em pragmatismo profundo é essencial, e é por isso que não basta os pastores modernos dizerem "Sejamos razoáveis e abertos ao compromisso". Um pragmatista precisa de uma filosofia moral explícita e coerente, um segundo compasso moral[3] que forneça direção quando não se pode confiar nos instintos. É por isso que passei preciosas páginas explicando, esclarecendo e defendendo o utilitarismo. Entendo que nem todos acham que essa é uma boa maneira de passar o tempo. No entanto, se reconhecemos que nossos sentimentos tribais não podem estar todos certos e, mesmo assim, aspiramos a resolver nossas diferenças de maneira proba, precisamos de algum tipo de "ismo", de um padrão moral explícito que nos guie quando nosso compasso moral falhar.

O utilitarismo não é amor à primeira vista. Como expliquei no capítulo 6, essa filosofia é facilmente mal compreendida. Não se trata de "utilidade" — valorizar a funcionalidade mundana acima das coisas que dão sentido à vida. Nem da busca frívola por nossas "coisas favoritas". Não é egoísta, hedonista ou cegamente utópico. O utilitarismo não requer mágica ou habilidades *high-tech* para mensurar a felicidade com grande precisão e não requer que estejamos sempre "calculando". Ao contrário, há razões utilitaristas para rejeitar todas essas maneiras ingênuas ou pseudoutilitaristas. O utilitarismo, propriamente compreendido, tem pouca semelhança com suas muitas caricaturas. Propriamente entendido e sabiamente aplicado, é pragmatismo profundo. É nosso segundo compasso moral e nosso melhor guia para a vida nos novos pastos. Neste capítulo, consideraremos o que significa ser pragmatista profundo e compararemos essa filosofia com algumas de suas tentadoras alternativas.

QUANDO APONTAR E DISPARAR?
(EU × NÓS) *VERSUS* (NÓS × ELES)

Eu disse duas coisas aparentemente contraditórias. Por um lado, disse que devemos colocar nossos instintos de lado, passar para o modo manual e confiar em nosso compasso moral utilitarista para nos dar a direção. (Minhas desculpas pelas metáforas mecânicas misturadas.) Por outro, disse que nós, pragmatistas profundos, não deveríamos estar o tempo todo fazendo cálculos utilitaristas. Qual delas vale?

Depende do tipo de problema que estamos enfrentando. Neste livro, nos baseamos em três metáforas-guias, duas das quais se uniram aqui. A primeira é a parábola dos novos pastos, ilustrando a tragédia da moralidade do senso comum. A segunda é a metáfora da câmera, ilustrando as forças e fraquezas de nossos instintos (configurações automáticas) e de nosso raciocínio explícito (modo manual). Para responder à pergunta *Quando apontar e disparar?*, precisamos juntar nossas duas primeiras metáforas. (A terceira é a *moeda comum*, à qual retornaremos em breve.)

Como explicado na parte 1, enfrentamos dois tipos fundamentalmente diferentes de problemas morais. O primeiro é "eu" *versus* "nós". Esse é, repetindo, o problema básico da cooperação, a tragédia dos comuns. Nosso cérebro moral soluciona esse problema primariamente por meio da emoção. Sentimentos de empatia, amor, amizade, gratidão, honra, vergonha, culpa, lealdade, humildade, reverência e constrangimento nos impelem a (às vezes) colocar os interesses alheios acima dos nossos. Do mesmo modo, sentimentos de raiva e repulsa nos impelem a isolar ou punir pessoas que valorizam mais o "eu" que o "nós". Graças a essas configurações automáticas, mentimos, traímos, roubamos e matamos muito menos do que poderíamos fazer, e isso permite que o "nós" seja bem-sucedido.

Problemas morais complexos são sobre "nós" *versus* "eles". São nossos interesses contra os deles, nossos valores contra os deles ou ambos. É a tragédia moral moderna — a tragédia da moralidade do senso comum — e a fonte do conflito nos novos pastos. Aqui, nossos sentimentos e crenças díspares tornam a convivência difícil. Primeiro, somos tribais, incontritamente valorizando o "nós" acima do "eles". Segundo, tribos diferentes cooperam em termos diferentes. Algumas são mais coletivistas, outras, mais individualistas. Alguns respondem com agressividade a ameaças. Outras enfatizam a harmonia. E assim por diante. Terceiro, tribos diferem em seus "nomes próprios" — líderes, textos, instituições e práticas que investem de autoridade moral. Finalmente, todas essas diferenças levam a percepções tendenciosas sobre o que é verdadeiro e justo.

Nossa segunda metáfora orientadora, a câmera, ilustra nossos dois modos de pensamento moral: possuímos configurações automáticas, reações emocionais instintivas que são eficientes, porém inflexíveis. E possuímos um modo manual, uma capacidade geral de raciocínio explícito e prático, que é ineficiente, porém flexível.

Assim, temos dois tipos de problema moral e dois tipos de pensamento moral. E agora podemos responder nossa pergunta: a chave para usar nosso cérebro moral sabiamente é *combinar o tipo certo de pensamento com o tipo certo de problema*. Nossas emoções morais — nossas configurações automáticas — em geral são boas em restringir o egoísmo simples, evitando a tragédia dos comuns. Foi para isso que foram projetadas, tanto biológica quanto culturalmente. Então, quando o problema é "eu" *versus* "nós" (ou "eu" *versus* "você"), devemos confiar em nossas reações emocionais instintivas, também conhecidas como *consciência*: não minta nem roube, mesmo que seu modo manual ache que pode justificar a ação. Não sonegue impostos nem traia seu cônjuge. Não "empreste" dinheiro do caixinha da empresa. Não fale mal da competição. Não estacione nas vagas para deficientes. Não beba e depois dirija. E expresse seu desdém pelas pessoas que fazem tais coisas. Quando se trata de "eu" *versus* "nós", confie em suas configurações automáticas. (As morais, não as gananciosas!)

Mas, quando se trata da tragédia da moralidade do senso comum — quando é "nós" *versus* "eles" —, é hora de deixar de confiar em nossos sentimentos instintivos e mudar para o modo manual. Como saber em que situação estamos? Essa pergunta tem uma resposta surpreendentemente simples: *controvérsia*. Quando alguém comete uma transgressão moral clara, como fraude ou assassinato, há um *problema* moral, mas não uma *controvérsia* moral. Não há manifestantes do lado de fora do tribunal defendendo o "direito" de Bernie Madoff de fraudar seus investidores. É "ele" *versus* "nós". Aqui, nossos instintos sobre o que é certo e errado provavelmente nos servirão bem.

Todavia, quando há controvérsia, quando tribos inteiras discordam, você sabe que está nos novos pastos, lidando com "nós" *versus* "eles". E então é hora de passar para o modo manual. Por quê? Porque quando tribos discordam, quase sempre é porque suas configurações automáticas dizem coisas diferentes, porque seus compassos morais emocionais apontam para direções opostas. Nesse caso, não podemos nos valer do senso comum, porque nosso senso comum não é tão comum quanto pensamos.

Por acaso, a estratégia decisória defendida aqui — quando as intuições conflitarem, passe para o modo manual — é uma que o cérebro já usa em outros contextos. A analogia com a câmera nos deixa com um mistério geral sobre as decisões humanas: na fotografia, é o fotógrafo quem decide quando apontar e disparar e quando passar para o modo manual. Quem faz o papel de fotógrafo nas decisões humanas? Como decidimos como decidir? Aqui estamos ameaçados pela regressão infinita. Antes de decidirmos, não precisamos decidir como decidir? E antes de decidirmos como decidir, não precisamos...?

A pesquisa pioneira de Matthew Botvinick, Jonathan Cohen e seus colegas mostra como o cérebro sai desse impasse.[4] Você deve lembrar da tarefa de nomear cores de Stroop mencionada no capítulo 4. O desafio é dizer a cor da palavra, mesmo quando a cor e a palavra que a nomeia são diferentes. Se ela mostrar a palavra "vermelho" escrita em azul, por exemplo, você deve dizer "azul". Isso é difícil, porque ler é mais automático que nomear cores e fazer isso rápida e de forma acurada exige controle cognitivo — ou seja, o modo manual. E como o modo manual sabe quando assumir? Temos de nos perguntar o tempo todo "Essa é uma das difíceis?" e então decidir como pensar?

Botvinick e Cohen argumentam que o cérebro soluciona esse problema usando um *monitor de conflitos* baseado no córtex cingulado anterior (CCA). O CCA se ativa sempre que respostas incompatíveis são geradas ao mesmo tempo. Quando você vê a palavra "vermelho" escrita em azul, por exemplo, uma população de neurônios começa a se excitar, iniciando a resposta "vermelho", enquanto uma população diferente de neurônios inicia a resposta "azul". De acordo com a teoria do monitoramento de conflitos, o CCA detecta que o cérebro está iniciando dois comportamentos incompatíveis e envia um sinal para o CPFDL, a sede do modo manual, que pode, como um tribunal superior, resolver o conflito. De modo semelhante, minha pesquisa com Cohen e outros mostrou que dilemas morais difíceis, que por sua natureza evocam respostas conflitantes, engajam tanto o CCA quanto o CPFDL.[5]

Na tarefa de Stroop e em alguns dilemas morais, o conflito é *interno* ao cérebro. Mas, quando nós pastores discordamos, o conflito é *entre* cérebros. O que estou sugerindo é que tomemos a estratégia que nosso cérebro automaticamente aplica a discordâncias *intra*cranianas e a apliquemos com deliberação a discordâncias *inter*cranianas: ao encontrar conflito, passe para o modo manual.

ALÉM DE NOSSAS CAPACIDADES

Vamos então combinar que, quando nós pastores discordarmos, iremos parar e pensar. Para valer. *Realmente* para valer. É uma ideia esplêndida, mas há um grande perigo aqui. Quando pensamos sobre problemas morais divisores, nosso primeiro instinto é pensar em todas as maneiras pelas quais "nós" estamos certos e "eles" estão errados.

Lembre-se, mais uma vez, do experimento no qual oponentes e proponentes da pena de morte foram apresentados a evidências mistas sobre sua eficácia como dissuasor. Em vez de se tornarem mais moderados ("a evidência é mista"), eles ficaram mais polarizados. Eles se agarraram às evidências que eram convenientes e ignoraram as restantes. Do mesmo modo, quando se trata de mudanças climáticas, os americanos com mais conhecimento científico e numeracia — não especialistas em clima, mas pessoas comuns que gostam de usar seus modos manuais — são especialmente polarizados. E lembre-se de que, quando avaliamos evidências, nossos vieses surgem de modo inconsciente. Negociadores em impasse perdem dinheiro quando apostam no que terceiros imparciais dirão.

Ciente disso tudo, você pode pensar que a moralidade de modo manual, baseada em evidências, é inútil, que pensar com cuidado sobre problemas divisores só pode piorar as coisas. Talvez. Alternativamente, o pensamento de modo manual pode nos unir, desde que o usemos da maneira certa. Os mais controversos problemas morais do mundo real, como aquecimento global e reforma da assistência médica, são muito complicados. Mesmo assim, pessoas sem experiência nesses tópicos possuem fortes opiniões sobre eles. Em um mundo ideal, todos nos transformaríamos em especialistas e faríamos julgamentos com base em vasto conhecimento. Como isso jamais acontecerá, nossa melhor opção é emular a sabedoria de Sócrates: nos tornamos mais sábios ao reconhecer nossa ignorância.[6]

O psicólogo Frank Keil e seus colegas documentaram o que ele chama de "ilusão da profundidade explicativa".[7] Em resumo, as pessoas acham que entendem como as coisas funcionam, mesmo quando não entendem. Elas tipicamente acham que entendem como funcionam um zíper ou uma descarga, por exemplo, mas, quando tentam explicar, falham de maneira lamentável.

Porém — e essa é a chave —, quando tentam explicar como as coisas funcionam e falham, reconhecem que falharam e então revisam suas estimativas sobre o quanto entendem.

Em um brilhante conjunto de experimentos, Philip Fernbach, Todd Rogers, Craig Fox e Steven Sloman aplicaram essa ideia à política.[8] Eles pediram que americanos considerassem seis propostas políticas controversas, como a assistência médica paga integralmente pelo Estado e o sistema *cap-and-trade* para reduzir emissões de carbono. Em uma versão do experimento, pediram que as pessoas dessem suas opiniões sobre essas políticas e indicassem quão bem as compreendiam. Então pediram que explicassem em detalhes como deveriam funcionar. Por fim, pediram mais uma vez que dessem suas opiniões e avaliassem seu entendimento. E descobriram que as pessoas, após serem forçadas a explicar a mecânica das políticas, diminuíram suas estimativas sobre seu próprio entendimento e se tornaram mais moderadas em suas opiniões. Os pesquisadores fizeram uma versão de controle no qual as pessoas, em vez de explicar como as políticas deveriam funcionar, apresentavam razões para suas opiniões. Para a maioria das pessoas, apresentar razões deixou suas fortes opiniões intactas.[9]

O que esses estudos elegantemente demonstraram foi que o tipo certo de pensamento de modo manual pode nos aproximar. Apenas forçar as pessoas a justificar suas opiniões com razões explícitas faz muito pouco para torná-las mais razoáveis, e pode até mesmo fazer o oposto.[10] Mas forçá-las a confrontar sua ignorância sobre os fatos essenciais de fato as torna mais moderadas. Como observaram esses pesquisadores, suas descobertas sugerem uma abordagem alternativa para o debate público:[11] em vez de simplesmente perguntar a políticos e analistas *por que* favorecem determinadas políticas, primeiro peça que expliquem *como* funcionam as políticas que favorecem (e desfavorecem). E o que vale para a imprensa vale também para a família. Quando seu tio cheio de opiniões e com a barriga cheia de peru insistir que o plano de saúde nacional é um passo adiante/o fim da civilização como a conhecemos, você pode fazê-lo mudar de opinião sem desafiá-lo abertamente: "Isso é muito interessante, Jim. Como funciona exatamente o plano de saúde nacional?"

AS PIADAS SECRETAS DE NOSSAS ALMAS: RACIONALIZAÇÃO E O CÉREBRO DE PROCESSO DUAL

No início dos anos 1970, Donald Dutton e Arthur Aron enviaram uma atraente pesquisadora para interceptar homens cruzando duas pontes diferentes em um parque em British Columbia.[12] Uma delas era uma assustadora e instável ponte suspensa sobre um desfiladeiro profundo. A outra era uma sólida ponte de madeira próxima do solo. A bela cúmplice entrevistou os homens (um de cada vez) sobre suas experiências no parque e deu a cada um deles seu número de telefone, no caso de quererem saber mais sobre o estudo — *piscadela, piscadela*. Os homens que conheceu na ponte instável se mostraram muito mais propensos a telefonar e convidá-la para sair. Por quê? Como Dutton e Aron previram, eles tomaram seus corações acelerados e mãos suadas por intensos sentimentos de atração. A lição: quando não sabemos por que nos sentimos da maneira como nos sentimos, inventamos uma história plausível e a adotamos.[13]

Esse não é um fenômeno isolado.[14] Em outro experimento clássico, Richard Nisbett e Timothy Wilson pediram que voluntários escolhessem um entre vários pares de meias-calças exibidos em fileira.[15] Quando chegou a hora de explicarem suas preferências, eles deram respostas bastante razoáveis, referindo-se a características relevantes: costuras de qualidade, transparência, elasticidade etc. Todavia, suas escolhas não tinham nenhuma relação com tais características, porque os itens exibidos eram todos idênticos. Eles optaram por itens do lado direito do expositor. Em um experimento similar, a mesma dupla apresentou a voluntários pares de palavras, um dos quais era "oceano-lua". Mais tarde, os voluntários tiveram de escolher entre diferentes marcas de detergente para roupas. Os que haviam lido as palavras "oceano-lua" se mostraram duas vezes mais propensos a escolher o detergente Tide [maré], mas, quando explicaram sua preferência, disseram coisas como "Tide é o detergente mais conhecido", "Minha mãe usa Tide" ou "Gosto da embalagem".

Essa tendência de inventar histórias para explicar por que fazemos o que fazemos é dramaticamente ilustrada por pacientes neurológicos que apresentam grande dificuldade em compreender o próprio comportamento. Pacientes com amnésia de Korsakoff, por exemplo, com frequência tentam cobrir seus déficits de memória com histórias elaboradas, tipicamente contadas com grande confiança e nenhuma consciência de estarem inventando coisas. Os neurologistas chamam isso de "confabulação". Em um estudo, perguntou-se a um paciente que sofria de amnésia e estava sentado perto do ar-condicionado se ele sabia onde estava. Ele respondeu que estava em uma fábrica de aparelhos de ar-condicionado. Quando foi indicado que estava usando pijama, respondeu: "Eu deixo meu uniforme no carro e já vou vesti-lo."[16] Vemos efeitos similares em pacientes de "cérebro partido", pessoas cujas hemisférios cerebrais foram cirurgicamente desconectados para evitar convulsões.[17] Com os dois hemisférios desconectados, nenhuma das metades do cérebro possui a informação usual sobre o que a outra metade está fazendo. Em um estudo, o hemisfério direito do paciente viu uma cena de neve e foi instruído a selecionar uma imagem correspondente. Usando a mão esquerda, controlada pelo hemisfério direito, ele selecionou a imagem de uma pá. Ao mesmo tempo, o hemisfério esquerdo, que controla a linguagem, viu a imagem de um pé de galinha. Então se perguntou verbalmente ao paciente por que ele escolhera a pá com a mão esquerda. O paciente (isto é, o hemisfério esquerdo do paciente, vendo o pé de galinha, mas não a neve) respondeu: "Eu vi um pé e peguei uma pá, e você tem de limpar o galinheiro com uma pá."

A confabulação é estranha, mas a lição que os neurocientistas cognitivos tiraram dela é ainda mais estranha: não é que certos danos cerebrais de algum modo criem ou liberem a capacidade de confabular. Afinal, é pouco provável que danos cerebrais criem uma nova habilidade ou motivo. A lição é que somos *todos* confabuladores, e aqueles de nós com cérebros saudáveis são apenas melhores nisso. Estamos sempre interpretando nosso próprio comportamento, modelando-o em uma narrativa plausível sobre o que estamos fazendo e por quê.[18] A diferença crítica entre pacientes neurológicos e o restante de nós é que eles, graças a seus déficits, são forçados a construir narrativas a partir de material mais escasso. Para pegar pessoas saudáveis no ato de confabular, você precisa criar um experimento controlado, como o da ponte ou o do Tide.

O equivalente moral da confabulação é a *racionalização*. O confabulador se percebe fazendo algo e cria uma história aparentemente racional sobre o que está fazendo e por quê. O racionalizador moral *se sente* de certa maneira em relação a uma questão moral e cria uma justificativa aparentemente racional para o sentimento. De acordo com Jonathan Haidt, somos todos racionalizadores morais consumados,[19] e isso faz perfeito sentido, dados nossos cérebros de processo dual. Nossas configurações automáticas nos dão respostas morais emocionalmente convincentes e nosso modo manual começa a trabalhar para gerar justificativas plausíveis para essas respostas, assim como o modo manual dos pacientes com amnésia tenta explicar o que eles estão fazendo. Eis, por exemplo, Immanuel Kant explicando por que a masturbação é uma violação do imperativo categórico, a suprema lei moral, em uma passagem intitulada "Sobre o autoabuso licencioso":[20]

> Que tal uso não natural (e, portanto, mau uso) dos próprios atributos sexuais seja uma violação do dever para consigo mesmo e certamente se oponha no mais alto grau à moralidade está claro para qualquer um que pense a respeito [...] Todavia, não é fácil produzir uma demonstração racional da inadmissibilidade de tal uso não natural [...] dos próprios atributos sexuais como sendo uma violação do dever para consigo mesmo [...] O terreno da prova certamente está no fato de que o homem abre mão de sua personalidade (ele a joga fora) quando usa a si mesmo apenas como meio para a gratificação de um impulso animal.

Lembre-se da doutrina do duplo efeito, que distingue entre prejudicar alguém como meio e prejudicar alguém como efeito secundário. Kant, como Aquino, endossa a ideia de que certas ações são erradas porque envolvem usar alguém como meio.[21] E aqui ele aplica essa ideia ao pecado do autoerotismo: a masturbação é errada porque envolve usar *você mesmo* como meio.

Isso é muito esperto. E também meio engraçado. Nós, que não partilhamos das convenções morais sexualmente reprimidas de Kant, podemos dar boas risadas de sua ansiosa tentativa de deduzir a imoralidade da masturbação de princípios abstratos. O filósofo alemão do século XIX Friedrich Nietzsche também achou o moralismo racionalista de Kant engraçado:

> *A piada de Kant*: Kant queria provar, de uma maneira que confundiria o homem comum, que o homem comum estava certo — essa foi a piada secreta de sua alma. Ele escreveu contra os eruditos em apoio ao preconceito do povo, mas para os eruditos, e não para o povo.[22]

Em outras palavras, Kant tinha as mesmas configurações automáticas que os outros membros de sua tribo. No entanto, ao contrário deles, sentiu necessidade de fornecer justificativas esotéricas para seus "preconceitos do povo". Ele também desenvolveu uma elaborada teoria para explicar a superioridade dos brancos e a inferioridade dos negros, que via como "escravos natos".[23]

A racionalização é o grande inimigo do progresso moral e, assim, do pragmatismo profundo.[24] Se as tribos morais lutam porque seus membros têm instintos diferentes, não chegaremos a lugar nenhum usando nosso modo manual para racionalizar nossos instintos. Precisamos passar para o modo manual, mas usá-lo com sabedoria. Já vimos parte dessa sabedoria (explicar *como*, além de *por quê*), mas podemos fazer mais. Podemos aprender a reconhecer a racionalização e estabelecer regras que tornem mais difícil enganarmos a nós mesmos — e uns aos outros.

"CARA EU GANHO, COROA VOCÊ PERDE": DIREITOS COMO RACIONALIZAÇÃO

Como pragmatistas profundos, queremos focar na difícil e empírica tarefa de descobrir o que funciona melhor no mundo real, mas os legalistas tribais, com suas reações instintivas infalíveis, têm todas as razões para resistir a nosso apelo à reflexão minuciosa. Os oponentes da pena de morte dirão alegremente que ela não reduz a criminalidade, citando as melhores evidências disponíveis. E os proponentes da pena de morte alegremente farão o oposto. Porém, para os legalistas tribais, esses argumentos pragmáticos e utilitaristas são apenas fachada. Se, como diz a Anistia, a pena de morte é uma "violação fundamental dos direitos humanos", então o debate político é "cara eu venço, coroa você perde". Se os fatos se provarem contrários à pena de morte, a Anistia irá comemorar. Mas, se não o fizerem, a pena de morte ainda será errada em "princípio". E, é claro, o mesmo vale para os proponentes da pena de morte, os quais, se as coisas ficarem empiricamente complicadas, apenas insistirão na retórica de que a pena de morte é um direito moral de uma sociedade lesada.

Assim, apelos aos "direitos" funcionam como passe livre intelectual, um trunfo que torna as evidências irrelevantes. O que quer que você e seus colegas de tribo sintam, você sempre pode postular a existência de um direito que corresponde a seus sentimentos. Se sente que o aborto é errado, pode falar sobre o "direito à vida". Se sente que criminalizar o aborto é errado, sobre o "direito de escolha". Se é o Irã, sobre seus "direitos nucleares" e, se é Israel, sobre seu "direito à autodefesa". "Direitos" são simplesmente brilhantes. Eles nos permitem racionalizar nossos instintos sem fazer nenhum trabalho adicional.

Os direitos e suas imagens espelhadas, os deveres, são as armas retóricas perfeitas para o debate moral moderno. Como vimos nos capítulos anteriores, nossas configurações automáticas emitem comandos morais, dizendo-nos que certas coisas *não devem ser feitas* e outras *devem ser feitas*. Esses sentimentos correspondem mais ou menos perfeitamente aos conceitos de *direitos* e *deveres*. Se sentimos que algo simplesmente *não deve ser feito*, podemos expressar esse sentimento ao dizer que isso viola os *direitos* das pessoas. E, do mesmo modo, se sentimos que algo simplesmente *deve ser feito*, podemos expressar esse sentimento ao apelar para um *dever* correspondente. Empurrar o homem da passarela parece muito, muito errado e, em consequência, dizemos que fazer isso é uma grave violação de seus direitos, seja ou não para salvar cinco vidas. Mas acionar o interruptor não parece nem de perto tão ruim e, em consequência, dizemos que não é uma violação dos direitos da vítima ou que seus direitos são "superados" pelos direitos das cinco pessoas.[25] Do mesmo modo, temos o dever de salvar uma criança próxima que se afoga, mas crianças distantes e "estatísticas" não tocam com tanta intensidade nosso coração e, portanto, não temos o dever de salvá-las.[26] Direitos e deveres seguem emoções.[27]

Falar sobre direitos e deveres expressa de forma adequada nossas emoções morais de duas maneiras. Primeiro, quando nossas reações instintivas nos dizem o que devemos e não devemos fazer, esses comandos são *inegociáveis*, refletindo a inflexibilidade de nossas configurações automáticas. Repetindo, o sentimento que nos diz para não empurrar o homem da passarela não "dá bola" se há zero, cinco ou um milhão de vidas em jogo. Tais sentimentos podem ser superados, mas o sentimento em si não está, por assim dizer, disposto a negociar. Ele é, como dizem os psicólogos experimentais, "cognitivamente impenetrável". Essa indisposição para a negociação faz parte dos conceitos de *direito* e *dever*. Direitos e deveres podem ser sobrescritos, mas fazer isso envolve mais que alterar a balança das considerações. Direitos e deveres são *absolutos* — exceto que não são.

Segundo, nós moralistas combatentes amamos a linguagem dos direitos e deveres porque ela apresenta nossos sentimentos subjetivos como percepções de fatos objetivos. Gostamos disso porque nossos sentimentos subjetivos com frequência parecem percepções de coisas que estão "lá", mesmo que não estejam. Considere, por exemplo, a experiência da atração sexual. Quando acha alguém atraente, você não sente como se sua mente estivesse projetando uma aura de atratividade no objeto de seu desejo. E, mesmo assim, sabemos que é isso que acontece. Nós humanos achamos (alguns) outros humanos atraentes, mas não achamos babuínos atraentes (ao menos não a maioria de nós). E os babuínos, claro, também estão interessados uns nos outros, e não em nós. Como nossa discordância interespécies nos lembra, o poder de atração está na mente de quem o sente.[28] Mesmo assim, não é o que parece quando alguém está nas garras da atração sexual. O poder de atração de uma pessoa nos atinge como uma projeção subjetiva, mas como algo não menos "lá" que seu peso e altura. Assim, é natural descrever alguém como "atraente", em vez de dizer que "provoca desejo sexual em pessoas como eu". Do mesmo modo, falar sobre direitos e deveres apresenta sentimentos subjetivos como fatos objetivos que estão "lá", estejam ou não. Quando você diz que alguém tem um direito, parece estar declarando um fato objetivo sobre algo que essa pessoa *tem*, como o fato de ter dez dedos.

Se eu estiver correto, direitos e deveres são a tentativa do modo manual de transformar sentimentos elusivos em coisas mais objetivas que possa entender e manipular. O modo manual existe primariamente para lidar com coisas do mundo físico: ações, eventos e as relações causais que os conectam. Assim, a ontologia nativa do modo manual é feita de "nomes" e "verbos" concretos. Como, então, pode ele compreender os produtos das configurações automáticas, sentimentos misteriosos que vêm de lugar nenhum protestando contra ações que parecem perfeitamente razoáveis? (Ou comandando ações que parecem opcionais?) Resposta: ele representa tais sentimentos como percepções de *coisas* externas. Os sentimentos são *substantivados*. Um sentimento amorfo de *não dever ser feito* é concebido como percepção de uma coisa chamada "direito", uma coisa abstrata, mas mesmo assim real, que pode ser ganha, perdida, cedida, transferida, expandida, restringida, superada, suspensa, ameaçada, trocada, violada e defendida. Ao conceitualizar nossas emoções como percepções de direitos e deveres, damos a nós mesmos a habilidade de pensar sobre elas de maneira explícita, usando o aparato cognitivo que comumente usamos para pensar sobre objetos e eventos concretos.[29]

Assim, por todas essas razões, direitos e deveres são as armas favoritas dos moralistas modernos, permitindo-nos representar nossos sentimentos como fatos não negociáveis.[30] Ao apelar para os direitos, nos livramos do difícil trabalho de fornecer justificativas reais e livres de petições de princípio para as coisas que queremos. Desde que nos permitamos jogar com as cartas certas, as evidências são secundárias, porque se trata de "cara eu venço, coroa você perde".

A essa altura, você pode estar pensando que sou muito inflexível em relação aos direitos. Esse é um argumento contra os apelos aos direitos ou apenas contra declarações não substanciadas? Claro, podemos racionalizar nossas reações instintivas ao apelar para os direitos, mas também podemos fazer racionalizações utilitaristas: o que quer que queiramos, podemos dizer que é para o bem maior. Qual a diferença?

A diferença, como sugerido, é que alegações sobre o que promove ou não o bem maior, ao contrário de alegações sobre direitos, respondem a *evidências*. No fim das contas, se certa política aumentará ou diminuirá a felicidade é uma pergunta empírica. Podemos *dizer* que um plano nacional de saúde melhorará/destruirá a assistência médica americana, mas, se alguém disser isso, e disser com confiança, então é melhor ter alguma evidência. Primeiro, precisa entender como o plano nacional de saúde de fato funciona (como já mencionado). Então, como buscador de evidências, deve compreender como diferentes sistemas de assistência médica funcionam e quais são seus resultados em diferentes nações. Quem vive mais tempo? Quem tem a melhor qualidade de vida após os cuidados médicos? Que cidadãos estão mais satisfeitos com a assistência médica que recebem? Essas são exatamente as perguntas que os analistas tentam responder, e não só sobre assistência médica, mas sobre todas as questões sociais importantes. Quando as nações abolem a pena de morte, o número de assassinatos aumenta? As nações que redistribuem riqueza de forma mais ampla encorajam a ociosidade? Os cidadãos de tais nações são em geral menos felizes? Descobrir o que torna as sociedades mais felizes é desafiador e sujeito a viés. Mas, no fim, com dez passos adiante e nove para trás, tais perguntas podem ser respondidas com evidências.

O mesmo não pode ser dito sobre perguntas sobre direitos. Como explicado no capítulo 7, não temos hoje em dia nenhuma maneira isenta de petições de princípio para descobrir quem tem quais direitos. Se, algum dia, os filósofos produzirem uma teoria de direitos que seja demonstravelmente verdadeira, tudo que eu disse aqui escorrerá pelo ralo. Porém, ao menos por enquanto, argumentar sobre direitos é um beco sem saída. Quando você apela aos direitos, não está ajudando a resolver a questão. Em vez disso, está fingindo que a questão já foi resolvida em algum reino abstrato ao qual você e seus colegas de tribo têm acesso especial.

Nesse momento, você, que acreditou a vida inteira em direitos, pode ainda estar dividido. Você concorda que grande parte de nossa conversa sobre direitos é racionalização vazia, mas, mesmo assim, parece que a ideia de direitos captura algo muito importante, algo que não pode ser capturado com planilhas utilitaristas. E quanto a vender meninas para prostituição? E quanto a torturar pessoas por expressarem suas crenças? Essas coisas não violam os direitos das pessoas? *Você não tem compasso moral?*

Tenho boas notícias para você. Como pragmatistas profundos, podemos apreciar o papel vital que pensar sobre os direitos desempenhou e ainda desempenha em nossas vidas morais. Argumentar sobre os direitos pode ser inútil, mas, às vezes, argumentar é inútil. Às vezes, você precisa não de argumentos, mas de armas.[31] E é nesse momento que deve se levantar em defesa dos direitos.

DIREITOS COMO ARMAS E ESCUDOS

O professor de direito Alan Dershowitz certa vez contou a um grupo de estudantes a seguinte história. Havia um negador do Holocausto que insistia em ter um debate público com Dershowitz, que se recusava. O homem o perseguia com cartas furiosas, desafiando sua integridade intelectual. *Você se diz defensor da liberdade de expressão e, mesmo assim, tenta me silenciar! Por que é contrário a uma troca aberta de ideias? Você tem medo do debate porque sabe que vou vencer!* Por fim, Dershowitz concordou. "Debaterei com você", respondeu ele. "Com uma condição: nosso debate deve ser parte de uma série de três. Primeiro, debateremos se a Terra é plana. Segundo, debateremos a existência do Papai Noel. E só então debateremos se o Holocausto realmente ocorreu".[32]

A resposta inteligente de Dershowitz ilustra uma lição pragmática valiosa: o debate moral não se concentra apenas em buscar a verdade. Decidir se e quando irá engajar seu oponente é uma decisão pragmática como qualquer outra, envolvendo custos e benefícios. No caso de Dershowitz, era o benefício de ter uma troca aberta de ideias *versus* o custo de dedicar tempo e atenção a um idiota pernicioso.[33] Algumas questões não valem o debate. Aqui, tratava-se de um fato histórico, mas o mesmo vale para questões morais.

Como revela uma breve pesquisa no Google, ainda há pessoas que acham que negros devem ser escravizados, que algumas mulheres merecem ser estupradas e que é uma vergonha Hitler não ter acabado de vez com os judeus. Essas pessoas tampouco valem o debate. Nós, pastores modernos, concordamos que escravidão, estupro e genocídio são inaceitáveis em todos os sentidos. Oferecemos diferentes razões para isso. Alguns citam a vontade de Deus. Outros, os direitos humanos. Alguns, como eu, se opõem a essas coisas por causa do sofrimento insuportável e desnecessário que causam. E algumas pessoas — talvez a maioria — simplesmente se opõem a elas como questão de senso comum moral, sem qualquer justificativa especial em mente. Mas todos concordamos que são de todo inaceitáveis. Em outras palavras, alguns julgamentos morais realmente são senso *comum*. Comum não significa *universal*. Significa comum o bastante para propósitos práticos, políticos. A questão foi resolvida.

Ao lidar com questões morais que de fato resolvemos, faz sentido falar sobre direitos. Por quê? Porque a linguagem dos direitos expressa de maneira adequada nossos compromissos morais mais firmes. É bom ter alguns compromissos morais firmes e rejeitar algumas ideias sem pensar,[34] não porque estamos garantidamente certos em tais casos, mas porque o risco de nos comportarmos de forma incorreta é menor que o risco de não sermos firmes o suficiente. Queremos que nossos filhos compreendam — não apenas intelectualmente, mas emocionalmente — que algumas coisas estão apenas fora dos limites. E queremos que os extremistas em nosso meio — os membros da Ku Klux Klan, os neonazistas, os misóginos — entendam com clareza que não são bem-vindos.

Eu disse que me oponho à escravidão porque os custos superam em grande proporção os benefícios. Mas me ouvir colocar as coisas dessa maneira não deixa você um pouquinho desconfortável? A mim também. Dito assim, parece que, se surgisse o tipo certo de argumento, eu poderia considerar mudar de ideia sobre a escravidão. Bem, tenha certeza de que, nessa questão particular, minha mente está fechada. Se você me enviar um e-mail com o assunto "Por que a escravidão pode ser justificada em alguns casos", eu simplesmente o apagarei, muito obrigado. Ainda acredito, como mencionado, que o único argumento sem petição de princípio contra a escravidão é o argumento utilitarista apresentado há tanto tempo por Bentham e Mill. Mas agora, neste novo milênio, a escravidão é uma questão em relação à qual estou mais que disposto a "peticionar". Em minha estimativa, os custos de falar sobre a escravidão como se fosse uma questão em aberto a ser resolvida pelas evidências disponíveis superam os benefícios. E assim, como pragmatista profundo, estou feliz em me juntar ao coro: *A escravidão viola direitos humanos fundamentais!*

"Mas", objeta você, "você na verdade não pensa assim!" Sim, penso. Para um pragmatista profundo, declarações sobre direitos humanos, quando propriamente empregadas, são como votos matrimoniais. Quando diz a sua amada "Até que a morte nos separe", você não está, se for um adulto razoável com um modo manual ativo, dizendo que não há em absoluto nenhuma circunstância na qual se divorciaria. Não está dizendo que as chances de terminar seu casamento são de 0%. Está expressando um *sentimento*, um comprometimento profundo. E seria uma expressão muito pobre desse sentimento e desse comprometimento declarar no altar: "Meu amor, as chances de ficarmos juntos são, em minha estimativa, muito, muito altas." Do mesmo modo, é uma expressão pobre de sua oposição à escravidão dizer que, em sua estimativa, a escravidão claramente falha em maximizar a felicidade. Quando alguém pergunta "Você acredita que a escravidão viola direitos humanos fundamentais?", a resposta correta é "Acredito".

Como pragmatistas profundos, podemos apelar aos direitos quando as questões morais estão resolvidas. Em outras palavras, nossos apelos aos direitos podem servir como *escudos*, protegendo nosso progresso moral das ameaças que ainda restam. Do mesmo modo, há vezes em que faz sentido usar "direitos" como armas, como ferramentas retóricas para fazer progresso moral quando os argumentos falham. Considere, por exemplo, os conflitos morais do movimento americano pelos direitos civis. Há argumentos utilitaristas para permitir que negros votem e comam junto com brancos em restaurantes. São bons argumentos. Porém, como todos os argumentos utilitaristas, dependem de uma premissa de imparcialidade, da regra de ouro, da ideia de que a felicidade de ninguém é inerentemente mais valiosa que a alheia. Foi justo essa premissa que os oponentes do movimento pelos direitos civis rejeitaram. Assim, argumentar sobre discriminação racial explícita não é como argumentar contra impostos mais altos ou baixos, pena de morte ou suicídio medicamente assistido. De uma perspectiva moral imparcial, não há nada a debater. As leis de Jim Crow permitiram uma tribo dominar a outra e, nos anos 1950, estava claro que só o raciocínio moral não faria esse trabalho. Era necessário força e um comprometimento emocional por parte de terceiros empregando essa força. Assim, durante esse importante conflito moral e político, a linguagem emocionalmente notória dos direitos foi a linguagem certa a usar. A questão podia não estar resolvida, mas, ao mesmo tempo, não havia mais espaço para debate racional.

Assim, há ocasiões em que um pragmatista profundo deve se sentir livre para falar de direitos — e não apenas direitos legais, mas também direitos morais. Essas ocasiões, todavia, são mais raras do que você pensa. Se estamos de fato interessados em persuadir nossos oponentes por intermédio da razão, devemos abrir mão da linguagem dos direitos. Isso porque, repetindo, não temos nenhuma maneira isenta de petição de princípio (e não utilitarista) de descobrir quais direitos na realidade existem e quais têm precedência sobre os outros. Porém, quando não vale a pena argumentar — porque a questão está resolvida ou nossos oponentes não aceitam argumentação —, é hora de deixar os argumentos e reunir as tropas. É hora de afirmar nossos compromissos morais, não com estimativas detalhadas de probabilidades, mas com palavras que movam nossas almas.

Mas, *por favor*, não tome isso como licença para ignorar todo o restante que eu disse sobre "direitos". A maioria das controvérsias morais não é simplesmente um caso de uma tribo dominando outra. Em quase todas elas, há considerações verdadeiramente morais em ambos os lados.[35] Há mérito nos sistemas individualistas que encorajam as pessoas a cuidarem de si mesmas. E há mérito nos sistemas coletivistas nos quais todo mundo recebe a ajuda de que necessita. Há mérito em não matar nenhum feto humano e há mérito em deixar as pessoas fazerem suas próprias e difíceis escolhas bioéticas. Aqui, a solução não é atingirmos uns aos outros com declarações comovidas sobre direitos, por mais tentador que seja. A solução é, repetindo, colocar nossas configurações automáticas de lado e mudar para o modo manual, procurando barganhas negociadas na moeda comum.

ABORTO: UM ESTUDO DE CASO

O debate sobre o aborto é amargo e contínuo. Assim, será um bom teste para nosso raciocínio pragmatista profundo. Se a abordagem pragmatista profunda puder nos ajudar aqui, é provável poderá nos ajudar por toda parte. (Devo enfatizar que não sou, de modo algum, o primeiro a adotar essa abordagem. Muitas das ideias apresentadas nesta seção e na seguinte seguem de perto as ideias de Peter Singer,[36] entre outros.)

Os pacificadores morais dizem que deveríamos ser mais razoáveis e flexíveis e manter a mente aberta. Mas o que isso significa? Se você acredita que aborto é assassinato — matar um ser humano inocente —, deveria ser "razoável" e permitir que as pessoas cometam assassinatos? Se acredita que criminalizar o aborto viola os direitos fundamentais das mulheres, você deveria ser "razoável" e concordar que elas abram mão de seu direito de escolher? Simplesmente pedir que as pessoas sejam razoáveis faz pouco para solucionar o problema porque cada um de nós acredita já ser razoável. Para fazer progresso real, precisamos deixar nossas reações instintivas de lado e passar para o modo manual. Na verdade, quase ninguém, na esquerda ou na direita, assume uma posição moral coerente sobre o aborto, uma que resista ao escrutínio do modo manual.[37]

Vamos começar com os pró-escolha. Como você bem sabe, os liberais tendem a ver o aborto como uma questão de "direitos", mais especificamente um direito das mulheres. Mas quase ninguém acredita que uma mulher tem o direito de abortar um feto de nove meses. Por que não? O feto ainda está no interior do corpo — a mulher não tem o direito de controlar seu próprio corpo? Os idosos congressistas fundamentalistas cristãos do sul profundo dos EUA agora têm o direito de dizer a jovens mulheres em São Francisco que elas não podem escolher abortar? A certa altura, acredita-se que têm.

Para ser um pró-escolha coerente, é preciso explicar por que abortos no início da gestação são moralmente aceitáveis, mas não perto do fim.[38] Fetos têm o potencial de se tornarem seres humanos completamente desenvolvidos tanto no primeiro trimestre quanto no terceiro. Assim, a diferença moral não pode ser uma questão de *potencial*. O aborto, tanto no início quanto no fim da gestação, evita que uma vida humana seja vivida.[39] Se não é uma questão de potencial, então a diferença-chave deve ser *real*: uma questão do que *é* o feto no início e no fim da gestação. Há muitas possíveis diferenças.

A distinção mais influente, estabelecida pela Suprema Corte americana em *Roe v. Wade*, está relacionada à viabilidade fora do útero, uma distinção que separa fetos no início e no fim da gestação. Mas a viabilidade é o que de fato importa? Ela é uma função tanto da tecnologia quanto do feto em si.[40] Hoje, bebês nascidos com apenas 22 semanas conseguem sobreviver,[41] e esse número quase certamente mudará conforme a tecnologia avança. É possível que, a certa altura, talvez ainda durante nossas vidas, fetos em dificuldades possam se desenvolver em úteros artificiais fora do corpo das mães, já a partir do início da gestação. Os defensores da escolha irão então dizer que, graças à nova tecnologia, abortos no primeiro trimestre se tornaram imorais?[42] E quanto a fetos no fim da gestação que não são viáveis fora do útero? Suponha que um feto tenha quase nove meses, mas sofra de uma condição rara que o impediria de viver fora do útero nesse momento. E suponha que essa condição será solucionada pouco antes do nascimento. É aceitável abortar esse feto de quase nove meses porque ele (ainda) não é viável fora do útero?

A viabilidade fora do útero parece ser um substituto conveniente para o que na realidade importa. Mas o que de fato importa? Qual é a coisa especial que só fetos no fim da gestação possuem e que lhes dá direito à vida? Encontrar essa coisa especial pode ser duro, porque, o que quer que seja, quase certamente é algo partilhado por animais que (a maioria de) nós comemos. É a habilidade de sentir dor? Porcos sentem dor. (De qualquer modo, estamos no mínimo tão certos da dor de um porco adulto quanto da dor de um feto no fim da gestação.) Do mesmo modo, porcos têm no mínimo a mesma probabilidade dos fetos humanos de serem conscientes, possuírem um robusto senso de si, terem emoções complexas e manterem relacionamentos significativos com outros. As características moralmente significativas possuídas por fetos no fim da gestação, mas não por fetos no início, quase certamente serão partilhadas por porcos adultos e outros animais que matamos para comer.

A posição pró-escolha não está morta, mas suas opções estão acabando. Uma opção é dizer que certas características dos fetos já desenvolvidos (por exemplo, consciência rudimentar) tornam errado abortar no fim da gestação e também tornam errado comer certos animais. Essa, porém, não é uma saída fácil. A consistência requer mais que ser um vegetariano moral.[43] Requer ser um vegetariano *militante*. Muitos vegetarianos, incluindo aqueles com motivações morais, escolhem não comer carne, mas permanecem "pró-escolha" quanto a isso. Não veem seus amigos carnívoros como assassinos e não acreditam que comer carne deva ser ilegal. (Alguns sim, mas não a maioria.) Se você não será pró-escolha sobre abortos no fim da gestação porque acha que fetos desenvolvidos possuem consciências rudimentares (ou qualquer outra coisa), não deveria ser pró-escolha sobre comer porcos. Essa posição é uma opção, mas a vasta maioria dos pró-escolha não está disposta a ir tão longe.[44]

Outra opção pró-escolha: você pode dizer que fetos no fim da gestação possuem uma combinação mágica que lhes dá direito à vida. Como porcos, têm consciências rudimentares (ou qualquer outra coisa), mas, ao contrário dos porcos, são *humanos*. E, como fetos no início da gestação, são humanos, mas, ao contrário deles, possuem consciências rudimentares. Nenhuma dessas coisas, sozinha, é suficiente para garantir o direito à vida, mas coloque-as juntas e — *bum!* — você tem uma criatura com direitos. A primeira coisa a notar nessa teoria é que ela é completamente *ad hoc*. Segunda, o que é especialmente *ad hoc* é a ideia de que a humanidade é um fator crítico em si. Poucos liberais diriam que ser membro da espécie *Homo sapiens* é um ingrediente necessário para ter direito à vida. A maioria deles acredita que animais como chimpanzés têm direito à vida, que não podemos matá-los só para atender a nossos interesses. Para enfatizar esse ponto, considere os direitos morais de alienígenas que pensam e sentem como nós. Veja, por exemplo, a adorável Deanna Troi de *Jornada nas estrelas: a nova geração*. Decerto, não é correto matá-la só porque não é humana.[45] Para o pesar de incontáveis fãs, Troi não é real, mas seu personagem é suficiente para enfatizar este ponto: o que nos dá direito à vida não é sermos humanos em si, mas possuirmos características que membros de outras espécies possuem ou poderiam possuir.

A ideia de que algo como "consciência humana" é o que na realidade importa sugere uma ideia mais familiar, a ideia de *alma*. Falaremos mais sobre almas em breve, quando considerarmos as dificuldades dos pró-vida. Mas, primeiro, vamos analisar como o apelo pró-escolha à alma poderia ser. Vamos supor que seres humanos possuem almas e outros animais, como porcos, não as possuem ou possuem almas qualitativamente diferentes — almas de porcos etc. E vamos supor que ter (ou ser) uma alma humana é o que dá a alguém o direito inequívoco à vida. Se você é pró-escolha e acredita em almas, dirá que fetos no fim da gestação possuem almas e fetos no início da gestação, não. O problema com essa alegação é que simplesmente não há razão para acreditar que seja verdadeira. Fetos no início da gestação conseguem mover seus corpos.[46] São *animados*. E, se não é uma alma humana que os anima, o que é? Uma alma fetal temporária? De qualquer modo, não podemos estar *confiantes* de que o "almamento" ocorre apenas após o primeiro trimestre, se é que ocorre. Se achamos que seres humanos possuem almas e que fetos no início da gestação podem possuir almas, esse dificilmente é um bom argumento para ser pró-escolha.

Em resumo, construir uma justificativa coerente para a posição pró-escolha em relação ao aborto é muito difícil. Não estou dizendo que não pode ser feito. Estou dizendo que, se puder ser feito, irá exigir complexas manobras filosóficas no modo manual, e de um tipo bastante esotérico. Em nosso discurso moral popular, é perfeitamente aceitável dizer "Eu acredito no direito de escolha da mulher", sem maiores explicações. Mas, sem maiores explicações, apelar para esse "direito" é apenas um blefe, uma afirmação infundada de que, em algum lugar lá fora, existe uma teoria pró-escolha coerente sobre os direitos reprodutivos.

E quanto aos pró-vida? Eles se saem melhor? Um tipo de argumento pró-vida foca na vida humana que jamais é vivida por causa do aborto. O problema com esse argumento é que ele também se aplica de forma ampla aos hábitos de seus proponentes. O aborto nega a uma pessoa sua existência, mas o mesmo faz a contracepção, e a maioria dos pró-vida (ao menos nos Estados Unidos) não está pronta para criminalizar a contracepção. É claro que muitos pró-vida, com destaque para os católicos devotos, se opõem à contracepção, mas o problema não termina aí. O argumento de negação da vida também se aplica à *abstinência*. Casais que escolhem não ter filhos ou ter menos filhos do que poderiam ter também estão impedindo que vidas humanas sejam vividas. E isso é verdade mesmo para os que não possuem condições de ter mais filhos, desde que haja outros para adotá-los. A menos que você ache que a moralidade requer que produzamos tantos bebês felizes quanto possível, você não pode argumentar que o aborto é errado porque impede que uma vida humana seja vivida.

Esse, contudo, não é o argumento que a maioria dos pró-vida quer defender. Eles querem estabelecer uma distinção entre vidas meramente possíveis e vidas que, de certo modo, já estão a caminho. Para a maioria dos pró-vida, o momento crítico é a concepção. (Usarei o termo "concepção", intercambiável com "fertilização", para me referir ao momento de união entre espermatozoide e óvulo.) É comum se dizer que a "vida" começa na concepção, mas isso não é literalmente verdade. O espermatozoide e o óvulo que formam um zigoto (a célula única a partir da qual o feto se desenvolve) estão inegavelmente vivos. A ideia, então, não é que a *vida* começa na concepção, mas que a vida de *alguém* começa na concepção. Isso poderia estar correto?

Isso nos leva de volta ao tópico das almas. Porém, antes de falarmos disso, vamos ver se podemos entender essa ideia de uma maneira mais metafisicamente modesta. Você pode dizer que a concepção é especial porque, uma vez que o espermatozoide atinge o óvulo, a identidade do indivíduo foi determinada. Há agora uma resposta para a pergunta "A vida de quem está em jogo?" Responder essa pergunta, todavia, não necessariamente requer a união física de espermatozoide e óvulo. Considere o que acontece nas clínicas de fertilidade, nas quais a fertilização ocorre fora do corpo. Tipicamente, o recipiente da fertilização (em geral uma placa de Petri, em vez do proverbial "tubo de ensaio") contém vários óvulos e muitos espermatozoides, um dos quais será bem-sucedido a fim de que a fertilização ocorra. No entanto, o especialista em fertilização poderia selecionar um único espermatozoide e um único óvulo e deixá-los fazer seu trabalho. Antes de se encontrarem, eles poderiam estar em recipientes separados. No momento em que o espermatozoide sortudo "sobe ao convés", é determinado que ser humano existirá, se é que existirá algum.[47] A identidade genética do zigoto potencial foi determinada. Mas há, nesse momento, uma pessoa com direito à vida separada em dois recipientes? Se a mulher desiste do procedimento quando o espermatozoide já está no convés, isso é assassinato? Terá ela tirado a vida de uma pessoa inocente?[48]

Suspeito que a maioria dos pró-vida não chamaria uma mulher que desiste da fertilização *in vitro* de assassina, mesmo que o espermatozoide de (ou sem) sorte e o óvulo já tenham sido selecionados, assim determinando a identidade da criança em potencial. E isso significa que não se trata na realidade de determinar a identidade genética da criança em potencial. A ideia é que algo moralmente significativo ocorre quando espermatozoide e óvulo se unem fisicamente, que a "vida" começa na concepção. Isso suscita a importantíssima pergunta: "O que acontece na concepção?"

Bem... Acontece um monte de coisas interessantes. Eu o pouparei da aula de biologia[49] que, de qualquer modo, não estou qualificado a dar. O ponto crítico para nós é que a fertilização e o processo que a cerca são muito bem compreendidos no nível molecular, mecânico. Entendemos o processo químico que permite que o espermatozoide se mova: as mitocôndrias na peça intermediária produzem ATP, o combustível usado para gerar os movimentos da cauda (flagelo). Dineínas no flagelo convertem a energia química do ATP em movimento e, por fim, em movimentos da cauda, que impulsionam o espermatozoide para a frente. Entendemos como o espermatozoide encontra o óvulo: ele é sensível à combinação de sinais químicos e termais que emanam do óvulo. Sabemos o que acontece quando o espermatozoide sortudo atinge a superfície do óvulo: o óvulo é cercado por uma membrana glicoproteica chamada zona pelúcida, que contém receptores químicos que combinam com os receptores químicos na cabeça do espermatozoide. Essa interação química faz com que o espermatozoide libere enzimas digestivas que permitem que ele penetre a zona pelúcida, indo em direção à membrana celular do óvulo. A membrana do espermatozoide se funde com a do óvulo. Isso gera uma série de reações químicas que impedem que outros espermatozoides penetrem o óvulo. O material genético do espermatozoide é liberado e uma nova membrana se forma em torno do material genético masculino, criando o pronúcleo masculino. Enquanto isso, a fusão do espermatozoide com o óvulo faz com que o material genético feminino se divida e forme o pronúcleo feminino. Minúsculas estruturas polimerizadas chamadas microtúbulos unem os dois pronúcleos. Eles se fundem e os dois conjuntos de material genético são contidos no interior de um único núcleo, o núcleo do zigoto, e a fertilização está completa. O zigoto então se divide em duas células, quatro, oito e assim por diante, até formar uma bola de células chamada mórula, que se esvazia para formar uma cavidade oca chamada blástula. A blástula se transforma em gástrula, que consiste em três camadas distintas de células (ectoderme, mesoderme e endoderme), cada uma das quais formará tecidos corporais distintos. A ectoderme, por exemplo, formará o sistema nervoso (cérebro e espinha dorsal), assim como o esmalte dos dentes e a camada mais externa da pele (epiderme).

Eu disse tudo isso não para impressioná-lo com meu conhecimento sobre biologia do desenvolvimento — tive de pesquisar quase tudo —, mas para enfatizar a maravilhosa extensão em que compreendemos a mecânica da vida em seus estágios iniciais. De fato, meu pequeno resumo dificilmente faz jus ao entendimento passo a passo, molécula a molécula, dos biólogos. Há falhas nesse entendimento, com certeza. Porém, não há nenhum grande mistério — apenas pequenas lacunas à espera para serem preenchidas pelo próximo artigo de pesquisa descrevendo a próxima proteína em uma longa cadeia de reações químicas.

Nosso entendimento mecanicista do desenvolvimento humano apresenta um sério problema para a maioria dos pró-vida. Eles querem afirmar que a fertilização cria, em um instante, uma nova pessoa com direito à vida. A fertilização é espetacular, um momento crucial do desenvolvimento de um novo ser humano. Mas, até onde podemos dizer, não é mágica. Além disso, a fertilização de um óvulo humano parece não ser nem mais nem menos mágica que a fertilização do óvulo de uma rata ou de uma sapa. Não há nenhuma evidência de "almamento" durante a fertilização ou em qualquer outro momento do desenvolvimento. Até onde podemos dizer, trata-se apenas de moléculas orgânicas operando de acordo com leis da física.

O que um pró-vida deve fazer? Ele pode insistir que algo mágico ocorre durante a fertilização e que, se os cientistas ainda não descobriram, isso simplesmente reflete sua ignorância ou, pior ainda, seus preconceitos ateus e materialistas. Isso, no entanto, é apenas uma esperança, uma afirmação infundada sem nenhuma evidência que a apoie. O pró-vida que diz isso não é diferente do pró-escolha que declara, sem a menor evidência, que a mágica moral acontece mais tarde, durante o terceiro trimestre, e não na concepção.

Um pró-vida mais modesto pode admitir que não sabemos quando o "almamento" ocorre, mas argumentar que, à luz de nossa ignorância, devemos ser cautelosos. Como não sabemos quando ocorre, não devemos permitir abortos de nenhum tipo. Mas, se ele estiver certo, por que parar na fertilização? Por que não supor que Deus liga uma alma a cada óvulo não fertilizado e que o espermatozoide apenas fornece algumas moléculas úteis? Ou por que não assumir que Deus liga almas aos espermatozoides? (Deixa para o Monty Python.) Como podemos estar certos de que a contracepção não mata almas? Para sermos cautelosos, não deveríamos criminalizar a contracepção? E como sabemos que a abstinência não mata almas? Para sermos de fato cautelosos, não deveríamos exigir que as mulheres recebessem em seus úteros tantos espermatozoides (potencialmente portadores de almas) quanto possível?

Os problemas dos pró-vida se multiplicam quando confrontados com as possíveis exceções à proibição do aborto. Em 2012, o candidato republicano ao Senado Richard Mourdock iniciou uma tempestade de fogo ao explicar por que se opunha ao aborto mesmo em casos de estupro:

> Acho que mesmo que a vida comece na horrível situação do estupro, isso é algo que Deus queria que acontecesse.[50]

Com essa observação, sua campanha pegou fogo.[51] *Mourdock disse que Deus quer que as mulheres sejam estupradas!* O problema no qual ele tropeçou é na verdade muito maior e vai além do aborto. É o "problema do mal",[52] mais antigo que o tempo e que vem se esquivando dos teólogos há séculos: se Deus tudo sabe e tudo pode, por que permite que coisas como estupro (e abuso infantil, tiroteios em escolas e terremotos fatais) aconteçam? Não é um problema apenas para Mourdock. É um problema para qualquer um que acredite em uma deidade onisciente, onipotente e benevolente. De qualquer modo, as observações de Mourdock não agradaram aos eleitores e ele perdeu a eleição. Todavia, não acho que ele odeie mulheres ou, de maneira mais específica, vítimas de estupro. Acho que estava apenas tentando ser um pró-vida consistente. Como ele disse na época:

> Eu acredito que a vida começa na concepção. A única exceção que faço para [...] o aborto é no caso da vida da mãe. Lutei comigo mesmo durante muito tempo, mas percebi que a vida é um presente de Deus [...]

Se você realmente acredita que a "vida" começa na concepção e que Deus liga uma alma à matéria biológica naquele momento, que direito temos de desfazer as injeções metafísicas divinas? Da perspectiva pró-vida, a única parte questionável da posição de Mourdock deveria ser sua disposição em permitir o aborto para salvar a vida da mãe. Seria certo matar uma criança de 3 anos se, de algum modo, essa fosse a única maneira de salvar a vida de sua mãe?

No fim, os pró-vida podem estar certos. Podemos ter almas e Deus pode ligar almas humanas à matéria biológica no momento da fertilização. Mas não temos em absoluto nenhuma evidência de que isso seja verdadeiro, assim como não temos nenhuma evidência que comprove a teoria do almamento, incluindo as que o colocam mais tarde na gestação ou antes da fertilização. Quando os pró-vida declaram com confiança que o feto tem "direito à vida", eles, como suas contrapartes pró-escolha, estão apenas blefando, fingindo que possuem um argumento coerente quando, na verdade, possuem apenas sentimentos fortes e hipóteses não comprovadas.

Algumas ideias sobre o aborto ressoam profundamente com as pessoas, e algumas não. E algumas ideias ressoam com pessoas em ambos os lados do debate. Se as atitudes da maioria das pessoas em relação ao aborto não são apoiadas por uma filosofia coerente, de onde elas vêm? Como sempre, uma dose de entendimento psicológico pode percorrer um longo caminho.

Você deve se lembrar do experimento do capítulo 2 (ver p. 55-56) no qual bebês escolheram brincar com o triângulo legal de olhos arregalados, que ajudou o círculo de olhos arregalados a subir a encosta. E deve se lembrar que essa preferência desapareceu quando os olhos arregalados do círculo foram removidos e as crianças jamais o viram se mover sozinho. Sem olhos (as proverbiais "janelas da alma") e sem a aparência de movimento espontâneo, o círculo era apenas uma forma. Do mesmo modo, deve se lembrar como meras imagens podem acionar o alarme em nossa amígdala (ver Figura 14, p. 149) e fazer com que sejamos mais generosos (ver Figura 2, p. 53). Olhos ativam nosso cérebro social.

Embora os olhos sejam muito importantes, apenas o movimento já é suficiente para transformar entidades sem face em criaturas com corações e mentes. Nos anos 1940, os pioneiros psicólogos sociais Fritz Heider e Marianne Simmel produziram um filme famoso no qual três formas interpretavam um drama silencioso.⁵³ Um grande e malvado triângulo atormentava duas formas menores, correndo atrás delas enquanto tentavam escapar. O filme não envolvia nada além de formas em movimento, mas as pessoas automaticamente lhes atribuíam intenções ("O triângulo grandão está tentando pegá-las", "As formas menores estão tentando escapar"), emoções ("O triângulo grandão está zangado porque elas fugiram", "As formas pequeninas estão felizes porque escaparam") e até mesmo traços morais ("O triângulo grandão é um valentão"). Essas atribuições ocorrem de forma tão automática que as pessoas não conseguem evitar fazê-las.⁵⁴ Vemos dramas sociais tão automaticamente quanto vemos cores e formas.

Os fetos se movem e possuem olhos. Antes do advento das imagens médicas, muitos que contemplavam a ética do aborto localizavam o ponto de virada moral no "despertar", o momento em que o feto começava a produzir movimentos detectáveis. As imagens médicas nos permitiram ver não apenas os movimentos fetais, mas também características como olhos, e em estágios anteriores ao despertar. Para muitos, isso fez o momento mágico recuar no tempo.

Movimento e olhos exercem um poderoso efeito sobre nós, mas isso não pode explicar tudo. Os animais que a maioria de nós come sem pensar duas vezes se movem e têm olhos.⁵⁵ Mas fetos, ao contrário dos animais que comemos, em algum momento começam a parecer *humanos*. Eles têm mãozinhas, pezinhos e rostinhos humanos e se movem de maneiras muito humanas. Não resta dúvida de que é por isso que os defensores do direito à vida gostam tanto de mostrar imagens de fetos, em especial closes de mãos, pés e rostos. Também explica por que o filme pró-vida de 1984 *The Silent Scream* [O grito silencioso] foi um sucesso tão estrondoso. O filme, que é estranhamente similar ao de Heider e Simmel, mostra o registro em ultrassom de um aborto. Vemos o feto se movendo no interior do útero. O narrador explica que o feto está "propositadamente" se movendo para longe do aparelho, descrevendo seus movimentos como "agitados" e "violentos". No momento definidor do filme, a boca do feto se abre quando o aparelho de sucção se aproxima. Mais tarde, sua cabeça é esmagada, permitindo que passe pelo cérvix. Seja pró-vida ou pró-escolha, o filme é muito chocante e difícil de assistir, e esse é precisamente o ponto. *The Silent Scream* engaja nossas configurações automáticas, fornecendo um "argumento" contra o aborto que é mais poderoso que qualquer argumento real (de modo manual).

The Silent Scream funciona porque o feto parece muito humano. Se o filme tivesse retratado um aborto durante o primeiro trimestre, quando o ser em desenvolvimento é apenas um amontoado de células, não teria havido espetáculo. Destruir um amontoado de células não parece uma coisa horrível de se fazer. E aí jaz o dilema do moralista intuitivo. O aborto não *parece* errado até que o feto comece a parecer humano e não parece *horrivelmente* errado até que o feto realmente se pareça com um bebê. Mas não há uma linha brilhante separando o feto que se parece com um bebê do feto que parece humanoide. Tampouco há uma linha brilhante entre o estágio humanoide e os estágios anteriores, durante os quais o ser humano em desenvolvimento é indistinguível, para o olho destreinado, de um rato ou um sapo em desenvolvimento. O único evento agudamente descontínuo em todo o processo é a fertilização. Porém, nesse momento, no estágio do zigoto, o ser humano em desenvolvimento não possui nenhuma das características que engajam nossas configurações automáticas. Ele é claramente uma bola de moléculas orgânicas. Se não colocarmos nenhuma restrição ao aborto, teremos permitido matar algo (*alguém!*) que se parece exatamente com um bebê. Mas, se proibirmos todas as formas de aborto, forçaremos pessoas de outro modo livres a modificarem de maneira severa suas vidas em benefício de uma bola de moléculas. E, mesmo assim, não há uma parada de descanso emocionalmente confortável entre esses dois extremos.

Então o que fazemos? Em grande extensão, fazemos aquilo que os outros membros de nossa tribo fazem. A maioria das tribos acredita em almas[56] — uma crença muito natural, por várias razões. Se você está comprometido com a ideia de que as pessoas possuem almas, tem de acreditar que o almamento ocorre *em algum momento*, e a concepção parece o momento mais provável. É verdade que uma única célula não se parece muito com uma criatura com alma, mas qual a alternativa? Antes da concepção, há dois corpos distintos e, depois dela, nenhum evento discreto. A fertilização é, de longe, o momento menos implausível para o almamento. E assim, se os anciões de sua tribo dizem que é nesse momento que a "vida" começa e você não tem nenhuma teoria melhor, você segue os anciões. Além disso, dizer algo diferente faria com que você soasse como um *deles*.

Se, em contraste, sua tribo não acredita em almas ou permite que as pessoas tirem suas próprias conclusões sobre ela, o que você faz? Decidir sobre a questão do aborto com base nas especulações alheias sobre o momento do almamento não é atraente. Isso é especialmente verdadeiro para as tribos que valorizam a escolha pessoal — não apenas no contexto do aborto, mas de modo geral. Mesmo assim, nem tudo é permitido. Sua tribo pode não ter uma posição definida sobre o almamento, mas está certa de ao menos uma coisa: matar em bebês definitivo não é permitido. Assim, em nome da cautela, não se pode permitir que as pessoas matem qualquer coisa que se pareça com um bebê ou que poderia ser um bebê nesse minuto — ou seja, nada que seja viável fora do útero. Infelizmente, parecer-se com um bebê é uma questão de grau. Desde o início do desenvolvimento, fetos se movem de forma espontânea e possuem mãos, pés e rostos de aparência humana. O que fazer?

A posição pró-escolha requer um desconfortável malabarismo emocional. Poucos pró-escolha estão completamente confortáveis em matar algo de aparência humana, e muitos ficam desconfortáveis em matar algo que se pareça com um animal. Entretanto, também ficam desconfortáveis em dizer aos outros o que fazer, em especial as mulheres. Assim, devem chegar a um desconfortável, mas aparentemente inevitável, equilíbrio entre "Não diga às pessoas o que fazer!" e "Você não pode matar uma coisa que tem essa aparência!".

O que tudo isso significa para o debate sobre o aborto? Significa que quase todos nós estamos blefando. Toda nossa conversa confiante sobre "direito à vida" e "direito de escolha" é somente uma confabulação de modo manual, nossa tentativa de colocar uma face racional em nossas teorias intuitivas incompletas, geradas por dispositivos cognitivos que mal compreendemos. Quando se retira a retórica altiva sobre direitos, não sobra muito. Um pró-vida honesto soa mais ou menos assim:

> Eu acredito que as pessoas possuem almas que habitam seu corpo físico. Não tenho evidências reais, mas isso me parece certo e é nisso que acreditam todas as pessoas em quem confio. Não sei como as almas entram nos corpos, mas as pessoas em quem confio dizem que as novas almas chegam quando o espermatozoide penetra o óvulo. Não sei exatamente como isso funciona, mas não tenho nenhuma ideia melhor. Meu melhor palpite é que há uma alma humana lá dentro e ela surge na concepção. Não se pode justificadamente matar uma alma humana. Sei que essa é parcialmente uma questão de fé. E entendo que devemos respeitar as crenças das outras

pessoas. Mas não posso deixar as pessoas matarem algo, mesmo sendo algo bem pequeno, sabendo que pode haver uma alma humana lá dentro. Sei que isso é difícil para as mulheres que não querem estar grávidas. Mas elas optaram por fazer sexo (exceto no caso do estupro, que é diferente) e matar algo que talvez tenha uma alma humana não é uma maneira legítima de desfazer essa escolha. É assim que me sinto.

E um pró-escolha honesto soaria assim:

Eu acredito que as pessoas devem ser livres para pensar por si mesmas e fazer suas próprias escolhas, e é assim que me sinto em relação ao aborto. Ao menos durante os estágios iniciais da gestação. Durante o primeiro trimestre, o feto meio que se parece com uma pessoa, mas também meio que se parece com um sapo. E, embora eu não goste da ideia de matar esse serzinho que se parece com um sapo, acho que forçar uma mulher a passar por uma gravidez indesejada é ainda pior. Sei que há pessoas que querem adotar bebês, mas dar à luz e então entregar o bebê deve ser agonizante. Forçar uma mulher a fazer isso parece pior que matar o serzinho com cara de sapo. Durante o terceiro trimestre, todavia, os fetos não se parecem com sapinhos. Eles se parecem com bebês. E matar bebês claramente é errado. Assim, se o feto que você está carregando meio que se parece com um sapo, tudo bem matá-lo, se essa for sua escolha. Mas, se seu feto se parece com um bebê real, e não com um sapinho, então acho que você tem de deixá-lo viver, mesmo que não queira. É assim que me sinto.

É a isso que o debate sobre o aborto realmente se resume: sentimentos fortes e complicados que nenhum de nós consegue justificar ou ignorar. Então o que nós, pastores morais modernos, devemos fazer?

ABORTO: A ABORDAGEM PRAGMÁTICA

Tendo denunciado o blefe dos "direitos" em ambos os lados, estamos prontos para pensar como pragmatistas profundos. Em vez de tentar descobrir quando a "vida" começa, começamos com um conjunto diferente de perguntas. O que acontecerá se restringirmos o acesso legal ao aborto? O que acontecerá se não o fizermos? E que impacto essas políticas teriam em nossas vidas? Essas são perguntas empíricas complexas, difíceis de responder, mas podemos começar com alguns palpites informados.

Se o aborto fosse criminalizado, as pessoas ajustariam seu comportamento em uma de três maneiras gerais. Primeira: algumas pessoas modificariam seu comportamento sexual. Algumas se absteriam completamente de sexo e outras tomariam medidas adicionais para reduzir a probabilidade de gravidez. Segunda: algumas pessoas tentariam realizar abortos de alguma outra maneira, ilegalmente ou no exterior. Terceira: algumas pessoas dariam à luz bebês que, de outro modo, não teriam nascido. Dessas pessoas, algumas entregariam seus bebês para adoção e algumas escolheriam criá-los.

Qual o resultado disso tudo? Comecemos com as pessoas que modificariam seu comportamento sexual. Para a maioria dos adultos, sexo não procriativo é uma parte bastante prazerosa e recompensadora da vida. Ele é uma grande fonte de felicidade, não somente para os jovens e agitados, mas também para casais em relacionamentos monogâmicos estáveis. Para os casais férteis, é tornado possível pela contracepção, mas todos sabemos que a contracepção não fornece garantias, mesmo quando usada de maneira responsável. Assim, para milhões de adultos sexualmente ativos, a opção de fazer um aborto fornece uma importante salvaguarda contra a gravidez indesejada.

Pelo lado pragmático, algumas formas de sexo são prejudiciais, e pode haver menos sexo prejudicial se o aborto for criminalizado. Exemplos de sexo prejudicial incluem sexo emocionalmente nocivo entre adultos consensuais, sexo entre adolescentes que não estão emocionalmente preparados para ele, incesto e estupro. Evitar o sexo por medo de gravidez também pode ter o efeito secundário benéfico de reduzir a disseminação de doenças sexualmente transmissíveis. O que está menos claro é se criminalizar o aborto reduziria de forma substancial as ocorrências de sexo prejudicial. Parece improvável que estupradores sejam detidos pelo conhecimento de que suas vítimas não poderão realizar abortos. Decerto, criminalizar o aborto evitaria que alguns adolescentes fizessem sexo, embora não esteja claro se isso seria bom ou ruim. Os adolescentes que mais pensam nas consequências de suas escolhas são, presume-se, os que estão mais preparados para ser sexualmente ativos.

Em resumo, quando se trata de modificar o comportamento sexual das pessoas, tornar o aborto ilegal afetaria de maneira negativa milhões de adultos sexualmente ativos, sem nenhum benefício compensatório claro em termos de felicidade.

Em seguida, vamos considerar as rotas alternativas ao aborto. Para as pessoas com meios, tornar o aborto ilegal só o tornaria mais caro e inconveniente. Mulheres menos afortunadas poderiam se voltar para o mercado doméstico que serve aos desesperados em busca de um aborto ilegal. Não recontarei aqui os horrores do aborto ilegal. Da perspectiva utilitarista, fazer com que as pessoas busquem rotas alternativas para o aborto as deixa com opções que vão de ruins a horríveis.

Finalmente, consideremos os efeitos do aumento da taxa de nascimentos. Forçar as mulheres a manterem gestações indesejadas é horrível. A gravidez é uma carga emocional imensa na melhor das condições, e mulheres carregando fetos indesejados podem, de forma consciente ou inconsciente, ser menos cuidadosas com eles. Carregar um feto/bebê até o fim da gestação não apenas é uma carga emocional imensa como também pode atrapalhar severamente a vida da mulher. Em resumo, forçar as mulheres a terem bebês contra sua vontade é muito, muito ruim.

Mesmo assim, seria possível argumentar que os benefícios de forçar as mulheres a manterem gestações indesejadas são ainda maiores. Ao dar à luz, a mulher permite que uma nova pessoa viva. Se a mulher não quer manter o bebê, ela pode entregá-lo para adoção. Nos melhores casos, o bebê irá para uma família amorosa com muitos recursos. Aqui, é difícil argumentar que os custos impostos à mãe biológica, por mais altos que sejam, são tão altos que superam toda a existência biológica do filho. É claro que, infelizmente, nem todas as crianças adotadas encontram lares amorosos e, se o aborto fosse ilegal, poderia haver ainda menos bons lares adotivos à disposição. Não obstante, mesmo quando as condições de vida da criança adotada estão longe de serem ideais, é difícil argumentar que a dor e o sofrimento da mãe deveriam ter precedência. Desde que, no geral, a vida da criança adotada valha a pena ser vivida, é difícil dizer que o sofrimento da mãe biológica ultrapassa o valor de toda a vida do filho.

Em alguns casos, a mãe, e talvez também o pai (ou apenas ele), pode escolher criar a criança. Em muitos casos — talvez a maioria —, as coisas terminam bem. Muitas famílias felizes incluem crianças nascidas de gestações não planejadas e a princípio indesejadas. Em outros casos, a vida da criança indesejada pode não ser tão boa quanto gostaríamos, mas, para o aborto ser preferível, sua vida teria de não valer a pena — ou sua existência teria de tornar o mundo um lugar pior. Ou, mais realisticamente, a existência da criança teria de impossibilitar a existência de outra criança que teria uma vida mais feliz ou tornaria o mundo mais feliz.

É aqui, nessa desconfortável contabilidade utilitarista, que o pró-vida encontra seu melhor argumento. Se o aborto fosse ilegal, algumas pessoas adicionais existiriam. Em alguns casos, sua existência resultaria em perda líquida de felicidade. Porém, no geral, é difícil alegar, com qualquer grau de confiança, que as pessoas adicionais criadas pela criminalização do aborto seriam infelizes ou tornariam o mundo menos feliz. Essa, claro, é uma complicada questão empírica. Muito depende da disponibilidade de bons lares adotivos. Se eles estiverem disponíveis, é difícil argumentar que os fetos/bebês em questão estariam melhores se tivessem sido abortados ou que o mundo estaria melhor se não tivessem nascido.

Onde isso nos deixa? Meu resumo informal é o seguinte: por um lado, criminalizar o aborto removeria uma importante rede de segurança de milhões de pessoas, faria com que algumas pessoas abastadas gastassem mais no procedimento e algumas mulheres e garotas desesperadas procurassem as terrivelmente perigosas intervenções ilegais. Também atrapalharia os planos de muitas pessoas, fazendo com que tivessem filhos para os quais não estão preparadas ou nos quais não estão interessadas. Esses são custos muito, muito altos. Por outro, criminalizar o aborto daria vida a muitas pessoas que de outro modo não existiriam. E, dependendo da disponibilidade de bons lares adotivos, entre outras coisas, sua existência provavelmente seria boa. E onde *isso* nos deixa? Estamos novamente em um impasse?

Não acho. O argumento utilitarista de salvar vidas é bom. O problema é que é *bom demais*. Você deve se lembrar de nossa discussão anterior que vidas não são perdidas apenas em função do aborto, mas também em função da contracepção e da abstinência. Se nos opomos ao aborto porque ele nega a certas pessoas a possibilidade de existência, então deveríamos nos opor também à contracepção e à abstinência, uma vez que essas práticas têm o mesmo efeito. Esse, todavia, é um argumento que quase nenhum pró-vida quer defender.

Esse argumento profundamente pró-vida, na verdade, é análogo ao argumento utilitarista em favor do altruísmo extremo que nos transforma em bombas de felicidade. Uma maneira de bombear felicidade é alocar recursos mais efetivamente, ajudando os que não têm à custa dos que têm. Todavia, outra maneira é bombear mais pessoas felizes. (Melhor ainda seria dar à luz pequenos utilitaristas felizes que estariam dispostos a trabalhar duro pela felicidade dos outros.) Não é que o argumento não faça sentido. Simplesmente é esperar demais de pessoas não heroicas. Se eu fosse um deus escolhendo entre duas espécies que poderia criar — uma que produzisse tantos membros felizes quanto possível e outra que se escusasse — e todo o restante fosse igual, eu escolheria maior felicidade. Não acho que nossa resistência a produzir mais pessoas felizes seja moral. É que nós, seres humanos vivos, estamos envolvidos em uma conspiração contra as pessoas menos representadas de todas, uma *maioria* não representada, na verdade: as impotentes massas hipotéticas que, graças a nossas escolhas egoístas, jamais terão a chance de protestar contra sua inexistência.

O que posso dizer? Sinto muito por elas. Para o melhor ou para o pior, não podemos levar o argumento utilitarista pró-vida a sério. Todavia, os argumentos utilitaristas pró-escolha não são bons *demais*. São apenas bons. Atrapalhar a vida sexual e os planos das pessoas e forçá-las a procurar abortos internacionais ou ilegais são coisas muito ruins que tornariam a vida das pessoas muito pior e, em alguns casos, muito mais curta. E é por isso que, no fim, acredito que pragmatistas profundos deveriam ser pró-escolha. Não faço apelo a "direitos", apenas uma consideração realista das consequências.

Se você é um pró-vida honesto e não está disposto a blefar a respeito de "direitos", você tem duas escolhas. Primeiro, você pode ser honesto a respeito das crenças metafísicas de sua tribo e insistir, com uma expressão impassível, para que o restante do mundo viva de acordo com elas. Porém, se fizer isso, espere que seus oponentes pró-escolha façam perguntas como esta: "Deus liga a alma quando a cabeça do espermatozoide faz contato com a zona pelúcida? Ou o almaçamento ocorre quando ele atinge a membrana celular? É suficiente que todo o material genético do espermatozoide penetre a célula do óvulo? Ou Deus espera até que os pronúcleos feminino e masculino tenham se fundido? Se fundido totalmente ou apenas em parte?" A essa altura, os pró-vida terão de admitir que não possuem respostas baseadas em evidências para essas perguntas, embora insistindo que suas respostas baseadas na fé ditem as leis da nação.

A posição pró-escolha, em contraste, não precisa se valer de afirmações metafísicas não embasadas ou argumentos que não podem ser levados a sério quando aplicados com consistência. É verdade que os pró-escolha ainda não encontraram um lugar definitivo para traçar a linha. Mas isso pode ser inevitável. O que quer que torne as pessoas dignas de consideração moral, essa coisa não surge em um momento mágico. Sem um momento mágico no qual acreditar, os pró-escolha simplesmente têm de traçar a linha em algum lugar, reconhecendo que essa escolha é bastante arbitrária. Pode não haver lugar melhor para traçar a linha do aborto do que aquele que empregamos hoje em dia. Mas se houver bons argumentos baseados na moeda comum para escolher outro lugar, então os pragmatistas profundos devem ouvir.

ESPERANDO GODOT

Talvez você tenha achado insatisfatória essa solução pragmática, "utilitarista", para o problema do aborto. Na verdade, não parece que tenhamos encontrado a resposta *certa*. Nossa hesitante conclusão pró-escolha parece menos uma vitória e mais um cessar-fogo indefinido, embora em termos que pesam muito para nosso lado. Insatisfeito, você ainda pode querer uma verdadeira vitória moral. Pode esperar uma teoria sobre o aborto que seja racionalmente defensável e também pareça certa. De fato, é isso que queremos quando iniciamos uma investigação moral. Será que desistimos cedo demais?

Muitos pensadores morais dirão que sim. Há muitos bioéticos que tentam ser bem-sucedidos naquilo que falhei em fazer: produzir argumentos intuitivamente satisfatórios e não utilitaristas sobre o que é certo e errado quando se trata de vida e morte.[57] Para além do aborto e da bioética, os filósofos morais estão ocupados bolando sofisticadas teorias morais que afirmam fazer um trabalho melhor que o bom e velho utilitarismo do século XIX. Estarão todos latindo para a árvore errada? Acredito que sim. Não posso provar que estão e sequer tentarei. Em vez disso, quero explicar por que sou menos otimista que eles sobre o prospecto de uma teoria moral sofisticada.[58] (E, se você não se importa com as razões pelas quais teorias morais sofisticadas têm pouca probabilidade de ser bem-sucedidas, sinta-se livre para pular esta seção.)

Tudo retorna a nosso cérebro moral de processo dual. Queremos uma teoria moral de modo manual — uma teoria explícita que possamos expressar em palavras — que sempre (ou com tanta frequência quanto possível) forneça as mesmas respostas que nossas configurações automáticas. Se nossas configurações automáticas dizem que é errado matar um feto durante o terceiro trimestre, mas não durante o primeiro, queremos uma teoria moral que diga que *essas* intuições estão corretas e *por quê*. E assim por diante. Em resumo, queremos uma teoria moral que *organize* e *justifique* nossas reações instintivas. Nos termos de Rawls, queremos encontrar um "equilíbrio reflexivo"[59] no qual nossa teoria moral se equipare a nossos "julgamentos ponderados".[60]

Mas nossas reações instintivas não foram projetadas para serem organizadas nem, necessariamente, para servir a fins verdadeiramente morais. Configurações automáticas são heurísticas — algoritmos eficientes com respostas "certas" na maior parte do tempo, mas nem sempre. Eu coloquei "certas" entre aspas porque, mesmo quando funcionam do modo como foram projetadas, elas não precisam ser "certas" em nenhum sentido verdadeiramente moral. Algumas de nossas reações instintivas podem refletir apenas o imperativo biológico de disseminar nossos genes, fazendo-nos favorecer a nós mesmos e a nossas tribos, por exemplo. Com isso em mente, podemos tentar limpar a casa. Antes de organizar nossas intuições morais, podemos primeiro tentar nos livrar de todas as nossas intuições tendenciosas. Se usarmos nosso autoconhecimento científico para desmascará-las, onde terminaremos?

Acredito que terminaremos com algo como o utilitarismo. Por quê? Primeiro, como expliquei no capítulo 8, ele faz muito sentido — não apenas para mim e para você, mas para todo não psicopata com um modo manual. A única objeção convincente de verdade ao utilitarismo é que ele fornece respostas intuitivamente erradas em certos casos, em especial os hipotéticos. Nos capítulos 9 e 10, examinamos muitos desses casos e passamos a suspeitar de nossas intuições morais antiutilitaristas. Elas parecem ser sensíveis a coisas moralmente irrelevantes, como a distinção entre empurrar com a própria mão e acionar um interruptor. Espero encontrar mais casos assim.

Segundo, eu me pergunto: o que aconteceria se nossas intuições morais antiutilitaristas fossem sensíveis a coisas moralmente *relevantes*? Uma possibilidade é que nossos julgamentos intuitivos serviriam para promover boas consequências: temos reações instintivas negativas a coisas que tendem a produzir resultados ruins (como a violência) e reações positivas a coisas que tendem a produzir resultados bons (como ajudar pessoas). (Em outras palavras, nossas intuições morais não contestáveis são "utilitaristas de regras".) Descobrir que elas funcionam assim apenas fortaleceria o argumento em favor do utilitarismo, sugerindo que são apenas mecanismos utilitaristas imperfeitos. O que significaria, então, se nossas configurações automáticas fossem sensíveis a coisas moralmente relevantes que *não* produzem boas consequências? Uma ideia natural é que nossas reações instintivas acompanham coisas como direitos. Por exemplo, nosso senso de que é errado empurrar o homem da passarela pode refletir o fato de que empurrá-lo viola seus direitos. Mas como poderíamos saber que isso é verdade sem uma teoria dos direitos não utilitarista e independente (derivada de axiomas morais autoevidentes)? Como poderíamos saber se nossas reações instintivas estão traçando os direitos das pessoas ou se esses "direitos" não passam de fantasmas de nossas reações instintivas? Como se parece a completa (e não utilitarista) vindicação dos direitos?

Em algum momento, você se dá conta: a moralidade não é o que gerações de filósofos e teólogos pensaram que fosse. Não é um conjunto de verdades abstratas independentes que de algum modo podemos acessar com nossas limitadas mentes humanas. A psicologia moral não é algo que às vezes invade o reino abstrato da filosofia moral. A filosofia moral é uma manifestação da psicologia moral. Repetindo, filosofias morais são apenas as pontas intelectuais de icebergs psicológicos e biológicos muito maiores e mais profundos. Quando você entende isso, toda a sua visão da moralidade se modifica. Figura e fundo se invertem e você vê filosofias morais opostas não como pontos em um espaço filosófico abstrato, mas como produtos previsíveis de nosso cérebro de processo dual.

Há três escolas principais de pensamento na filosofia moral ocidental: utilitarismo/consequencialismo (*à la* Bentham e Mill), deontologia (*à la* Kant) e ética das virtudes (*à la* Aristóteles). Essas três escolas de pensamento são, essencialmente, três diferentes maneiras de o modo manual compreender as configurações automáticas com quem divide a casa. Podemos usar o pensamento de modo manual para *descrever* de maneira explícita nossas configurações automáticas (Aristóteles). Para *justificá-las* (Kant). E para *transcendê-las* (Bentham e Mill). Com isso em mente, façamos um rápido tour psicológico pela filosofia moral ocidental.

O que acontece se você é o filósofo-chefe de uma única tribo? No interior de uma tribo, há desacordos morais, mas eles são primariamente sobre "eu" *versus* "nós" (ou "eu" *versus* "você") — a tragédia dos comuns. No interior da tribo, não há controvérsias morais totalmente desenvolvidas, conflitos entre os valores do "nós" e do "eles", porque há apenas "nós". Assim, como filósofo-chefe da tribo, não é seu trabalho solucionar tensões entre visões de mundo opostas. Não é seu trabalho questionar o senso comum da tribo, mas sim *codificá-lo*, servir como repositório para a sabedoria acumulada dessa tribo. Seu trabalho é refletir de volta para a tribo o que ela já sabe, mas, às vezes, esquece.

Entre os filósofos ocidentais, Aristóteles foi o grande campeão do senso comum.[61] Ao contrário de seu mentor, Platão, Aristóteles não oferece ideias morais radicais. Tampouco oferece uma fórmula. Para ele, ser bom — moralmente bom e bom de modo geral — é um complexo ato de equilíbrio que é mais bem descrito em termos de *virtudes*, hábitos e habilidades duráveis que permitem que floresçamos. Por exemplo, em face do perigo, não devemos ser *temerários* nem *covardes*. Devemos ser *bravos*, exibindo um equilíbrio virtuoso entre dois extremos viciosos. As virtudes associadas a amor, amizade, trabalho, lazer, conflito, liderança e assim por diante requerem seus próprios atos de equilíbrio. Para Aristóteles, não há um conjunto explícito de princípios que nos dizem como encontrar um bom equilíbrio. É apenas uma questão de prática.

Como eticista, Aristóteles é essencialmente um filósofo tribal.[62] Leia Aristóteles e você aprenderá o que significa ser um sábio e equilibrado aristocrata macedônio-ateniense antigo. E também aprenderá como ser um humano melhor, porque algumas lições para os aristocratas macedônios-atenienses antigos se aplicam mais amplamente. Mas Aristóteles não o ajudará a descobrir se o aborto é errado, se você deveria dar mais dinheiro para estranhos distantes ou se as nações desenvolvidas deveriam ter sistemas públicos de saúde. Sua filosofia baseada em virtudes, com seus conselhos paternais, simplesmente não foi designada para responder a esse tipo de pergunta. Não se pode solucionar desacordos tribais apelando para as virtudes, porque as virtudes de uma tribo são os vícios de outra — se não de modo geral, ao menos quando as tribos discordam.

Entre os filósofos morais contemporâneos, houve um renascimento da teoria das virtudes de Aristóteles.[63] Por quê? A grande esperança do Iluminismo era que os filósofos construíssem uma teoria moral sistemática e universal — uma metamoralidade. Mas, como vimos, eles falharam em encontrar uma metamoralidade que *parecesse* correta. Confrontados com essa falha, uma opção é seguir tentando. (Ver anteriormente.) Outra opção é desistir — não da descoberta de uma metamoralidade, mas de uma moralidade que pareça certa. (Minha sugestão.) E uma terceira opção é desistir por completo do projeto iluminista, dizer que a moralidade é complicada, que não pode ser codificada em qualquer conjunto explícito de princípios e que o melhor que podemos fazer é aprimorar nossas sensibilidades morais por meio da prática, seguindo o modelo daqueles que parecem estar fazendo um bom trabalho. Quando confrontados com o pântano dos valores humanos, aristotélicos modernos simplesmente reclamam da bagunça.

Em resumo, Aristóteles e aqueles como ele fazem um bom trabalho ao descrever o que significa ser um bom membro de uma tribo específica, com algumas lições para membros de todas as tribos. Porém, quando se trata dos problemas morais modernos definidos pelo desacordo intertribal, aristotélicos têm pouco a oferecer, porque, repetindo, a virtude de uma tribo é o vício de outra. (Outra maneira de desistir do projeto iluminista é ser "relativista" ou "niilista", alguém que, em vez de adotar o senso comum de uma tribo em particular, caminha sem rumo, negando que qualquer tribo tenha entendido as coisas direito.)

Se você é mais ambicioso que Aristóteles (ou que os "relativistas" modernos), pode usar seu modo manual não apenas para descrever a moralidade de sua tribo, mas também *justificá-la*. Você pode tentar demonstrar que os princípios morais de sua tribo são universalmente verdadeiros, como teoremas matemáticos. Entra Immanuel Kant.

Os matemáticos tentam provar teoremas, mas não qualquer teorema. Eles pegam declarações matemáticas interessantes que parecem verdadeiras, ou possivelmente verdadeiras, e tentam derivá-las dos princípios primários, os axiomas. E têm sido muito bem-sucedidos, do teorema de Pitágoras à prova do último teorema de Fermat feita por Andrew Wiles. Por que não se pode fazer o mesmo com a ética? Por que filósofos não conseguem derivar verdades morais interessantes dos princípios primários?

Essa foi a esperança de Kant e de muitos filósofos ambiciosos depois dele. Como dito, Nietzsche chamou essa ambição de provar que a moralidade de sua tribo estava correta de "piada secreta" da alma de Kant. Mas isso é um constrangimento para Kant? Matemáticos não se envergonham de tentar provar coisas que parecem verdadeiras. Por que, então, isso é uma piada secreta, e não uma nobre ambição?

O problema de Kant não é tanto a ambição, mas sua indisposição em admitir o fracasso. Matemáticos solucionaram incontáveis controvérsias matemáticas com provas, mas nenhuma controvérsia moral jamais foi solucionada com uma prova dos princípios primários. Kant queria tanto provar que suas opiniões morais estavam corretas que era cego para as falhas em seus argumentos. Em outras palavras, ele cruzou a linha entre *raciocínio* e *racionalização*, e foi por isso que Nietzsche riu dele.

É fácil ver que os argumentos de Kant não funcionam quando não sentimos simpatia por suas conclusões. Veja, por exemplo, o argumento de que a masturbação é errada porque envolve usar a si mesmo como meio. (Mesmo? Também é errado massagear o próprio braço só porque é gostoso?) O argumento de Kant contra a masturbação não é considerado sua melhor obra, mas, até onde posso dizer, seus argumentos mais famosos não se saem muito melhor. Ele argumentou que mentir, descumprir promessas, roubar e matar são coisas erradas porque as "máximas" de mentir, descumprir promessas, roubar e matar não podem ser "universalizadas":[64] se todos mentissem (ou descumprissem promessas), a instituição de dizer a verdade (ou de honrar a própria palavra) seria minada e seria impossível mentir ou descumprir uma promessa. Do mesmo modo, se todos roubassem, a instituição da propriedade privada seria minada e seria impossível roubar. E, se todos matassem, não sobraria ninguém para matar.

Esses argumentos são muito espertos, mas estão longe de ser uma prova. Para começar, não se segue, lógica ou intuitivamente, que uma ação deva ser errada se não puder ser universalizada no sentido kantiano. Veja, por exemplo, estar em voga: se todos estivessem em voga, ninguém estaria. A voga universal é autossabotadora. Mesmo assim, não achamos que estar em voga seja imoral. Do mesmo modo, há comportamentos nocivos, como bater nas pessoas, que não são autossabotadores: não há razão para não batermos uns nos outros até o fim dos tempos. Isso seria ruim, mas não impossível, e o argumento de Kant requer impossibilidade.[65]

Os fãs de Kant estão conscientes das falhas em seus argumentos e oferecem respostas,[66] mas podemos dizer ao menos isto: após dois séculos e meio, ninguém conseguiu transformar seus argumentos falhos em provas morais rigorosas, e não por falta de tentativa. Ninguém tampouco conseguiu provar que qualquer alegação moral substancial seja verdadeira. Com isso quero dizer, mais uma vez, que nenhuma controvérsia moral jamais foi solucionada por meio de prova. É claro que muitas pessoas muito inteligentes tentaram. Mais notoriamente, John Rawls, em *Uma teoria da justiça*, tenta mostrar que, com algumas hipóteses mínimas, é possível derivar o tipo de teoria política igualitária-liberal que ele favorece. Não sei se alguém acredita que seu argumento conta como prova *bona fide* de suas conclusões, mas muitas pessoas acreditam que ele fez uma bela defesa de uma filosofia moral e política não utilitarista. Permaneço cético. Na verdade, acho que o argumento central de Rawls em *A teoria da justiça*, como o de Kant antes dele, é essencialmente uma racionalização.[67]

Podemos descrever nossas configurações automáticas tribais (Aristóteles) e podemos tentar provar que estão certas (Kant). Porém nenhuma dessas abordagens filosóficas ajuda a solucionar os problemas morais modernos, porque são nossas intuições tribais que causam problemas, em primeiro lugar. A única maneira de avançar é *transcender* as limitações de nossas configurações automáticas ao entregar o problema (quase inteiramente) ao modo manual. Em vez de confiar em nossas sensibilidades morais tribais ou racionalizá-las, podemos buscar o acordo em valores partilhados, usando um sistema de moeda comum.

Talvez Aristóteles, ou alguém como ele, esteja certo. Talvez haja um único conjunto de virtudes morais às quais deveríamos aspirar. Ou talvez Kant, ou alguém como ele, esteja certo. Talvez exista uma teoria moral verdadeira esperando para ser provada a partir dos princípios primários. Ou talvez, mais modestamente, possamos organizar o pântano dos valores humanos e transformá-lo em algo mais coerente, uma teoria moral sofisticada que capture melhor nosso(s) senso(s) intuitivo(s) de certo e errado. Talvez. Mas, enquanto esperamos Godot, recomendo uma abordagem mais pragmática: podemos apenas tentar tornar o mundo tão feliz quanto possível. Essa filosofia não nos fornece tudo que queremos, mas, por agora, é o melhor que os pastores modernos podem fazer.

POR QUE SOU LIBERAL E O QUE SERIA NECESSÁRIO PARA ME FAZER MUDAR DE IDEIA

Sou professor universitário. Vivo em Cambridge, Massachusetts. Não é necessário ser um investigador sociológico para deduzir que sou liberal. (E, com "liberal", quero dizer liberal no sentido americano: à esquerda do centro e menos avesso ao governo ativo que os libertários e alguns dos "liberais clássicos".) Meu liberalismo é bastante previsível, mas será justificado? Minha tribo liberal será apenas outra tribo, com suas próprias reações instintivas e racionalizações ensaiadas?

Sim, em certa extensão. Como vimos durante a discussão do aborto, os liberais possuem sua parcela de afirmações não substanciadas e argumentos incoerentes. Porém, a tribo liberal não é, em minha visão, apenas outra tribo. O mundo tem muitas tribos tradicionalmente tribais, pessoas com história partilhada e unidas por um conjunto de "nomes próprios" (deuses, líderes, textos, locais sagrados etc.). Hoje, todavia, há duas metatribos globais — tribos pós-tribais — unidas não por uma história partilhada ou nomes próprios, mas por um conjunto de ideais abstratos. Uma dessas metatribos é minha tribo liberal. Nem sempre fui liberal,[68] e é possível que deixe de sê-lo. Sou liberal porque acredito que, no mundo real, as políticas de minha tribo tendem a tornar o mundo mais feliz. No entanto, não sou essencialmente liberal. Sou pragmatista profundo primeiro e liberal depois. Com o tipo certo de evidência, você poderia me convencer a abandonar o liberalismo.

Para entender por que a tribo liberal é especial, é útil contrastar meu entendimento da moralidade e da política com o de Jonathan Haidt,[69] cuja obra discutimos neste livro e que tem exercido grande influência sobre minha maneira de pensar. Haidt e eu concordamos sobre o retrato geral evolutivo e psicológico da moralidade apresentado nos capítulos 1, 2 e 3. As ideias-chave são as que se seguem.

> A moralidade é um conjunto de capacidades psicológicas projetadas pela evolução biológica e cultural para promover a cooperação (capítulo 1).

> No nível psicológico, a moralidade é implementada primariamente por meio das intuições morais emocionais, reações instintivas que nos fazem valorizar (alguns) interesses alheios e encorajar outros a fazerem o mesmo (capítulo 2).

> Diferentes grupos possuem diferentes intuições morais e isso é fonte de grande conflito. Os conflitos surgem, em parte, do fato de diferentes grupos enfatizarem diferentes valores e, em parte, do viés autointeressado, incluindo o inconsciente. Quando as pessoas discordam, elas usam seus poderes de raciocínio para racionalizar seus julgamentos instintivos (capítulo 3).

Além dessas descrições científicas, Haidt e eu concordamos em ao menos uma prescrição normativa. Essa prescrição é a mensagem central de seu maravilhoso livro *The Righteous Mind*, que resumirei assim:

> Para convivermos melhor, deveríamos ser menos presunçosos. Deveríamos reconhecer que quase todos somos boas pessoas e que nossos conflitos surgem do fato de pertencermos a grupos culturais diferentes com intuições morais diferentes. Somos muito bons em ver por meio das racionalizações morais de nossos oponentes, mas precisamos ser melhores em ver por meio das nossas. Mais especificamente, liberais e conservadores deveriam tentar entender uns aos outros, ser menos hipócritas e mais abertos ao compromisso.

São importantes lições, mas, infelizmente, só nos levam até certo ponto. Sermos mais flexíveis e menos presunçosos facilitaria a solução de nossos problemas morais, mas não é uma solução em si.

Minha primeira discordância importante em relação a Haidt é sobre o papel da razão, o modo manual, na psicologia moral. Eu acredito que o pensamento de modo manual desempenha um papel de grande importância na vida moral, que ele é nosso segundo compasso moral. Haidt discorda. Ele acha que o raciocínio moral desempenha um papel menor na vida moral, uma conclusão perfeitamente expressa pelo título de seu famoso artigo "O cachorro emocional e sua cauda racional".[70] (Para registro, Haidt não aceita essa caracterização de sua visão.[71]) Retornaremos ao tópico do raciocínio moral em breve. Por agora, consideremos por que reduzir a presunção e a hipocrisia não é suficiente para solucionar nossos problemas morais (uma conclusão com a qual Haidt concorda).

Considere novamente o problema do aborto. Alguns liberais dizem que os pró-vida são misóginos que querem controlar o corpo das mulheres. E alguns conservadores sociais acreditam que os pró-escolha são niilistas morais irresponsáveis que não respeitam a vida humana e fazem parte de uma "cultura da morte".[72] Para tais estridentes moralistas tribais — e eles são muito comuns —, a prescrição de Haidt veio na hora certa. Mas e então o quê? Suponha que você seja liberal, mas um liberal maduro. Você entende que os pró-vida são motivados por uma preocupação moral genuína, que não são maus nem loucos. Você deveria, no espírito de compromisso, concordar com restrições adicionais ao aborto? Do mesmo modo, liberais maduros, no espírito de compromisso, deveriam favorecer *mais* direitos civis para casais homossexuais, mas não direitos civis *integrais*? Liberais de mente aberta deveriam lutar por regulações ambientais fortes o bastante, mas não o suficiente para evitar o aquecimento global? Conservadores maduros, é claro, enfrentariam questões paralelas: eles deveriam ser "razoáveis" e relaxar sua posição sobre abortos nos períodos iniciais da gestação, mesmo achando que isso é assassinato?

Uma coisa é reconhecer que seus oponentes não são maus. Outra é conceder que estão corretos, semicorretos ou não menos justificáveis em suas crenças e valores que você nos seus. Concordar em ser menos presunçoso é um importante primeiro passo, mas não responde às perguntas mais importantes: *no que deveríamos acreditar* e *o que deveríamos fazer?*

Haidt tem uma teoria mais específica sobre por que liberais e conservadores discordam. Segundo essa teoria, chamada de teoria das fundações morais, os liberais possuem sensibilidades morais empobrecidas.[73] Haidt identifica seis "fundações morais" que podem ser rotuladas em termos positivos ou negativos: cuidado/dano, justiça/trapaça, lealdade/traição, autoridade/subversão, santidade/degradação e a recentemente adicionada liberdade/opressão. Cada fundação tem um conjunto correspondente de emoções morais. Por exemplo, o valor do cuidado está associado a sentimentos de compaixão. O valor da santidade está associado a sentimentos de reverência (pelo que é santificado) e repulsa (pelo que é degradante, o oposto de santificante). Haidt compara essas disposições morais-emocionais com os cinco receptores químicos de sabor da língua. Assim como nossas línguas possuem receptores para doce, salgado, ácido, amargo e unami, nossas mentes morais possuem seis receptores morais distintos, capacidades de responder com emoção a ações e eventos que estão relacionados às seis fundações morais. Por exemplo, uma criança sofrendo engaja o receptor cuidado/dano da mente moral, produzindo sentimentos de compaixão. É importante destacar que diferentes grupos culturais (tribos, em minha expressão) possuem diferentes palatos enfatizando diferentes gostos morais. E os liberais, de acordo com Haidt, possuem línguas excepcionalmente ruins. Eles podem com facilidade sentir os "gostos" cuidado, justiça e liberdade, mas mal conseguem sentir lealdade, autoridade e santidade.

Tenho minhas dúvidas sobre essa teoria em seis partes, mas há um importante aspecto da teoria de Haidt que soa verdadeiro e é bem suportado pelas evidências:[74] alguns valores morais são partilhados mais ou menos da mesma maneira por liberais e conservadores, enquanto outros não são. Haidt perguntou aos participantes de sua pesquisa: você enfiaria uma agulha hipodérmica no braço de uma criança em troca de dinheiro (cuidado/dano)? Você aceitaria uma televisão roubada de presente (justiça/trapaça)? Tanto conservadores quanto liberais seguramente respondem que não a perguntas como essas.[75] Porém, nas seguintes perguntas, liberais e conservadores tendem a diferir: você criticaria no anonimato seu país em um programa estrangeiro de rádio (lealdade/traição)? Você daria um tapa no rosto de seu pai (com a permissão dele) como parte de uma sátira (autoridade/subversão)? Você iria a uma peça de vanguarda na qual os atores agem como animais, arrastando-se nus pelo palco e grunhindo como chimpanzés (santidade/degradação)? Aqui, os conservadores sociais estão muito mais propensos que os liberais a dizer não (ou "Não!!!"). Por quê?

A resposta de Haidt, de novo, é que os liberais possuem línguas morais empobrecidas, com metade dos receptores de gosto moral bastante debilitada.

Como isso aconteceu? Os culpados, de acordo com Haidt, são os filósofos morais ocidentais e outros filhos do Iluminismo. Pessoas muito inteligentes e com tendências autistas, mais notadamente Bentham e Kant,[76] decidiram que evitar danos e ser justo eram as únicas coisas que importavam. Essas ideias vingaram e, em pouco tempo, uma nova raça cultural nasceu: o liberal moderno WEIRD[77] (Western, Educated, Industrialized, Rich, Democratic, respectivamente, ocidental, educado, industrializado, rico e democrático), com seu palato moral enfraquecido. Como previsto pela teoria de Haidt, os conservadores sociais (com todos os seis receptores de gosto moral ativados) fazem um trabalho melhor ao prever o que os liberais dirão em resposta às questões morais que o contrário.[78]

O que deveríamos concluir sobre o gosto moral restrito dos liberais? É uma deficiência que precisam corrigir? De algumas maneiras, sim. Se você é um cientista social liberal, seu palato empobrecido o coloca em desvantagem. Se acha que a moralidade trata apenas de evitar danos e ser justo, você provavelmente deixará de perceber — e compreender — grande parte do comportamento humano. Do mesmo modo, se é um agente político tentando converter eleitores, perderá votos se sua campanha engajar apenas um receptor de gosto moral, enquanto a de seu oponente engaja todos eles. Por fim, como mencionado, se você é um liberal que quer entender os conservadores, é útil saber que eles possuem gostos morais mais amplos. No entanto, nada disso responde à pergunta mais crítica: *os liberais são moralmente deficientes?* Acho que a resposta é não. Bem ao contrário, aliás.

Tenho uma visão diferente sobre a história moral moderna, ilustrada pela parábola dos novos pastos: o mundo moderno é uma confluência de diferentes tribos com diferentes valores e tradições morais. Os grandes filósofos do Iluminismo escreveram em uma época na qual o mundo encolhia bem rápido, forçando-os a se perguntarem se suas próprias leis, suas próprias tradições e seu(s) próprio(s) Deus(es) eram melhores que os outros. Escreveram em uma época na qual a tecnologia (por exemplo, navios) e a consequente produtividade econômica (por exemplo, comércio global) colocaram a riqueza e o poder nas mãos de uma classe educada em ascensão, com incentivos para questionar as autoridades tradicionais do rei e da Igreja. Finalmente, naquela época, a ciência natural tornava o mundo compreensível em termos seculares, revelando leis naturais universais e derrubando antigas doutrinas religiosas. Os filósofos se perguntavam se poderia haver também leis *morais* universais que, como a lei da gravidade de Newton, se aplicassem aos membros de todas as tribos, soubessem eles ou não. Assim, os filósofos do Iluminismo não estavam se livrando arbitrariamente de papilas gustativas morais. Estavam procurando verdades morais universais e mais profundas, e por uma boa razão. Estavam procurando por verdades morais para além dos ensinamentos de qualquer religião particular e da vontade de qualquer rei terreno. Estavam procurando pelo que chamei de metamoralidade, uma filosofia pantribal, ou pós-tribal, para governar a vida nos novos pastos.

Pode-se dizer, como Haidt, que liberais possuem um gosto moral restrito. Mas quando se trata de fundações morais, menos pode ser mais. Talvez o gosto moral dos liberais seja mais refinado.

Na maior parte, os conservadores sociais americanos pertencem a uma tribo específica — uma tribo euro-americana, branca e cristã que permanece lamentavelmente tribal. Essa tribo ignora o conhecimento obtido com a ciência quando ele conflita com os ensinamentos tribais.[79] Além disso, vê seus próprios membros como americanos "reais"[80] (implícita, se não explicitamente) e os residentes que desafiam suas crenças tribais como invasores estrangeiros. De acordo com Haidt, os conservadores sociais americanos dão grande valor ao respeito pela autoridade, e isso é verdade em certo sentido. Conservadores sociais se sentem menos confortáveis estapeando seus pais, mesmo de brincadeira, e assim por diante. Entretanto, não respeitam a autoridade de modo *geral*. Em vez disso, têm grande respeito pelas autoridades reconhecidas *por sua tribo* (do Deus cristão e dos vários líderes religiosos e políticos aos próprios pais), mas não sentem especial respeito por Barack Hussein Obama, cujo status como americano de nascimento, e assim presidente legítimo, foi persistentemente contestado. Tais teorias da conspiração deveriam estar relegadas à extrema direita, mas, de acordo com uma pesquisa de 2011 da CBS e do *New York Times*, 45% dos republicanos acreditam que o presidente Obama mentiu sobre suas origens.[81] Do mesmo modo, republicanos, quando comparados a democratas e independentes, têm pouco respeito pela autoridade da Organização das Nações Unidas[82] e a maioria deles diz que um muçulmano americano em posição de autoridade no governo americano não mereceria confiança.[83] Em outras palavras, o respeito dos conservadores sociais pela autoridade é profundamente tribal, assim como sua preocupação com a santidade. (Se o profeta Maomé é sagrado para você, você não deveria estar no poder.) Finalmente, e do modo mais transparente, sua preocupação com a lealdade também é tribal. Eles não acham que *todo mundo* deveria ser leal a seus países. Se os iranianos, por exemplo, quiserem protestar contra seu governo, isso deve ser encorajado.[84]

Em suma, os conservadores sociais americanos não são mais bem descritos como pessoas que dão especial valor à autoridade, à santidade e à lealdade, mas sim como legalistas tribais — leais a suas próprias autoridades, sua própria religião e a si mesmos. Isso não os torna maus, mas os torna paroquiais, tribais. Nisso, são parecidos com outras tribos socialmente conservadoras do mundo, do Talibã no Afeganistão aos nacionalistas europeus. Segundo Haidt, os liberais deveriam estar mais abertos ao compromisso com os conservadores sociais. Eu discordo. No curto prazo, o compromisso pode ser necessário, mas, no longo prazo, nossa estratégia não deveria ser obter um compromisso com os moralistas tribais, mas sim persuadi-los a serem menos tribais.

Não sou conservador social porque não acredito que o tribalismo, que é essencialmente egoísmo no nível do grupo, sirva ao bem maior. E acho que as evidências estão do meu lado. Se os liberais estão erodindo o tecido moral da sociedade americana, então decididamente nações liberais como a Dinamarca, a Noruega e a Suécia, onde só uma minoria dos cidadãos reporta acreditar em Deus,[85] deveriam estar descendo ao inferno. Em vez disso, possuem as menores taxas de criminalidade, os melhores resultados acadêmicos e os mais altos níveis de qualidade de vida e felicidade do mundo.[86] De acordo com Haidt, a política americana precisa do *yang* do conservadorismo para equilibrar o *yin* do liberalismo.[87] Se é assim, a mesma lição se aplica à Escandinávia? Os dinamarqueses deveriam estar importando fundamentalistas cristãos da América rural a fim de equilibrar suas políticas desequilibradas? Aqui na "República Popular de Cambridge", nenhum republicano ocupa cargo eletivo[88] e, mesmo assim, Cambridge é um dos poucos municípios dos Estados Unidos cujos bônus são classificados como AAA pelas três maiores agências de avaliação de crédito.[89]

Isso não significa que os liberais nada têm a aprender com os conservadores sociais. Como observa Haidt, eles são muito bons em fazer uns aos outros felizes.[90] São bons vizinhos, mais dispostos que os liberais típicos a investir tempo e dinheiro em suas comunidades. Sabem como construir capital social, criar redes sociais e instituições que constroem confiança e tornam possível a ação coletiva. Em outras palavras, os conservadores sociais são muito bons em evitar a tragédia dos comuns original. Mesmo assim, são muito ruins em evitar a tragédia moderna, a tragédia da moralidade do senso comum. Como liberal, posso admirar o capital social investido em uma igreja local e desejar que nós, liberais, tivéssemos redes sociais igualmente densas e solidárias. Mas é algo bem diferente aquiescer aos ensinamentos dessa igreja em termos de aborto, homossexualidade e como o mundo foi criado.

Os legalistas tribais não são os únicos conservadores. Os pastores nortistas individualistas se tornaram globais, formando a outra metatribo do mundo. Eles são os libertários, os defensores do livre mercado e os "liberais clássicos" que favorecem intervenção mínima do governo nas questões sociais e econômicas. Eles querem impostos mais baixos, menos programas sociais, menos regulamentação e menos redistribuição de riquezas. Mas também querem o direito ao aborto, o direito de fumar maconha e o direito de se casar com quem quiserem. Os libertários (como os chamarei) são as pessoas menos tribais de todas, evitando o coletivismo moderado de suas contrapartes liberais modernas.

Por que um pragmatista profundo não deveria ser libertário? Deveria, em grande extensão. Considerando-se todo o espectro de opções políticas, do capitalismo irrestrito de livre mercado ao comunismo, liberais como eu estão mais perto dos libertários de hoje que dos comunistas de antanho (a despeito das calúnias da direita). O coletivismo integral dos pastores sulistas está morto, e a questão hoje não é endossar ou não o capitalismo de livre mercado, mas se e em que extensão ele deveria ser moderado por instituições coletivistas como auxílio aos pobres, educação pública gratuita, assistência médica nacional e impostos progressivos.

Para alguns libertários, sua política é uma questão de direitos fundamentais: é simplesmente *errado*, dizem eles, pegar o dinheiro ganho com sacrifício de uma pessoa e dar à outra. O governo não tem o *direito* de dizer às pessoas o que podem ou não fazer. E assim por diante. Eu rejeito essas visões, pelas razões já apresentadas: não temos uma maneira isenta de petição de princípio de saber quem possui quais direitos. Com respeito às questões econômicas, essa visão também pressupõe que o mundo é justo: se a interferência do governo no mercado é injusta, deve ser porque o mercado em si é justo, com vencedores que merecem todos os seus ganhos e perdedores que merecem todas as suas perdas. Não acredito que o mundo seja justo. Muitas pessoas, incluindo eu mesmo, começaram a vida com vantagens enormes sobre as outras. Algumas pessoas obtêm sucesso a despeito de grandes desvantagens, mas isso não significa que as desvantagens não importem. Ron Paul diz que o governo não deveria cuidar de um homem que foi tolo demais para contratar um plano de saúde. Mas e quanto ao filho desse homem? Ou à criança cuja família é pobre demais para bancar um plano de saúde? O governo deveria deixar essas crianças morrerem? Esses são pontos liberais familiares e não os repetirei. A menos que acredite que o mundo é justo ou que, com um pouco de iniciativa, todas as desvantagens socioeconômicas podem ser superadas, o argumento fundamentalista baseado em direitos pelas políticas libertárias é inexequível.

O argumento pragmático pelas políticas libertárias é que elas servem ao bem maior. Como dizem os pastores nortistas, punir os sábios e industriosos e recompensar os tolos e preguiçosos não é bom para ninguém no longo prazo. É muito triste, diz Ron Paul, que algumas pessoas façam escolhas tolas. Porém, uma sociedade que promete cuidar de pessoas que se recusam a cuidar de si mesmas está destinada à ruína. "Distribua minha ética de trabalho, não minha riqueza",[91] diz o cartaz de um manifestante conservador.

Acredito que os libertários provavelmente estão certos — mais certos que muitos liberais — em alguns casos. Introduzir mais competição nas escolas públicas parece uma boa ideia. Não me oponho, em princípio, a ter um mercado legalizado para os órgãos humanos, embora tema que os custos da exploração e da violência relacionadas aos órgãos superem os benefícios de torná-los mais disponíveis. Apesar dos protestos de alguns liberais, gostaria de ver a prostituição legalizada e regulamentada. Recusar-se a comprar mercadorias produzidas em condições de trabalho escravo pode causar aos trabalhadores de nações pobres mais mal que bem.[92] O estabelecimento do euro como moeda comum europeia pode ser um bravo e brilhante passo adiante ou uma tentativa equivocada de hipercoletivismo. O tempo dirá. Não sei e não pretendo saber onde exatamente está o ponto de equilíbrio entre individualismo e coletivismo. No entanto, sei algo sobre psicologia moral, o que faz com que me incline à esquerda com mais frequência que à direita. Suspeito que muitos argumentos supostamente utilitaristas contra o "governo grande" são na verdade racionalizações. Não estou afirmando que liberais não fazem suas próprias racionalizações (ver parágrafos anteriores). Tampouco estou afirmando que não há defensores honestos e autoconscientes do governo mínimo. O que estou dizendo — conjecturando — é que grande parte dos sentimentos antigoverno não são o que declaram ser. Tais sentimentos vêm em dois sabores.

Primeiro, por que os conservadores sociais se opõem ao "governo grande"? Não é por serem individualistas convictos, como seus aliados libertários. Suspeito que eles são cautelosos em relação ao governo federal pela mesma razão que são cautelosos em relação à Organização das Nações Unidas. Ambos são estruturas transtribais de poder, dispostas e capazes de tirar do "nós" e dar ao "eles". (Ou impor os valores do "eles" ao "nós".) Conservadores sociais se sentem bastante felizes em dar dinheiro para igrejas e outras instituições locais que servem a seus colegas de tribo. Porém, quando o governo federal pega seu dinheiro, ele vai não para pessoas que trabalham duro e só precisam de uma mãozinha, mas para as "rainhas da previdência social"[93] — para "eles". Não acho que seja acidente o fato de os antigos estados escravocratas[94] serem também os estados que (na costa leste americana) mais confiavelmente votam nos republicanos. Suspeito que, para muitos, o que parece ser uma oposição filosófica ao "governo grande" é em grande medida apenas tribalismo. Programas governamentais como o Medicare, que muito visível e diretamente ajudam o "nós", são não somente tolerados como sacrossantos entre os conservadores sociais. (Como disse um conservador zangado, durante uma reunião do conselho municipal: "Mantenha suas mãos governamentais longe do meu Medicare!"[95])

Outros oponentes convictos do "governo grande" são pessoas abastadas que favorecem menos impostos e regulamentações e a minimização dos programas sociais. São os proverbiais "1%" que equivalem a muito poucos votos, mas possuem grande poder. Como Warren Buffett, a voz dos não 1%, observou, algo está errado quando bilionários são menos taxados que suas secretárias.[96] Todavia, tais políticas podem ser justificadas se você pensar que as pessoas mais ricas do mundo merecem recompensas adicionais por serem sábias e industriosas. Não serei nem o primeiro nem o último liberal a sustentar que tais crenças são autointeressadas. Mas deixe-me sugerir que também são, de maneira muito surpreendente, sinceras. Mitt Romney agradou uma sala repleta de doadores abastados ao chamar 47% dos americanos de aproveitadores irresponsáveis. O que não se comenta com frequência é o fato de que era uma sala cheia de *doadores*. A audiência favorita de Mitt Romney não é claramente egoísta. Um psicopata não gastaria 50 mil dólares em um jantar de campanha. É possível obter retornos mais confiáveis[97] e divertir-se muito mais em outros lugares. Acredito que Mitt Romney e seus amigos abastados acreditam com sinceridade que o que querem é para o bem maior. Não se trata somente de egoísmo. Trata-se de justiça tendenciosa.

Algumas pessoas ganham milhões de dólares em um ano. O trabalhador americano típico tem uma renda anual de 30 mil dólares. É assim que funciona o mercado livre. Estou preparado para acreditar que, na média, as pessoas que ganham milhões trabalham mais duro que os trabalhadores típicos e merecem ser recompensadas. Mas não acredito que trabalhem cem vezes mais duro. Não acredito que os super-ricos façam mais trabalho duro em uma semana que os trabalhadores típicos em um ano. Pessoas ricas podem merecer ser ricas, mas também são beneficiárias da boa fortuna. Não vejo razão pela qual as pessoas mais sortudas do mundo devam manter toda essa boa fortuna apenas para si mesmas, em especial quando as escolas públicas não podem pagar salários competitivos para os professores e bilhões de crianças em todo o mundo nascem na pobreza sem terem nenhuma responsabilidade por isso. Tirar um pouco de dinheiro dos que têm os prejudica muito pouco, ao passo que fornecer recursos e oportunidades aos que não têm, quando feito com inteligência, pode proporcionar grandes transformações. Isso não é socialismo. É pragmatismo profundo.

Comecei comparando meu entendimento da psicologia política com o de Jonathan Haidt. Baseado no que eu disse, você pode pensar que ele é um conservador convicto, mas não é. É centrista, um liberal meio ambivalente que endossa, entre todas as coisas, o utilitarismo.[98] Esse endosso é tanto paradoxal quanto instrutivo.

De acordo com Haidt, os liberais possuem um gosto moral restrito, e os utilitaristas, o mais restrito de todos. Ele cita pesquisas que diagnosticam postumamente Jeremy Bentham como portador da síndrome de Asperger, uma forma branda de autismo que desconecta as pessoas do mundo social. Haidt argumenta que a psicopatologia de Bentham é aparente em sua filosofia, que sistematicamente reduz toda moralidade a um único valor. Continuando a analogia culinária, Haidt imagina um "jantar utilitarista". Como um restaurante que só serve açúcar, a cozinha de Bentham estimula apenas um receptor de gosto moral — uma filosofia empobrecida, de fato. Porém, mais adiante no livro, Haidt diz:

> Eu não sei qual é a melhor teoria ética normativa para os indivíduos em suas vidas privadas. Mas, quando falamos sobre criar leis e implementar políticas públicas nas democracias ocidentais com algum grau de diversidade étnica e moral, acho que não há nenhuma alternativa atraente ao utilitarismo.[99]

O que está acontecendo? Quando confrontado com a questão final — *O que devemos fazer?* —, parece que o filósofo autista estava certo. Acho que o que está acontecendo é que Haidt está usando seu outro compasso moral.

Nós pastores modernos temos fortes sentimentos morais e, às vezes, eles são muito diferentes. Infelizmente, não podemos todos conseguir o que queremos. O que fazer? O primeiro passo, diz Haidt, é entendermos melhor uns aos outros, entender que viemos de tribos morais diferentes, todas sinceras à sua própria maneira. No entanto, isso não é suficiente. Precisamos de um padrão moral comum, uma metamoralidade, para nos ajudar a conviver. A ideia de que devemos visar à felicidade máxima não é a glorificação arbitrária de um único sabor moral ou a elevação dos valores de uma tribo sobre os valores das outras. É a implementação de uma moeda comum, uma métrica pela qual outros valores podem ser mensurados, permitindo não apenas o compromisso, mas o compromisso *de princípios*. De acordo com Haidt, os "seres humanos são 90% chimpanzés e 10% abelhas",[100] significando que somos principalmente egoístas, mas também parcialmente tribais — guardiões de nossas respectivas colmeias. Acho que esse relato da natureza humana é incompleto. Qual parte de nós acredita que devemos maximizar a felicidade global? Nem o chimpanzé nem a abelha. Esse ideal metamoral é uma invenção distintamente humana, um produto do raciocínio abstrato. Se estivéssemos limitados por nossos instintos egoístas e tribais, estaríamos em um impasse. Mas, felizmente, temos a capacidade, embora nem sempre a vontade, de mudar para o modo manual.

No curto prazo, o raciocínio moral é bastante ineficaz, embora não completamente.[101] Acho que é por isso que Haidt subestima sua importância. Se um pastor sente em seu coração que algo é certo ou errado, as probabilidades de que um bom argumento o faça mudar de ideia, aqui e agora, são muito baixas. Porém, como o vento e a chuva varrendo a terra ano após ano, um bom argumento pode mudar a forma das coisas.[102] Tudo começa com a disposição de questionar as crenças da tribo. E, aqui, ser um pouco autista pode ajudar. Este é Bentham escrevendo por volta de 1785, quando o sexo homossexual era punível com a morte:

> Estive atormentando a mim mesmo durante anos, tentando encontrar, se possível, bases suficientes para tratar [homossexuais] com a severidade com que são tratados atualmente em todas as nações europeias, mas, seguindo o princípio da utilidade, não consegui encontrar nenhuma.[103]

A moralidade de modo manual requer coragem e persistência. Eis Mill na introdução de sua clássica defesa dos direitos das mulheres, *A sujeição das mulheres*, publicada em 1869 e possivelmente escrita em coautoria com a esposa, Harriet Taylor Mill:

> Mas seria um erro supor que a dificuldade do caso deve residir na insuficiência ou obscuridade da razão sobre a qual repousa minha convicção. A dificuldade é a que existe em todos os casos nos quais há uma massa de sentimentos a combater [...] E, enquanto esses sentimentos permanecem, estão sempre criando novos entrincheiramentos de argumento para reparar qualquer brecha causada nos antigos.[104]

Hoje em dia, alguns de nós defendem os direitos dos homossexuais e das mulheres com grande convicção. Contudo, antes que pudéssemos fazer isso com sentimentos, porque nossos sentimentos parecem "direitos", alguém teve de fazer isso com *pensamento*. Sou pragmatista profundo e liberal porque acredito nesse tipo de progresso e creio que nosso trabalho ainda não terminou.

12

Para além da moralidade aponte e dispare: seis regras para os pastores modernos

No início, havia a sopa primordial. Moléculas cooperativas formaram moléculas maiores, algumas das quais podiam fazer cópias de si mesmas e se cercar de filmes protetores. Células cooperativas se uniram para formar células complexas e então feixes cooperativos de células. A vida se tornou cada vez mais complexa, encontrando sucessivas vezes o canto mágico no qual o sacrifício individual compra o sucesso coletivo, das abelhas aos bonobos. Todavia, organismos cooperativos, por design biológico, não são universalmente cooperativos. A cooperação evoluiu como arma competitiva, como estratégia para vencer os outros. Assim, a cooperação no nível mais elevado é inevitavelmente tensa, encontrando a oposição de forças que favorecem o "nós" acima do "eles".

Alguns animais evoluíram cérebros: centros de controle computacional que absorvem informações e as usam para guiar comportamentos. A maioria dos cérebros é composta de máquinas reflexivas que automaticamente transformam inputs em outputs, sem a habilidade de refletir sobre o que estão fazendo ou imaginar novos comportamentos. Porém, nós seres humanos evoluímos um tipo de inteligência fundamentalmente novo, uma capacidade de raciocínio de uso geral que pode solucionar problemas inéditos e complexos, problemas que não podem ser solucionados com reflexos. A inteligência rápida e lenta é uma combinação vencedora, mas também perigosa. Graças a nossos cérebros grandes, derrotamos a maioria de nossos inimigos naturais. Podemos produzir tanta comida quanto necessitarmos e construir abrigos para nos proteger dos elementos. Superamos a maioria de nossos predadores, de leões a bactérias. Hoje, nosso inimigo mais formidável somos nós mesmos. Quase todos os nossos maiores problemas são causados, ou ao menos poderiam ser evitados, por escolha humana.

Recentemente, fizemos enormes progressos na redução da inimizade humana, substituindo a guerra pelo mais gentil comércio, a autocracia pela democracia e a superstição pela ciência. No entanto, há espaço para melhora. Temos problemas globais tão antigos quanto o tempo (pobreza, doenças, guerras, exploração, violência pessoal), problemas globais iminentes (mudanças climáticas, terrorismo com armas de destruição em massa) e problemas morais exclusivos da vida moderna (bioética, governo pesado *versus* leve, papel da religião na vida pública). Como podemos nos sair melhor?

Nosso cérebro, como nossos outros órgãos, evoluiu para nos ajudar a disseminar nossos genes. Por razões familiares, ele nos dota de impulsos egoístas, programas automáticos que nos impelem a obter aquilo de que precisamos para sobreviver e nos reproduzir. Por razões menos óbvias, também nos impele a nos importarmos com os outros e com o fato de eles fazerem ou não o mesmo. Somos capazes de empatia, amor, amizade, raiva, repulsa social, gratidão, vingança, honra, culpa, lealdade, humildade, reverência, julgamento, fofoca, constrangimento e justa indignação. Essas características universais da psicologia humana permitem que o "nós" triunfe sobre o "eu", colocando-nos no canto mágico e evitando a tragédia dos comuns.

Esses dispositivos cognitivos são usados por todos os cérebros humanos saudáveis, mas nós os usamos de maneiras diferentes. Nossas respectivas tribos cooperam em termos distintos. Temos diferentes ideias e sentimentos sobre o que as pessoas devem umas às outras e sobre como pessoas honradas devem responder a ameaças. Somos devotados a diferentes "nomes próprios", autoridades morais locais. E somos, por design, tribais, favorecendo o "nós" em detrimento do "eles". Mesmo quando achamos que estamos sendo justos, inconscientemente favorecemos a versão de justiça mais conveniente ao "nós". Assim, enfrentamos a tragédia da moralidade do senso comum: tribos morais que não conseguem concordar sobre o que é certo ou errado.

Solucionar um problema com frequência é uma questão de apresentá-lo da maneira correta. Neste livro, tentei fornecer uma estrutura para pensar sobre nossos maiores problemas morais. Repetindo, enfrentamos dois tipos fundamentalmente diferentes de problemas morais: "eu" *versus* "nós" (tragédia dos comuns) e "nós" *versus* "eles" (tragédia da moralidade do senso comum). Também temos dois tipos fundamentalmente diferentes de pensamento moral: rápido (usando configurações emocionais automáticas) e lento (usando raciocínio de modo manual). E a chave é combinar o tipo certo de pensamento com o tipo certo de problema: quando se tratar de "eu" *versus* "nós", pense bem rápido. Quando se tratar de "nós" *versus* "eles", pense de forma lenta.

Os pastores modernos precisam pensar lenta e cuidadosamente, mas precisam fazer isso da maneira certa. Se usarmos nosso raciocínio de modo manual para descrever ou racionalizar nossos sentimentos morais, não chegaremos a parte alguma. Em vez de organizar e justificar os produtos de nossas configurações automáticas, precisamos transcendê-las. Assim exposta, a solução para nossos problemas parece óbvia: deveríamos colocar nossos sentimentos tribais de lado e fazer aquilo que produz os melhores resultados gerais. Mas o que é "melhor"?

Quase tudo que valorizamos é valioso por causa de seu impacto sobre nossa experiência. Assim, podemos dizer que o melhor é aquilo que torna nossa experiência tão boa quanto possível, dando peso igual à qualidade de vida de todas as pessoas. Bentham e Mill transformaram essa esplêndida ideia em uma filosofia sistemática e lhe deram um nome horroroso. Desde então, temos compreendido mal e apreciado pouco suas ideias. O problema, todavia, é mais profundo que marketing ruim. Nossas reações instintivas não foram projetadas para formar uma filosofia moral coerente. Assim, qualquer filosofia verdadeiramente coerente está destinada a nos ofender, às vezes no mundo real, mas em especial no mundo dos experimentos mentais filosóficos, no qual se pode artificialmente colocar nossos sentimentos mais fortes contra o bem maior. Subestimamos o utilitarismo porque sobrestimamos nossas próprias mentes. Assumimos erroneamente que nossas reações instintivas são guias confiáveis para a verdade moral. Como disse Tchekhov, para sermos melhores, precisamos saber como somos.[1]

No início deste longo e complicado livro, prometi mais clareza. Espero que agora você veja os problemas morais mais claramente que na página 1. Espero que veja a tragédia da moralidade do senso comum se desdobrando à sua volta, as emoções que são sua causa principal e o tipo de raciocínio que pode nos levar em frente. Cobrimos muitas ideias abstratas, muitos "ismos". Como cientista social e pragmatista, conheço muito bem a distância entre teoria e prática. Para serem efetivos no longo prazo, nossos ideais devem estar incorporados não apenas em nossos ismos, mas também em nossos hábitos. Com isso em mente, encerro com sugestões simples e práticas para a vida nos novos pastos.

SEIS REGRAS PARA OS PASTORES MODERNOS

Regra n. 1. Em face da controvérsia moral, consulte seus instintos morais, mas não confie neles[2]

Suas intuições morais são dispositivos cognitivos fantásticos, aprimorados por milhões de anos de evolução biológica, milhares de anos de evolução cultural e anos de experiência pessoal. Em sua vida pessoal, você deve confiar em seus instintos morais e ser cauteloso com o modo manual, que é bom demais em descobrir como colocar o "eu" acima do "nós".[3] Mas, em face da controvérsia moral, quando se tratar de "nós" *versus* "eles", é hora de passar para o modo manual. Quando nossos compassos morais emocionais apontam em direções opostas, eles não podem estar ambos certos.

Regra n. 2. Direitos não servem para construir argumentos, mas para encerrá-los

Não temos nenhuma maneira isenta de petição de princípio de determinar quem possui quais direitos e quais deles superam os outros. Amamos direitos (e deveres, a antiquada irmã mais velha dos direitos) porque eles são mecanismos úteis de racionalização, apresentando nossos sentimentos subjetivos como percepções de objetos morais abstratos. Existam ou não tais objetos, há pouca utilidade em argumentar sobre eles. Podemos usar os "direitos" como escudos, protegendo o progresso moral que fizemos. E podemos usá-los como armas retóricas, quando a hora do argumento racional já passou. Contudo, devemos fazer isso de forma esparsa. E quando o fizermos, devemos saber o que estamos fazendo: quando apelamos aos direitos, não estamos construindo um argumento; estamos declarando que a discussão acabou.

Regra n. 3. Foque nos fatos e force os outros a fazerem o mesmo

Para os pragmatistas profundos, não se pode saber se uma proposta é boa ou ruim sem antes saber como ela funciona e quais são seus efeitos prováveis. Mesmo assim, a maioria de nós prontamente julga políticas — de leis ambientais a sistemas de assistência médica — que mal entende. O debate moral público deveria ser muito mais detalhista. Deveríamos nos forçar, e forçar uns aos outros, a conhecer não apenas as políticas que favorecemos ou às quais nos opomos, mas também seu suposto funcionamento. Deveríamos fornecer — e exigir — evidências sobre o que funciona ou não. E, se não soubermos como as coisas funcionam, em teoria ou na prática, deveríamos emular a sabedoria de Sócrates e reconhecer nossa ignorância.

Regra n. 4. Cuidado com a justiça tendenciosa

Há diferentes maneiras de ser justo e tendemos a favorecer, muitas vezes sem perceber, a versão de justiça que nos é mais conveniente. Como a justiça tendenciosa é um tipo de justiça, é difícil ver que é tendenciosa, especialmente em nós mesmos. Fazemos isso como indivíduos e como membros leais de nossas respectivas tribos. Às vezes, fazemos sacrifícios pessoais para que a justiça tendenciosa de nossa tribo possa avançar — uma espécie de altruísmo tendencioso.

Regra n. 5. Use a moeda comum

Podemos argumentar sobre direitos e justiça para sempre, mas estamos unidos por duas coisas mais básicas. Primeiro, estamos unidos pelos altos e baixos da experiência humana. Todos queremos ser felizes. Nenhum de nós quer sofrer. Segundo, todos entendemos a regra de ouro e o ideal de imparcialidade por trás dela. Coloque essas duas ideias juntas e temos uma moeda comum, um sistema para criar compromissos de princípios. Podemos concordar, acima das objeções de nossos instintos tribais, em fazer o que funciona melhor, o que nos torna mais felizes de modo geral.

Para descobrir o que funciona melhor, precisamos de uma moeda comum de valor, mas também de uma moeda comum de fato. Há muitas fontes de conhecimento, mas aquela na qual as pessoas confiam mais é, de longe, a ciência — e por uma boa razão. A ciência não é infalível e as pessoas logo rejeitam o conhecimento científico quando ele contradiz suas crenças tribais. Mesmo assim, quase todo mundo apela para evidências científicas quando é conveniente. (Os criacionistas não pulariam de alegria se, amanhã, cientistas renomados anunciassem que a Terra possui apenas alguns milhares de anos?) Nenhuma outra fonte de conhecimento possui essa distinção. Em nossas sedes tribais e em nossos corações, podemos acreditar no que quisermos. Entretanto, nos novos pastos, a verdade deve ser determinada usando a moeda comum da ciência observável.

Regra n. 6. Doe

Como indivíduos, não criamos as regras pelas quais vivemos. Mas cada um de nós toma algumas decisões importantes, de vida ou morte. Ao fazer pequenos sacrifícios, nós, os abastados do mundo, temos o poder de melhorar de forma dramática a vida de outras pessoas. Como criaturas programadas para a vida tribal, nossas simpatias por estranhos distantes e "estatísticos" é baixa. E, mesmo assim, poucos podem dizer com honestidade que nossos confortos mais luxuosos são mais importantes que salvar a vida de alguém[4] ou dar um futuro melhor a uma criança sem acesso à assistência médica ou à educação. Podemos nos iludir sobre os fatos, negando que nossas doações façam mesmo diferença. Ou, se formos filosoficamente mais ambiciosos, podemos racionalizar nossas escolhas autointeressadas. Porém, a resposta honesta, a resposta iluminada, é reconhecer a dura realidade de nossos hábitos e fazer nosso melhor para modificá-la, sabendo que um esforço honesto e apenas bem-sucedido em parte é melhor que uma negação totalmente bem-sucedida.

Immanuel Kant se maravilhou com "os céus estrelados acima" dele e a "lei moral em seu interior". É um sentimento adorável, mas não posso partilhá-lo com sinceridade. Somos maravilhosos de muitas maneiras, mas as leis morais em nosso interior são uma faca de dois gumes. Mais maravilhosa, para mim, é nossa habilidade de questionar as leis escritas em nossos corações e substituí--las por algo melhor. O mundo natural está repleto de cooperação, de células minúsculas a matilhas de lobos. Mas todo esse trabalho de equipe, por mais impressionante que seja, evoluiu para o objetivo amoral da competição bem--sucedida. Mesmo assim, de algum modo nós, com nossos cérebros primatas superdesenvolvidos, podemos compreender e nos apoderar dos princípios abstratos por trás das máquinas naturais. Nesses pastos, algo novo está crescendo sob o sol: uma tribo global que cuida de seus membros não para obter vantagem sobre as outras tribos, mas simplesmente porque é bom.

Nota do autor

A GiveWell recomenda organizações de caridade com base em seu histórico, rentabilidade e necessidade de fundos adicionais. Para informações atualizadas, visite www.givewell.org.

A Oxfam International trabalha para criar soluções de longo prazo para a pobreza e a injustiça. Para encontrar a afiliada mais próxima, visite www.oxfam.org.

Agradecimentos

Minha primeira dívida é para com meus pais, Laurie e Jonathan Greene, que me encorajaram desde o início a pensar por mim mesmo e cujo trabalho árduo e dedicação me concederam o privilégio de devotar minha vida profissional às ideias. Sou grato a eles, a meu irmão Dan e a minha irmã Liz por uma vida inteira de amor e apoio. Obrigado também a minha amiga e cunhada Sara Sternberg Greene e ao mais novo membro da família, Aaron Falchook.

Parte desse privilégio foi aprender com mentores e colegas maravilhosos, que me inspiraram, levaram minhas ideias incipientes a sério e me ensinaram como pensar. Serei eternamente grato a meus mentores de graduação Jonathan Baron, Paul Rozin, Amartya Sen, Allison Simmons e Derek Parfit, por fornecerem meu ponto de partida. Muitos agradecimentos a meus conselheiros de graduação, David Lewis e Gilbert Harman, e a Peter Singer, que fez parte de meu comitê e desde então vem me encorajando e dando conselhos inestimáveis. Daquela época, também agradeço à comunidade de filósofos de Princeton as boas discussões e os bons momentos. Tenho uma enorme dívida para com meu orientador de pós-doutoramento (e orientador não oficial de doutoramento) Jonathan Cohen, por me dar uma chance, me ensinar a arte da ciência e me ajudar a entender como um cérebro pode ser uma mente. Do mesmo modo, sou grato a Leigh Nystrom, John Darley, Susan Fiske e outros do Departamento de Psicologia de Princeton, por me oferecerem um segundo lar e me ajudarem a encontrar meu caminho. Desde a faculdade, minha segunda casa tem sido o Grupo de Pesquisas em Psicologia Moral, um alegre bando de filósofos-cientistas que continuam a expandir minha mente e elevar meu espírito. Especialmente em anos recentes, me beneficiei da orientação e do apoio dos anciões tribais do grupo, Stephen Stich, John Doris, Shaun Nichols e Walter Sinnott-Armstrong. Por fim, sou grato aos membros do Departamento de Filosofia de Harvard por darem (mais) uma chance a um filósofo recauchutado, por sua inspiração e orientação e por me encorajarem a escrever este livro a despeito de minha inexperiência. Sou especialmente grato a Mahzarin Banaji, Josh Buckholtz, Randy Buckner, Susan Carey, Dan Gilbert, Christine Hooker, Stephen Kosslyn, Wendy Mendes, Jason Mitchell, Matt Nock, Steven Pinker, Jim Sidanius, Jesse Snedeker, Felix Warneken e Dan Wegner, por seu apoio e seus conselhos. Muito obrigado também a Max Bazerman. E obrigado à maravilhosa equipe administrativa de nosso departamento, por fazer com que tudo funcione tão espantosamente bem.

Agradeço a Robert Sapolsky por me indicar o nome de Katinka Matson, da Brockman Inc., que depois se tornou minha agente e ocasional anjo da guarda. Agradeço a Katinka por me dar (mais) uma chance, por me ensinar sobre o mundo dos livros, por sua paciência e inteligência e por acreditar que este livro era possível.

Como o lendário navio de Teseu, as pranchas deste livro foram trocadas tantas vezes que nada resta da embarcação original. Serei eternamente grato a todos os colegas que me ajudaram a construir e reconstruir este livro, graciosamente doando centenas de horas de seu precioso tempo e sua atenção. As seguintes pessoas leram e comentaram versões completas do manuscrito: Jonathan Baron, Max Bazerman, Paul Bloom, Tommaso Bruni, Alek Chakroff, Moshe Cohen- Eliya, Fiery Cushman, John Doris, Dan Gilbert, Jonathan Haidt, Brett Halsey, Andrea Heberlein, Anna Jenkins, Alex Jordan, Richard Joyce, Simon Keller, Joshua Knobe, Victor Kumar, Shaun Nichols, Joe Paxton, Steven Pinker, Robert Sapolsky, Peter Singer, Walter Sinnott-Armstrong, Tamler Sommers, Dan Wegner e Liane Young. Além disso, recebi comentários úteis em um ou mais capítulos de Dan Ames, Kurt Gray, Gilbert Harman, Dan Kelly, Matt Killingsworth, Katrina Koslov, Lindsey Powell, Jesse Prinz, Tori McGeer, Edouard Machery, Ron Mallon, Maria Merritt, Alex Plakias, Erica Roedder, Adina Roskies, Tim Schroeder, Susanna Siegel, Chandra

Sripada, Stephen Stich e Valerie Tiberius. (Agradecimentos superespeciais a Dan Gilbert, Steven Pinker e Peter Singer por lerem *dois* esboços completos.) E obrigado a David Luberoff por ver a conexão com a ardência da pimenta. Minhas sinceras desculpas a qualquer benfeitor que não tenha sido mencionado nesta lista. Quando penso na capacidade intelectual coletiva fornecida por esses indivíduos, sinto profunda humildade e só posso torcer para ter feito algo bom com seu investimento. Essas grandes mentes me desafiaram a cada passo e com muita frequência me salvaram de (ainda mais) constrangimentos.

Muito obrigado aos talentosos profissionais da Penguin Press, começando por Nick Trautwein, cuja análise editorial do primeiro esboço me forneceu direção e encorajamento, e Will Palmer, cujo copidesque judicioso deu à obra um polimento muito necessário. Agradeço a Eamon Dolan seus úteis comentários durante seu breve mandato como meu editor e inestimável presente de seu tempo. Após a partida de Trautwein e Dolan, o livro aterrissou na mesa de Benjamin Platt, cuja nova perspectiva rendeu uma fecunda e recompensadora colaboração. Ben viu em meu livro deficiências e oportunidades para as quais eu estava cego e reconheceu, entre outras coisas, que a história começava com o que eu achava ser o meio. Por esse *insight*, entre muitos outros, sou grato. Minha maior dívida na Penguin, todavia, é para com Scott Moyers, que apostou em mim (mais uma vez), oferecendo a um pós-doutorando desconhecido o contrato de um livro, e que graciosamente desceu de seu alto cargo para coeditar este livro durante o último ano. De muitas maneiras, Scott entendeu meu livro melhor do que eu, o que me ensinou humildade e forneceu inspiração. Sou grato a Scott por me emprestar seu prodigioso talento, por sua espirituosidade e sabedoria dignas de Mamet e por acreditar nesta obra do início ao fim.

Nos últimos sete anos, um esquadrão de brilhantes e dedicados jovens cientistas se uniu a mim como estudantes de graduação e pós-doutoramento no Laboratório de Cognição Moral. Nem eu nem eles antecipamos o tributo que este livro cobraria deles. E enquanto eu ao menos emergi do processo como autor de um livro, eles não receberam nada além de atrasos, ausências, olhares desfocados pela exaustão e desculpas. Meus colegas de laboratório foram tão pacientes e me deram tanto apoio que jamais estarei à altura de sua gentileza. (Posso ouvi-los agora: "Isso é muito verdade!") Obrigado, Nobuhito Abe, Elinor Amit, Regan Bernhard, Donal Cahill, Alek Chakroff, Fiery Cushman, Steven

Frankland, Shauna Gordon-Mckeon, Sara Gottlieb, Christine Ma-Kellams, Joe Paxton, David Rand e Amitai Shenhav. Vocês fizeram com que eu me sentisse feliz por ir trabalhar todos os dias. Agradecimentos especiais a Steven Frankland, pelas imagens cerebrais, e a Sara Gottlieb, por seus heroicos esforços na preparação das figuras, das notas e da bibliografia.

Pelo que resta de minha sanidade, agradeço aos queridos amigos que me apoiaram durante esse tempo com sua simpatia e seu bom humor: Nicole Lamy, Michael Patti, Paula Fuchs, Josh and Ashley Buckholtz, Brett Halsey e Valerie Levitt Halsey.

Meus filhos, Sam e Frida, trouxeram-me uma alegria que jamais senti antes de sua chegada. Não há nada que eu ame mais que ser seu pai, e nada que eu lamente mais do que os milhares de horas de suas infâncias — a colheita de abóboras, os dias na praia e as histórias na hora de dormir — que perdi por causa deste livro. De agora em diante, papai ficará muito mais em casa. Finalmente, agradeço, com tudo que tenho, a minha esposa, melhor amiga e amor da minha vida Andrea Heberlein, a quem este livro é dedicado mil vezes. Seu brilhantismo e bom senso fizeram deste um livro melhor, mas, sem sua devoção, não haveria livro a melhorar. Andrea organizou nossas vidas para que eu pudesse terminar o que comecei, sem ter ideia de onde eu nos metera. Por isso, e tantas coisas mais, serei eternamente grato.

Notas

1. Tchekhov (1977), p. 27, citado em Pinker (2002).

Introdução

1. A mais notória falsa alegação é de que o Obamacare criou "painéis da morte" que decidem quem vive e quem morre (FactCheck.org, 14 de agosto de 2009). Os democratas também fizeram algumas falsas alegações; por exemplo, sobre detalhes relacionados a se as pessoas podem manter seus planos de saúde sob o Obamacare (FactCheck.org, 18 de agosto de 2009).
2. Politisite (13 de setembro de 2011).
3. Financial Crisis Inquiry Commission (2011).
4. Essa ação teve apoio bipartidário, mas foi favorecida com mais intensidade pelos democratas (US House of Representatives, 2008; US Senate, 2008).
5. Krugman (24 de novembro de 2011).
6. Kim (12 de dezembro de 2011).
7. http://www.huffingtonpost.com/2011/10/06/herman-cain-occupy-wall-street_n_998092.html.
8. http://www.motherjones.com/politics/2012/09/watch-full-secret-video-private-romney-fundraiser.
9. Buffett (14 de agosto de 2011).
10. ABC News (5 de dezembro de 2011).
11. *The Rush Limbaugh Show* (22 de setembro de 2011).
12. Kahan, Wittlin et al. (2011); Kahan, Hoffman et al. (2012); Kahan, Jenkins-Smith et al. (2012); Kahan, Peters et al. (2012).

13. Falando estritamente, esses são *referentes* de nomes próprios.
14. Pinker (2011).
15. Henrich, Boyd et al. (2001); Henrich, Ensminger et al. (2010); Herrmann et al. (2008).
16. Leitenberg (2003).
17. Degomme e Guha-Sapir (2010).
18. World Bank (29 de fevereiro de 2012), reportando dados de 2008.
19. International Labour Organization (2012).
20. Bertrand e Mullainathan (2003).
21. Pinker (2011).
22. O utilitarismo de John Stuart Mill e a teoria da seleção natural de Charles Darwin emergiram mais ou menos ao mesmo tempo e, desde o início, tiveram bases de fãs altamente sobrepostas, começando com a admiração mútua entre Darwin e Mill. Acho que isso não aconteceu por acidente. Essas duas ideias inovadoras preferem o modo manual à configuração automática. Para uma excelente discussão, ver Wright (1994), capítulo 16.

PARTE I: PROBLEMAS MORAIS

Capítulo 1: A tragédia dos comuns

1. Hardin (1968).
2. Von Neumann e Morgenstern (1944); Wright (2000); Nowak (2006).
3. Margulis (1970); Wilson (2003); Nowak e Sigmund (2005).
4. Mitani, Watts et al. (2010).
5. Michor, Iwasa et al. (2004).
6. Darwin (1871/1981).
7. A. L. Tennyson, *In Memoriam AHH*, Em: Tennyson e Edey (1938).
8. Essa visão se originou com Darwin (1871/1981) e se tornou consenso entre os cientistas comportamentais nas últimas décadas. Ver Axelrod e Hamilton (1981); Frank (1988); Wright (1994); Sober e Wilson (1999); Wilson (2003); Gintis et al. (2005); Joyce (2006); de Waal (2009); Haidt (2012).
9. Mesmo que a moralidade tenha evoluído simplesmente por intermédio da seleção individual, favorecendo a capacidade de altruísmo recíproco, o mesmo argumento se aplica.
10. Wittgenstein (1922/1971).

11. O controle de natalidade pode ser usado para melhorar as perspectivas genéticas de longo prazo por meio do planejamento familiar judicioso, mas certamente não precisa ser usado dessa maneira.

Capítulo 2: Maquinaria moral

1. Jogos do dilema do prisioneiro foram criados por M. Flood e M. Dresher da Rand Corporation. Ver Poundstone (1992).
2. Blackburn (2001), 101.
3. Fisher (1930); Haldane (1932); Hamilton (1964); Smith (1964). Esse pilar da biologia evolucionária novamente se tornou controverso. Ver Nowak, Tarnita et al. (2010).
4. Ver Trivers (1971) e Axelrod e Hamilton (1981). Encontros entre cooperadores potenciais podem ser escolhidos ou forçados. Ver Rand, Arbesman et al. (2011). Aqui, como na história de Art e Bud, tornei seus encontros uma questão de escolha, para ser consistente com a história do dilema do prisioneiro, mas, em modelos-padrão de altruísmo recíproco, os encontros são forçados pelas circunstâncias. Em ambos os casos, a mesma lógica recíproca se aplica.
5. Ver, por exemplo, Nowak e Sigmund (1993).
6. Ver Rozin, Lowery et al. (1999) e Chapman, Kim et al. (2009). Note que sentimentos negativos como raiva e repulsa não são perfeitamente intercambiáveis. Raiva é uma emoção de "aproximação", motivando a agressão ativa. A repulsa, em contraste, é uma emoção de "recuo" que, originalmente, evoluiu para expelir substâncias contaminantes, como fezes e carne podre, do corpo. Qual dessas atitudes negativas é mais estrategicamente apropriada depende dos custos e benefícios relativos da agressão ativa *versus* distância seletiva.
7. Rand, Dreber et al. (2009).
8. De Waal (1989). Ver também Packer (1977) e Seyfarth e Cheney (1984).
9. Gintis, Bowles et al. (2005).
10. Nowak e Sigmund (1992); Rand, Ohtsuki et al. (2009); Fudenberg, Rand et al. (2010).
11. De Waal e Roosmalen (1979).
12. Seyfarth e Cheney (2012).
13. Daly e Wilson (1988); Pinker (2011).
14. Stevenson (1891/2009).
15. Grossman (1995).

16. Cushman, Gray et al. (2012).
17. Milgram, Mann et al. (1965).
18. Pinker (2002), 259.
19. Cialdini et al. (1987).
20. Batson et al. (1981); Batson (1991).
21. Batson e Moran (1999).
22. Em alguns casos, a empatia não significa experimentar o mesmo sentimento que a pessoa por quem estamos sentindo empatia. Quando sentimos empatia por uma criança assustada, não precisamos estar assustados nós mesmos.
23. Singer, Seymour et al. (2004). A empatia em relação à dor envolve os componentes afetivos, mas não os componentes sensoriais, da dor.
24. Pedersen, Ascher et al. (1982).
25. Rodrigues, Saslow et al. (2009).
26. Kosfeld, Heinrichs et al. (2005). Veja também Singer, Snozzi et al. (2008).
27. De Waal (1997, 2009); Keltner (2009).
28. Como descrito por De Waal (2009).
29. De Waal (2009).
30. Warneken et al. (2006, 2007, 2009).
31. Lakshminarayanan e Santos (2008).
32. Bartal, Decety et al. (2011).
33. A teoria formal do MAD vem de von Neumann e Morgenstern (1944).
34. Frank (1988). Ver também Schelling (1968). Meu exemplo aqui segue Pinker (1997), que compara as paixões furiosas com o "mecanismo de destruição" do filme *Dr. Strangelove*, de Stanley Kubrick. O mecanismo é projetado para automaticamente iniciar um contra-ataque nuclear em caso de ataque.
35. Jensen, Call et al. (2007).
36. De Waal e Luttrel (1988).
37. Baumgartner, Fischbacher et al. (2009).
38. Pinker (2008).
39. Como no caso de Frank Abagnale. Ver Abagnale e Redding (2000).
40. Pinker (2008).
41. Henrich e Gil-White (2001).
42. Keltner e Haidt (2003); Haidt (2012).
43. Nowak e Sigmund (1998).
44. Haley e Fessler (2005).
45. Forsythe, Horowitz et al. (1994).
46. Bateson, Nettle et al. (2006).

47. Dunbar (2004); Dunbar, Marriott et al. (1997).
48. Feinberg et al. (2012b); Nowak e Sigmund (1998, 2005); Milinski, Semmann et al. (2002).
49. Semin e Manstead (1982); Keltner (2009).
50. Hamlin, Wynn et al. (2007, 2011). Ver também Sloane, Baillargeon et al. (2012).
51. Em algumas versões do experimento, cores e formas são invertidas, mostrando que não se trata apenas de preferência por certas formas ou cores. Em outra versão do experimento, eles mostram que o bebê prefere o ajudante a uma forma neutra e prefere a forma neutra a um atrapalhador.
52. Brown (1991).
53. Bernhard, Fischbacher et al. (2006); Choi e Bowles (2007).
54. Kinzler, Dupoux et al. (2007). Ver também Mahajan e Wynn (2012).
55. McElreath, Boyd e Richerson (2003).
56. Greenwald, McGhee et al. (1998); Greenwald e Banaji (1995).
57. https://implicit.harvard.edu/implicit.
58. Greenwald, McGhee et al. (1998).
59. Baron e Banaji (2006).
60. Mahajan, Martinez et al. (2011).
61. Bertrand e Mullainathan (2003).
62. Eberhardt, Davies et al. (2006).
63. Stephens-Davidowitz (2012).
64. Kurzban, Tooby et al. (2001).
65. Tajfel (1970, 1982); Tajfel e Turner (1979).
66. De Dreu, Greer et al. (2010, 2011).
67. Hobbes (1651/1994).
68. Wilson (2003); Roes e Raymond (2003); Norenzayan e Shariff (2008).
69. Gervais, Shariff et al. (2011).
70. Boyd e Richerson (1992).
71. Boehm (2001).
72. Isso assume que os punidos não podem ou não irão retaliar com toda a força contra os punidores. Se puderem fazer e fizerem isso, a cooperação pode falhar. Ver Dreber, Rand et al. (2008); Hermann, Thöni et al. (2008).
73. Gintis (2000); Bowles, Gintis et al. (2003); Gintis, Bowles et al. (2005).
74. Fehr e Gächter (2002); Boyd, Gintis et al. (2003).
75. Fehr e Gächter (2002); Marlowe, Berbesque et al. (2008). Ver também Kurzban, DeScioli et al. (2007).

76. Dawes, McTavish et al. (1977).
77. Boyd e Richerson (1992); Fehr e Gächter (1999).
78. Kurzban, DeScioli et al. (2007).
79. Boyd, Gintis et al. (2003).
80. Margulis (1970); Nowak (2006); Wright (2000).
81. Muitas delas aparecem na lista de universais humanos (por exemplo, "empatia", "fofoca", "vergonha", "vingança") de Donald Brown (1991) e todas estão estreitamente relacionadas, embora não logicamente vinculadas, a itens de sua lista.
82. Rand, Greene et al. (2012).
83. Todos os dados reportados estão em Rand, Green et al. (2012). O tempo de decisão (log10 segundos) está no eixo x. O nível de contribuição está no eixo y, expressado como porcentagem do máximo (topo) ou da probabilidade de cooperação dada uma escolha sim/não (todos os outros). Topo: jogo dos bens públicos de jogada única. Meio à esquerda: primeira decisão em uma série de dilemas do prisioneiro de jogada única. Meio à direita: dilema do prisioneiro repetido com erros de execução. Embaixo à esquerda: dilema do prisioneiro repetido com ou sem punição custosa. Embaixo à direita: jogo dos bens públicos repetido com ou sem recompensa e/ou punição. O tamanho dos pontos é proporcional ao número de observações, indicado ao lado de cada ponto. Barras de erro indicam o erro padrão da média.
84. Harris, Bose et al. (1966).
85. Davidson e Ekelund (1997).
86. Dawkins (1986).

Capítulo 3: Conflito nos novos pastos

1. Pinker (2002).
2. Choi e Bowles (2007); Bowles (2009).
3. Henrich, Boyd et al. (2001); Henrich, Gil-White et al. (2001); Henrich, McElreath et al. (2006); Henrich, Ensminger et al. (2010).
4. Güth, Schmittberger et al. (1982).
5. Liberman, Samuels et al. (2004).
6. List (2007).
7. Henrich, McElreath et al. (2006).
8. O jogo do ditador é sobre altruísmo, sobre dar algo em troca de nada. Porém, da perspectiva matemática da teoria dos jogos, cooperação e altruísmo são (ou podem ser) equivalentes. Isso porque a cooperação (do tipo interessante) exige

arcar com um custo pessoal para beneficiar outros. Ser cooperativo é ser altruísta, e a cooperação bem-sucedida é apenas altruísmo mutuamente benéfico. (Uma diferença notável entre o jogo do ditador e verdadeiros jogos de cooperação como o dilema do prisioneiro e o jogo dos bens públicos, todavia, é que o tamanho da torta tipicamente não é fixo nos verdadeiros jogos de cooperação. Ou seja, verdadeiros jogos de cooperação não são jogos de "soma zero".) Alguém poderia dizer que a cooperação não é altruísta se o jogador espera receber algo de valor igual ou maior em troca de sua contribuição, e isso é justo. No entanto, pode-se dizer o mesmo do altruísmo. Em interações únicas, a cooperação é altruísta e, em interações repetidas, nem a cooperação nem o altruísmo são necessariamente altruístas, no sentido mais estrito.

9. Henrich, Ensminger et al. (2010).
10. Herrmann, Thöni et al. (2008).
11. Aqui, exibo dados de apenas nove das dezesseis cidades estudadas, para ilustrar com mais clareza três tendências proeminentes.
12. Ellingsen, Herrmann et al. (2012).
13. BBC News (27 de novembro de 2012).
14. Há uma longa história de acadêmicos apresentando pesquisas suspeitamente condizentes com seus próprios compromissos ideológicos e culturais. Veja, por exemplo, o caso de Ellsworth Huntington, eminente geógrafo do início do século XX, professor de Yale e membro do conselho de diretores da Sociedade Americana de Eugenia. (Sim, eles tinham uma sociedade.) Huntington acreditava que o desenvolvimento econômico era determinado primariamente pelo clima. Mais especificamente, ele concluiu que New Haven, em Connecticut (lar da Universidade de Yale), tinha mais ou menos o clima ideal para a inovação intelectual e o desenvolvimento econômico.

    E aqui estou eu, um judeu secular e professor da Universidade de Harvard, em Boston, dizendo que cidades predominantemente muçulmanas como Riade e Mascate possuem culturas que impedem a cooperação, enquanto outras cidades possuem culturas altamente facilitadoras da cooperação — cidades como, digamos, Boston.

    Em meio a tais suspeitas, permita-me começar com três questões diretas sobre a pesquisa: primeiro, eu não a conduzi. Segundo, os resultados não foram escolhidos a dedo. Até onde sei, não há estudos similares mostrando resultados substancialmente diferentes e, se quiser conferir por si mesmo, você pode procurar no Google Acadêmico. Terceiro, os resultados apresentados são mistos. Riade e

Mascate surgem perto do fundo nesse estudo de comportamento cooperativo, mas o mesmo faz Atenas, local de nascimento da democracia e berço da filosofia ocidental. E embora seja verdade que minha cidade natal surge perto do topo, o mesmo faz Bonn, que não fica muito longe dos locais de antigos campos de concentração nazistas. Mas, para além desse conjunto particular de estudos e de minha relação com eles, há uma questão mais geral sobre como devemos responder a pesquisas científicas que fazem algumas pessoas parecerem, de certas maneiras, melhores que outras, particularmente quando os proponentes da pesquisa estão entre aqueles que parecem se sair melhor.

Vamos começar com as duas posições extremas na questão. Em um extremo, temos total deferência: se alguém com credenciais científicas diz que algo é suportado por evidências científicas, então deve ser verdade. Por razões óbvias, essa não é uma boa política. No outro extremo, temos total suspeita e ceticismo: sempre que um cientista apresenta uma pesquisa supostamente científica que faz algumas pessoas parecerem melhores que outras, devemos ser bastante céticos e, se a pesquisa fizer com que seus proponentes pareçam melhores que os outros, devemos assumir que se trata de besteira falsificada, autointeressada e politicamente motivada.

Como se poderia esperar, acho que nossa atitude deveria ser algo intermediário. Para mantermos a mente aberta, devemos aceitar a possibilidade de que uma pesquisa intercultural revele diferenças que façam com que algumas culturas pareçam melhores que outras — não melhores em um sentido definitivo, mas melhores de algumas maneiras. Além disso, devemos aceitar a possibilidade de que os pesquisadores que descobriram tais diferenças possam estar entre aqueles que pareceram melhores. (Até onde sei, Huntington podia estar certo.) Ao mesmo tempo, devemos ter em mente que cientistas são pessoas e, como todas as pessoas, estão sujeitos ao viés, incluindo o viés inconsciente. (Ver adiante neste capítulo.)

Ao reagir à ciência social intercultural, devemos ser claros sobre o que segue a ciência e o que depende de nossas próprias suposições morais. Os estudos descritos aqui dizem, por exemplo, que as pessoas testadas em Boston e Copenhague ganham mais dinheiro ao cooperar nos jogos dos bens públicos que as pessoas testadas em Riade e Atenas. Entretanto, não dizem se as pessoas em Boston e Copenhague jogam *melhor* ou se possuem atributos culturais que, de modo geral, é melhor ter. Esses são julgamentos de valor que vão além dos dados.

Devemos estar cientes de que estudos científicos podem apresentar sérias falhas. (E se as pessoas em Boston tiverem entendido melhor as instruções que as pessoas em Atenas?) Ao mesmo tempo, devemos ter algum respeito pelo processo científico. Jornais científicos selecionam artigos para publicação com base na crítica anônima feita por outros cientistas, e — creia-me — cientistas são extremamente críticos em relação uns aos outros, em especial quando permanecem anônimos. Artigos publicados em jornais respeitáveis podem apresentar falhas sérias, mas é improvável que sejam falhas *óbvias*. (Em todos os estudos descritos, os participantes foram testados para garantir que haviam compreendido as instruções, o que é a prática padrão nesse tipo de pesquisa.)

Em resumo, o viés em pesquisas científicas no campo social intercultural é uma preocupação legítima, mas a solução não é ignorar todas essas pesquisas como invenção politicamente tendenciosa. Isso não seria melhor que acreditar cegamente que tudo que cientistas com boas credenciais dizem é verdade.

15. Cohen e Nisbett (1994); Nisbett e Cohen (1996).
16. Cohen e Nisbett (1994).
17. Fischer (1991).
18. Lind (1999).
19. Nisbett, Peng et al. (2001).
20. Descrito em Doris e Plakias (2007).
21. Anscombe (1958) citada em Doris e Plakias (2007). Note que Anscombe diz isso sobre matar uma pessoa inocente para apaziguar a multidão. Não está claro o que ela diria sobre prender uma pessoa inocente.
22. Ver a nota "verbalizando seus preconceitos" neste capítulo.
23. Denmark TV2 (9 de outubro de 2004) (traduzido com auxílio do Google Tradutor).
24. *Indian Express* (18 de fevereiro de 2006).
25. BBC News (9 de setembro de 2006).
26. *International Business Times* (21 de setembro de 2012).
27. *U.S. News & World Report* (30 de janeiro de 1995), citado por Bazerman e Moore (2006), p. 74.
28. Hsee, Loewenstein et al. (1999).
29. Walster, Berscheid et al. (1973); Messick e Sentis (1979).
30. Van Yperen, van den Bos et al. (2005).
31. Babcock, Loewenstein et al. (1995); Babcock, Wang et al. (1996); Babcock e Loewenstein (1997).

32. Note o paralelo com o "véu da ignorância" de Rawls (1971).
33. Thompson e Loewenstein (1992).
34. Wade-Benzoni, Tenbrunsel et al. (1996).
35. Harinck, De Dreu et al. (2000).
36. Cohen (2003).
37. Os resultados do estudo de Cohen são fascinantes e preocupantes, mas eu ficaria surpreso se pudessem ser generalizados para questões nas quais as discordâncias partidárias são antes qualitativas que quantitativas. Duvido, por exemplo, que o novo pacote partidário pudesse alterar as opiniões das pessoas sobre aborto ou casamento homossexual, ao menos no curto prazo.
38. Millbank e Deanne (6 de setembro de 2003).
39. Reuters (10 de setembro de 2008).
40. Hastorf e Cantril (1954).
41. Lord, Ross et al. (1979).
42. Vallone, Ross et al. (1985).
43. Kahan e Hoffman (2012).
44. Intergovernmental Panel on Climate Change (2007); Powell (15 de novembro de 2012).
45. Jones (11 de março de 2010), em relatório sobre a pesquisa da Gallup.
46. Kahan, Wittlin et al. (2011).
47. Dunlap (29 de maio de 2008) e Jones (11 de março de 2010), em relatório sobre as pesquisas da Gallup.
48. Kahan, Jenkins-Smith et al. (2011).
49. Shergill, Bays et al. (2003).
50. Blakemore, Wolpert et al. (1998).
51. Forsyth e Schlenker (1977); Brawley (1984); Caruso, Epley et al. (2006).
52. Pinker (2011).
53. Copenhagen Consensus Center (2012).
54. Gardiner (2011).
55. Singer (2004).
56. Union of Concerned Scientists (2008), citando dados originalmente compilados pela US Energy Information Agency (2008).
57. Segundo debate presidencial de 2000, citado em Singer (2004), p. 26.
58. Fisher (1971), p. 113.
59. Ibid., p. 112.
60. Schlesinger (1971), p. 73.

PARTE II: MORALIDADE RÁPIDA E LENTA

Capítulo 4: Bondologia

1. Mill (1861/1998); Bentham (1781/1996). O terceiro dos grandes fundadores utilitaristas é Henry Sidgwick (1907), cuja exposição do utilitarismo é mais detalhada e precisa que a de seus predecessores mais famosos. Obrigado a Katarzyna de Lazari-Radek e Peter Singer por destacar muitos pontos expostos aqui e já antecipados por Sidgwick.
2. Ou namorado, como pode ser o caso.
3. Trivers (1972).
4. Eens, M. e Pinxten, R. (2000).
5. Singer (1972).
6. Essa atitude faria sentido se as perguntas fossem sobre fazer uma pequena contribuição ou um esforço mais amplo (dois rios ou vinte rios), mas a pergunta era sobre quanto você pagaria para que todo o trabalho fosse feito se, de algum modo, apenas seu pagamento já tornasse isso possível.
7. Baron e Greene (1996).
8. Gilovich, Griffin et al. (2002); Kahneman (2011).
9. Thomson (1985). Os primeiros ensaios sobre o problema do bonde foram escritos por Philippa Foot (1967) e Thomson (1976). Isso deu origem a uma ampla literatura sobre ética. Ver Fischer e Ravizza (1992); Unger (1996); e Kamm (1998, 2001, 2006).
10. Thomson (1985); Petrinovich, O'Neill et al. (1993); Mikhail (2000, 2011); Greene, Somerville et al. (2001).
11. Kant (1785/2002). Essa é a segunda das quatro formulações do imperativo categórico descritas em *Fundamentação*.
12. O'Neill e Petrinovich (1998); Hauser, Cushman et al. (2007).
13. Ver Damásio (1994) e Macmillan (2002).
14. Saver e Damásio (1991); Bechara, Damásio et al. (1994).
15. Damásio (1994), 45.
16. Miller e Cohen (2001).
17. Stroop (1935).
18. Miller e Cohen (2001).
19. A fMRI usa um scanner de ressonância magnética do tipo usado rotineiramente nos hospitais modernos. Para a maioria dos objetivos clínicos, a ressonância cria uma imagem estática tridimensional do corpo, uma "varredura estrutural".

A fMRI faz "filmes" do cérebro em ação. Os filmes possuem uma resolução espacial modesta, composta por "voxels" (pixels volumétricos) de 2 a 5 milímetros. A resolução temporal é muito baixa, com uma imagem (um "quadro" do filme) obtida a cada 1 a 3 segundos. As imagens produzidas pela fMRI parecem manchas desfocadas, que são tipicamente sobrepostas a uma varredura estrutural de resolução mais alta, permitindo ver a posição das manchas no cérebro. As manchas não são o resultado direto de "olhar" para o cérebro. São o produto de um processamento estatístico. O que a mancha em uma região do cérebro tipicamente significa é que há, em média, mais "atividade" naquela região quando alguém realiza uma tarefa (por exemplo, olhar para rostos humanos) que outra (por exemplo, olhar para rostos de animais). A "atividade" em questão é a atividade elétrica dos neurônios no cérebro, mas ela não é mensurada diretamente. É mensurada indiretamente, medindo-se as mudanças no fluxo de sangue oxigenado. Para mais informações, ver Huettel, Song et al. (2004).

20. Greene, Somerville et al. (2001). Muitas outras regiões do cérebro exibiram efeitos nesse contraste, incluindo a maior parte do que agora é chamada de "rede padrão" (Gusnard, Raichle et al., 2001). Muitas dessas regiões parecem estar envolvidas não nas respostas emocionais em si, mas na representação de realidades não presentes (Buckner, Andrews-Hanna et al., 2008).
21. Greene, Nystrom et al. (2004).
22. Greene, Cushman et al. (2009).
23. Não sei quem usou esse exemplo pela primeira vez.
24. Alguns filósofos suscitaram dúvidas sobre as evidências da teoria de processo dual (McGuire, Langdon et al., 2009; Kahane e Shackel, 2010; Kahane, Wiech et al., 2012; Berker, 2009; Kamm, 2009). Para as respostas, ver Greene (2009, 2014) e Paxton, Bruni e Greene (2014). Para mais detalhes sobre Berker, ver as notas (Greene, 2010) reunidas para uma conferência na Universidade Estadual do Arizona, disponíveis em minha página web ou por solicitação.
25. Mendez, Anderson et al. (2005).
26. Koenigs, Young et al. (2007); Ciaramelli, Muciolli et al. (2007).
27. Moretto, Ladavas et al. (2010).
28. Ver também Schaich Borg, Hynes et al. (2006); Conway e Gawronski (2012); Trémolière, Neys et al. (2012).
29. Thomas, Croft et al. (2011).
30. Koenigs, Kruepke et al. (2012). Ver também Glenn, Raine et al. (2009).
31. Koven (2011).

32. Cushman, Gray et al. (2012). Ver também Navarrete, McDonald et al. (2012).
33. Bartels (2008).
34. Valdesolo e DeSteno (2006); Strohminger, Lewis et al. (2011).
35. Adolphs (2003).
36. Glenn, Raine et al. (2009).
37. Shenhav e Greene (2009).
38. Crockett, Clark et al. (2010).
39. Perkins, Leonard et al. (2012).
40. Amit e Greene (2012).
41. Com isso, não quero dizer que pessoas que fazem julgamentos utilitaristas são utilitaristas de carteirinha, subscrevendo toda essa filosofia. Quero dizer apenas que estão aplicando uma regra de decisão imparcial, do tipo custo-benefício.
42. MacDonald, Cohen et al. (2000).
43. Shenhav e Greene (2009, 2010); Sarlo, Lotto et al. (2012).
44. Greene, Morelli et al. (2008). Ver também Trémolière, Neys et al. (2012).
45. Suter e Hertwig (2011).
46. O método segue Pinillos, Smith et al. (2011).
47. Frederick (2005).
48. Paxton, Ungar e Greene (2011). No caso do dilema da passarela, os problemas matemáticos complicados não mudaram o julgamento das pessoas. Em vez disso, descobrimos que pessoas que geralmente são melhores em solucionar problemas matemáticos complicados fazem mais julgamentos utilitaristas em resposta ao caso da passarela. Ver também Hardman (2008). Paxton e eu também usamos o método CRT com o "dilema da mentira social" criado por Kahane, Wiech et al. (2012), um caso no qual se alegava que a resposta não utilitarista era contraintuitiva. Nossos resultados indicaram o oposto, de modo condizente com a teoria original do processo dual. Ver Paxton, Bruni e Greene (2014).
49. Bartels (2008); Moore, Clark et al. (2008).
50. Cushman, Young et al. (2006).
51. Ibid.; Hauser, Cushman et al. (2007).
52. Crockett, Clark et al. (2010); Perkins, Leonard et al. (2010); Marsh, Crowe et al. (2011); De Dreu, Greer et al. (2011).
53. Manuscrito em preparação, baseado em Ransohoff (2011). Para uma revisão das questões bioéticas da perspectiva neurocientífica, ver Gazzaniga (2006).

54. Frequentemente se diz que o juramento de Hipócrates, feito pelos médicos ao entrarem na promissão, ordena que "Primeiro, não faça mal". Todavia, essas palavras não constam do juramento. Ver http://www.nlm.nih.gov/hmd/greek/greek_oath.html.

Capítulo 5: Eficiência, flexibilidade e o cérebro de processo dual

1. Winner (2004).
2. Posner e Snyder (1975); Shiffrin e Schneider (1977); Sloman (1996); Loewenstein (1996); Chaiken e Trope (1999); Metcalfe e Mischel (1999); Lieberman, Gaunt et al. (2002); Stanovich e West (2000); Kahneman (2003, 2011).
3. Kahneman (2011).
4. Griffiths (1997).
5. Tal processamento pode gerar respostas emocionais, mas o processamento visual em si não é emocional.
6. Darwin (1872/2002); Frijda (1987); Plutchik (1980).
7. Susskind, Lee et al. (2008).
8. Lerner, Small et al. (2004).
9. Hume (1739/1978).
10. De modo geral, pacientes com danos no CPFVM como Phineas Gage são decisores muito ruins. Eles podem fornecer razões para escolher uma coisa e não outra, e as razões que forneçam frequentemente parecem boas, mas são fragmentadas. Em vez de se somarem até chegar a uma boa decisão, elas circulam de modo livre e confuso, resultando em comportamento tolo (ver Damásio, 1994). Em um experimento revelador, Lesley Fellows e Martha Farah (2007) demonstraram que pacientes com danos no CPFVM estão mais propensos que outros a exibir preferências "intransitivas" — ou seja, a dizer que preferem A a B, B a C e C a A. Quando se trata de decisões, essa é a marca da irracionalidade. E mais: o CPFDL, a sede do raciocínio abstrato, está profundamente interconectado ao sistema de dopamina, que é responsável por atribuir valor a objetos e ações (Rangel, Camerer et al., 2008; Padoa-Schioppa, 2011). Da perspectiva neural e evolucionária, nossos sistemas de raciocínio não são máquinas lógicas independentes. São apêndices de sistemas mamíferos mais primitivos para selecionar comportamentos recompensadores — próteses cognitivas para mamíferos empreendedores. Em outras palavras, parece que Hume estava certo.
11. Shiv e Fedorikhin (1999).
12. McClure, Laibson et al. (2004).

13. Aqui, as recompensas imediatas não são tão imediatas. Em um estudo posterior, usando comida (McClure, Ericson et al., 2007), elas foram mais imediatas.
14. Nagel (1979).
15. Cohen (2005).
16. Ochsner, Bunge et al. (2002).
17. Cunningham, Johnson et al. (2004).
18. Richeson e Shelton (2003).
19. Bargh e Chartrand (1999).
20. Whalen, Kagan et al. (2004).
21. Bechara, Damásio et al. (1994); Bechara, Damásio et al. (1997); Damásio (1994).
22. Pequenas diferenças na transpiração das palmas das mãos podem ser detectadas passando uma pequena corrente elétrica pela pele, que conduz eletricidade mais efetivamente quando está úmida. Essa técnica é conhecida como medida de "resposta de condutividade da pele" (RCP) ou "resposta galvânica da pele" (RGP).
23. Woodward e Allman (2007).
24. Olsson e Phelps (2004, 2007).

PARTE III: MOEDA COMUM

Capítulo 6: Uma ideia esplêndida

1. E também competição no interior do grupo.
2. Aqui me refiro ao relativismo no senso coloquial. Em filosofia, ele pode ser bem diferente. Ver Harman (1975).
3. Falando de modo geral, para as teorias pragmatistas da verdade as alegações são verdadeiras ou falsas, dependendo dos efeitos práticos de acreditar nelas.
4. Especificamente, estou falando sobre consequencialismo de ações.
5. Driver (2009).
6. Smart e Williams (1973).
7. Mill (1861/1987), capítulo 4, p. 307–314; Bentham (1781/1996), capítulo 1.
8. Mill (1861/1998), p. 281.
9. Ibid., p. 282–283.
10. Fredrickson (2001).
11. Easterlin (1974); Diener, Suh et al. (1999); Diener (2000); Seligman (2002); Kahneman, Diener et al. (2003); Gilbert (2006); Layard (2006); Stevenson e Wolfers (2008); Easterlin, McVey et al. (2010).
12. Ver nota anterior.

13. Clark e Oswald (1994); Winkelmann e Winkelmann (1995); Clark, Georgellis et al. (2003).
14. Aqui, o debate é entre aqueles que dizem que dinheiro adicional para os que já são ricos não compra felicidade adicional (Easterlin, 1974; Easterlin, McVey et al., 2010) e aqueles que dizem que compra alguma, mas não muita (Stevenson e Wolfers, 2008). No melhor dos casos, a felicidade parece aumentar como função logarítmica da renda, significando que ganhar uma nova unidade de felicidade requer dez vezes mais renda do que o necessário para ganhar a última.
15. Ao menos para a felicidade momentânea. Medidas neurais da satisfação geral com a vida apresentam um desafio muito maior.
16. Mill (1861/1998), p. 294.
17. Ibid., p. 294–298; Hare (1981); Bazerman e Greene (2010).
18. Há um sentido no qual utilitaristas estão mais proximamente alinhados aos coletivistas ideológicos que aos individualistas ideológicos. Tanto utilitaristas quanto coletivistas ideológicos visam ao bem maior. A diferença é que coletivistas ideológicos estão comprometidos com um modo de vida coletivista como questão de princípio primário. Em contraste tanto com utilitaristas quanto com coletivistas ideológicos, individualistas ideológicos não visam ao bem maior em si. Se algumas pessoas são tolas e preguiçosas e ficam com menos, isso parece perfeitamente bem para os individualistas, mesmo que o fato de elas ficarem com menos reduza a felicidade agregada. Para eles, o objetivo não é maximizar a felicidade, mas dar às pessoas a felicidade ou infelicidade que merecem. A abordagem utilitarista do comunismo segue o velho adágio "Excelente na teoria, horrível na prática". Os individualistas ideológicos não dizem sequer "excelente na teoria".
19. Ver Sidgwick (1907), p. 401.
20. Na verdade, essa declaração e a declaração precedente não são equivalentes. Poderíamos dizer que todos os valores devem ter impacto sobre nossa experiência para serem valiosos, mas disso não se segue que o valor de um valor é derivado somente de seu impacto sobre nossa experiência. Em outras palavras, o impacto sobre a experiência pode ser necessário para ter valor, mas não é suficiente para determinar o valor de um valor.
21. Sidgwick (1907) chama isso de axioma da justiça.
22. Essa associação foi desafiada por Kahane, Wiech et al. (2012). Eles argumentam que pensar no modo manual favorece julgamentos utilitaristas em alguns casos — como no dilema da passarela —, mas não em geral. Para provar, conduziram um estudo com neuroimagens usando um novo conjunto de dilemas no qual,

segundo eles, o julgamento deontológico (o julgamento não utilitarista que favorece direitos ou deveres e não o bem maior) é menos intuitivo que o utilitarista. Todavia, posteriormente Joe Paxton, Tommaso Bruni e eu realizamos um experimento que lançou sérias dúvidas sobre suas conclusões — conclusões que, para começar, não haviam sido bem suportadas pelas neuroimagens (Paxton, Bruni e Greene, 2014). Usamos algo chamado Teste de Reflexão Cognitiva (Frederick, 2005), que pode tanto mensurar quanto induzir (Pinillos, Smith et al., 2005) o pensamento reflexivo, para testar um de seus novos dilemas. Foi um caso de "mentira social" no qual o bem maior é servido ao se contar uma mentira. Como controle, testamos um de nossos dilemas padrão, similar ao da passarela. Demonstramos que, em ambos os casos, ser mais reflexivo está associado a mais julgamentos utilitaristas. Foi uma vitória espetacular da teoria do processo dual apresentada aqui, porque o experimento empregou um dilema que tanto eu (Greene, 2007) quanto os críticos achamos que funcionaria como contraexemplo.

23. Na verdade, a situação é um pouco mais complicada. Pesquisas atuais sugerem que a amígdala funciona mais como alarme, enquanto o CPFVM é um integrador de sinais emocionais, traduzindo informações motivacionais para uma moeda afetiva comum (Chib, Rangel et al., 2009). Assim, danos no CPFVM podem bloquear a influência das configurações automáticas ao bloquear a rota pela qual elas influenciam as decisões. Regras de decisão aplicadas pelo CPFDL podem influenciar a integração afetiva no CPFVM (Hare, Camerer et al., 2009), mas tais regras também podem ser aplicadas sem o CPFVM. Ver Shenhav e Greene (2009).

24. A regra de ouro é ambígua porque a situação das pessoas é sempre diferente e a regra de ouro não nos diz quais diferenças situacionais justificam diferenças no tratamento. Para quase qualquer disparidade de tratamento pode-se encontrar uma regra formalmente imparcial que a justifica: "Sim, e se você fosse rei e eu camponês, você teria o direito de fazer o que quisesse comigo!" A regra de ouro funciona somente quando há acordo sobre quais características de nossas situações importam moralmente. Em outras palavras, ela não estabelece os termos da cooperação. Simplesmente afirma que o puro egoísmo, como em "Eu fico com mais porque eu sou eu", não é permitido. Quando se trata de solucionar conflitos, isso não é muito útil porque, como explicado no capítulo 3, nenhuma tribo possui motivos puramente egoístas.

Capítulo 7: Em busca da moeda comum

1. Obama (2006) continua: "Isso será difícil para aqueles que acreditam na inerrância da Bíblia, como fazem muitos evangélicos. Mas, em uma democracia pluralista, não temos escolha. A política depende de nossa habilidade de persuadirmos uns aos outros em relação a objetivos comuns baseados em uma realidade comum. Ela envolve compromissos, é a arte do possível. Em um nível fundamental, a religião não permite compromissos. É a arte do impossível. Se Deus falou, então se espera que os seguidores estejam à altura dos decretos divinos, independentemente das consequências. Basear a vida em tais compromissos inflexíveis pode ser sublime, mas basear neles nossa política seria perigoso".
2. Ver Greenberg (27 de fevereiro de 2012). Santorum respondia diretamente às opiniões do presidente Kennedy, que eram similares às de Obama.
3. Dworkin (1978).
4. Kant (1785/2002); Hare (1952); Gewirth (1980); Smith (1994); Korsgaard (1996). Ver também o futuro livro (ainda sem título) de Katarzyna de Lazari-Radek e Peter Singer, no qual, inspirados por Henry Sidgwick, eles defendem o utilitarismo como sistema axiomatizável.
5. Espresso Education (s.d.).
6. O que queremos dizer com "funcione"? Como podemos dizer que uma metamoralidade "funciona" sem aplicar algum tipo de padrão avaliativo? E como podemos aplicar tal padrão sem assumir algum tipo de verdade moral ou, no mínimo, uma metamoralidade? Discutiremos esse problema com mais detalhes, mas, por ora, a resposta breve é que a metamoralidade "funciona" se, de modo geral, estivermos satisfeitos com ela. E uma metamoralidade funciona melhor que outra se, de modo geral, estivermos mais satisfeitos com ela. Uma analogia possível é com a lei. Você não precisa acreditar que "Não beberás até os 21 anos" é a verdade moral para estar satisfeito com a lei que estabelece a idade legal para beber em 21 anos. E pessoas diferentes podem ficar satisfeitas com tais leis por razões diferentes. A satisfação geral com um sistema moral não pressupõe concordância com seus princípios morais primários.
7. *Plato's "Euthyphro"*, em Allen e Platon (1970).
8. Craig e Sinnott-Armstrong (2004).
9. A carta está disponível em muitos websites, em muitas formas. Para a reimpressão e discussão de suas origens, ver Snopes.com (7 de novembro de 2012).
10. Obama (2006).
11. Shenhav, Rand e Greene (2012); Gervais e Norenzayan (2012).

12. Algumas religiões são menos tribais que outras. Uma religião decididamente não tribal é a Associação Unitária Universalista.
13. Kant (1785/2002).
14. É claro que algumas pessoas estão cometendo erros racionais, mantendo um conjunto de crenças morais que são internamente inconsistentes. No entanto, o racionalista "linha-dura" acredita que algumas conclusões morais específicas (em oposição às combinações de conclusões) jamais podem ser defendidas racionalmente. Isso exigiria que a moralidade fosse como a matemática, com conclusões substantivas deriváveis de princípios primários autoevidentes. Falaremos mais a respeito.
15. Digo "viável" porque a moralidade não seria como a matemática se os axiomas fossem um enorme conjunto de declarações extensas demais para serem escritas.
16. Por que ninguém encontrou tais axiomas? Que tipo de princípio daria um bom axioma? Dado que axiomas precisam ser autoevidentes, poderíamos esperar que fossem "analíticos", ou seja, verdadeiros em virtude do significado das palavras usadas para expressá-los. (A validade da distinção analítico/sintético foi questionada por Quine [1951], mas parece muito difícil prosseguir sem ela [Grice e Strawson, 1956].)

    Por exemplo, a declaração "Todos os solteiros não são casados" é analítica. Você pode dizer que declarações analíticas são "verdadeiras por definição", com a advertência de que a verdade de algumas delas pode não ser óbvia, especialmente se forem longas e complicadas. Também é possível ter verdades autoevidentes que não são analíticas — por exemplo, o axioma de Euclides declarando que é possível conectar quaisquer dois pontos com uma linha reta. Isso é obviamente verdade, mas não há nada na definição de "ponto" e "dois" de que se possa derivar essa verdade. Dito de outro modo, o conceito PONTO não contém o conceito RETA (ou o conceito LINHA) da maneira como o conceito SOLTEIRO contém o conceito NÃO SER CASADO. Assim, usando Euclides como modelo, podemos esperar encontrar axiomas morais autoevidentemente verdadeiros, mas não verdadeiros por definição. Ou podemos esperar encontrar axiomas verdadeiros por definição. Se estamos procurando axiomas morais, essas são nossas opções.

    O filósofo do início do século XX G. E. Moore (1903/1993) defendeu um argumento, conhecido como argumento da questão em aberto, que fornece um teste para os aspirantes a axioma moral. Podemos começar pensando no argumento da questão em aberto como um teste de autoevidência, embora Moore não tenha pensado nele dessa maneira. (Moore achava que as hipóteses que falhavam no teste não podiam ser verdadeiras, mas ignorou a possibilidade de poderem ser verdadeiras, e não autoevidentes ou obviamente verdadeiras.) Um teste de autoevidência é do que precisamos se tentamos modelar a moralidade pela matemática, porque, repetindo, axiomas morais precisam ser autoevidentes.

O teste de Moore funciona da seguinte maneira. Pegue um princípio moral cujo objetivo seja dizer quais coisas são erradas, boas, más etc. Por exemplo, um princípio utilitarista como este:

Correto é aquilo que maximiza a felicidade geral.

Se você possui inclinações utilitaristas, pode pensar que esse princípio é não apenas verdadeiro, mas também autoevidente. A você, Moore apresenta o seguinte desafio: suponha que sabemos que certa ação maximizará a felicidade geral. Não permanece uma questão em aberto se essa ação é correta? Se a resposta for sim, então não pode ser autoevidente que aquilo que maximiza a felicidade é correto. Nesse caso, você pode sentir a pressão do argumento da questão em aberto ao considerar contraexemplos. Veja o caso de empurrar o homem da passarela para salvar cinco vidas. Aceitamos que essa ação maximizará a felicidade geral. Mas aceitamos que é correta? É claro que não. A questão moral permanece em aberto por agora, independentemente do que possamos concluir no fim.

Vamos tentar um princípio ainda mais abstrato. Esse foi emprestado de Michael Smith (1994) e certas liberdades foram tomadas com ele:

Correto é aquilo que escolheríamos se estivéssemos totalmente informados e fôssemos totalmente racionais.

Esse princípio pode parecer autoevidentemente verdadeiro, mas será que é? Suponha uma ação favorecida por alguém totalmente informado e totalmente racional. Não permanece uma questão em aberto se essa ação é correta?

Pense, por exemplo, nos clássicos gênios do mal, como Hannibal Lecter. Talvez seja verdade que um malvado como Lecter, que mata e come pessoas inocentes, comete algum tipo de erro lógico ou ignora fatos não morais. Talvez, mas talvez não. O ponto é que não é autoevidente que seja assim. Shaun Nichols demonstrou que muitas pessoas comuns acreditam que psicopatas sabem diferenciar entre certo e errado, mas simplesmente não ligam, de modo condizente com a ideia de que é possível ser moralmente deficiente sem ser irracional ou não moralmente ignorante (Nichols, 2002). Mesmo que estejamos totalmente informados e sejamos totalmente racionais, ainda é uma questão em aberto se nos tornamos moralmente perfeitos por causa disso. E isso significa que o princípio mencionado não pode ser autoevidente. Ele pode parecer autoevidente (ao menos para alguns de nós) porque achamos que ser racional e estar informado só pode ser benéfico. Porém, isso é muito diferente de dizer que total racionalidade e total informação são, autoevidentemente, tudo de que alguém precisa para obter perfeito julgamento e motivação moral. Podemos estar totalmente informados e sermos totalmente racionais e mesmo assim cometer erros morais. De qualquer modo, não é autoevidente que o que acabei de dizer é falso. E isso significa que o princípio citado não pode ser um axioma moral porque, mesmo que seja verdadeiro, não é autoevidentemente verdadeiro.

Além disso, mesmo que aceitássemos esse tipo de princípio extremamente abstrato como axioma, ele não nos daria uma moeda comum. Não nos diria como escolher entre valores conflitantes. Simplesmente diria que as escolhas corretas são as que faríamos se estivéssemos totalmente informados e fôssemos totalmente racionais, o que não ajuda muito.

Moore achava que, para qualquer princípio moral, a questão que ele tenta responder sempre permaneceria em aberto. Para ver por que, precisamos pensar no que é um princípio moral. Para Moore, um princípio moral é aquele que conecta uma "propriedade natural" a uma "propriedade moral". Tome como exemplo o princípio "mentir é errado". Uma ação ser um exemplo de contar uma mentira é uma "propriedade natural". Uma ação ser errada é uma "propriedade moral". E o que o princípio "mentir é errado" significa, falando em termos de propriedade, é isto: se uma ação possui a propriedade natural de ser um exemplo de mentir, então ela possui a propriedade moral de estar errada. O que o argumento da questão em aberto de Moore sugere é que atribuir propriedades naturais às coisas jamais nos levará às propriedades morais, ao menos não de maneira autoevidente. (A terminologia de Moore implica que as propriedades morais devem ser "não naturais", mas essa não é parte essencial de seu argumento. Em vez de falar de propriedades "naturais", podemos falar de propriedades aparentemente factuais que podem ser atribuídas sem controvérsia; "os fatos do caso", como dizem os advogados.)

Suponha que Joe tenha mentido à polícia para proteger seu amigo. Discordamos sobre se isso é correto ou não. Mas é um "fato do caso", não controverso, que Joe mentiu. Desse fato, somos forçados a concluir que Joe agiu errado? Não, diz Moore. É uma "questão em aberto". Moore argumenta que todos os princípios morais substantivos — e não apenas "mentir é errado" — têm a mesma limitação. A razão é que todos os princípios morais substantivos devem cobrir a distância ser-dever ser, com as "propriedades naturais" (os fatos não controversos do caso) de um lado e as "propriedades morais" do outro. Os fatos do caso são sempre sobre "ser" — como o fato de que Joe mentiu. Conclusões morais, em contraste, são sempre sobre "dever ser", como o fato de que Joe não deveria ter mentido. Pode ser verdade que mentir é errado, mas o ponto aqui é que esse princípio moral não pode ser autoevidentemente verdadeiro. Por quê? Porque, mesmo que concordemos que Joe mentiu (um fato sobre "ser"), ainda é uma questão em aberto se o ato de mentir foi errado (um fato sobre "dever ser").

"Mentir é errado" não é autoevidentemente verdadeiro, mas esse é apenas um candidato. Talvez haja outros princípios morais familiares que sejam autoevidentemente verdadeiros. Podemos começar com um princípio relacionado a algo que parece óbvia e incondicionalmente errado. Que tal "torturar gatinhos é errado"? Não é autoevidente que torturar gatinhos é errado? Bem... e se a única maneira de salvar 1 milhão de pessoas fosse torturar um gatinho? Seria errado? E é autoevidente que seria errado? Talvez precisemos de um pequeno ajuste: "torturar gatinhos é errado, a menos que você tenha uma razão realmente boa". Mas o que é uma "razão realmente boa"? Uma que seja boa o suficiente para justificar torturar um gatinho? Se sim, então temos, em vez de um princípio moral substantivo, uma tautologia vazia: "torturar gatinhos é errado a menos que haja uma razão boa o suficiente para justificar a tortura de gatinhos." Poderíamos tentar ser mais específicos. Mas quanto bem o ato de torturar um gatinho deve produzir? E como essa quantidade de bem deve variar em relação à quantidade de tortura? As respostas a essas perguntas são autoevidentemente corretas? Talvez, com ajustes suficientes, possamos conseguir uma declaração moral sobre torturar gatinhos (ou qualquer outra coisa) que passe pelo teste da questão em aberto. Porém, terminaremos não com um axioma moral, um princípio fundacional do qual verdades morais mais específicas podem ser derivadas, e sim com uma declaração muito específica e altamente qualificada sobre a ética de torturar gatinhos (ou qualquer outra coisa).

Estivemos falando sobre o argumento da questão em aberto como teste de autoevidência, e autoevidência é do que precisamos em nossos axiomas. Mas, estritamente falando, uma declaração pode ser autoevidentemente verdadeira mesmo que o fato de ser verdadeira permaneça uma "questão em aberto". Como? Considere esta declaração: todos os solteiros não não não não não não não não não não não são casados. A menos que você conte os nãos, a verdade dessa sentença, para você, é uma questão em aberto. Ocorre que essa sentença é verdadeira e autoevidentemente verdadeira, significando que você não precisa de qualquer evidência para além do que está nela para verificar que é verdadeira. Assim, estritamente falando, uma declaração pode ser autoevidente mesmo sendo uma questão em aberto. E, portanto, o argumento da questão em aberto não é, estritamente falando, um teste de autoevidência. É um teste para algo como "obviedade". Isso deixa em aberto a possibilidade de haver axiomas morais úteis que são autoevidentemente verdadeiros, mas não obviamente verdadeiros. Como seria tal princípio? Ao contrário da sentença "não não", tal princípio não seria redutível a algo mais simples. De outro modo, a versão mais simples poderia ser usada como axioma. Então, tal princípio teria de ser uma declaração moral irredutivelmente complexa que pudesse ser vista como verdadeira sem qualquer outra evidência ou argumento, mas cuja verdade não seria óbvia, devido a sua complexidade. E, dessa declaração (juntamente com outras como ela, talvez) e desses fatos não morais, seríamos capazes de derivar respostas para questões morais controversas. Não posso provar que axiomas morais desse tipo não existem, mas é justo dizer que não devemos contar com sua presença no curto prazo.

Em resumo, a perspectiva de modelar a moralidade pela matemática não parece boa. Para conseguir, precisaríamos de axiomas que fossem tanto autoevidentes quanto úteis, mas não parece haver nenhum assim por perto. Para ser útil, os princípios morais devem permitir que conectemos o "ser" com o "dever ser", retirando-nos dos "fatos do caso" e levando-nos para respostas morais específicas. E princípios que são poderosos o bastante para fazer isso não parecem ser autoevidentes, por mais plausíveis que sejam. Não posso provar que a moralidade jamais será axiomatizada e, portanto, parecida com a matemática. Mas é melhor não criarmos expectativas.

P. S. Katarzyna de Lazari-Radek e Peter Singer argumentaram (em um manuscrito não publicado ainda sem título) que o utilitarismo repousa sobre um conjunto de axiomas autoevidentes. Seu argumento, inspirado em Henry Sidgwick (1907), é, em minha opinião, o mais convincente de seu gênero. Mas, no fim, não posso concordar, pelas razões sugeridas na discussão precedente.

17. Mais uma vez, não estou assumindo um relato de seleção de parentesco da evolução moral. Aqui, um "grupo" pode ser constituído de duas pessoas, uma tribo de milhares e qualquer coisa entre os dois.
18. Joyce (2011).
19. Casebeer (2003). Ver também Ruse e Wilson (1986) e a refutação de Kitcher (1994). Suponha que o que evoluiu biologicamente tenha sido não a moralidade,

mas uma capacidade geral de adquirir práticas culturais. E suponha que a moralidade tenha evoluído de modo puramente cultural, significando que é um conjunto de "memes" (variações culturais) que se disseminou porque superou outros memes na luta pela existência nos cérebros humanos. O mesmo argumento ainda se aplica. A função última da moralidade seria a de fazer mais cópias de si mesma no cérebro de outros seres humanos, e não mais cópias de seus genes associados. As tendências morais podem se disseminar simplesmente porque são boas em "infectar" cérebros, do mesmo modo que músicas que pegam e teorias da conspiração. Ou podem sobreviver porque ajudam seus hospedeiros a sobreviver. Mais especificamente, memes morais podem sobreviver porque ajudam seus hospedeiros a superar a competição. Porém, qualquer que seja o caso, e faça ou não a moralidade algum bem pelo caminho, o objetivo final da evolução cultural é disseminar memes culturais, assim como o objetivo final da evolução biológica é disseminar genes.
20. Hume (1739/1978).
21. De acordo com G. E. Moore (1903/1993), que cunhou o termo, falácia naturalista é inferir que uma entidade é boa a partir de fatos sobre suas propriedades "naturais" — por exemplo, inferir que chocolate é bom porque é gostoso.
22. O termo "darwinismo social" é usado primariamente de modo pejorativo. Ele é atribuído com frequência, de modo bastante injusto, a Herbert Spencer. Se o darwinismo social existiu como ideologia, foi nas mentes de capitalistas de elite que viram em Darwin a confirmação de suas crenças morais e políticas preexistentes. Ver Wright (1994).
23. Greene (2002).
24. Obrigado a Walter Sinnott-Armstrong, Peter Singer e Simon Keller por insistirem comigo nesse ponto.
25. Eis o dilema: de um lado, parece que algumas visões morais são claramente melhores que outras. Se uma posição moral é internamente inconsistente ou se seu apelo depende de falsas hipóteses, então essa visão é, em certo sentido, objetivamente inferior a outras que não sofrem de tais problemas. Mas, se acreditamos em "objetivamente melhor" e "objetivamente pior", por que não acreditar em "objetivamente certo"? Por que não dizer que a verdade moral é o que quer que nossas crenças morais se tornem após serem tão objetivamente melhoradas quanto possível?

Do outro lado, você pode achar que a verdade moral requer mais que concordância pós-melhoria (ver Mackie, 1977; Horgan e Timmons, 1992; e Joyce,

2001, 2006). Se aquilo no que você acredita é de fato verdadeiro, então deveria ser impossível alguém discordar de você sem cometer algum tipo de erro objetivo. Suponha que um psicopata bem-informado e perfeitamente racional — cujo raciocínio atende a nossos padrões de "totalmente melhorado" — discorde de nós sobre, digamos, ser errado torturar gatinhos. Há duas possibilidades. Primeira, podemos negar que tal pessoa possa existir. Se seu raciocínio foi total e objetivamente melhorado, então ele deve concordar que torturar gatinhos é errado. Mas em que bases podemos dizer isso? Esse é o tipo de coisa que poderíamos dizer apenas se tivéssemos acesso direto à verdade moral, o que aparentemente não temos. Nossa outra opção é aceitar que um psicopata com raciocínio moral totalmente melhorado (conhece todos os fatos, não apresenta inconsistências internas, etc.) pode existir. Isso significa que alguém pode rejeitar a verdade moral sem cometer um erro (em qualquer sentido de não ser uma petição de princípio). Mas isso não soa verdadeiro. É como dizer: "É verdade que o Sol é maior que a Terra, mas, se você acha que não, não está necessariamente errado." Heim?

Então existe verdade moral? Em minha dissertação (Greene, 2002), argumentei que não, pelas razões fornecidas no parágrafo anterior. Mas agora acho que o que mais importa, para objetivos práticos, é a possibilidade de melhoria objetiva, não a possiblidade de correção objetiva. E isso me inclina a dizer que, para objetivos práticos, pode haver algo muito parecido com verdade moral (Blackburn, 1993) que seja mais ou menos uma verdade moral, se não a Verdade Moral. Mas, de verdade, acho que essa é a questão errada na qual focar, e é por isso que prestei relativamente pouca atenção a ela neste livro. O que importa é o que fazer com o pântano, não se chamamos ou não o produto final de "verdade moral".

26. Em seu nível mais elevado, é a chave. Quase ninguém acha que devemos ser completamente imparciais em um sentido cotidiano, nos importando mais com estranhos que com nós mesmos ou com aqueles que amamos. Mas, ao mesmo tempo, todos reconhecemos que, de uma perspectiva moral, devemos todos estar sujeitos às mesmas regras, mesmo que ocupemos posições diferentes no sistema estabelecido por essas regras. Se posso favorecer aqueles que amo em detrimento de estranhos, você também pode, desde que nossas posições sejam simétricas. E, se posso favorecer os meus mais do que você pode favorecer os seus, é porque ocupamos posições objetivamente diferentes (por exemplo, o presidente de um clube privado *versus* um juiz federal). Em resumo, podemos

ser parciais em um nível baixo, mas as regras que definem onde e quando a parcialidade é aceitável devem ser aplicadas com imparcialidade.
27. Ver a nota "Chamamos o que sobra de 'verdade moral'?"

Capítulo 8: Moeda comum encontrada

1. O episódio (Medak, 1986), escrito por Richard Matheson, foi baseado em um conto de sua autoria e serviu como base para o filme *A caixa*.
2. Estamos assumindo que não há nenhuma vantagem oculta. Quebrar a patela não vai melhorar seu caráter. Você não vai conhecer o amor de sua vida no hospital. Aqui, quebrar a patela é apenas uma redução não mitigada de sua felicidade que pode ser evitada ao apertar de um botão.
3. No mínimo, espero que ao menos alguns membros de todas as tribos sigam a lógica utilitarista *no interior da tribo*. Pode haver tribos tão tribais que seus membros sejam essencialmente psicopáticos no nível intertribal. Mas, como mencionado, se é assim que são, então simplesmente não fazem parte do "nós" desta conversa. Ao menos ainda não. Como dito no capítulo 3, a gentileza em relação a estranhos parece ser apoiada, se não criada, pelas modernas sociedades de mercado (Henrich, Ensminger et al., 2010). Ao testar essa hipótese, os métodos terão de ser adaptados às populações sendo testadas.
4. Você pode discordar. Pode observar que compromissos "se todo o restante for igual" custam 1 centavo a dúzia. Todos nos opomos às mentiras, se todo o restante for igual. Todos somos a favor de deixar as pessoas gastarem seu dinheiro como quiserem, se todo o restante for igual. E assim por diante. Em outras palavras, muitos valores, talvez a maioria deles, são partilhados em certa extensão, e algo que todos valorizamos em certa extensão é algo com o que estamos comprometidos "se todo o restante for igual". Os conflitos surgem primariamente porque as pessoas priorizam valores diferentes de maneiras diferentes. Assim, não há nada especial sobre nosso compromisso "se todo o restante for igual" de maximizar a felicidade. Temos compromissos "se todo o restante for igual" com muitos, muitos valores. O problema é que todo o restante nunca é igual.

    É verdade que compromissos morais "se todo o restante for igual" são fáceis de encontrar. Mesmo assim, nosso compromisso "se todo o restante for igual" de maximizar a felicidade é especial. "Não mentir" não é um sistema moral. Tampouco "gaste seu dinheiro como quiser", e assim por diante. Em contraste, "maximize a felicidade" é um sistema moral. Por que é um sistema?

Porque o compromisso de maximizar a felicidade nos diz como priorizar valores diferentes — em outras palavras, como fazer *compromissos*. Ele dá respostas a perguntas como "quando é permitido mentir?" e "quando a liberdade econômica vai longe demais?" Assim, nosso compromisso "se todo o restante for igual" de maximizar a felicidade não é apenas o compromisso padrão com um entre muitos valores morais. É um compromisso padrão com o que é, ou pode ser transformado em, um sistema completo de valores morais. Isso é profundamente importante.

5. A palavra-chave aqui é *essencialmente*. Entendo que há argumentos abstratos e teóricos contra o utilitarismo. Minha alegação, porém, é que essas teorias são essencialmente motivadas por instintos. Ver o capítulo 11.
6. Russell e Norvig (2010).
7. Dennett (1987).
8. Miller e Cohen (2001).
9. Kahneman (2011).
10. Para o desenvolvimento dessa ideia, ver Gauthier (1987) e Boehm e Boehm (2001) sobre igualitarismo em sociedades de caçadores-coletores.
11. Singer (1981).
12. Aqui, pode não haver razão objetiva para favorecer a si mesmo, mas, apesar de tudo que dissemos, não há razão objetiva para *não* favorecer a si mesmo. Seria possível concluir que, objetivamente falando, todos os envolvidos têm o mesmo direito de serem completamente egoístas.
13. Batson, Duncan et al. (1981); Hoffman (2000); Decety e Jackson (2004); de Waal (2010).
14. Smith (1759/1976), seção III.3.4; Pinker (2011), p. 669–670; e Bloom (2013) defendem o mesmo argumento, também citando Smith.
15. Rawls (1971).
16. Givewell.org (s.d.)
17. Ibid.
18. Singer (1972, 2009); Unger (1996).
19. O utilitarismo tem outras implicações famosamente contraintuitivas. Primeiro, ele falha em distinguir entre experiência natural e artificialmente gerada (Nozick, 1974). Segundo, permite que um número grande o suficiente de indivíduos (por exemplo, coelhos) com experiências minimamente positivas tenha precedência sobre muitas pessoas gozando de boa vida, uma "conclusão repugnante" (Parfit, 1984). Terceiro, também permite que um indivíduo (um "monstro utilitário")

com experiências de altíssima qualidade tenha precedência sobre muitas pessoas gozando de boa vida (Nozick, 1974). Tratei dessas questões em minha monografia de conclusão de curso (Greene, 1997) e Felipe de Brigard (2010) constrói um belo e empiricamente embasado argumento em linhas similares com relação à questão de experiência real *versus* artificial. Não falarei muito dessas questões neste livro porque elas estão, em minha estimativa, menos estreitamente relacionadas às questões do mundo real, uma vez que invocam premissas que nos fazem penetrar profundamente no reino da ficção científica, empurrando a imaginação para além de seus limites emocionais, se não conceituais. Para uma discussão adicional sobre o monstro utilitário e a conclusão repugnante, ver a nota "versão 'em princípio' dessa objeção".

20. Para uma discussão geral sobre a tensão entre pensamento abstrato e concreto, ver Sinnott-Armstrong (2008).
21. Para uma excelente discussão sobre a alergia a perguntas hipotéticas, ver Kinsley (2003).
22. Dois livros recentes e populares — *The Moral Landscape,* de Sam Harris (2010), e *The Righteous Mind,* de Jonathan Haidt (2012) — discutem avanços recentes no campo da psicologia/neurociência moral e terminam favorecendo uma versão do utilitarismo, como faço neste livro. Haidt não tenta defender o utilitarismo contra as objeções mencionadas. Harris explica por que os princípios fundacionais do utilitarismo são razoáveis, como faço na parte 3 e como Bentham e Mill fizeram há tanto tempo. No entanto, Harris dá pouca atenção às muitas e convincentes objeções mencionadas aqui. Ele tenta demonstrar que a ciência pode "determinar valores humanos", mas não acho que consiga, ao menos não no sentido que tem sido controverso entre os filósofos morais. Ele afirma que, a partir da hipótese de valores utilitaristas (que não é nem apoiada nem minada pela ciência), a ciência pode determinar outros valores. Em outras palavras, a ciência pode nos ajudar a descobrir o que torna as pessoas felizes. Sinto simpatia por suas conclusões práticas, mas, em minha opinião, ele ignorou, em vez de resolver, o problema que queria abordar. Muitos ofereceram avaliações similares de seu livro e ele respondeu. Ver Harris (29 de janeiro de 2011). Na parte 4, tento fornecer ao utilitarismo uma defesa mais detalhada (embora inevitavelmente incompleta), apoiando-me na nova ciência da cognição moral.

PARTE IV: CONVICÇÕES MORAIS

Capítulo 9: Atos alarmantes

1. Meu uso desses termos vem de Brink (2014). Ver também Bazerman e Greene (2010) sobre acomodação utilitarista.
2. Isso ainda nos deixa com o problema de endossar tais ações em princípio, um problema que levo a sério. Falaremos sobre isso mais tarde.
3. Mill (1895).
4. Esses argumentos se parecem com e desenvolvem os apresentados previamente por Jonathan Baron (1994), Cass Sunstein (2005), Peter Singer (2005), Walter Sinnott-Armstrong (2004) e Stephen Stich (2006), entre outros. Ver também Greene (1997, 2002, 2007, 2014).
5. Baldus, Woodworth et al. (1998); Eberhardt, Davies et al. (2006). Ver também US General Accounting Office (1990).
6. Nesses estudos (Greene, Cushman et al., 2009), apresentamos aos participantes versões variadas de três perguntas. No mundo real, quais são as probabilidades de a tentativa de salvar cinco vidas sair como planejado? Quais são as probabilidades de o resultado ser pior que o planejado? Quais são as probabilidades de ser melhor? Então usamos as respostas para controlar estatisticamente suas expectativas. Em outras palavras, nos perguntamos se poderíamos prever os julgamentos dos participantes simplesmente por conhecer suas expectativas em relação ao mundo real. Descobrimos que poderíamos, um pouco, mas não muito. Parece que quando as pessoas dizem não a trocar uma vida por cinco, nesses casos, não é por causa de suas expectativas em relação ao mundo real. É primariamente por causa das características dos dilemas descritos.
7. Greene, Cushman et al. (2009). O significado de "pessoal" que emerge desses estudos mais recentes é diferente do significado proposto anteriormente (Greene, Sommerville et al., 2001).
8. Ver também Cushman, Young et al. (2006); Moore, Clark et al. (2008); e Royzman e Baron (2002).
9. É claro que, em certo sentido, isso também envolve toque: tocar com uma vara.
10. Greene, Cushman et al. (2009).
11. Ou seja, o utilitarismo pode acomodar o fato — assumo que se trata de um fato — de que a disposição para se engajar em ações utilitaristas pessoalmente danosas provavelmente indica uma disposição antissocial mais generalizada de prejudicar pessoas. Ver Bartels e Pizarro (2011) sobre maquiavelismo utilitarista.

Conway e Gawronski (2012), todavia, mostram que os maquiavélicos não são realmente utilitaristas, mas sim não deontológicos.
12. McMahan (2009).
13. American Medical Association (1991)
14. Greene, Cushman et al. (2009).
15. Thomson (1985).
16. Se você está pensando que isso daria mais tempo aos cinco trabalhadores, podemos esticar o trilho principal na outra direção.
17. Esse resultado é condizente com a intuição de Thomson (1985) e com Waldmann e Dieterich (2007), mas não com Hauser, Cushman et al. (2007). Ver Greene, Cushman et al. (2009) para uma explicação.
18. Kamm (2000).
19. No momento em que escrevo, esses dados ainda não foram publicados. Esse experimento foi conduzido ao mesmo tempo que os relatados em Greene, Cushman et al. (2009), usando métodos idênticos. Os materiais e dados dos testes estão disponíveis por solicitação.
20. Se realmente está prestando atenção, você notou que há uma falha nesse padrão. O caso do alarme de colisão recebe 86% de aprovação e o caso remoto da passarela recebe 63% de aprovação. E, no entanto, são ambos casos sem uso de força pessoal. Por que a diferença? Parece que há outro fator que interage com a distinção meio/efeito secundário: se a vítima é ou não derrubada da passarela. Quando apresentamos uma versão do caso do alarme de colisão com queda da passarela, as taxas de aprovação caíram para aproximadamente o mesmo nível do caso remoto da passarela. Porém, ao apresentarmos uma versão do caso do interruptor com queda da passarela, a queda praticamente não teve efeito. De modo mais geral, parece que múltiplos fatores de força (força dos músculos, força da gravidade) interagem com o fator meio/efeito secundário. De modo ainda mais geral, parece que o efeito do fator meio/efeito secundário não depende inteiramente da presença de força pessoal. Mas depende da presença de alguns outros fatores, como demonstrado nos casos do alarme de colisão e do circuito.
21. Mas não completamente ligada. Ver nota anterior.
22. Cushman, Young et al. (2006); Hauser, Cushman et al. (2007).
23. Cushman e Greene (2011).
24. Essa ideia é similar à ideia anterior de Blair sobre um mecanismo de inibição da violência (Blair, 1995). Cushman (2013) tem um modelo de acordo com o qual a resposta emocional a um dano pessoal intencional é gerada não por um

sistema dedicado de alarme, mas por uma resposta emocional negativa aprendida, inserida em um sistema de aprendizado emocional mais amplo (mais especificamente, um sistema de aprendizado "livre de modelos"). O modelo de Cushman preserva as características críticas do que chamo aqui de módulo míope. Primeiro, a resposta emocional é cega para os efeitos secundários (miopia) e, pelas razões apresentadas, está relacionada à análise dos planos de ação. Segundo, as operações internas desse sistema não estão acessíveis à introspecção. Ou seja, são "informativamente encapsuladas" (modularidade). Mas, se Cushman estiver certo — e suspeito que está —, esse sistema não se dedica especificamente à função que serve aqui. Isso dito, pode-se pensar nessa associação aprendida como um tipo de módulo adquirido.
25. Hobbes (1651/1994).
26. Não está claro se outras espécies podem se engajar nesse tipo de violência premeditada. Chimpanzés participam de grupos de ataque e matam membros de bandos vizinhos, mas não está claro se as mortes são realizadas com um objetivo consciente em mente. Elas podem ser mais como migrações animais — funcionais, complicadas e socialmente coordenadas, mas não executadas conscientemente com um objetivo.
27. DeScioli e Kurzban (2009).
28. Dreber, Rand et al. (2008).
29. Blair (1995).
30. Fodor (1983).
31. Mikhail (2000, 2011); Goldman (1970); e Bratman (1987).
32. Schaich Borg, Hynes et al. (2006); Cushman, Young et al. (2006).
33. Ou seja, a variabilidade *entre dilemas* é determinada pela força das respostas automáticas. Mas, na verdade, as evidências sugerem que grande parte da variabilidade *interna dos dilemas* é determinada por diferenças individuais estabelecidas pelo modo manual. Ver Paxton, Ungar e Greene (2011) e Bartels (2008).
34. Ao mesmo tempo, adicionar um empurrão ao circuito parece ter *alguns* efeitos, o que complica as coisas para a hipótese da miopia modular. Acrescentar um empurrão ao interruptor tem pouco ou nenhum efeito e, idealmente, o mesmo seria verdade para o circuito. Vemos consistência na hipótese da miopia modular quando se trata de acrescentar *quedas* (cair no trilho vindo de uma passarela, por meio de um alçapão). Ou seja, acrescentar uma queda ao interruptor ou ao circuito tem pouco ou nenhum efeito, mas acrescentar uma queda ao alarme de colisão diminui de forma significativa as taxas de aprovação. A pesquisa ainda

está em curso e não tenho certeza sobre o que está acontecendo. O ponto crítico, por ora, é que força pessoal e queda não parecem fornecer uma explicação totalmente adequada para a distância entre passarela e circuito. Por ora, deixo essas ambiguidades não solucionadas de lado porque meu propósito nesta seção é descrever a hipótese da miopia modular como *hipótese*, e não como teoria que tudo explica.

35. Porque é uma parasita da cadeia causal primária. O desvio do bonde para longe das cinco pessoas faz sentido como ação orientada para um objetivo, sem referência à cadeia causal secundária, ou seja, ao que acontece depois que o bonde for desviado. Mas a cadeia causal secundária não pode ocorrer sozinha. Isso porque, para fazer sentido como ação completa, ela precisa se estender até o movimento corporal, que é acionar o interruptor. Mas o acionamento do interruptor só faz sentido com referência à cadeia causal primária, ou seja, ao fato de que, sem o desvio, o bonde continuará no trilho principal e matará as cinco pessoas.
36. Kamm (2000) se refere a esse tipo de estrutura como caso de "triplo efeito", no qual um evento previsível é reconhecido como causalmente necessário para a obtenção do objetivo, mas não é, em um sentido moralmente relevante, intencional.
37. Nichols e Mallon (2006); Paxton, Ungar e Greene (2011).
38. Koechlin, Ody et al. (2003).
39. Howard-Snyder (14 de maio de 2002).
40. Feiman et al. (2011).
41. Esse efeito foi demonstrado primeiramente por Woodward e Somerville (2000).
42. Cushman, Murray et al. (2011).
43. Um estudo anterior forneceu mais evidências ambíguas. Cushman, Young et al. (2006) fizeram com que voluntários avaliassem ações e omissões prejudiciais e então justificassem suas avaliações. Cerca de 80% dos que distinguiram entre ações e omissões em suas avaliações foram capazes de justificar seus julgamentos com um apelo explícito à distinção entre ação e omissão. Todavia, isso significa que cerca de 20% das pessoas fizeram suas avaliações sem saber o que estavam fazendo. É evidente que não estavam aplicando conscientemente o princípio de ação/omissão no modo manual. Não está claro se algumas ou todas as outras 80% fizeram isso ou se ficaram conscientes do princípio ação/omissão após chegar instintivamente a essa distinção. Os dados das imagens cerebrais sugerem a última hipótese.
44. Hauk, Johnsrude et al. (2004).
45. Paheria, Kasam et al. (2009).

46. Há um problema técnico em chamar qualquer um desses danos de "especificamente pretendido". Por exemplo, no caso da passarela, pode-se dizer que o evento especificamente pretendido foi usar o corpo do homem para bloquear o bonde, o que, logicamente, não *requer* nenhum dano a ele. (E se fosse o Superman?) Por essa interpretação, a morte do homem e a dor que sente são apenas *efeitos secundários* contingentes, subprodutos infelizes do ato de usar seu corpo para parar o bonde. Embora essa interpretação seja possível em princípio, claramente não é assim que nosso cérebro representa os eventos. Assim, eis aqui um interessante problema psicológico: a saber, o problema de entender o mecanismo que analisa eventos nesses contextos.
47. Cushman, Young et al. (2006) encontraram efeitos meio *versus* efeito secundário para danos passivos, mas esses provavelmente são casos nos quais a omissão é incomumente proposital, muito especificamente falhando em fazer o que comumente se faria a fim de salvar mais vidas. Assim, pode ser possível, mas incomum, ter omissões como parte de um plano de ação, como em uma receita ("Não tire os bolinhos do forno até estarem dourados"). Também vale notar que o efeito meio/efeito secundário é muito mais débil nos casos de omissão.
48. Talmy (1988); Wolff (2007); Pinker (2007).
49. Isso não significa que ele não possa aprender a responder a outros tipos de violência, como a causada por armas de fogo. É possível que as armas sejam tão familiares que tenhamos incorporado sua força explosiva em nossos esquemas corporais, conceitualizando-a como força que controlamos pessoalmente. O mesmo pode acontecer com a gravidade. Essas são interessantes questões empíricas. Para uma fascinante e, prevejo, muito importante teoria sobre como aprendemos a recuar de certos tipos de dano, recomendo Cushman ("Action, Outcome").
50. A melhor candidata em que consigo pensar é a cirurgia, mas cirurgias *parecem* violentas. Ocorre que cirurgiões aprendem a superar esse sentimento (se não forem psicopáticos) e não os culpamos pelo que fazem, porque sabemos que suas ações são para o bem do paciente.
51. Paxton, Ungar e Greene (2011). Ver também Nichols e Mallon (2006). O número de 70% veio de dados não publicados usando os mesmos métodos de Greene, Cushman et al. (2009).
52. Bartels e Pizarro (2011); Glenn, Raine et al. (2009); Koenigs, Kruepke et al. (2012).
53. Pizarro, D.A. e Tannenbaum, D. (2011).
54. Foot (1967).
55. Ver também Gilbert (2 de julho de 2006).

Capítulo 10: Justiça e equidade

1. Givewell.org (s.d.); Sachs (2006); Singer (2009).
2. www.givewell.org.
3. Diálogo descrito por Simon Keller.
4. Cialdini (2003).
5. Singer (1972). Fiz algumas pequenas modificações ao experimento mental de Singer.
6. Jamieson (1999).
7. Manuscrito em preparação, baseado em Musen (2010). Muito do trabalho feito nesses experimentos foi baseado em experimentos mentais realizados por Peter Singer (1972) e Peter Unger (1996).
8. Nagel e Waldmann (2012) afirmam que a mera distância física não importa e que o fator relevante é a frontalidade informacional. Todavia, meus experimentos com Musen mostram efeitos de mera distância independentemente da frontalidade informacional. De qualquer modo, seria difícil argumentar que a frontalidade informacional em si é um fator normativamente significativo. Em consequência, as conclusões principais a que chegamos aqui são as mesmas, ainda que as conclusões de Nagel e Waldmann estejam corretas.
9. Note que, na Bondolândia, a distância espacial não parece importar muito, mas é importante aqui. Isso provavelmente se deve ao fato de estarmos lidando com uma configuração automática diferente, que responde a danos evitáveis, e não a ações que causam danos. Também poderia ser porque as distâncias nesses dois tipos de caso diferem em ao menos duas ordens de magnitude.
10. Pinker (2011); Henrich, Ensminger et al. (2010).
11. Algumas organizações de auxílio deliberadamente pareiam doadores individuais com receptores individuais a fim de tornar a experiência mais pessoal.
12. Schelling (1968).
13. Small e Loewenstein (2003); *Variety* (1989).
14. Schelling (1968); Small e Loewenstein (2003).
15. Ibid.
16. Kogut e Ritov (2005).
17. Slovic (2007). Nota: minhas recomendações espelham as sugestões específicas de Slovic sobre como podemos mudar nossa abordagem em relação aos necessitados do mundo.
18. Smart e Williams (1973).
19. Ver Sidgwick (1907), p. 434.
20. Ver Sidgwick (1907), p. 221, 428 e 493.

21. A. Marsh, comunicação pessoal, 31 de janeiro de 2013.
22. Buckley (3 de janeiro de 2007).
23. Ver Parfit (1984) sobre erros inculpáveis, p. 32.
24. Bentham (1830).
25. Kant (1785/2002).
26. Citado em Falk (1990), p. 137.
27. Mariner (2001); Gaes e Goldberg (2004).
28. Você pode objetar dizendo que a comparação não é justa, porque o estupro prisional como ocorre hoje é um evento arbitrário, ao passo que o estupro sancionado pelo Estado seria fato consumado. Muito bem. Podemos usar uma roleta para introduzir um elemento de arbitrariedade em nossa política oficial de estupro estatal. Melhorou?
29. Tonry (2004).
30. Digo "quase" utilitarista porque nosso senso de justiça não foi necessariamente projetado para nos deixar mais felizes. O "nós" que se beneficia da punição não inclui necessariamente todo mundo e nosso senso de justiça não necessariamente dá o mesmo peso ao bem-estar de todos. Mesmo assim, de modo geral, a existência de punição é uma coisa boa, pelos padrões utilitaristas ou qualquer outro padrão razoável.
31. Carlsmith, Darley et al. (2002).
32. Baron e Ritov (1993); Carlsmith, Darley et al. (2002); Kahneman, Schkade et al. (1998).
33. Carlsmith, Darley et al. (2002).
34. Small e Loewenstein (2005).
35. Nichols e Knobe (2007).
36. Ver também Sinnott-Armstrong (2008).
37. Rawls (1971), p. 158–161.
38. A situação mais típica, historicamente, é que um dono possua muitos escravos. Isso só torna mais difícil para a escravidão maximizar a felicidade. Podemos imaginar, todavia, o caminho oposto, com um arranjo de "tempo partilhado" no qual, digamos, cinco pessoas possuam coletivamente um escravo. Isso, porém, não muda a matemática fundamental. Isso significaria que cada dono receberia uma renda adicional de 10 mil dólares por ano. Você estaria disposto a passar um quinto de sua vida como escravo para receber 10 mil dólares a mais?
39. Easterlin (1974); Layard (2006); Stevenson e Wolfers (2008); Easterlin, McVey et al. (2010). Como mencionado (ver capítulo 6, nota "ganhar um pouco menos

de dinheiro"), o debate é sobre se renda adicional para os já abastados acrescenta nada ou relativamente pouco a sua felicidade.
40. Rawls (1971, p. 158–161) sugere que é, mas ele escreveu antes do início das pesquisas sobre felicidade.
41. Nozick (1974).
42. Ainda não está convencido? Façamos mais um esforço para pensar em exemplos realistas de opressão maximizadora da utilidade. E quanto ao caso do transplante (Thomson, 1985)? E se um único corpo saudável pudesse fornecer órgãos salvadores de vidas para vinte pessoas? Um utilitarista nos permitiria sequestrar e matar aleatoriamente para recolher órgãos, assumindo que isso maximizaria a felicidade? Não, porque está claro que há alternativas melhores. Antes de recorrer ao sequestro, que causaria pânico e pesar disseminados, poderíamos criar um mercado legal para órgãos. Você pode ou não achar que essa é uma boa ideia, mas ela não é gravemente injusta, como a escravidão. Pessoas razoáveis podem discordar sobre se deveria haver um mercado bem-regulamentado para órgãos humanos.

E quanto ao tipo de opressão na qual oprimir uma pessoa pode beneficiar milhares de outras? E quanto às multidões que comemoram enquanto leões arrancam as entranhas de infelizes gladiadores? Ou pessoas que gostam de pornografia infantil? Se houver um número suficiente de observadores risonhos, o sofrimento pode ser justificado? Somente se você acha que há ganho líquido quando pessoas sentem alegria na exploração e no sofrimento de outras. Podemos imaginar um mundo hipotético no qual sentir alegria com o sofrimento de pessoas inocentes não possua efeitos detrimentais, mas esse não é o mundo real.
43. Greene e Baron (2001).
44. Rawls (1971, p. 158–161, 167–168) está consciente do argumento de que as pessoas obtêm retornos marginais decrescentes de utilidade das mercadorias e que, em consequência, as políticas utilitárias tenderão a favorecer resultados igualitários. No entanto, ignora esse argumento por não fornecer suficientes garantias morais. Ao fazer isso, assume duas coisas. Primeira, que mesmo que o utilitarismo seja em geral igualitário, às vezes favorecerá a desigualdade social. Segunda, que às vezes a desigualdade que o utilitarismo favorece será moralmente repugnante, como a escravidão. Rawls está certo sobre a primeira hipótese (ver notas anteriores), mas a usa como licença para a segunda, que é altamente duvidosa, ao menos no mundo real. Rawls acha que a segunda hipótese também

é razoável, mas afirmo que pensa assim porque está cometendo o mesmo erro que todo mundo: confundindo utilidade com riqueza.

45. O erro de Rawls é mais consumado quando ele argumenta (Rawls, 1999, p. 144) que as pessoas *deveriam* ser avessas ao risco no que diz respeito à utilidade, implicando que algumas utilidades valem mais (isto é, têm mais utilidade) que outras.

46. Suponha que realmente seja possível maximizar a felicidade oprimindo algumas pessoas. Ainda não seria errado? E não mostra que há algo podre no cerne do utilitarismo? Aqui, o exemplo clássico é o monstro utilitário de Nozick (1974), que já mencionei. O monstro utilitário ganha quantidades enormes de felicidade ao comer pessoas. Mas parece que seria errado dar pessoas inocentes para o monstro utilitário comer, mesmo que fazer isso hipoteticamente maximizasse a felicidade. Outro caso famoso vem de Derek Parfit (1984), que imagina a escolha entre dois mundos: um no qual muitas e muitas pessoas são muito felizes e outro no qual muitas, muitas e muitas pessoas levam vidas que "mal valem a pena". A "conclusão repugnante" que se segue do utilitarismo é a seguinte: não importa quão bom seja um mundo, sempre haverá um melhor, formado de muitos e muitos indivíduos cujas vidas são minimamente boas. Para reforçar o argumento, é possível substituir pessoas por animais, desde que concordemos que a experiência animal vale alguma coisa. Pode-se imaginar um imenso depósito cheio de trilhões de coelhos cujos cérebros estão ligados a estimuladores que intermitentemente produzem níveis brandos de gratificação. O que cada coelho recebe não é grande coisa, mas há *tantos coelhos*. Assim, os revolucionários utilitaristas poderiam, em princípio, justificar a destruição do mundo a fim de realizar seu sonho de construir uma enorme fábrica gratificadora de coelhos. Essa perspectiva parece injusta para a maioria das pessoas. (É claro que ninguém se preocupou em perguntar aos coelhos!)

Tenho duas respostas para essas objeções "em princípio". Primeira: repito que não estou afirmando que o utilitarismo é uma verdade moral. Nem afirmo que captura e equilibra perfeitamente todos os valores humanos. Afirmo apenas que fornece uma boa moeda comum para resolver discordâncias morais do mundo real. Se os monstros utilitários e os coelhos algum dia chegarem exigindo a parte utilitarista que lhes é devida, podemos ter de modificar nossos princípios. Ou talvez eles tenham um bom argumento, embora um que teríamos dificuldade em apreciar.

O que me leva à minha segunda resposta a essas objeções "em princípio". Deveríamos ser muito cautelosos ao confiar em nossas intuições quando se trata de coisas que desafiam a compreensão intuitiva. O monstro utilitário e os coelhos forçam nosso raciocínio intuitivo para além de seus limites. Mais especificamente, forçam dimensões ortogonais: *qualidade* e *quantidade*. O monstro utilitário é um único indivíduo (pequena quantidade) com uma *qualidade de vida* incompreensivelmente alta. Ele obtém mais de uma única refeição do que você obtém de toda sua existência. Os coelhos, em contraste, têm uma qualidade de vida bastante baixa, mas sua *quantidade* desafia a compreensão intuitiva. É claro que há um sentido no qual podemos entender essas coisas. Afinal, acabei de descrevê-las e você entendeu minha descrição. Mas é seu *modo manual* que está entendendo. Você não pode entender *intuitivamente* como é consumir uma refeição que produz mais felicidade que uma vida humana inteira. Do mesmo modo, não pode *intuitivamente* distinguir entre 1 milhão e 1 trilhão de coelhos. Podemos pensar nessas coisas de maneira abstrata, mas pedir que sejamos intuitivos em relação a elas é como pedir que um pássaro imagine uma minhoca de 2 quilômetros.

47. Se você já leu Rawls, deve ter notado que não comentei seu argumento oficial contra o utilitarismo. Rawls argumenta qué os princípios organizadores mais justos para uma sociedade são aqueles que as pessoas escolheriam por trás de um "véu de ignorância", sem saber que posições ocupariam em tal sociedade. E argumenta que as pessoas nessa "posição original" não escolheriam uma sociedade utilitarista, porque a possível desvantagem de viver em uma sociedade utilitarista seria muito grande. Em outras palavras, o argumento oficial de Rawls depende da mesma hipótese errônea descrita na nota anterior, a suposição de que uma sociedade utilitarista seria opressiva no mundo real, considerando-se a natureza humana. Seu argumento envolve sérias manipulações relacionadas à aversão ao risco e à estrutura da posição original. Para mais a respeito, ver capítulo 11, nota "argumento central [...] em *A teoria da justiça* [...] é essencialmente uma racionalização".

PARTE V: SOLUÇÕES MORAIS

Capítulo 11: Pragmatismo profundo

1. Davies, Shorrocks et al. (2007). Ver também Norton e Ariely (2011).
2. Kozinski e Gallagher (8 de março de 1995).
3. Agradeço a Scott Moyers por sugerir a metáfora dos "dois compassos".
4. Botvinick, Braver et al. (2001). Essa teoria é ligeiramente controversa, mas não precisamos nos preocupar com isso. Nosso interesse é a estratégia cognitiva,

independentemente de o cérebro a empregar ou não. Isso dito, não conheço nenhuma solução alternativa para o problema da regressão descrito anteriormente.
5. Greene, Nystrom et al. (2004); Greene e Paxton (2009); Cushman, Murray et al. (2011).
6. Platão (1987).
7. Rozenblit e Keil (2002); Keil (2003).
8. Fernbach, Rogers et al. (2013).
9. A demanda por razões moderou as opiniões de algumas pessoas, mas elas tenderam a ser aquelas que não produziram nenhuma razão quando solicitadas.
10. Tesser, Martin et al. (1995).
11. Sloman e Fernbach (2012); Fernbach (27 de maio de 2012).
12. Dutton e Aron (1974).
13. Para uma demonstração clássica desse tipo de efeito interpretativo, ver Schachter e Singer (1962).
14. Bargh e Williams (2006); Wilson (2002).
15. Nisbett e Wilson (1977).
16. Stuss, Alexander et al. (1978).
17. Gazzaniga e Le Doux (1978).
18. Bem (1967); Wilson (2002).
19. Haidt (2001, 2012).
20. "Sobre o autoabuso licencioso" é uma seção de *A metafísica dos costumes* publicada originalmente em 1797. Ver Kant (1994).
21. Ibid.
22. Nietzsche (1882/1974).
23. Bernasconi (2002).
24. O argumento feito nesta seção, juntamente com outras partes deste capítulo, foi apresentado originalmente em Greene (2007).
25. Thomson (1985, 1990). Note que Thomson mudou de ideia e agora acha que é errado desviar o bonde (Thomson, 2008). O que isso faz, essencialmente, é colocar o fardo explicatório dos teóricos dos direitos na distinção ação/omissão — isso é, a menos que se ache que somos obrigados a ativamente desviar o bonde de uma pessoa, na direção de cinco.
26. Jamieson (1999).
27. Kahane e seus colegas (2010, 2012) argumentaram que não há relação especial entre respostas emocionais automáticas e julgamentos morais caracteristicamente deontológicos e que a aparência de tal relação é produto de uma seleção tenden-

ciosa de estímulos. Para evidências em contrário, ver capítulo 6, nota "conexão entre o modo manual e o pensamento *utilitarista*" no caso da "mentira social", e Paxton, Bruni e Greene (2014).

28. Isso não significa que a percepção de atratividade seja *arbitrária*. Como indicam os psicólogos evolucionistas (Miller e Todd, 1998), o que achamos sexualmente atraente tipicamente indica alto potencial reprodutivo. Porém, o fato de que a atração sexual é biologicamente funcional e não arbitrária não implica que seja *objetivamente correta*. Não existe um sentido significativo no qual estamos objetivamente (absolutamente, não relativamente) corretos sobre quem é atraente e os babuínos estão objetivamente incorretos — ou vice-versa.
29. Lakoff e Johnson (1980).
30. É claro, há fatos sobre quais direitos e deveres são previstos em lei, mas, no meio de uma controvérsia moral, tais fatos quase nunca resolvem a questão. Controvérsias morais públicas são sobre o que as leis *deveriam ser*, não sobre o que são.
31. Em um provocativo ensaio, Mercier e Sperber (2011) afirmam que o raciocínio é apenas uma arma para persuadir os outros daquilo que queremos. Isso me parece bastante implausível. O que dá força a seu argumento é o fato de eles terem excluído da categoria "raciocínio" todas as coisas tediosas e cotidianas para as quais usamos nosso modo manual, como descobrir a melhor ordem para realizar nossas tarefas ("É melhor ir ao supermercado por último ou o sorvete vai derreter no carro"). Essa argumentativa teoria do raciocínio também faz pouco sentido evolutivo. O raciocínio não emergiu como algo novo nos humanos. De fato, as estruturas neurais que usamos para raciocionar são as mesmas que nossos parentes primatas usam para resolver seus próprios e (razoavelmente) complexos problemas. Contudo, chimpanzés e macacos claramente não se envolvem em persuasivos combates verbais.
32. Essa história foi contada a mim e a outros estudantes durante um "almoço com o professor" em 1994. Os detalhes são tão exatos quanto consigo lembrar.
33. Para ser mais explícito: a resposta de Dershowitz foi esperta porque distinguiu entre custo e benefício. Ele essencialmente disse "Eu não me recuso a debater com você porque estou com medo. Eu me recuso a debater com você por causa do custo associado a levar um maluco como você a sério. Mas, se estiver disposto a debater comigo de uma maneira que lhe negará a credibilidade que busca (custo), ficarei feliz em ter uma troca livre de ideias (benefício)".
34. Ver também Dennett (1995) sobre "bom nonsense".
35. Com "verdadeiramente morais" quero dizer não só tribalmente morais.

36. Singer (1979), capítulo 6, Singer (1994).
37. Para argumentos nessas linhas, ver (1979), capítulo 6, e Singer (1994).
38. Se você concorda com o aborto perto do fim da gestação, o que sente sobre o infanticídio? A maioria dos argumentos a seguir se aplica igualmente bem a ambos os casos.
39. As probabilidades podem ser diferentes, mas certamente essa diferença na probabilidade de parto bem-sucedido (digamos, 60% *versus* 95%) não pode ser a diferença entre ter ou não direito à vida. E se um feto no fim da gestação por alguma razão tivesse as mesmas probabilidades de um feto no início? Seria certo abortá-lo?
40. Você pode dizer que o que importa é a habilidade de sobreviver sem tecnologia especial. Se isso estiver correto, e quanto a um feto de nove meses que, devido a uma condição médica atípica, consegue sobreviver fora do útero, mas apenas com a ajuda temporária de uma tecnologia prontamente disponível? É certo abortar esse feto no fim da gestação só porque ele não é viável sem tecnologia?
41. Stoll, Hansen et al. (2010).
42. Talvez você esteja inclinado a dizer que sim. Afinal, pode pensar que a possibilidade de ser mantido vivo desde esse estágio do desenvolvimento é moralmente significativo. Note, entretanto, que não é que a tecnologia permita que o feto sobreviva desde esse estágio do desenvolvimento. Ela permite que o feto nesse estágio sobreviva *fora do útero*. O feto já é capaz de sobreviver desde esse estágio de desenvolvimento sem tecnologia avançada. Ele só tem de permanecer dentro do útero! Já temos a "tecnologia" para manter vivos fetos ainda no início da gestação.
43. No mínimo requer abrir mão de certos tipos de carne. Talvez fosse possível abrir espaço para outros tipos, como aqueles oriundos de animais que não possuem as características relevantes.
44. E mesmo então, não está claro se o argumento funciona. Ativistas de direitos animais tipicamente focam no sofrimento dos animais enquanto estão sendo criados para virar alimento. Se essa é a razão pela qual é errado comer carne, o mesmo argumento não se aplica ao aborto no fim da gestação, desde que o processo abortivo não envolva sofrimento ou não envolva muito sofrimento.
45. Ok, ok: não é *inteiramente* humana. Ela é só metade betazoide. Mas o ponto se aplica a seus parentes maternos. *Nossa*.
46. Dongen e Goudie (1980).
47. É claro que, com somente um espermatozoide no convés, as chances de fertilização são menores, mas e daí? Os pró-vida não nos permitiriam abortar um zigoto só porque, por qualquer razão, ele tem baixas chances de sobreviver.

48. Além disso, a ideia de que a concepção determina a identidade parece ter mais a ver com nosso conhecimento limitado do que com fatos sobre o que foi ou não determinado. Quando um casal concebe uma criança do modo antigo, pode não saber e não ter como identificar qual espermatozoide e qual óvulo irão se unir. Porém, qualquer que seja a criança que resultará dessa relação sexual, *essa* será a criança resultante. E, se o casal decidir não seguir adiante, *essa* será a criança que não existirá como resultado de sua desistência. Quando isso acontece, ninguém sabe nem jamais saberá quem é "essa criança", mas e daí? Se fazer sexo fosse levar à existência de alguma criança específica, então não fazer sexo levaria à inexistência dessa criança específica. (Não insistirei, nesse momento, no problema do determinismo.)
49. Gilbert (2010), p. 6, 14, 123–158, 301.
50. Madison (2012).
51. Haberkorn (2012).
52. Tooley (2008).
53. Heider e Simmel (1944).
54. Heberlein e Adolphs (2004).
55. Muitos de nós teriam dificuldade para matar os animais que comemos, mas provavelmente porque não estamos acostumados. Nossos ancestrais fizeram isso durante milhões de anos.
56. Bloom (2004).
57. Beauchamp, Walters et al. (1989); Baron (2006); Kuhse e Singer (2006).
58. Ver também Greene (2014).
59. Daniels (2008).
60. Reações instintivas não são o mesmo que "julgamentos ponderados", mas desempenham um papel dominante em determiná-los.
61. Aristóteles (1941).
62. MacIntyre (1981).
63. Como parte do renascimento aristotélico, incluo não apenas as éticas das virtudes (Crisp e Slote, 1997; Hursthouse, 2000), mas também as teorias da "sensibilidade" (Wiggins, 1987), do particularismo (Dancy, 2001) e outras como elas — todas as abordagens da ética normativa que desistiram de descobrir ou construir princípios morais explícitos que nos digam o que fazer. O renascimento se deve em grande parte a Alasdair MacIntyre (1981), que faz uma diagnose similar dos problemas morais modernos, mas acha que uma forma repaginada da teoria das virtudes é o melhor que podemos fazer depois das falhas da teoria moral do Iluminismo.

64. Kant (1785/2002).
65. O argumento da universalização de Kant não é simplesmente uma versão do familiar argumento "E se todos fizessem o mesmo?" Ele não está dizendo apenas que seria *ruim* se todos mentissem, descumprissem promessas etc. Esse é um argumento *utilitarista* contra a mentira — utilitarismo de regras ou de atos, dependendo de como você interpreta. Isso não é bom o bastante para Kant, porque ele quer uma proibição absoluta contra a mentira, uma que não dependa de como as coisas acontecem no mundo real. (As coisas tendem a dar errado se todos mentem etc.) Ele quer que a moralidade seja como a matemática: necessariamente verdadeira e conhecível com certeza. Ver Korsgaard (1996), capítulo 3.
66. Ver, por exemplo, Korsgaard (1996).
67. Embora haja muito a admirar no trabalho de Rawls e no próprio homem, acredito que seu argumento central é essencialmente uma racionalização, uma tentativa de derivar de princípios primários as conclusões morais práticas que ele favorece de forma intuitiva e que erroneamente acredita estarem em conflito com o utilitarismo. (Ver p. 288–292.) Seu argumento principal é exposto nos capítulos 1, 2 e 3 de *A teoria da justiça* (1971).

    Mencionei antes que o utilitarismo começa com duas ideias morais muito gerais. Primeira: a felicidade é o que importa no fim das contas e deve ser maximizada. Segunda: a moralidade deve ser imparcial. Essencialmente, Rawls mantém a imparcialidade, mas abandona a suposição de que a felicidade é o que importa. Ele substitui a suposição de que a felicidade é inerentemente valiosa pela suposição de que a *escolha* é inerentemente valiosa. Assim, para ele, os melhores princípios organizadores para uma sociedade são os que as pessoas escolheriam se escolhessem com imparcialidade. É uma grande ideia, com raízes nas filosofias de Kant e John Locke. (Rawls, como Locke, é um "contratualista".)

    Como descobrimos o que as pessoas escolheriam se escolhessem com imparcialidade? Para responder a essa pergunta, Rawls constrói um experimento mental. Ele imagina uma situação, chamada de posição original, na qual é *impossível* escolher de maneira diretamente autointeressada e então pergunta o que as pessoas escolheriam. Escolher de maneira diretamente egoísta é impossível na posição original porque a escolha é feita por trás de um *véu de ignorância*. Ou seja, as partes na posição original devem negociar um acordo sobre como a sociedade será organizada sem saber quais serão suas próprias raças, gêneros, backgrounds étnicos, posições sociais, status econômicos ou a natureza e a extensão de seus talentos naturais. A ideia é que os negociadores não tenham acesso a nenhuma informação que possam usar para *influenciar* o acordo a seu favor. Espera-se que os decisores escolham de maneira racional e egoísta, mas, como escolhem por trás de um véu de ignorância, o tipo de estrutura social que escolhem é, de acordo com Rawls, necessariamente equânime e justo. Concordar com uma estrutura social por trás de um véu de ignorância é como usar o método "eu corto, você escolhe" de dividir um pedaço de bolo. A justiça emana do processo de decisão, e não da boa vontade dos decisores.

Essa ideia central (modelar a escolha social como escolha egoísta e livre de viés) foi desenvolvida independentemente e um pouco antes pelo economista húngaro John Harsanyi (1953, 1955), que mais tarde receberia o Prêmio Nobel de Economia por suas contribuições para a teoria dos jogos. Harsanyi, ao contrário de Rawls, viu sua versão da posição original como fornecendo um terreno racional para o utilitarismo. Ele imaginou as pessoas escolhendo os princípios organizadores de sua sociedade sem saber que posições iriam ocupar (ricas ou pobres etc.), mas sabendo que teriam a *mesma probabilidade* de ocupar qualquer posição. Dada essa condição, se as pessoas forem maximizadoras da utilidade (cada uma buscando maximizar sua própria felicidade), os decisores escolherão uma sociedade organizada de modo a maximizar a utilidade e que será, no geral, tão feliz quanto possível. (Isso maximiza tanto a quantidade *total* quanto a quantidade *média* de felicidade, assumindo-se que o tamanho da população seja fixo.)

Rawls, todavia, defendeu uma conclusão muito diferente sobre o tipo de sociedade que pessoas egoístas na posição original escolheriam. Ele diz que aqueles na posição original escolheriam uma sociedade organizada por um princípio "maximin", e não por um princípio utilitarista. O princípio maximin avalia sociedades com base somente no status da pessoa menos abastada. De acordo com esse princípio, as preferências de alguém por um arranjo societal em detrimento de outro seriam baseadas inteiramente no "pior cenário" de cada arranjo. Rawls reconhece que, de modo geral, essa não é uma boa regra decisória, como ilustrado no exemplo a seguir.

Suponha que você está comprando um carro, mas da seguinte maneira incomum. Você deve comprar um bilhete de loteria que lhe dará um carro escolhido aleatoriamente entre outros mil. O bilhete A dá acesso a um lote de mil carros populares. Em uma escala de 1 a 10, cada um dos carros é nota 4. Se comprar o bilhete A, você receberá um deles. O bilhete B também dá acesso a um lote de mil carros. Esse lote tem 999 carros com nota 10 e um carro com nota 3. Se comprar o bilhete B, você tem 99,9% de chances de receber o carro de seus sonhos, mas também 0,1% de chances de receber um carro bom, mas ligeiramente pior do que teria a garantia de receber com o bilhete A. Qual você escolhe? Obviamente, escolhe o bilhete B. Todavia, de acordo com o princípio "maximin", você escolheria o bilhete A, porque o pior cenário do bilhete A é melhor que o pior cenário do bilhete B. Não parece muito inteligente.

O problema com a regra maximin é que ela é maximamente *avessa ao risco*. Rawls concorda que tal aversão ao risco não é apropriada de modo geral (por exemplo, ao comprar carros por loteria), mas argumenta que *é* apropriada para pessoas escolhendo os princípios organizadores de sua sociedade sem saber que posições ocuparão nessa sociedade. Ele acha que a vida em uma sociedade utilitarista poderia ser "intolerável" (p. 156, 175). Se você surgisse aleatoriamente em uma sociedade utilitarista, alerta Rawls, poderia terminar como escravo. Tal resultado seria tão ruim que ninguém escolheria correr esse risco. Em vez disso, pessoas escolhendo por trás do véu da ignorância usariam a regra maximin, favorecendo a sociedade com o melhor dos cenários mais pessimistas. Rawls defende esse argumento em relação ao que chama de "liberdades básicas". Em vez de deixar a alocação de liberdades aos cálculos utilitaristas, as pessoas na posição original escolheriam princípios que assegurassem diretamente "liberdades básicas". Ele defende o mesmo tipo de argumento em relação às oportunidades educacionais e econômicas e em relação aos resultados econômicos. Aqui também, diz ele, o pior cenário em uma sociedade utilitarista poderia ser tão ruim que não vale a pena correr o risco.

Primeiro, note que o argumento formal de Rawls depende do erro descrito no último capítulo, confundir riqueza e utilidade. Mais especificamente, ele assume que as pessoas na posição original cometeriam o mesmo erro que ele. Repetindo, a razão de favorecer a regra maximin é que o pior cenário em uma sociedade utilitarista poderia ser "intolerável". Não é difícil ver como o pior cenário em uma sociedade *riquista* seria intolerável. Maximizar o PIB pode exigir alguma opressão, mas, como já explicado, simplesmente não é plausível que tornar o mundo tão feliz quanto possível possa, no mundo real, exigir opressão. A psicologia humana teria de ser completamente reformulada para que o sofrimento causado por ser escravo fosse menor que o benefício de ter escravos e assim por diante. (Repetindo, você sacrificaria metade de sua vida na escravidão a fim de ter um escravo na outra metade? Você consegue imaginar uma situação no mundo real em que essa seria uma escolha difícil?)

Esse é o primeiro erro de Rawls. (Não acho que isso seja uma *racionalização*. Acho que é apenas um erro.) Mas vamos supor que ele esteja certo e que a vida em uma sociedade maximamente feliz possa ser "intolerável" para alguns. Mesmo aceitando essa suposição implausível, o argumento não funciona. Repetindo, a regra maximin de Rawls avalia cada arranjo societal com base somente no pior cenário — a qualidade de vida da pessoa menos bem-sucedida de tal sociedade. Em outras palavras, Rawls assume que as pessoas serão maximamente avessas ao risco desde que haja possibilidade de resultados intoleráveis. No entanto, como Harsanyi (1953, 1955) e outros indicaram, essa suposição simplesmente não é razoável. Todas as vezes em que entra no carro, você aumenta seus riscos de ser horrivelmente mutilado em um acidente, um resultado que a maioria de nós acharia "intolerável" no sentido de Rawls. E, mesmo assim, aceitamos tais riscos por uma coisa tão trivial quanto um pote de sorvete no fim da noite. (Pode-se observar que você poderia ser horrivelmente mutilado ficando em casa. O teto poderia desabar, por exemplo. Assim, o pior cenário seria na verdade o mesmo, quer você fosse comprar sorvete ou não. Ótimo, mas então é preciso aplicar a mesma lógica do argumento de Rawls. A vida pode ser "intolerável" mesmo em uma sociedade governada pelo maximin. O teto sempre pode desabar.)

Para escorvar a bomba de aversão ao risco, Rawls acrescenta uma torção desnecessária à posição original. Na versão de Harsanyi, se você se lembra, os decisores escolhem sabendo que terão a *mesma probabilidade* de ocuparem cada posição na sociedade. Rawls, todavia, faz algo diferente. Ele assume que as pessoas na posição original não possuem nenhuma informação sobre a variedade de resultados possíveis e suas probabilidades, deixando-as em um estado de completa ignorância atuarial. Nesse estado de máxima ignorância, argumenta Rawls, as pessoas na posição original iriam e deveriam ser altamente avessas ao risco. ("Qualquer coisa pode acontecer".) Em termos técnicos, Rawls transforma a posição original em uma situação *ambígua*, em vez de meramente *incerta*.

Por que Rawls torna a decisão na posição original maximamente ambígua? Por que não simplesmente assumir, como Harsanyi, que as pessoas na posição original conhecem a variedade de posições sociais possíveis e sabem que terão probabilidades iguais de ocupar cada uma delas? Rawls responde a essa pergunta e, até onde posso dizer, seu argumento é completamente circular. Ele *define* a posição original como uma na qual as pessoas não possuem informações sobre as probabilidades e então argumenta, a partir dessa suposição, que elas não deveriam se apoiar em estimativas de probabilidade porque não têm como saber quais são essas probabilidades (p. 155, 168-169). Como indica Harsanyi (1975), mesmo na hipótese de completa ignorância, a suposição sobre a probabilidade igual de todos os resultados seria muito mais racionalmente defensável que a suposição de que o pior resultado tem uma probabilidade efetiva de 100% — que é a suposição embutida na regra maximin. Mas podemos deixar isso de lado. Por que, em primeiro lugar, Rawls define a posição original como uma na qual as probabilidades são desconhecidas? A função da posição original é justamente limitar a escolha, de modo que os decisores sejam efetivamente imparciais. Ser imparcial é dar o mesmo peso aos interesses de todas as pessoas.

Assim, faz perfeito sentido *definir* a posição original como uma na qual cada um dos decisores sabe que tem a mesma oportunidade de ocupar cada posição na sociedade. Isso não iria de modo algum influenciar as escolhas. Ao contrário, personificaria o ideal da imparcialidade da maneira mais clara possível.

Até onde posso dizer, Rawls torna a estrutura probabilística da posição original maximamente ambígua por razões que não têm nada a ver com justiça ou imparcialidade. É apenas uma manobra, uma tentativa *ad hoc* de tornar mais plausível sua resposta intuitivamente correta. No mundo da filosofia política, Rawls não tem nenhuma razão particular para adotar uma teoria de extrema aversão ao risco. No entanto, quando se compromete com a posição original como mecanismo para estabelecer uma teoria da justiça — uma belíssima ideia —, ele subitamente se vê em uma posição desconfortável. Ele quer uma sociedade na qual a prioridade seja dada, como questão de princípio primário, às pessoas com os piores resultados. Porém, esse desejo, filtrado por intermédio da lógica de seu experimento mental, requer que seus decisores hipoteticamente egoístas estejam incomumente preocupados com os piores resultados enquanto fazem suas escolhas autointeressadas. Ou seja, ele precisa que eles sejam incomumente avessos ao risco. E assim, para obter o resultado que deseja, Rawls acrescenta uma camada de ambiguidade gratuita ao experimento mental para tornar mais plausível essa extrema aversão ao risco.

Como no caso de Kant, esse tipo de trapaça deixa claro quais são as reais intenções de Rawls. Ele não está começando nos princípios primários e seguindo até suas conclusões lógicas. Ele sabe para onde quer que o argumento vá e está fazendo tudo que pode para levá-lo até lá.

Assim, sua bem-intencionada racionalização ilustra dois pontos. Primeiro, é outro belo exemplo do que acontece quando pessoas muito inteligentes estão determinadas a validar suas emoções morais pelo raciocínio. Segundo, sugere que Harsanyi pode estar certo. Se você realizar o experimento mental da posição original corretamente, sem a) confundir riqueza com utilidade, b) assumir que as pessoas são incomumente avessas a riscos e c) tornar a decisão hipotética gratuitamente ambígua, você pode chegar a uma conclusão utilitarista. Em outras palavras, se substituir a suposição de felicidade pela suposição de escolha favorita, terminará com o utilitarismo, porque pessoas imparciais sem compromissos ideológicos naturalmente escolhem a sociedade que maximize suas perspectivas de felicidade.

68. Em minha juventude, fui algo como um libertário conservador. Minha reivindicação libertária à fama: no último ano do ensino médio, ganhei o terceiro prêmio em um concurso de ensaios Ayn Rand. Contudo, quando o prêmio chegou, eu já começara a mudar de ideia. Partilhei minhas dúvidas com a mulher que telefonou para me parabenizar. As coisas não correram bem.
69. Haidt (2001, 2007, 2012).
70. Haidt (2001).
71. De acordo com Haidt, o raciocínio moral desempenha papel importante em sua referencial teoria de psicologia moral, o Modelo Social Intuicionista – MSI (Haidt, 2001). Se isso é verdade ou não depende do que conta como "raciocínio" moral (Paxton e Greene, 2010).

    De acordo com o MSI, julgamentos morais são, em geral, causados por intuições morais e, quando iniciamos um raciocínio moral, ele tipicamente emprega *post hoc* para justificar os julgamentos morais que já fizemos em bases intuitivas (ver a discussão sobre racionalização moral no início deste capítulo). Haidt diz que as pessoas, às vezes, se engajam em raciocínios morais privados, mas isso é "raro, ocorrendo primariamente em casos nos quais a intuição é débil e a capacidade de processamento é alta" (p. 819). É por isso que eu digo que, de acordo com Haidt, o raciocínio moral desempenha um papel menor na vida moral.

    Contudo, há dois processos psicológicos adicionais a considerar, os que colocam "social" em MSI. Primeiro, de acordo com o MSI, ao fazer abertamente um julgamento moral, a pessoa A pode influenciar as intuições morais da pessoa B, que por sua vez influenciarão seu julgamento moral. Haidt chama isso de "persuasão social". Claramente não é raciocínio moral, pois não há argumento, apenas uma resposta intuitiva a observar o julgamento ou comportamento de outra pessoa. Segundo — e essa é a parte principal —, Haidt diz que as pessoas se engajam em "persuasão raciocinada". Aqui, a pessoa A fornece uma justificativa verbal para seu julgamento, a pessoa B ouve essa justificativa e isso modifica suas intuições morais, que por sua vez influenciam seu julgamento moral. Haidt chama isso de "persuasão raciocinada", mas eu acho que o rótulo é enganoso. Nesse caso, a pessoa A influencia o julgamento da pessoa B ao modificar seus *sentimentos* (configurações automáticas), e não ao engajar sua capacidade de raciocínio explícito (modo manual). As "razões" que a pessoa A produz funcionam como uma música que consegue comover a pessoa B.

Haidt acredita que esse processo é disseminado e altamente influente (pode ser). É por isso que diz que o raciocínio moral desempenha papel importante na vida moral. Mas, como eu disse, não acho que isso se qualifique como "raciocínio moral". E é por isso que digo, apesar dos protestos de Haidt, que em sua visão o raciocínio moral não desempenha papel importante. De acordo com o MSI, não posso modificar sua opinião sobre uma questão moral (como casamento homossexual, aborto ou consumo de animais) sem primeiro modificar seus sentimentos. Não posso apelar diretamente para sua capacidade de raciocínio e assim fazer com que você supere seus sentimentos. Acho que esse retrato da psicologia moral está incorreto. Esse ponto é ilustrado por um experimento no qual meus colaboradores e eu usamos um argumento bastante abstrato para persuadir as pessoas (ao menos temporariamente) a aceitarem uma conclusão moral contraintuitiva (Paxton, Ungar e Greene, 2011).

72. Eis dois exemplos: http://www.libchrist.com/other/abortion/choice.html e http://k2globalcommunicationsllc.wordpress.com/2012/08/28/abortion-nihilist--argument-eliminate-poverty-kill-the-poor. Ver também João Paulo II (1995).
73. Haidt e Graham (2007); Graham, Haidt et al. (2009); Haidt (2012).
74. Os dados da pesquisa (Graham et al., 2009, 2011) que Haidt usa para apoiar sua teoria (a versão original, com cinco fundações) mostram uma enorme divisão entre dois agrupamentos: o agrupamento cuidado-justiça e o agrupamento lealdade-autoridade-santidade. Há, em contraste, relativamente poucas evidências de uma divisão em duas partes do primeiro agrupamento ou em três partes do segundo agrupamento, e as evidências existentes podem ser explicadas pelo fato de que as pesquisas usadas para coletar os dados foram projetadas com cinco agrupamentos em mente. Para fornecer evidências mais fortes para uma teoria da moralidade de cinco fatores (ou seis, ou n), seria preciso usar uma abordagem "de baixo para cima" [*bottom-up*], testando a teoria com materiais que não foram projetados com nenhuma teoria particular em mente. Haidt diz que, em uma primeira aproximação, o mundo moral tem cinco (ou seis) "continentes". Em

seus dados, vejo evidências de dois continentes, que podem ou não ter duas ou três saliências interessantes.

75. Graham, Haidt et al. (2009) fizeram as perguntas de uma maneira diferente ("Quanto dinheiro seria necessário para que você...?")
76. Acho que o retrato psicológico que Haidt (2012) faz de Kant (p. 120) está errado. Kant pode ter tido algumas tendências autistas e certamente era "sistematizador", mas era muito autoritário e não estranho à repulsa moral. Também era, não incidentalmente, muito religioso.
77. Ver Henrich, Heine et al. (2010).
78. Graham, Nosek et al. (2012).
79. Mooney (2012).
80. Devos e Banaji (2005).
81. Condon (21 de abril de 2011).
82. Wike (21 de setembro de 2009).
83. Arab American Institute (22 de agosto de 2012).
84. Swami (15 de junho de 2009).
85. European Commission (2005).
86. Economic Intelligence Unit (2005); United Nations Office of Drugs and Crime (2011); United Nations (2011); Ingelhart, Foa et al. (2008). Taxas de homicídios, resultados acadêmicos e notas nos exames: World Values Survey sobre felicidade.
87. Haidt (2012), p. 294.
88. Com base em minhas próprias buscas on-line, confirmadas por Henry Irving, membro republicano do comitê municipal, Cambridge, MA (comunicação pessoal, 24 de março de 2013).
89. http://www.cambridgema.gov/citynewsandpublications/news/2012/02/cambridge maintainsraredistinctionofearningthreetriplearatings.aspx.
90. Putnam (2000); Putnam e Campbell (2010).
91. Haidt (2012), p. 137.
92. Kristof (14 de janeiro de 2009).
93. O termo foi cunhado por Ronald Reagan durante a campanha presidencial de 1976. *New York Times* (15 de fevereiro de 1976).
94. Lind (2012).
95. Krugman (28 de julho de 2009).
96. Tienabeso (25 de janeiro de 2012); Buffett (14 de agosto de 2011).
97. Sim, tais doadores poderiam se beneficiar enormemente com as políticas de uma administração Romney, mas a probabilidade de que a doação de uma única pessoa possa alterar os resultados da eleição é extremamente baixa.

98. Haidt (2012) endossa para propósitos políticos o que chama de "utilitarismo de Durkheim" (p. 272), que é o utilitarismo que leva em conta o valor de instituições sociais conservadoras como a religião. O utilitarismo de Durkheim, na verdade, é apenas utilitarismo sabiamente aplicado. Mesmo assim, o ponto é válido porque nem todos os autointitulados utilitaristas apreciam o valor das instituições sociais conservadoras. Mill (1885), no entanto, certamente o fazia, como explicado, por exemplo, em seu ensaio "A utilidade da religião".
99. Haidt (2012), p. 272.
100. Ibid., p. XV.
101. Ver Paxton, Ungar e Greene (2011).
102. Uma analogia alternativa: um bom argumento é como uma peça de tecnologia. Poucos de nós jamais inventarão uma nova peça de tecnologia e, em qualquer dia dado, é improvável que adotemos uma. Mesmo assim, o mundo que habitamos é definido pela mudança tecnológica. Do mesmo modo, acredito que o mundo que habitamos é produto de bons argumentos morais. É difícil pegar alguém no meio de uma persuasão moral raciocinada e ainda mais difícil observar a gênese de um bom argumento. Todavia, acredito que, sem nossa capacidade de raciocínio moral, o mundo seria um lugar muito diferente. Ver também Pinker (2011), capítulos 9 e 10; Pizarro e Bloom (2003); Finnemore e Sikkink (1998).
103. Bentham (1978).
104. Mill (1895), p. 1–2.

CAPÍTULO 12: PARA ALÉM DA MORALIDADE APONTE E DISPARE: SEIS REGRAS PARA OS PASTORES MODERNOS

1. Ver Introdução, nota "o homem melhora".
2. Essa regra está disponível na forma de adesivos de para-choque: "Don't believe everything you think" [Não acredite em tudo que pensa]. Disponível em: www.northernsun.com.
3. Valdesolo e DeSteno (2007).
4. Do mesmo modo, poucos de nós podem dizer honestamente que os animais deveriam sentir imensa dor porque porco é mais gostoso que tofu ou porque 1 dólar extra é dinheiro demais para gastar em um hambúrguer produzido sem crueldade (não amplamente disponível, mas só por falta de demanda).

Bibliografia

ABAGNALE, F. W. e S. REDDING. *Catch me if you can*. Nova York: Broadway, 2000.

ABC NEWS. "Ron Paul: Why Elizabeth Warren is wrong". 5 dez. 2011. Disponível em: <http://www.youtube.com/watch?v=glvkLEUC6Q&list=UUoIpecKvJiBIAOhaFXw-bAg&index=34>. Acesso em: 3 fev. 2013.

ABRAMS, D. e M. A. HOGG. *Social identifications: A social psychology of intergroup relations and group processes*. Londres: Routledge, 2012.

ADOLPHS, R. "Cognitive neuroscience of human social behaviour". *Nature Reviews Neuroscience*, v. 4, n. 3, 2003, p. 165–178.

ALLEN, R. E. e N. PLATON. *Plato's "Euthyphro" and the earlier theory of forms*. Nova York: Humanities Press, 1970.

AMERICAN MEDICAL ASSOCIATION. "Decisions near the end of life". 1991. Disponível em: <http://www.ama-assn.org/resources/doc/code-medical-ethics/221a.pdf>.

AMIT, E. e J. D. GREENE. "You see, the ends don't justify the means visual imagery and moral judgment". *Psychological Science*, v. 23, n. 8, 2012, p. 861–868.

ANSCOMBE, G. E. M. "Modern moral philosophy". *Philosophy*, v. 33, n. 124, 1958, p. 1–19.

ARAB AMERICAN INSTITUTE. "The American divide: How we view Arabs and Muslims". 22 ago. 2012. Disponível em: <http://aai.3cdn.net/82424c9036660402e5_a7m6b1i7z.pdf>.

ARISTÓTELES. "Nichomachean ethics". In: MCKEON, R. (Ed.). *The basic works of Aristotle*. Nova York: Random House, 1941, p. 927–1112.

AXELROD, R. e W. HAMILTON. "The evolution of cooperation". *Science*, v. 211, n. 4489, 1981, p. 1390–1396.

BABCOCK, L. e G. LOEWENSTEIN. "Explaining bargaining impasse: The role of self-serving biases". *The Journal of Economic Perspectives*, v. 11, n. 1, 1997, p. 109–126.

_____. "Biased judgments of fairness in bargaining". *The American Economic Review*, v. 85, n. 5, 1995, p. 1337–1343.

BABCOCK, L., X. WANG et al. "Choosing the wrong pond: Social comparisons in negotiations that reflect a self-serving bias". *The Quarterly Journal of Economics*, v. 111, n. 1, 1996, p. 1–19.

BALDUS, D. C., G. WOODWORTH et al. "Racial discrimination and the death penalty in the post-Furman era: An empirical and legal overview, with recent findings from Philadelphia". *Cornell Law Review*, v. 83, 1998, p. 1638–1821.

BARGH, J. A. e T. L. CHARTRAND. "The unbearable automaticity of being". *American Psychologist*, v. 54, n. 7, 1999, p. 462.

BARGH, J. A. e E. L. WILLIAMS. "The automaticity of social life". *Current Directions in Psychological Science*, v. 15, n. 1, 2006, p. 1–4.

BARON, A. S. e M. R. BANAJI. "The development of implicit attitudes: Evidence of race evaluations from ages 6 and 10 and adulthood". *Psychological Science*, v. 17, n. 1, 2006, p. 53–58.

BARON, J. "Nonconsequentialist decisions". *Behavioral and Brain Sciences*, v. 17, 1994, p. 1–42.

_____. *Against bioethics*. Cambridge, MA: MIT Press, 2006.

BARON, J. e J. GREENE. "Determinants of insensitivity to quantity in valuation of public goods: Contribution, warm glow, budget constraints, availability, and prominence". *Journal of Experimental Psychology: Applied*, v. 2, n. 2, 1996, p. 107.

BARON, J. e I. RITOV. "Intuitions about penalties and compensation in the context of tort law". *Journal of Risk and Uncertainty*, v. 7, 1993, p. 17–33.

BARTAL, I. B. A., J. DECETY et al. "Empathy and pro-social behavior in rats". *Science*, v. 334, n. 6061, 2011, p. 1427–1430.

BARTELS, D. M. "Principled moral sentiment and the flexibility of moral judgment and decision making". *Cognition*, v. 108, 2008, p. 381–417.

BARTELS, D. M., e D. A. PIZARRO. "The mismeasure of morals: Antisocial personality traits predict utilitarian responses to moral dilemmas". *Cognition*, v. 121, n. 1, 2011, p. 154–161.

BATESON, M., D. NETTLE et al. "Cues of being watched enhance cooperation in a real-world setting". *Biology Letters*, v. 2, n. 3, 2006, p. 412–414.

BATSON, C. D. *The altruism question: Toward a social-psychological answer.* Hillsdale, NJ: Lawrence Erlbaum Associates, Inc., 1991.

BATSON, C. D., B. D. DUNCAN et al. "Is empathic emotion a source of altruistic motivation?" *Journal of Personality and Social Psychology*, v. 40, n. 2, 1981, p. 290.

BATSON, C. D. e T. MORAN. "Empathy-induced altruism in a prisoner's dilemma". *European Journal of Social Psychology*, v. 29, n. 7, 1999, p. 909–924.

BAUMGARTNER, T., U. FISCHBACHER et al. "The neural circuitry of a broken promise". *Neuron*, v. 64, n. 5, 2009, p. 756–770.

BAZERMAN, M. H. e D. A. MOORE. *Judgment in managerial decision making.* Hoboken, NJ: Wiley, 2006.

BAZERMAN, M. H. e J. D. GREENE. "In favor of clear thinking: Incorporating moral rules into a wise cost-benefit analysis — Commentary on Bennis, Medin, & Bartels (2010)". *Perspectives on Psychological Science*, v. 5, n. 2, 2010, p. 209–212.

BBC NEWS. "Cartoons row hits Danish exports". 9 set. 2006. Disponível em: <http://news.bbc.co.uk/2/hi/europe/5329642.stm>. Acesso em: 3 fev. 2013.

_____. "Eurozone crisis explained". 27 nov. 2012. Disponível em: <http://www.bbc.co.uk/news/business-13798000>. Acesso em: 3 fev. 2013.

BEAUCHAMP, T. L. e L. R. WALTERS. *Contemporary issues in bioethics.* Belmont, CA: Wadsworth Pub. Co., 1989.

BECHARA, A., A. R. DAMASIO et al. "Insensitivity to future consequences following damage to human prefrontal cortex". *Cognition*, v. 50, n. 1, 1994, p. 7–15.

BECHARA, A., H. DAMASIO et al. "Deciding advantageously before knowing the advantageous strategy". *Science*, v. 275, n. 5304, 1997, p. 1293–1295.

BEM, D. J. "Self-perception: An alternative interpretation of cognitive dissonance phenomena". *Psychological Review*, v. 74, n. 3, 1967, p. 183.

BENTHAM, J. *An introduction to the principles of morals and legislation (Collected works of Jeremy Bentham).* Oxford: Clarendon Press, 1781/1996.

_____. *The rationale of punishment.* Londres: Robert Heward, 1830.

_____. "Offences against one's self". *Journal of Homosexuality*, v. 3, n. 4, 1978, p. 389–406.

BERKER, S. "The normative insignificance of neuroscience". *Philosophy & Public Affairs*, v. 37, n. 4, 2009, p. 293–329.

BERNASCONI, R. "Kant as an unfamiliar source of racism". In: WARD, J. e T. LOTT (Eds.). *Philosophers on Race: Critical Essays* Oxford: Blackwell, 2002, p. 145–166.

BERNHARD, H., U. FISCHBACHER et al. "Parochial altruism in humans". *Nature*, v. 442, n. 7105, 2006, p. 912–915.

BERTRAND, M. e S. MULLAINATHAN. "Are Emily and Greg more employable than Lakisha and Jamal? A field experiment on labor market discrimination". National Bureau of Economic Research. 2003.

BLACKBURN, S. *Essays in quasi-realism*. Nova York: Oxford University Press, 1993.

_____. *Ethics: A very short introduction*. Oxford: Oxford University Press, 2001.

BLAIR, R. J. R. "A cognitive developmental approach to morality: Investigating the psychopath". *Cognition*, v. 57, n. 1, 1995, p. 1–29.

BLAKEMORE, S. J., D. M. WOLPERT et al. "Central cancellation of self-produced tickle sensation". *Nature Neuroscience*, v. 1, n. 7, 1998, p. 635–640.

BLOOM, P. *Descartes' baby: How the science of child development explains what makes us human*. Nova York: Basic Books, 2004.

_____. *Just babies*. Nova York: Crown, 2013.

BOEHM, C. *Hierarchy in the forest: The evolution of egalitarian behavior*. Cambridge, MA: Harvard University Press, 2001.

BOTVINICK, M. M., T. S. BRAVER et al. "Conflict monitoring and cognitive control". *Psychological Review*, v. 108, n. 3, 2001, p. 624–652.

BOWLES, S. "Did warfare among ancestral hunter-gatherers affect the evolution of human social behaviors?" *Science*, v. 324, n. 5932, 2009, p. 1293–1298.

BOYD, R., H. GINTIS et al. "The evolution of altruistic punishment". *Proceedings of the National Academy of Sciences*, v. 100, n. 6, 2003, p. 3531–3535.

BOYD, R. e P. J. RICHERSON. "Punishment allows the evolution of cooperation (or anything else) in sizable groups". *Ethology and Sociobiology*, v. 13, n. 3, 1992, p. 171–195.

BRATMAN, M. *Intention, plans, and practical reason*. Cambridge, MA: Harvard University Press, 1987.

BRAWLEY, L. "Unintentional egocentric biases in attributions". *Journal of Sport and Exercise Psychology*, v. 6, n. 3, 1984, p. 264–278.

BRINK, D. O. "Principles and intuition in ethics". *Ethics 124*, n. 4, Jul 2014, p. 665–694.

BROWN, D. E. *Human universals*. Filadélfia: Temple University Press, 1991.

BUCKLEY, C. "Man is rescued by stranger on subway tracks". *New York Times*, 3 jan. 2007.

BUCKNER, R. L., J. R. ANDREWS-HANNA et al. "The brain's default network". *Annals of the New York Academy of Sciences*, v. 1124, n. 1, 2008, p. 1–38.

BUFFETT, W. E. "Stop coddling the super-rich". *New York Times*, 14 ago. 2011.

CARLSMITH, K. M., J. M. DARLEY et al. "Why do we punish? Deterrence and just deserts as motives for punishment". *Journal of Personality and Social Psychology*, v. 83, n. 2, 2002, p. 284–299.

CARUSO, E., N. EPLEY et al. "The costs and benefits of undoing egocentric responsibility assessments in groups". *Journal of Personality and Social Psychology*, v. 91, n. 5, 2006, p. 857.

CASEBEER, W. D. *Natural ethical facts: Evolution, connectionism, and moral cognition*. Cambridge, MA: MIT Press, 2003.

CHAIKEN, S. e Y. TROPE. *Dual-process theories in social psychology*. Nova York: Guilford Press, 1999.

CHAPMAN, H. A., D. A. KIM et al. "In bad taste: Evidence for the oral origins of moral disgust". *Science*, v. 323, n. 5918, 2009, p. 1222–1226.

CHIB, V. S., A. RANGEL et al. "Evidence for a common representation of decision values for dissimilar goods in human ventromedial prefrontal cortex". *Journal of Neuroscience*, v. 29, n. 39, 2009, p. 12315–12320.

CHOI, J. K. e S. BOWLES. "The coevolution of parochial altruism and war". *Science*, v. 318, n. 5850, 2007, p. 636–640.

CIALDINI, R. B. "Crafting normative messages to protect the environment". *Current Directions in Psychological Science*, v. 12, n. 4, 2003, p. 105–109.

CIALDINI, R. B., M. SCHALLER et al. "Empathy-based helping: Is it selflessly or selfishly motivated?" *Journal of Personality and Social Psychology*, v. 52, n. 4, 1987, p. 749.

CIARAMELLI, E., M. MUCCIOLI et al. "Selective deficit in personal moral judgment following damage to ventromedial prefrontal cortex". *Social Cognitive and Affective Neuroscience*, v. 2, n. 2, 2007, p. 84–92.

CLARK, A., Y. GEORGELLIS et al. "Scarring: The psychological impact of past unemployment". *Economica*, v. 68, n. 270, 2003, p. 221–241.

CLARK, A. E. e A. J. OSWALD. "Unhappiness and unemployment". *The Economic Journal*, v. 104, maio 1994, p. 648–659.

COHEN, D. e R. E. NISBETT. "Self-protection and the culture of honor: Explaining southern violence". *Personality and Social Psychology Bulletin*, v. 20, n. 5, 1994, p. 551–567.

COHEN, G. L. "Party over policy: The dominating impact of group influence on political beliefs". *Journal of Personality and Social Psychology*, v. 85, n. 5, 2003, p. 808.

COHEN, J. D. "The vulcanization of the human brain: A neural perspective on interactions between cognition and emotion". *The Journal of Economic Perspectives*, v. 19, n. 4, 2005, p. 3–24.

CONDON, S. "Poll: One in four Americans think Obama was not born in U.S". CBS News. 21 abr. 2011.

CONWAY, P. e B. GAWRONSKI. "Deontological and utilitarian inclinations in moral decision making: A process dissociation approach". *Journal of Personality and Social Psychology*, 2012.

COPENHAGEN CONSENSUS CENTER. "Copenhagen Census 2012 Report". 2012. Disponível em: <http://www.copenhagenconsensus.com/Admin/Public/DWSDownload.aspx?File=%2f Files%2f Filer%2fCC12+papers%2fOutcome Document Updated 1105.pdf>. Acesso em: 3 fev. 2013.

CRAIG, W. L. e W. SINNOTT-ARMSTRONG. *God? A debate between a Christian and an atheist*. Oxford: Oxford University Press, 2004.

CRISP, R. e M. A. SLOTE. *Virtue ethics*. Oxford: Oxford University Press, 1997.

CROCKETT, M. J., L. CLARK et al. "Serotonin selectively influences moral judgment and behavior through effects on harm aversion". *Proceedings of the National Academy of Sciences*, v. 107, n. 40, 2010, p. 17433–17438.

CUNNINGHAM, W. A., M. K. JOHNSON et al. "Separable neural components in the processing of black and white faces". *Psychological Science*, v. 15, n. 12, 2004, p. 806–813.

CUSHMAN, F. "Action, outcome and value: A dual-system framework for morality". *Personality and Social Psychology Review*, 2013.

CUSHMAN, F., K. GRAY et al. "Simulating murder: The aversion to harmful action". *Emotion*, v. 12, n. 1, 2012, p. 2.

CUSHMAN, F. e J. D. GREENE. "Finding faults: How moral dilemmas illuminate cognitive structure". *Social Neuroscience*, v. 7, n. 3, 2012, p. 269–279.

CUSHMAN, F., D. MURRAY et al. "Judgment before principle: engagement of the frontoparietal control network in condemning harms of omission". *Social Cognitive and Affective Neuroscience*, 2011.

CUSHMAN, F., L. YOUNG et al. "The role of conscious reasoning and intuition in moral judgment testing three principles of harm". *Psychological Science*, v. 17, n. 12, 2006, p. 1082–1089.

CUSHMAN, F. A. e J. D. GREENE. "The philosopher in the theater". In: MIKULINCER, M. e P. R. SHAVER (Eds.). *The Social Psychology of Morality*. Washington, DC: APA Press, 2011.

DALY, M. e M. WILSON. *Homicide*. New Brunswick, NJ: Aldine, 1988.

DAMÁSIO, A. R. *Descartes' error: Emotion, reason, and the human brain*. New York: G. P. Putnam, 1994. [*O erro de Descartes: emoção, razão e o cérebro humano*. 3 ed. São Paulo: Companhia das Letras, 2012.]

DANCY, J. "Moral Particularism". In: ZALTA, Edward N. (Ed.). *The Stanford Encyclopedia of Philosophy*. 2009. Disponível em: <http://plato.stanford.edu/archives/spr2009/entries/moral-particularism/>.

DANIELS, N. "Reflective equilibrium". *Stanford Encyclopedia of Philosophy*, 2008.

_____. "Reflective equilibrium". In: ZALTA, Edward N. (Ed.). *The Stanford Encyclopedia of Philosophy*. 2011. Disponível em: <http://plato.stanford.edu/archives/spr2011/entries/ref lective-equilibrium/>.

DARWIN, C. *The descent of man e selection in relation to sex*. Princeton, NJ: Princeton Univesity Press, 1871/1981.

_____. *The expression of the emotions in man and animals*. Nova York: Oxford University Press USA, 1872/2002.

DAVIDSON, A. B. e R. B. EKELUND. "The medieval church and rents from marriage market regulations". *Journal of Economic Behavior & Organization*, v. 32, n. 2, 1997, p. 215-245.

DAVIES, J. B., A. SHORROCKS et al. "The World Distribution of Household Wealth". UC Santa Cruz: Center for Global, International and Regional Studies. 2007. Disponível em: <http://escholarship.org/uc/item/3jv048hx>. Acesso em: 3 fev. 2013.

DAWES, R. M., J. McTAVISH et al. "Behavior, communication e assumptions about other people's behavior in a commons dilemma situation". *Journal of Personality and Social Psychology*, v. 35, n. 1, 1977, p. 1.

DAWKINS, R. *The blind watchmaker: Why the evidence of evolution reveals a universe without design*. Nova York: W. W. Norton & Company, 1986.

De BRIGARD, F. "If you like it, does it matter if it's real?" *Philosophical Psychology*, v. 23, n. 1, 2010, p. 43-57.

De DREU, C. K. W., L. L. GREER et al. "The neuropeptide oxytocin regulates parochial altruism in intergroup conflict among humans". *Science*, v. 328, n. 5984, 2010, p. 1408-1411.

_____. "Oxytocin promotes human ethnocentrism". *Proceedings of the National Academy of Sciences*, v. 108, n. 4, 2011, p. 1262-1266.

de WAAL, F. "Food sharing and reciprocal obligations among chimpanzees". *Journal of Human Evolution*, v. 18, n. 5, 1989, p. 433-459.

_____. *Good natured: The origins of right and wrong in humans and other animals*. Cambridge, MA: Harvard University Press, 1997.

_____. *Primates and philosophers: How morality evolved*. Princeton, NJ: Princeton University Press, 2009.

_____. *The age of empathy: Nature's lessons for a kinder society*. Nova York: Three Rivers Press, 2010.

De WAAL, F. e A. ROOSMALEN. "Reconciliation and consolation among chimpanzees". *Behavioral Ecology and Sociobiology*, v. 5, n. 1, 1979, p. 55–66.

De WAAL, F. e L. M. LUTTRELL. "Mechanisms of social reciprocity in three primate species: Symmetrical relationship characteristics or cognition?" *Ethology and Sociobiology*, v. 9, n. 2, 1988, p. 101–118.

DECETY, J. "Dissecting the neural mechanisms mediating empathy". *Emotion Review*, v. 3, n. 1, 2011, p. 92–108.

DECETY, J. e P. L. JACKSON. "The functional architecture of human empathy". *Behavioral and Cognitive Neuroscience Reviews*, v. 3, n. 2, 2004, p. 71–100.

DEGOMME, O. e D. GUHA-SAPIR. "Patterns of mortality rates in Darfur conflict. *The Lancet*, v. 375, n. 9711, 2010, p. 294–300.

DENMARK TV2. "Overfaldet efter Koran-læsning". 9 out. 2004. Disponível em: <http://nyhederne.tv2.dk/article.php/id-1424089:overfaldet-efter--koranl%C3%A6sning.html>. Acesso em: 3 fev. 2013.

DENNETT, D. C. *The intentional stance*. Cambridge, MA: MIT Press, 1987.

_____. *Darwin's dangerous idea: Evolution and the meanings of life*. Nova York: Simon & Schuster, 1995.

DeSCIOLI, P. e R. KURZBAN. "Mysteries of morality". *Cognition*, v. 112, n. 2, 2009, p. 281–299.

DEVOS, T. e M. R. BANAJI. "American=white?" *Journal of Personality and Social Psychology*, v. 88, n. 3, 2005, p. 447.

DIENER, E. "Subjective well-being: The science of happiness and a proposal for a national index". *American Psychologist*, v. 55, n. 1, 2000, p. 34.

DIENER, E., E. M. SUH et al. "Subjective well-being: Three decades of progress". *Psychological Bulletin*, v. 125, n. 2, 1999, p. 276.

DONGEN, L. G. R. e E. G. GOUDIE. "Fetal movement patterns in the first trimester of pregnancy". *BJOG: An International Journal of Obstetrics & Gynaecology*, v. 87, n. 3, 1980, p. 191–193.

DORIS, J. e A. PLAKIAS. "How to argue about disagreement: Evaluative diversity and moral realism". In: SINNOTT-ARMSTRONG, W. (Ed.). *Moral Psychology, vol. 2: The Cognitive Science of Morality*. Cambridge, MA: MIT Press, 2007.

DREBER, A., D. G. RAND et al. "Winners don't punish". *Nature*, v. 452, p. 7185, 2008, p. 348–351.

DRIVER, J. "The History of Utilitarianism". In: ZALTA, Edward N. (Ed.). *The Stanford Encyclopedia of Philosophy*. 2009. Disponível em: <http://plato.stanford.edu/archives/sum2009/entries/utilitarianism-history/>.

DUNBAR, R. I. M. "Gossip in evolutionary perspective". *Review of General Psychology*, v. 8, n. 2, 2004, p. 100.

DUNBAR, R. I. M., A. MARRIOTT et al. "Human conversational behavior". *Human Nature*, v. 8, n. 3, 1997, p. 231–246.

DUNLAP, R. "Climate-change views: Republican-Democratic gaps expand". 29 maio 2008. Disponível em: <http://www.gallup.com/poll/107569/ClimateChange-Views-RepublicanDemocratic-Gaps-Expand.aspx>. Acesso em: 3 fev. 2013.

DUTTON, D. G. e A. P. ARON. "Some evidence for heightened sexual attraction under conditions of high anxiety". *Journal of Personality and Social Psychology*, v. 30, n. 4, 1974, p. 510.

DWORKIN, R. *Taking rights seriously*. Cambridge, MA: Harvard University Press, 1978.

_____. "Rights as Trumps". In: WALDRON, J. (Ed.). *Theories of Rights*. Oxford: Oxford University Press, 1984, p. 153–167.

EASTERLIN, R. A. "Does economic growth improve the human lot?" In: DAVID, P. e M. REDER (Eds.). *Nations and Households in Economic Growth: Essays in Honour of Moses Abramovitz*. Nova York: Academic Press, 1974.

EASTERLIN, R. A., L. A. McVEY et al. "The happiness-income paradox revisited". *Proceedings of the National Academy of Sciences*, v. 107, n. 52, 2010, p. 22463–22468.

EBERHARDT, J. L., P. G. DAVIES et al. "Looking deathworthy: Perceived stereotypicality of black defendants predicts capital-sentencing outcomes". *Psychological Science*, v. 17, n. 5, 2006, p. 383–386.

ECONOMIST. "The Economist Intelligence Unit's Quality-of-Life Index". 2005. Disponível em: <http://www.economist.com/media/pdf/QUALITY_OF_LIFE.pdf>.

EENS, M. e PINXTEN, R. "Sex- role reversal in vertebrates: Behavioural e endocrinological accounts". *Behavioural processes*, v. 51, n. 1, 2000, p. 135–147.

ELLINGSEN, T., B. HERRMANN et al. "Civic Capital in Two Cultures: The Nature of Cooperation in Romania and USA". Disponível na SSRN. 2012.

ESPRESSO EDUCATION. "Earthquake legends", (s.d.) Disponível em: <http://content.espressoeducation.com/espresso/modules/t2 special reports/natural disasters/eqlegnd.html>. Acesso em: 3 fev. 2013.

EUROPEAN COMMISSION. "Special Eurobarometer 225: Social values, science and technology". Bruxelas: Directorate General Press, 2005.

FACTCHECK.ORG. "Palin vs. Obama: Death panels". 14 ago. 2009. Disponível em: <http://www.factcheck.org/2009/08/palin-vs-obama-death-panels>. Acesso em: 3 fev. 2013.

_____. "Keep your insutance? Not everyone". 18 ago. 2009. Disponível em: <http://www.factcheck.org/2009/08/keep-your-insurance-not-everyone>. Acesso em: 3 fev. 2013.

FALK, G. *Murder, an analysis of its forms, conditions e causes*. Jefferson, NC: McFarland & Company Incorporated Pub, 1990.

FEHR, E. e S. GÄCHTER. "Altruistic punishment in humans". *Nature*, v. 415, n. 6868, 2002, p. 137–140.

_____. "Cooperation and punishment in public goods experiments". Institute for Empirical Research in Economics Working Paper, n. 10, 1999.

FEIMAN, R., CUSHMAN, F. e CAREY, S. *Infants fail to represent a negative goal, but not a negative event*. Biennial Meeting of the Society for Research in Child Development. Montreal, Canada. 2011.

FEINBERG, M., R. WILLER et al. "Flustered and faithful: Embarrassment as a signal of prosociality". *Journal of Personality and Social Psychology*, v. 102, n. 1, 2012a, p. 81.

_____. "The virtues of gossip: Reputational information sharing as prosocial behavior". *Journal of Personality and Social Psychology*, v. 102, n. 5, 2012b, p. 1015.

FELLOWS, L. K. e M. J. FARAH. "The role of ventromedial prefrontal cortex in decision making: judgment under uncertainty or judgment per se?" *Cerebral Cortex*, v. 17, n. 11, 2007, p. 2669–2674.

FERNBACH, P. "Weak evidence". WAMC Northeast Public Radio. 27 maio 2012.

FERNBACH, P. M., T. ROGERS, C. R. FOX e S. A. SLOMAN. "Political extremism is supported by an illusion of understanding". *Psychological Science*, 2013

FINANCIAL CRISIS INQUIRY COMMISSION. "Financial crisis inquiry report". 2011. Disponível em: <http://fcic-static.law.stanford.edu/cdn media/fcic-reports/fcic final report full.pdf>. Acesso em: 3 fev. 2013.

FINNEMORE, M. e K. SIKKINK. "International norm dynamics and political change". *International Organization*, v. 52, n. 4, 1998, p. 887–917.

FISCHER, D. H. *Albion's seed: Four British folkways in America*. Nova York: Oxford University Press USA, 1991.

FISCHER, J. M. e M. RAVIZZA (Eds.). *Ethics: Problems and principles*. Fort Worth, TX: Harcourt Brace Jovanovich College Publishers, 1992.

FISHER, R. *The genetical theory of natural selection*. Oxford: Clarendon Press, 1930.

_____. *Basic negotiation strategy: International conflict for beginners*. Londres: Allen Lane, 1971.

FODOR, J. A. *Modularity of mind: An essay on faculty psychology*. Cambridge, MA: MIT Press, 1983.

FOOT, P. "The problem of abortion and the doctrine of double effect". *Oxford Review*, v. 5, 1967, p. 5-15.

FORSYTH, D. R. e B. R. SCHLENKER. "Attributional egocentrism following performance of a competitive task". *The Journal of Social Psychology*, v. 102, n. 2, 1977, p. 215-222.

FORSYTHE, R., J. L. HOROWITZ et al. "Fairness in simple bargaining experiments". *Games and Economic Behavior*, v. 6, n. 3, 1994, p. 347-369.

FRANK, R. H. *Passions within reason: The strategic role of the emotions*. Nova York: W. W. Norton & Company, 1988.

FREDERICK, S. "Cognitive reflection and decision making". *The Journal of Economic Perspectives*, v. 19, n. 4, 2005, p. 25-42.

FREDRICKSON, B. L. "The role of positive emotions in positive psychology: The broaden-and-build theory of positive emotions". *American Psychologist*, v. 56, n. 3, 2001, p. 218.

FRIJDA, N. H. *The emotions*. Cambridge: Cambridge University Press, 1987.

FUDENBERG, D., D. RAND et al. "Slow to anger and fast to forgive: cooperation in an uncertain world". *American Economic Review*, v. 102, n. 2, 2010, p. 720-749.

GAES, G. G. e A. L. GOLDBERG. "Prison rape: A critical review of the literature". Washington, DC: National Institute of Justice, 2004.

GARDINER, S. M. *A perfect moral storm: The ethical tragedy of climate change*. Nova York: Oxford University Press USA, 2011.

GAUTHIER, D. *Morals by agreement*. Oxford: Clarendon Press, 1987.

GAZZANIGA, M. S. *The ethical brain: The science of our moral dilemmas*. Nova York: Harper Perennial, 2006.

GAZZANIGA, M. S. e J. E. LE DOUX. *The integrated mind*. Nova York: Plenum, 1978.

GERVAIS, W. M. e A. NORENZAYAN. "Analytic thinking promotes religious disbelief". *Science*, v. 336, n. 6080, 2012, p. 493-496.

GERVAIS, W. M., A. F. SHARIFF et al. "Do you believe in atheists? Distrust is central to anti-atheist prejudice". *Journal of Personality and Social Psychology*, v. 101, n. 6, 2011, p. 1189.

GEWIRTH, A. *Reason and morality*. Chicago: University of Chicago Press, 1980.

GILBERT, D. "If only gay sex caused global warming". *Los Angeles Times*, v. 2, 2 jul. 2006.

_____. *Stumbling on happiness*. Nova York: Knopf, 2006.

GILBERT, S. *Developmental biology*. 9 ed. Sunderland, MA: Sunderland, Sinauer Associates, 2010.

GILOVICH, T., D. GRIFFIN et al. *Heuristics and biases: The psychology of intuitive judgment*. Cambridge: Cambridge University Press, 2002.

GINTIS, H. "Strong reciprocity and human sociality". *Journal of Theoretical Biology*, v. 206, n. 2, 2000, p. 169–179.

GINTIS, H., S. BOWLES et al. "Moral sentiments and material interests: The foundations of cooperation in economic life". MIT press. 2005.

GIVEWELL.ORG. "Top charities". 2012. Disponível em: <http://www.givewell.org/charities/top-charities>. Acesso em: 3 fev. 2013.

_____. "Against Malaria Foundation", (s.d.). Disponível em: <http://www.givewell.org/international/top-charities/AMF>. Acesso em: 3 fev. 2013.

GLENN, A. L., A. RAINE et al. "The neural correlates of moral decision-making in psychopathy". *Molecular Psychiatry*, v. 14, n. 1, 2009, p. 5–6.

GOLDMAN, A. I. *A theory of human action*. Prentice-Hall Englewood Cliffs, NJ, 1970.

GRAHAM, J., J. HAIDT et al. "Liberals and conservatives rely on different sets of moral foundations". *Journal of Personality and Social Psychology*, v. 96, n. 5, 2009, p. 1029.

GRAHAM, J., B. A. NOSEK et al. "The moral stereotypes of liberals and conservatives: Exaggeration of differences across the political spectrum". *PLOS ONE*, v. 7, n. 12, 2012, p. e50092.

_____. "Mapping the moral domain". *Journal of Personality and Social Psychology*, v. 101, n. 2, 2011, p. 366.

GREENBERG, D. "Sick to his stomach". *Slate*. 27 fev. 2012. Disponível em: <http://www.slate.com/articles/news_and_politics/history_lesson/2012/02/how_santorum_misunderstands_kennedy_s_speech_on_religious_freedom_.html>. Acesso em: 3 fev. 2013.

GREENE, J. "Moral psychology and moral progress". Monografia. Departamento de Filosofia, Universidade de Harvard. 1997.

_____. "The terrible, horrible, no good, very bad truth about morality and what to do about it". Tese de doutoramento. Departamento de Filosofia. Universidade de Princeton. 2002.

_____. "The secret joke of Kant's soul". In: SINNOTT-ARMSTRONG, W. (Ed.). *Moral Psychology, vol. 3: The Neuroscience of Morality: Emotion, Disease e Development*. Cambridge, MA: MIT Press, 2007.

_____. "Dual-process morality and the personal/impersonal distinction: A reply to McGuire, Langdon, Coltheart e Mackenzie". *Journal of Experimental Social Psychology*, v. 45, n. 3, 2009, p. 581-584.

_____. "Notes on 'The Normative Insignificance of Neuroscience' by Selim Berker". 2010. Disponível em: <http://www.wjh.harvard.edu/~jgreene/GreeneWJH/Greene-Notes-on-Berker-Nov10.pdf>.

_____. "Beyond point-and-shoot morality: Why cognitive (neuro)science matters for ethics". *Ethics 124*, n. 4, Jul 2014, p. 695-726.

GREENE, J. D. e J. BARON. "Intuitions about declining marginal utility". *Journal of Behavioral Decision Making*, v. 14, 2001, p. 243-255.

GREENE, J. D. e J. PAXTON. "Patterns of neural activity associated with honest and dishonest moral decisions". *Proceedings of the National Academy of Sciences*, v. 106, n. 30, 2009, p. 12506-12511.

GREENE, J. D., F. A. CUSHMAN et al. "Pushing moral buttons: The interaction between personal force and intention in moral judgment". *Cognition*, v. 111, n. 3, 2009, p. 364-371.

GREENE, J. D., S. A. MORELLI et al. "Cognitive load selectively interferes with utilitarian moral judgment". *Cognition*, v. 107, 2008, p. 1144-1154.

GREENE, J. D., L. E. NYSTROM et al. "The neural bases of cognitive conflict and control in moral judgment". *Neuron*, v. 44, n. 2, 2004, p. 389-400.

GREENE, J. D., R. B. SOMMERVILLE et al. "An fMRI investigation of emotional engagement in moral judgment". *Science*, v. 293, n. 5537, 2001, p. 2105-2108.

GREENWALD, A. G. e M. R. BANAJI. "Implicit social cognition: Attitudes, self--esteem e stereotypes". *Psychological Review*, v. 102, n. 1, 1995, p. 4-27.

GREENWALD, A. G., D. E. MCGHEE et al. "Measuring individual differences in implicit cognition: The implicit association test". *Journal of Personality and Social Psychology*, v. 74, n. 6, 1998, p. 1464.

GRICE, H. P. e P. F. STRAWSON. "In defense of a dogma". *The Philosophical Review*, v. 65, n. 2, 1956, p. 141-158.

GRIFFITHS, P. E. *What emotions really are: The problem of psychological categories*. Chicago: University of Chicago Press, 1997.

GROSSMAN, D. On killing. E-reads/E-rights. Nova York: Little, Brown, 1995.

GUSNARD, D. A., M. E. RAICHLE et al. "Searching for a baseline: Functional imaging and the resting human brain". *Nature Reviews Neuroscience*, v. 2, n. 10, 2001, p. 685–694.

GÜTH, W., R. SCHMITTBERGER et al. "An experimental analysis of ultimatum bargaining". *Journal of Economic Behavior & Organization*, v. 3, n. 4, 1982, p. 367–388.

HABERKORN, J. "Abortion, rape controversy shaped key races". *Politico*. 6 nov. 2012.

HAIDT, J. "The emotional dog and its rational tail: A social intuitionist approach to moral judgment". *Psychological Review*, v. 108, 2001, p. 814–834.

_____. *The happiness hypothesis*. Nova York: Basic Books, 2006.

_____. "The new synthesis in moral psychology". *Science*, v. 316, 2007, p. 998–1002.

_____. *The righteous mind: Why good people are divided by politics and religion*. Nova York: Pantheon, 2012.

HAIDT, J. e J. GRAHAM. "When morality opposes justice: Conservatives have moral intuitions that liberals may not recognize". *Social Justice Research*, v. 20, n. 1, 2007, p. 98–116.

HALDANE, J. *The causes of evolution*. Londres: Longmans, Green & Co., 1932.

HALEY, K. J. e D. M. T. FESSLER. "Nobody's watching? Subtle cues affect generosity in an anonymous economic game". *Evolution and Human Behavior*, v. 26, n. 3, 2005, p. 245–256.

HAMILTON, W. "The genetical evolution of social behavior". *Journal of Theoretical Biology*, v. 7, n. 1, 1964, p. 1–16.

HAMLIN, J. K., K. WYNN et al. "Social evaluation by preverbal infants". *Nature*, v. 450, n. 7169, 2007, p. 557–559.

_____. "How infants and toddlers react to antisocial others". *Proceedings of the National Academy of Sciences*, v. 108, n. 50, 2011, p. 19931–19936.

HARDIN, G. "The tragedy of the commons". *Science*, v. 162, 1968, p. 1243–1248.

HARDMAN, D. "Moral dilemmas: Who makes utilitarian choices?", 2008 (Manuscrito).

HARE, R. M. *The language of morals*. Oxford: Clarendon Press, 1952.

_____. *Moral thinking: Its levels, method e point*. Oxford: Oxford University Press, 1981.

HARE, T. A., C. F. CAMERER et al. "Self-control in decision-making involves modulation of the vmPFC valuation system". *Science*, v. 324, n. 5927, 2009, p. 646–648.

HARINCK, F., C. K. W. DE DREU et al. "The impact of conflict issues on fixed-pie perceptions, problem solving e integrative outcomes in negotiation". *Organizational Behavior and Human Decision Processes*, v. 81, n. 2, 2000, p. 329–358.

HARMAN, G. "Moral relativism defended". *The Philosophical Review*, v. 84, n. 1, 1975, p. 3-22.

HARRIS, J. R. e C. D. SUTTON. "Unravelling the ethical decision-making process: Clues from an empirical study comparing Fortune 1000 executives and MBA students". *Journal of Business Ethics*, v. 14, n. 10, 1995, p. 805-817.

HARRIS, M., N. K. BOSE et al. "The cultural ecology of India's sacred cattle". *Current Anthropology*, 1966, p. 51-66.

HARRIS, S. *The moral landscape: How science can determine human values.* Nova York: Free Press, 2010.

_____. "A response to critics". *Huffington Post.* 29 jan. 2011. Disponível em: <http://www.huffingtonpost.com/sam-harris/a-response-to-critics b 815742.html>. Acesso em: 3 fev. 2013.

HARSANYI, J. "Cardinal utility in welfare economics and in the theory of risk-taking". *Journal of Political Economy*, v. 61, 1953, p. 434-435.

_____, J. "Cardinal welfare, individualistic ethics e interpersonal comparisons of utility". *Journal of Political Economy*, v. 63, 1955, p. 309-321.

_____. "Can the maximin principle serve as a basis for morality? A critique of John Rawls's theory". *The American Political Science Review*, v. 69, n. 2, 1975, p. 594-606.

HASTORF, A. H. e H. CANTRIL. "They saw a game; a case study". *The Journal of Abnormal and Social Psychology*, v. 49, n. 1, 1954, p. 129.

HAUK, O., I. JOHNSRUDE et al. "Somatotopic representation of action words in human motor and premotor cortex". *Neuron*, v. 41, n. 2, 2004, p. 301-307.

HAUSER, M., F. CUSHMAN et al. "A dissociation between moral judgments and justifications". *Mind & Language*, v. 22, n. 1, 2007, p. 1-21.

HEBERLEIN, A. S. e R. ADOLPHS. "Impaired spontaneous anthropomorphizing despite intact perception and social knowledge". *Proceedings of the National Academy of Sciences*, v. 101, n. 19, 2004, p. 7487-7491.

HEIDER, F. e M. SIMMEL. "An experimental study of apparent behavior". *The American Journal of Psychology*, v. 57, n. 2, 1994, p. 243-259.

HENRICH, J., R. BOYD et al. "In search of homo economicus: Behavioral experiments in 15 small-scale societies". *American Economic Review*, v. 91, n. 2, 2001, p. 73-78.

HENRICH, J., J. ENSMINGER et al. "Markets, religion, community size e the evolution of fairness and punishment". *Science*, v. 327, n. 5972, 2010, p. 1480-1484.

HENRICH, J. e F. J. GIL-WHITE. "The evolution of prestige: Freely conferred deference as a mechanism for enhancing the benefits of cultural transmission". *Evolution and Human Behavior*, v. 22, n. 3, 2001, p. 165–196.

HENRICH, J., S. J. HEINE et al. "The weirdest people in the world". *Behavioral and Brain Sciences*, v. 33, n. 2–3, 2010, p. 61–83.

HENRICH, J., R. McELREATH et al. "Costly punishment across human societies". *Science*, v. 312, n. 5781, 2006, p. 1767–1770.

HERRMANN, B., C. THÖNI et al. "Antisocial punishment across societies". *Science*, v. 319, n. 5868, 2008, p. 1362–1367.

HOBBES. *Leviathan*. Indianapolis: Hackett, 1651/1994.

HOFFMAN, M. L. *Empathy and moral development: Implications for caring and justice*. Nova York: Cambridge University Press, 2000.

HORGAN, T. e M. TIMMONS. "Troubles on Moral Twin Earth: Moral queerness revived". *Synthese*, v. 92, n. 2, 1992, p. 221–260.

HOWARD-SNYDER, F. "Doing vs. allowing harm". *Stanford Encyclopedia of Philosophy*. 14 maio 2002.

HSEE, C. K., G. F. LOEWENSTEIN et al. "Preference reversals between joint and separate evaluations of options: A review and theoretical analysis". *Psychological Bulletin*, v. 125, n. 5, 1999, p. 576.

HUETTEL, S. A., A. W. SONG et al. *Functional magnetic resonance imaging*. Sunderland, MA: Sinauer Associates, Inc., 2004.

HUME, D. *A treatise of human nature*. Editado por L. A. Selby-Bigge e P. H. Nidditch. Oxford: Oxford University Press, 1739/1978.

HURSTHOUSE, R. *On virtue ethics*. Nova York: Oxford University Press, USA, 2000.

INDIAN EXPRESS. "Rs 51–crore reward for Danish cartoonist's head, says UP Minister". 18 fev. 2006. Disponível em: <http://www.indianexpress.com/storyOld.php?storyId=88158>. Acesso em: 3 fev. 2013.

INGLEHART, R., R. FOA et al. "Development, freedom e rising happiness: A global perspective (1981–2007)". *Perspectives on Psychological Science*, v. 3, n. 4, 2008, p. 264–285.

INTERGOVERNMENTAL PANEL ON CLIMATE CHANGE. "Synthesis report". 2007. Disponível em: <http://www.ipcc.ch/pdf/assessment-report/ar4/syr/ar4 syr.pdf>. Acesso em: 3 fev. 2013.

INTERNATIONAL BUSINESS TIMES. "Innocence of Muslims' protests: Death toll rising in Pakistan". 21 set. 2012. Disponível em: <http://www.ibtimes.com/%E2%80%98innocence-muslims%E2%80%99-protests-death-toll-rising--pakistan-794296>. Acesso em: 3 fev. 2013.

INTERNATIONAL LABOUR ORGANIZATION. "Summary of the ILO 2012 Global Estimate of Forced Labour". 2012. Disponível em: <http://www.ilo.org/sapfl/Informationresources/ILOPublications/WCMS_181953/lang--en/index.htm>. Acesso em: 3 fev. 2013.

JAMIESON, D. *Singer and his critics*. Oxford: Wiley-Blackwell, 1999.

JENSEN, K., J. CALL et al. "Chimpanzees are vengeful but not spiteful". *Proceedings of the National Academy of Sciences*, v. 104, n. 32, 2007, p. 13046–13050.

JOÃO PAULO II. "The gospel of life". *Evangelium vitae*, v. 73, 1995.

JONES, J. "Conservatives' doubts about global warming grow". Gallup. 11 mar. 2010. Disponível em: <http://www.gallup.com/poll/126563/conservatives-doubts--global-warming-grow.aspx>. Acesso em: 29 out. 2011.

JOYCE, R. *The myth of morality*. Cambridge: Cambridge University Press, 2011.

_____. *The evolution of morality*. Cambridge, MA: MIT Press, 2006.

_____. "The accidental error theorist". *Oxford Studies in Metaethics*, v. 6, 2011, p. 153.

KAHAN, D. M., M. WITTLIN et al. "The tragedy of the risk-perception commons: Culture conflict, rationality conflict e climate change". Temple University Legal Studies Research Paper (2011-26). 2011.

KAHAN, D. M., D. A. HOFFMAN et al. "They saw a protest: Cognitive illiberalism and the speech-conduct distinction". *Stanford Law Review*, v. 64, 2012, p. 851.

KAHAN, D. M., H. JENKINS-SMITH et al. "Cultural cognition of scientific consensus". *Journal of Risk Research*, v. 14, n. 2, 2011, p. 147–174.

KAHAN, D. M., E. PETERS et al. "The polarizing impact of science literacy and numeracy on perceived climate change risks". *Nature Climate Change*, v. 2, n. 10, 2012, p. 732–735.

KAHANE, G. e N. SHACKEL. "Methodological issues in the neuroscience of moral judgment". *Mind and Language*, v. 25, n. 5, 2010, p. 561–582.

KAHANE, G., K. WIECH et al. "The neural basis of intuitive and counterintuitive moral judgment". *Social Cognitive and Affective Neuroscience*, v. 7, n. 4, 2012, p. 393–402.

KAHNEMAN, D. "A perspective on judgment and choice: Mapping bounded rationality". *American Psychologist*, v. 58, n. 9, 2003, p. 697–720.

_____. *Thinking, fast and slow*. New York: Farrar, Straus & Giroux, 2011. [*Rápido e devagar: duas formas de pensar*. Rio de Janeiro: Objetiva, 2012.]

KAHNEMAN, D., E. DIENER et al. *Well-being: The foundations of hedonic psychology*. Nova York: Russell Sage Foundation Publications, 2003.

KAHNEMAN, D., D. SCHKADE et al. "Shared outrage and erratic rewards: The psychology of punitive damages". *Journal of Risk and Uncertainty*, v. 16, 1998, p. 49–86.

KAHNEMAN, D. e A. TVERSKY. *Choices, Values e Frames*. Nova York: Cambridge University Press, 2000.

KAMM, F. M. *Morality, mortality, vol. I: Death and whom to save from it*. Nova York: Oxford University Press USA, 1998.

_____,. "The doctrine of triple effect and why a rational agent need not intend the means to his end". *Proceedings of the Aristotelian Society*, v. 74, supl. S., 2000, p. 21–39.

_____,. *Morality, mortality, vol. II: Rights, duties e status*. Nova York: Oxford University Press USA, 2001.

_____,. *Intricate ethics: Rights, responsibilities e permissible harm*. Nova York: Oxford University Press USA, 2006.

_____,. "Neuroscience and moral reasoning: a note on recent research". *Philosophy & Public Affairs*, v. 37, n. 4, 2009, p. 330–345.

KANT, I. *Groundwork for the metaphysics of morals*. New Haven, CT: Yale University Press, 1785/2002.

_____,. *The metaphysics of morals: Ethical philosophy*. Indianapolis: Hackett, 1994.

KEIL, F. C. "Folkscience: Coarse interpretations of a complex reality". *Trends in Cognitive Sciences*, v. 7, n. 8, 2003, p. 368–373.

KELTNER, D. *Born to be good: The science of a meaning ful life*. Nova York: W. W. Norton & Company, 2009.

KELTNER, D. e J. HAIDT. "Approaching awe, a moral, spiritual e aesthetic emotion". *Cognition & Emotion*, v. 17, n. 2, 2003, p. 297–314.

KIM, S. "Occupy a desk " job fair coms to Zuccotti Park. ABC News. 12 dez. 2011. Disponível em: <http://abcnews.go.com/Business/york-anti-occupy-wall-street--campaign-hosts-job/story?id=15121278>. Acesso em: 3 fev. 2013.

KINSLEY, M. "Just supposin': In defense of hypothetical questions". *Slate*. 2 out. 2003. Disponível em: <http://www.slate.com/articles/news_and_politics/readme/2003/10/just_supposin.html>

KINZLER, K. D., E. DUPOUX et al. "The native language of social cognition". *Proceedings of the National Academy of Sciences*, v. 104, n. 30, 2007, p. 12577–12580.

KITCHER, P. "Four ways of 'biologicizing' ethics". *Conceptual Issues in Evolutionary Biology*, 1994, p. 439–450.

KOECHLIN, E., C. ODY et al. "The architecture of cognitive control in the human prefrontal cortex". *Science*, v. 302, n. 5648, 2003, p. 1181–1185.

KOENIGS, M., M. KRUEPKE et al. "Utilitarian moral judgment in psychopathy". *Social Cognitive and Affective Neuroscience*, v. 7, n. 6, 2012, p. 708–714.

KOENIGS, M., L. YOUNG et al. "Damage to the prefrontal cortex increases utilitarian moral judgements". *Nature*, v. 446, n. 7138, 2007, p. 908–911.

KOGUT, T. e I. RITOV. "The singularity effect of identified victims in separate and joint evaluations". *Organizational Behavior and Human Decision Processes*, v. 97, n. 2, 2005, p. 106–116.

KORSGAARD, C. M. *Creating the kingdom of ends.* Nova York: Cambridge University Press, 1996.

KOSFELD, M., M. HEINRICHS et al. "Oxytocin increases trust in humans". *Nature*, v. 435, n. 7042, 2005, p. 673–676.

KOVEN, N. S. "Specificity of meta-emotion effects on moral decision-making". *Emotion*, v. 11, n. 5, 2011, p. 1255.

KOZINSKI, A. e GALLAGHER, S. "For an Honest Death Penalty". *New York Times*, 8 mar. 1995.

KRISTOF, N. D. "Where Sweatshops Are a Dream". *New York Times*, 14 jan. 2009.

KRUGMAN, P. "Why Americans hate single-payer insurance". *New York Times*, 28 jul. 2009.

———. "We are the 99.9%". *New York Times*, 24 nov. 2011.

KUHSE, H. e P. SINGER. *Bioethics. An Anthology.* 2 ed. Oxford: Blackwell Publishing, 2006.

KURZBAN, R., P. DESCIOLI et al. "Audience effects on moralistic punishment". *Evolution and Human Behavior*, v. 28, n. 2, 2007, p. 75–84.

KURZBAN, R., J. TOOBY et al. "Can race be erased? Coalitional computation and social categorization". *Proceedings of the National Academy of Sciences*, v. 98, n. 26, 2001, p. 15387–15392.

LADYNA-KOTS, N. "Infant chimpanzee and human child". Museum Darwinianum, Moscou, 1935.

LAKOFF, G. e M. JOHNSON. *Metaphors we live by.* Chicago: University of Chicago Press, 1980.

LAKSHMINARAYANAN, V. R. e L. R. SANTOS. "Capuchin monkeys are sensitive to others' welfare". *Current Biology*, v. 18, n. 21, 2008, p. R999–R1000.

LAYARD, R. *Happiness: Lessons from a new science.* Nova York: Penguin Press, 2006.

LEITENBERG, M. "Deaths in wars and conflicts between 1945 and 2000". *Occasional Paper*, v. 29, 2003.

LERNER, J. S., D. A. SMALL et al. "Heart strings and purse strings: Carryover effects of emotions on economic decisions". *Psychological Science*, v. 15, n. 5, 2004, p. 337–341.

LIBERMAN, V., S. M. SAMUELS et al. "The name of the game: Predictive power of reputations *versus* situational labels in determining prisoner's dilemma game moves". *Personality and Social Psychology Bulletin*, v. 30 n. 9, 2004, p. 1175–1185.

LIEBERMAN, M. D., R. GAUNT et al. "Reflection and reflexion: A social cognitive neuroscience approach to attributional inference". *Advances in Experimental Social Psychology*, v. 34, 2002, p. 199–249.

LIND, M. "Civil war by other means". *Foreign Affairs*, v. 78, 1999, p. 123.

_____ . "Slave states vs. free states, 2012". *Salon*. 10 out. 2012. Acesso em: 3 fev. 2013. Disponível em: http://www.salon.com/2012/10/10/slave_states_vs_free_states_2012/.

LIST, J. A. "On the interpretation of giving in dictator games". *Journal of Political Economy*, v. 115, n. 3, 2007, p. 482–493.

LOEWENSTEIN, G. "Out of control: Visceral influences on behavior". *Organizational Behavior and Human Decision Processes*, v. 65, n. 3, 1996, p. 272–292.

LOEWENSTEIN, G., S. ISSACHAROFF et al. "Self-serving assessments of fairness and pretrial bargaining". *The Journal of Legal Studies*, v. 22, n. 1, 1993, p. 135–159.

LORD, C. G., L. ROSS et al. "Biased assimilation and attitude polarization: The effects of prior theories on subsequently considered evidence". *Journal of Personality and Social Psychology*, v. 37, n. 11, 1979, p. 2098.

MacDONALD, A. W., J. D. Cohen et al. "Dissociating the role of the dorsolateral prefrontal and anterior cingulate cortex in cognitive control". *Science*, v. 288, n. 5472, 2000, p. 1835–1838.

MACINTYRE, A. *After virtue*. Notre Dame, IN: University of Notre Dame Press, 1981.

MACKIE, J. L. *Ethics: Inventing right and wrong*. Harmondsworth e Nova York: Penguin, 1977.

MACMILLAN, M. *An odd kind of fame: Stories of Phineas Gage*. Cambridge, MA: MIT Press, 2002.

MADISON, L. "Richard Mourdock: Even pregnancy from rape something 'God intended.'" CBS News. 23 out. 2012. Disponível em: <http://www.cbsnews.com/8301-250_162-57538757/richard-mourdock-even-pregnancy-from-rape--something-god-intended>. Acesso em: 3 fev. 2013.

MAHAJAN, N., M. A. MARTINEZ et al. "The evolution of intergroup bias: Perceptions and attitudes in rhesus macaques". *Journal of Personality and Social Psychology*, v. 100, n. 3, 2011, p. 387.

MAHAJAN, N. e K. WYNN. "Origins of 'Us' *versus* 'Them': Prelinguistic infants prefer similar others". *Cognition*, v. 124, n. 2, 2012, p. 227–233.

MARGULIS, L. *Origin of eukaryotic cells: Evidence and research implications for a theory of the origin and evolution of microbial, plant e animal cells on the Precambrian earth*. New Haven, CT: Yale University Press, 1970.

MARINER, J. "No escape: Male rape in US prisons". Human Rights Watch. 2001.

MARLOWE, F. W., J. C. BERBESQUE et al. "More 'altruistic' punishment in larger societies". *Proceedings of the Royal Society B: Biological Sciences*, v. 275, n. 1634, 2008, p. 587–592.

MARSH, A. A., S. L. CROWE et al. "Serotonin transporter genotype (5–HTTLPR) predicts utilitarian moral judgments". *PLOS ONE*, v. 6, n. 10, 2011, p. e25148.

McCLURE, S. M., K. M. ERICSON et al. "Time discounting for primary rewards". *Journal of Neuroscience*, v. 27, n. 21, 2007, p. 5796–5804.

McCLURE, S. M., D. I. LAIBSON et al. "Separate neural systems value immediate and delayed monetary rewards". *Science*, v. 306, n. 5695, 2004, p. 503–507.

McELREATH, R., R. BOYD et al. "Shared norms and the evolution of ethnic markers". *Current Anthropology*, v. 44, n. 1, 2003, p. 122–130.

McGUIRE, J., R. LANGDON et al. "A reanalysis of the personal/impersonal distinction in moral psychology research". *Journal of Experimental Social Psychology*, v. 45, n. 3, 2009, p. 577–580.

McMAHAN, J. *Killing in war*. Nova York: Oxford University Press, 2009.

MEDAK, P. "Button, button". *The Twilight Zone*, 1986.

MENDEZ, M. F., E. ANDERSON et al. "An investigation of moral judgement in frontotemporal dementia". *Cognitive and Behavioral Neurology*, v. 18, n. 4, 2005, p. 193–197.

MERCIER, H. e D. SPERBER. "Why do humans reason? Arguments for an argumentative theory". *Behavioral and Brain Sciences*, v. 34, n. 2, 2011, p. 57.

MESSICK, D. M. e K. P. SENTIS. "Fairness and preference". *Journal of Experimental Social Psychology*, v. 15, n. 4, 1979, p. 418–434.

METCALFE, J. e W. MISCHEL. "A hot/cool-system analysis of delay of gratification: Dynamics of willpower". *Psychological Review*, v. 106, n. 1, 1999, p. 3–19.

MICHOR, F., Y. IWASA et al. "Dynamics of cancer progression". *Nature Reviews Cancer*, v. 4, n. 3, 2004, p. 197–205.

MIKHAIL, J. "Rawls' linguistic analogy: A study of the 'Generative Grammar' model of moral theory described by John Rawls in *A Theory of Justice*". Universidade de Cornell. Departamento de Filosofia. 2000.

_____. *Elements of moral cognition: Rawls' linguistic analogy and the cognitive science of moral and legal judgment*. Nova York: Cambridge University Press, 2011.

MILGRAM, S., L. MANN et al. "The lost letter technique: A tool for social research". *Public Opinion Quarterly*, v. 29, n. 3, 1965, p. 437–438.

MILINSKI, M., D. SEMMANN et al. "Reputation helps solve the 'tragedy of the commons.'" *Nature*, v. 415, n. 6870, 2002, p. 424–426.

MILL, J. S. *On liberty*. Londres: Longman, Green, Longman, Roberts and Green, 1865.

———. The subjection of women. National American Woman Suffrage Association, 1985. [*A sujeição das mulheres*. São Paulo: Escala, 2006.]

———. "Utility of Religion". In: *Three Essays on Religion*. Amherst, NY: Prometheus Books, 1998.

MILL, J. S. e J. BENTHAM. *Utilitarianism and other essays*. Harmondsworth: Penguin, 1987.

MILLBANK, D. e C. DEANE. "Hussein link to 9/11 lingers in many minds". *Washington Post*. 6 set. 2003. Disponível em: <http://www.washingtonpost.com/ac2/wp-dyn/A32862-2003Sep5?language=printer>. Acesso em: 29 out. 2011.

MILLER, E. K. e J. D. COHEN. "An integrative theory of prefrontal cortex function". *Annual Review of Neuroscience*, v. 24, n. 1, 2001, p. 167–202.

MILLER, G. F. e P. M. TODD. "Mate choice turns cognitive". *Trends in Cognitive Sciences*, v. 2, n. 5, 1998, p. 190–198.

MILLS, C. M. e F. C. KEIL. "The development of cynicism". *Psychological Science*, v. 16, n. 5, 2005, p. 385–390.

MITANI, J. C., D. P. WATTS et al. "Lethal intergroup aggression leads to territorial expansion in wild chimpanzees". *Current Biology*, v. 20, n. 12, 2010, p. R507–R508.

MOONEY, C. *The Republican brain: The science of why they deny science — and reality*. Hoboken, NJ: Wiley, 2012.

MOORE, A. B., B. A. CLARK et al. "Who shalt not kill? Individual differences in working memory capacity, executive control e moral judgment". *Psychological Science*, v. 19, n. 6, 2008, p. 549–557.

MOORE, G. E. *Principia ethica*. Cambridge: Cambridge University Press, 1903/1993.

MORETTO, G., E. LADAVAS et al. "A psychophysiological investigation of moral judgment after ventromedial prefrontal damage". *Journal of Cognitive Neuroscience*, v. 22, n. 8, 2010, p. 1888–1899.

MORRISON, I., D. LLOYD et al. "Vicarious responses to pain in anterior cingulate cortex: Is empathy a multisensory issue?" *Cognitive, Affective & Behavioral Neuroscience*, v. 4, n. 2, 2004, p. 270–278.

MUSEN, J. D. "The moral psychology of obligations to help those in need". Monografia. Departamento de Psicologia. Universidade Harvard, 2010.

NAGEL, J. e M. R. WALDMANN. "Deconfounding distance effects in judgments of moral obligation". *Journal of Experimental Psychology: Learning, Memory e Cognition*, v. 39, n. 1, 2012.

NAGEL, T. *The possibility of altruism*. Princeton, NJ: Princeton University Press, 1979.

NAVARRETE, C. D., M. M. McDONALD et al. "Virtual morality: Emotion and action in a simulated three-dimensional 'trolley problem'". *Emotion*, v. 12, n. 2, 2012, p. 364.

NEW YORK TIMES. "'Welfare queen' becomes issue in Reagan campaign". 15 fev. 1976.

NICHOLS, S. "How psychopaths threaten moral rationalism: Is it irrational to be amoral?" *The Monist*, v. 85, n. 2, 2002, p. 285-303.

NICHOLS, S. e J. KNOBE. "Moral responsibility and determinism: The cognitive science of folk intutions". *Nous*, v. 41, 2007, p. 663-685.

NICHOLS, S. e R. MALLON. "Moral dilemmas and moral rules". Cognition, v. 100, n. 3, 2006, p. 530-542.

NIETZSCHE, F. *The Gay Science*. Nova York: Random House, 1882/1974.

NISBETT, R. E. e D. COHEN. *Culture of honor: The psychology of violence in the South*. Boulder, CO: Westview Press, 1996.

NISBETT, R. E., K. PENG et al. "Culture and systems of thought: Holistic *versus* analytic cognition". *Psychological Review*, v. 108, n. 2, 2001, p. 291.

NISBETT, R. E. e T. D. WILSON. "Telling more than we can know: Verbal reports on mental processes". *Psychological Review*, v. 84, n. 3, 1977, p. 231.

NORENZAYAN, A. e A. F. SHARIFF. "The origin and evolution of religious prosociality". *Science*, v. 322, n. 5898, 2008, p. 58-62.

NORTON, M. I. e D. ARIELY. "Building a better America — one wealth quintile at a time". *Perspectives on Psychological Science*, v. 6, n. 1, 2011, p. 9-12.

NOWAK, M. A. "Five rules for the evolution of cooperation". *Science*, v. 314, n. 5805, 2006, p. 1560-1563.

NOWAK, M. A. e K. SIGMUND. "Tit for tat in heterogeneous populations". *Nature*, v. 355, n. 6357, 1992, p. 250-253.

_____. "A strategy of win-stay, lose-shift that outperforms tit-for-tat in the Prisoner's Dilemma game". *Nature*, v. 364, n. 6432, 1993, p. 56-58.

_____. "Evolution of indirect reciprocity by image scoring". *Nature*, v. 393, n. 6685, 1998, p. 573-577.

_____. "Evolution of indirect reciprocity". *Nature*, v. 437, n. 7063, 2005, p. 1291–1298.

NOWAK, M. A., C. E. TARNITA et al. "The evolution of eusociality". *Nature*, v. 466, n. 7310, 2010, p. 1057–1062.

NOZICK, R. *Anarchy, state, and utopia*. Nova York: Basic Books, 1974.

O'NEILL, P. e PETRINOVICH. "A preliminary cross-cultural study of moral intuitions". *Evolution and Human Behavior*, v. 19, n. 6, 1998, p. 349–367.

OBAMA, B. "Speech at the Call to Renewal's Building a Covenent for a New America conference". 2006. Disponível em: <http://www.nytimes.com/2006/06/28/us/politics/2006obamaspeech.html?pagewanted=all>. Acesso em: 3 fev. 2013.

OCHSNER, K. N., S. A. BUNGE et al. "Rethinking feelings: An fMRI study of the cognitive regulation of emotion". *Journal of Cognitive Neuroscience*, v. 14, n. 8, 2002, p. 1215–1229.

OLSSON, A. e E. A. PHELPS. "Learned fear of 'unseen' faces after Pavlovian, observational, and instructed fear". *Psychological Science*, v. 15, n. 12, 2004, p. 822–828.

_____. "Social learning of fear". *Nature Neuroscience*, v. 10, n. 9, 2007, p. 1095–1102.

ONISHI, K. H. e R. BAILLARGEON. "Do 15–month-old infants understand false beliefs?" *Science*, v. 308, n. 5719, 2005, p. 255–258.

PACKER, C. "Reciprocal altruism in Papio anubis". *Nature*, v. 265, 1977, p. 441–443.

PADOA-SCHIOPPA, C. "Neurobiology of economic choice: A good-based model". *Annual Review of Neuroscience*, v. 34, 2011, p. 333.

PAHARIA, N., K. S. KASSAM, J. D. GREENE e M. H. BAZERMAN. "Dirty work, clean hands: The moral psychology of indirect agency". *Organizational Behavior and Human Decision Processes*, v. 109, 2009, p. 134–141.

PARFIT, D. *Reasons and persons*. Oxford: Clarendon Press, 1984.

PAXTON, J. M., T. BRUNI e J. D. GREENE. "Are 'counter-intuitive' deontological judgments really counter-intuitive? An empirical reply to Kahane et al. (2012)". *Social Cognitive and Affective Neuroscience*, 2014.

PAXTON, J. M. e J. D. GREENE. "Moral reasoning: Hints and allegations". *Topics in Cognitive Science*, v. 2, n. 3, 2010, p. 511–527.

PAXTON, J. M., L. UNGAR e J. D. GREENE. "Reflection and reasoning in moral judgment". *Cognitive Science*, v. 36, n. 1, 2011, p. 163–177.

PEDERSEN, C. A., J. A. ASCHER et al. "Oxytocin induces maternal behavior in virgin female rats". *Science*, v. 216, 1982, p. 648–650.

PERKINS, A. M., A. M. LEONARD et al. "A dose of ruthlessness: Interpersonal moral judgment is hardened by the anti-anxiety drug lorazepam". *Journal of Experimental Psychology*, v. 999, 2012.

PETRINOVICH, L., P. O'NEILL et al. "An empirical study of moral intuitions: Toward an evolutionary ethics". *Journal of Personality and Social Psychology*, v. 64, n. 3, 1993, p. 467.

PINILLOS, N. Á., N. SMITH et al. "Philosophy's new challenge: Experiments and intentional action". *Mind & Language*, v. 26, n. 1, 2011, p. 115-139.

PINKER, S. *How the mind works*. Nova York: W. W. Norton & Company, 1997.

_____. *The blank slate: The modern denial of human nature*. Nova York: Viking, 2002.

_____. *The stuff of thought: Language as a window into human nature*. Nova York: Viking, 2007.

_____. "Crazy love". *Time*, v. 171, n. 4, 2008, p. 82.

_____. *The better angels of our nature: Why violence has declined*. New York: Viking [*Os anjos bons da nossa natureza: por que a violência diminuiu*. São Paulo: Companhia das Letras, 2017.]

PIZARRO, D. A. e P. BLOOM. "The intelligence of the moral intuitions: Comment on Haidt (2001)". *Psychological Review*, v. 110, n. 1, 2003, p. 193-198.

PIZARRO, D. A. e TANNENBAUM, D. "Bringing character back: How the motivation to evaluate character influences judgments of moral blame". In: MIKULINCER, M. e SHAVER, P. (Eds.). *The Social psychology of morality: Exploring the causes of good e evil*. APA Press, 2011.

PLATÃO. *The Republic*. Londres: Penguin Classics, 1987.

PLUTCHIK, R. *Emotion, a psychoevolutionary synthesis*. Nova York: Harper & Row, 1980.

POLITISITE. "CNN Tea Party debate transcript part 3". 13 set. 2011. Disponível em: <http://www.politisite.com/2011/09/13/cnn-tea-party-debate-transcript-part-3-cnnteaparty/#.USAY2-jbb_I>. Acesso em: 3 fev. 2012.

POSNER, M. I. e C. R. R. SNYDER. *Attention and cognitive control: Information processing and cognition*. Edição de R. L. Solso. Hillsdale, NJ: Erlbaum, 1975, p. 55-85.

POUNDSTONE, W. *Prisoner's Dilemma: John von Neumann, game theory, and the puzzle of the bomb*. Nova York: Doubleday, 1992.

POWELL, J. "Why climate deniers have no scientific credibility — in one pie chart". *DeSmogBlog*. 15 nov. 2012. Disponível em: <http://www.desmogblog.com/2012/11/15/why-climate-deniers-have-no-credibility-science-one-pie-chart>. Acesso em: 3 fev. 2013.

PREMACK, D. e A. J. PREMACK. "Levels of causal understanding in chimpanzees and children". *Cognition*, v. 50, n. 1, 1994, p. 347-362.

PUTNAM, R. D. *Bowling alone: The collapse and revival of American community*. Nova York: Simon & Schuster, 2001.

PUTNAM, R. D. e D. E. CAMPBELL. *American grace: How religion divides and unites us*. Nova York: Simon & Schuster, 2010.

QUINE, W. V. "Main trends in recent philosophy: Two dogmas of empiricism". *The Philosophical Review*, v. 60, 1951, p. 20–43.

RAND, D. G., S. ARBESMAN et al. "Dynamic social networks promote cooperation in experiments with humans". *Proceedings of the National Academy of Sciences*, v. 108, n. 48, 2011, p. 19193–19198.

RAND, D. G., A. DREBER et al. "Positive interactions promote public cooperation". *Science*, v. 325, n. 5945, 2009, p. 1272–1275.

RAND, D. G., J. D. GREENE et al. "Spontaneous giving and calculated greed". *Nature*, v. 489, n. 7416, 2012, p. 427–430.

RAND, D. G., H. OHTSUKI et al. "Direct reciprocity with costly punishment: Generous tit-for-tat prevails". *Journal of Theoretical Biology*, v. 256, n. 1, 2009, p. 45.

RANGEL, A., C. CAMERER et al. "A framework for studying the neurobiology of value-based decision making". *Nature Reviews Neuroscience*, v. 9, n. 7, 2008, p. 545–556.

RANSOHOFF, K. "Patients on the trolley track: The moral cognition of medical practitioners and public health professionals". Monografia. Departamento de Psicologia. Universidade de Harvard, 2011.

RAWLS, J. *Uma teoria da justiça*. Brasília: UnB, 1981 (1971).

_____. *A Theory of Justice*. Edição revisada. Cambridge, MA: Harvard University Press, 1999.

REUTERS. "No consensus on who was behind Sept 11: Global poll". 10 set. 2008. Disponível em: <http://www.reuters.com/article/2008/09/10/us-sept11-qaeda--poll-idUSN1035876620080910>. Acesso em: 29 out. 2011.

RICHESON, J. A. e J. N. SHELTON. "When prejudice does not pay effects of interracial contact on executive function". *Psychological Science*, v. 14, n. 3, 2003, p. 287–290.

RODRIGUES, S. M., L. R. SASLOW et al. "Oxytocin receptor genetic variation relates to empathy and stress reactivity in humans". *Proceedings of the National Academy of Sciences*, v. 106, n. 50, 2009, p. 21437–21441.

ROES, F. L. e M. RAYMOND. "Belief in moralizing gods. *Evolution and Human Behavior*, v. 24, n. 2, 2003, p. 126–135.

ROYZMAN, E. B. e J. BARON. "The preference for indirect harm". *Social Justice Research*, v. 15, n. 2, 2002, p. 165-184.

ROZENBLIT, L. e F. KEIL. "The misunderstood limits of folk science: An illusion of explanatory depth". *Cognitive Science*, v. 26, n. 5, 2002, p. 521-562.

ROZIN, P., L. LOWERY et al. "The CAD triad hypothesis: A mapping between three moral emotions (contempt, anger, disgust) and three moral codes (community, autonomy, divinity)". *Journal of Personality and Social Psychology*, v. 76, n. 4, 1999, p. 574.

RUSE, M. *The Darwinian revolution: Science red in tooth and claw*. Chicago: University of Chicago Press, 1999.

RUSE, M. e E. O. WILSON. "Moral philosophy as applied science". *Philosophy*, v. 61, n. 236, 1986, p. 173-192.

THE RUSH LIMBAUGH SHOW. 22 set. 2011. Disponível em: <http://www.rushlimbaugh.com/daily/2011/09/22/quotes the big voice on the right>. Acesso em: 3 fev. 2013.

RUSSELL, S. J. e P. NORVIG. *Artificial intelligence: A modern approach*. Upper Saddle River, NJ: Prentice Hall, 2010.

SACHS, J. *The end of poverty: Economic possibilities for our time*. Nova York: Penguin Group USA, 2006.

SARLO, M., L. LOTTO et al. "Temporal dynamics of cognitive-emotional interplay in moral decision-making". *Journal of Cognitive Neuroscience*, v. 24, n. 4, 2012, p. 1018-1029.

SAVER, J. L. e A. R. DAMASIO. "Preserved access and processing of social knowledge in a patient with acquired sociopathy due to ventromedial frontal damage". *Neuropsychologia*, v. 29, n. 12, 1991, p. 1241-1249.

SCHACHTER, S. e J. SINGER. "Cognitive, social e physiological determinants of emotional state". *Psychological Review*, v. 69, n. 5, 1962, p. 379.

SCHAICH BORG, J., C. HYNES et al. "Consequences, action e intention as factors in moral judgments: An fMRI investigation". *Journal of Cognitive Neuroscience*, v. 18, n. 5, 2006, p. 803-817.

SCHELLING, T. C. "The life you save may be your own". In: CHASE, S. B. (Ed.). *Problems in public expenditure analysis*. Washington, DC: Brookings Institute, 1968.

SCHLESINGER Jr, A. "The necessary amorality of foreign affairs". *Harper's Magazine*, v. 72, 1971, p. 72-77.

SELIGMAN, M. *Authentic happiness: Using the new positive psychology to realize your potential for lasting fulfillment*. Nova York: Free Press, 2002.

SEMIN, G. R. e A. MANSTEAD. "The social implications of embarrassment displays and restitution behaviour". *European Journal of Social Psychology*, v. 12, n. 4, 1982, p. 367–377.

SEYFARTH, R. M. e D. L. CHENEY. "Grooming, alliances and reciprocal altruism in vervet monkeys". *Nature*, v. 308, n. 5959, 1984, p. 3.

_____. "The evolutionary origins of friendship". *Annual Review of Psychology*, v. 63, 2012, p. 153–177.

SHENHAV, A. e J. D. GREENE. "Moral judgments recruit domain-general valuation mechanisms to integrate representations of probability and magnitude". *Neuron*, v. 67, n. 4, 2010, p. 667–677.

SHENHAV, A. e J. D. GREENE. "Utilitarian calculations, emotional assessments e integrative moral judgments: Dissociating neural systems underlying moral judgment". (Palestra) *Cognitive Neuroscience Society Abstracts*, 2009.

SHENHAV, A., D. G. RAND et al. "Divine intuition: Cognitive style influences belief in God". *Journal of Experimental Psychology: General*, v. 141, n. 3, 2012, p. 423.

SHERGILL, S. S., P. M. BAYS et al. "Two eyes for an eye: the neuroscience of force escalation". *Science*, v. 301, n. 5630, 2003, p. 187.

SHIFFRIN, R. M. e W. SCHNEIDER. "Controlled and automatic information processing: II. Perceptual learning, automatic attending e a general theory". *Psychological Review*, v. 84, 1977, p. 127–190.

SHIV, B. e A. FEDORIKHIN. "Heart and mind in conflict: The interplay of affect and cognition in consumer decision making". *Journal of Consumer Research*, v. 26, n. 3, 1999, p. 278–292.

SIDANIUS, J., F. PARATTO. *Social Dominance*. Nova York: Cambridge University Press, 2001.

SIDGWICK, H. *The methods of ethics*. Indianapolis, IN: Hackett Publishing Company Incorporated, 1907.

SINGER, P. "Famine, affluence and morality". *Philosophy and Public Affairs*, v. 1, 1972, p. 229–243.

_____. *Practical ethics*. Cambridge, UK: Cambridge University Press, 1979.

_____. *The expanding circle: Ethics and sociobiology*. Nova York: Farrar Straus & Giroux, 1981.

_____. *Rethinking life and death*. Nova York: St. Martin's Press, 1994.

_____. *One world: The ethics of globalization*. New Haven, CT: Yale University Press, 2004.

_____. "Ethics and intuitions". *The Journal of Ethics*, v. 9, n. 3, 2005, p. 331–352.

_____. *The life you can save: Acting now to end world poverty*. Nova York: Random House, 2009.

SINGER, P. e H. KUHSE. *Bioethics: An Anthology*. Malden, MA: Blackwell Publishers, 1999.

SINGER, T., B. SEYMOUR et al. "Empathy for pain involves the affective but not sensory components of pain". *Science*, v. 303, n. 5661, 2004, p. 1157–1162.

SINGER, T., R. SNOZZI et al. "Effects of oxytocin and prosocial behavior on brain responses to direct and vicariously experienced pain". *Emotion*, v. 8, n. 6, 2008, p. 781.

SINNOTT-ARMSTRONG, W. "Moral intuitionism meets empirical psychology". In: HORGAN, T. e M. TIMMONS (Eds.). *Metaethics after Moore*. Nova York: Oxford University Press, 2006, p. 339–365.

SINNOTT-ARMSTRONG, W. "Abstract + concrete = paradox". In: KNOBE J. e S. NICHOLS (Eds.). *Experimental philosophy*. Nova York: Oxford University Press, 2008, p. 209–230.

SINNOTT-ARMSTRONG, W. *Morality without God?* Nova York: Oxford University Press, 2009.

SLOANE, S., R. BAILLARGEON et al. "Do infants have a sense of fairness?" *Psychological Science*, v. 23, n. 2, 2012, p. 196–204.

SLOMAN, S. "The empirical case for two systems of reasoning". *Psychological Bulletin*, v. 119, n. 1, 1996, p. 3–22.

SLOMAN, S. e P. M. FERNBACH. "I'm right! (For some reason)". *New York Times*, 2012. Disponível em: <http://www.nytimes.com/2012/10/21/opinion/sunday/why-partisans-cant-explain-their-views.html?_r=0>. Acesso em: 8 nov. 2012.

SLOVIC, P. "If I look at the mass I will never act: Psychic numbing and genocide". *Judgment and Decision Making*, v. 2, 2007, p. 79–95.

SMALL, D. A. e G. LOEWENSTEIN. "Helping a victim or helping the victim: Altruism and identifiability". *Journal of Risk and Uncertainty*, v. 26, n. 1, 2003, p. 5–16.

_____. "The devil you know: The effects of identifiability on punitiveness". *Journal of Behavioral Decision Making*, v. 18, n. 5, 2005, p. 311–318.

SMART, J. J. C. e B. WILLIAMS. *Utilitarianism: For and against*. Cambridge, UK: Cambridge University Press, 1973.

SMITH, A. *The Theory of Moral Sentiments*. Indianapolis: Liberty Classics, 1759/1976.

SMITH, J. M. "Group selection and kin selection". *Nature*, v. 201, 1964, p. 1145–1147.

SMITH, M. *The moral problem*. Oxford, UK e Cambridge, MA: Blackwell, 1994.

SNOPES.COM. "Letter to Dr. Laura". 7 nov. 2012. Acesso em: 3 fev. 2013. Disponível em: http://www.snopes.com/politics/religion/drlaura.asp.

SOBER, E. e D. S. WILSON. *Unto others: The evolution and psychology of unselfish behavior*. Cambridge, MA: Harvard University Press, 1999.

STANOVICH, K. E. e R. F. West. "Individual differences in reasoning: Implications for the rationality debate?" *Behavioral and Brain Sciences*, v. 23, n. 5, 2000, p. 645-665.

STEPHENS-DAVIDOWITZ, S. "The effects of racial animus on a black presidential candidate: Using google search data to find what surveys miss". 2012. Disponível em http://www.people.fas.harvard.edu/~sstephen/papers/RacialAnimusAndVotingSethStephensDavidowitz.pdf.

STEVENSON, B. e J. WOLFERS. "Economic growth and subjective well-being: Reassessing the Easterlin paradox". National Bureau of Economic Research. 2008.

STEVENSON, R. L. *In the South Seas*. Rockville, MD: Arc Manor, 1891/2009.

STICH, S. "Is morality an elegant machine or a kludge". *Journal of Cognition and Culture*, v. 6, n. 1-2, 2006, p. 181-189.

STOLL, B. J., N. I. HANSEN et al. "Neonatal outcomes of extremely preterm infants from the NICHD Neonatal Research Network". *Pediatrics*, v. 126, n. 3, 2010, p. 443-456.

STROHMINGER, N., R. L. LEWIS et al. "Divergent effects of different positive emotions on moral judgment". *Cognition*, v. 119, n. 2, 2011, p. 295-300.

STROOP, J. R. "Studies of interference in serial verbal reactions". *Journal of Experimental Psychology: General*, v. 121, n.1, 1935, p. 15.

STUSS, D. T., M. P. ALEXANDER et al. "An extraordinary form of confabulation". *Neurology*, v. 28, n. 11, 1978, p. 1166-1172.

SUNSTEIN, C. R. "Moral heuristics". *Behavioral and Brain Sciences*, v. 28, n. 4, 2005, p. 531-573.

SUSSKIND, J. M., D. H. LEE et al. "Expressing fear enhances sensory acquisition". *Nature Neuroscience*, v. 11, n. 7, 2008, p. 843-850.

SUTER, R. S. e R. HERTWIG. "Time and moral judgment". *Cognition*, v. 119, n. 3, 2011, p. 454-458.

SWAMI, P. "GOP hits Obama for silence on Iran protests". CBS News. 15 jun. 2009.

TAJFEl, H. "Experiments in intergroup discrimination". *Scientific American*, v. 223, n. 5, 1970, p. 96-102.

_____. "Social psychology of intergroup relations". *Annual Review of Psychology*, v. 33, n. 1, 1982, p. 1-39.

TAJFEL, H. e J. C. TURNER "An integrative theory of intergroup conflict". *The Social Psychology of Intergroup Relations*, v. 33, 1979, p. 47.

TALMY, L. "Force dynamics in language and cognition". *Cognitive Science*, v. 12, n. 1, 1988, p. 49-100.

TCHEKHOV, A. *Portable Chekhov*. Nova York: Penguin, 1977.

TENNYSON, A. e M. A. EDEY. *The poems and plays of Alfred Lord Tennyson*. Nova York: Modern Library, 1938.

TESSER, A., L. MARTIN et al. "The impact of thought on attitude extremity and attitude-behavior consistency". In: PETTY, R. E. e J. A. KROSNICK (Eds.). *Attitude strength: Antecedents and consequences*. Mahwah, NJ: Lawrence Erlbaum, 1995, p. 73-92.

THOMAS, B. C., K. E. CROFT et al. "Harming kin to save strangers: Further evidence for abnormally utilitarian moral judgments after ventromedial prefrontal damage". *Journal of Cognitive Neuroscience*, v. 23, n. 9, 2011, p. 2186-2196.

THOMPSON, L. e G. LOEWENSTEIN. "Egocentric interpretations of fairness and interpersonal conflict". *Organizational Behavior and Human Decision Processes*, v. 51, n. 2, 1992, p. 176-197.

THOMSON, J. J. "Killing, letting die, and the trolley problem". *The Monist*, v. 59, n. 2, 1976, p. 204-217.

_____. "The trolley problem". *Yale Law Journal*, v. 94, n. 6, 1985, p. 1395-1415.

_____. *The realm of rights*. Cambridge, MA: Harvard University Press, 1990.

_____. "Turning the trolley". *Philosophy and Public Affairs*, v. 36, n. 4, 2008, p. 359-374.

TIENABESO, S. "Warren Buffett and his secretary talk taxes". ABC News, 25 jan. 2012.

TONRY, M. *Thinking about crime: Sense and sensibility in American penal culture*. Nova York: Oxford University Press, 2004.

TOOLEY, M. "The problem of evil". *Stanford Encyclopedia of Philosophy*, 2008.

TRÉMOLIÈRE, B., W. D. NEYS et al. "Mortality salience and morality: Thinking about death makes people less utilitarian". *Cognition*, 2012.

TRIVERS, R. "The evolution of reciprocal altruism". *Quarterly Review of Biology*, v. 46, 1971, p. 35-57.

_____. "Parental investment and sexual selection". In: CAMPBELL, B. (Ed.). *Sexual selection and the descent of man, 1871-1971*. Chicago: Aldine, 1972, p. 136-179.

_____. *Social evolution*. Menlo Park, CA: Benjamin/Cummins Publishing Co., 1985.

UNGER, P. K. *Living high and letting die: Our illusion of innocence.* Nova York: Oxford University Press, 1996.

UNION OF CONCERNED SCIENTISTS "Each country's share of CO2 emissions". 2008. Disponível em: <http://www.ucsusa.org/globalwarming/scienceandimpacts/science/each-countrys-share-of-co2.html>. Acesso em: 7 nov. 2011.

UNITED NATIONS. "Human development report 2011". 2011. Disponível em: <http://hdr.undp.org/en/media/HDR2011ENComplete.pdf>. Acesso em: 3 fev. 2013.

UNITED NATIONS OFFICE OF DRUGS AND CRIME. "Global study on homicide". 2011. Disponível em: <http://www.unodc.org/documents/data-and-analysis/statistics/Homicide/Globa study on homicide 2011web.pdf>. Acesso em: 3 fev. 2013.

US ENERGY INFORMATION ADMINISTRATION. "Emissions of greenhouse gases in the United States in 2008". USDOE Office of Integrated Analysis and Forecasting. 2009.

US GENERAL ACCOUNTING OFFICE. "Death penalty sentencing: Research indicates pattern of racial disparities". 1990.

US HOUSE OF REPRESENTATIVES. "Final vote results for roll call 681". 2008. Disponível em: <http://clerk.house.gov/evs/2008/roll681.xml>. Acesso em: 3 fev. 2013.

US SENATE. "US Senate roll call votes 110th Congress, 2nd session, on passage of the bill (HR 1424 as amended)". 2008. Disponível em: <http://www. senate.gov/legislative/LIS/roll call lists/roll callvotecfm.cfm?congress=110& session=2& vote=00213>. Acesso em: 3 fev. 2013.

VALDESOLO, P. e D. DeSTENO "Manipulations of emotional context shape moral judgment". *Psychological Science*, v. 17, n. 6, 2006, p. 476–477.

_____. "Moral hypocrisy: Social groups and the flexibility of virtue". *Psychological Science*, v. 18, n. 8, 2007, p. 689–690.

VALLONE, R. P., L. ROSS et al. "The hostile media phenomenon: Biased perception and perceptions of media bias in coverage of the Beirut massacre". *Journal of Personality and Social Psychology*, v. 49, n. 3, 1985, p. 577.

van YPEREN, N. W., K. van den BOS et al "Performance-based pay is fair, particularly when I perform better: Differential fairness perceptions of allocators and recipients". *European Journal of Social Psychology*, v. 35, n. 6, 2005, p. 741–754.

VARIETY. "TV Reviews — Network: Everybody's baby", v. 3335, n. 7, 31 maio 1989.

von NEUMANN, J. e O. MORGENSTERN. *Theory of games and economic behavior.* Princeton, NJ: Princeton University Press, 1944.

WADE-BENZONI, K. A., A. E. TENBRUNSEL e M. H. BAZERMAN. "Egocentric interpretations of fairness in asymmetric, environmental social dilemmas: Explaining harvesting behavior and the role of communication". *Organizational Behavior and Human Decision Processes*, v. 67, n. 2, 1996, p. 111–126.

WALDMANN, M. R. e J. H. DIETERICH. "Throwing a bomb on a person *versus* throwing a person on a bomb: Intervention myopia in moral intuitions". *Psychological Science*, v. 18, n. 3, 2007, p. 247–253.

WALSTER, E., E. BERSCHEID et al. "New directions in equity research". *Journal of Personality and Social Psychology*, v. 25, n. 2, 1973, p. 151.

WARNEKEN, F., B. HARE et al. "Spontaneous altruism by chimpanzees and young children". *PLOS Biology*, v. 5, n. 7, 2007, p. e184.

WARNEKEN, F. e M. TOMASELLO. "Altruistic helping in human infants and young chimpanzees". *Science*, v. 311, n. 5765, 2006, p. 1301–1303.

_____. "Varieties of altruism in children and chimpanzees". *Trends in Cognitive Sciences*, v. 13, n. 9, 2009, p. 397.

WERT, S. R. e P. SALOVEY. "Introduction to the special issue on gossip". *Review of General Psychology*, v. 8, n. 2, 2004, p. 76.

WEST, T. G. e G. S. WEST. *Four texts on Socrates.* Ithaca, NY: Cornell University Press, 1984.

WHALEN, P. J., J. KAGAN et al. "Human amygdala responsivity to masked fearful eye whites". *Science*, v. 306, n. 5704, 2004, p. 2061–2061.

WIGGINS, D. *Needs, values e truth: Essays in the philosophy of value.* Oxford, UK: Blackwell, 1987.

WIKE, R. "Obama addresses more popular U. N". Pew Research Global Attitudes Project. 21 set. 2009.

WILSON, D. S. *Darwin's cathedral: Evolution, religion e the nature of society.* Chicago: University of Chicago Press, 2003.

WILSON, T. D. *Strangers to ourselves: Discovering the adaptive unconscious.* Cambridge, MA: Harvard University Press, 2002.

WINKELMANN, L. e R. WINKELMANN. "Why are the unemployed so unhappy? Evidence from panel data". *Economica*, v. 65, n. 257, 2003, p. 1–15.

WINNER, C. *Everything bug: What kids really want to know about insects and spiders.* Minocqua, WI: Northword Press, 2004.

WITTGENSTEIN, L. *The Tractatus Locigo-Philosophicus.* Tradução de C. K. Ogden. Londres: Routledge/Kegan Paul, 1922/1995.

WOLFF, P. "Representing causation". *Journal of Experimental Psychology: General*, v. 136, n. 1, 2007, p. 82.

WOODWARD, A. L. e J. A. SOMMERVILLE. "Twelve-month-old infants interpret action in context". *Psychological Science*, v. 11, n. 1, 2000, p. 73–77.

WOODWARD, J. e J. ALLMAN. "Moral intuition: Its neural substrates and normative significance". *Journal of Physiology-Paris*, v. 101, 2007, p. 179–202.

WORLD BANK. "World Bank sees progress against extreme poverty, but flags vulnerabilities". 29 fev. 2012. <Disponível em: http://www.worldbank.org/en/news/press-release/2012/02/29/world-bank-sees-progress-against-extreme-poverty-but-flags-vulnerabilities>. Acesso em: 3 fev. 2013.

WRIGHT, R. *The moral animal: Why we are, the way we are: The new science of evolutionary psychology*. Nova York: Vintage, 1994.

_____. *NonZero: The logic of human destiny*. Nova York: Pantheon, 2000.

Créditos das imagens

1. Cortesia do autor.
2. HALEY, K. e D. FESSLER. "Nobody's watching?" *Evolution and Human Behavior*, v. 26, n. 3, 2005, p. 245; reimpressa com permissão da Elsevier.
3. HAMLIN, J. K., K. WYNM e P. BLOOM. "Social evaluation by preverbal infants". *Nature*, v. 450, n. 7169, 2007, p. 557–559; reimpressa com permissão da Macmillan Publishers Ltd.
4. Cortesia do autor.
5. Imagem: cortesia do autor; dados: HERRMANN, B., C. THÖNI e S. GACHTER. "Antisocial punishment across societies". *Science*, v. 319, n. 5868, 2008, p. 1362–1367.
6. HERRMAN, B., C THÖNI e S. GACHTER. "Antisocial punishment across societies". *Science*, v. 319, n. 5868, 2008, p. 1362–1367. Reimpressa com permissão da AAAS. Imagem adaptada com permissão de Herrman, Thöni e Gachter.
7. KAHAN, D. M. et al. "The polarising impact of science literacy and numeracy on perceived climate change risks". *Nature Climate Change*, v. 2, n. 10, 2012, p. 732–735; reimpressa com permissão da Macmillan Publishers Ltd.
8. SHERGILL, S. S., P. M. BAYS, C. D. FIRTH e D. M. WOLPORT. "Two eyes for an eye: the neuroscience of force escalation". *Science*, v. 301, n. 5630, 2003, p. 187; reimpressa com permissão da AAAS.

9 e 10. Cortesia do autor.

11. Esta imagem usa emoticons licenciados pela Creative Commons Attribution 3.0 Unported License. Para ver uma cópia da licença, visite http://creative-

commons.org/licenses/by/3.0/ ou envie uma carta para a Creative Commons, 444 Castro Street, Suite 900. Mountain View. California. 94041, USA.

12. Cortesia do autor.
13. Fileira superior, McCLURE, S. M., D. I. LAIBSON, G. LOEWENSTEIN e J. D. CHOHEN. "Separate neutral systems valued immediate and delayed monetary rewards". *Science*, v. 306, n. 5695, 2004, p. 503–507. Reimpressa com permissão da AAAS. Adaptada com permissão dos autores. Fileira do meio, OCHSNER, K. N., S. A BUNGE, J. J. GROSS e J. D. E. GABRIELI. "Rethinking feeling: An fMRI study of the cognitive regulation of emotion". *Journal of Congnitive Neuroscience*, v. 14, n. 8, 2002, p. 1215–1229; © 2002 Massachusetts Institute of Technology. Fileira inferior, CUNNINGHAM, W. A., M. K. JOHNSON, C. L. RAYE, J. C. GATHENBY, J. C. GORE e M. R. BANAJI. *Psychological Science*, v. 15, n. 12, 2004, p. 806–813; © 2004 Cunningham, Johnson, Raye, Gatenby, Gore, & Banaji. Reimpressa com permissão da SAGE Publications.
14. WHALEM, P. J., J. KAGAN, R. G. COOK et al. "Human amygdala reponsivity to masked fearful eye white". *Science*, v. 306, n. 5704, 2004, p. 2061, reimpressa com permissão da AAAS.

15 a 25. Cortesia do autor.

26. Esta obra usa emoticons licenciados sob a Creative Commons Attribution 3.0 Unported License. Para ver uma cópia da licença, visite http://creativecommons.org/licenses/by/3.0/ ou envie uma carta para Creative Commons, 444 Castro Street, Suite 900, Mountain View, California, 94041, USA.

Índice

A
aborto:
   abordagem pragmática do, 329–334
   como problema doméstico, 107
   conflitos sobre, 91
   direitos e, 182, 190, 310, 317–334
   e comparação libertarismo-liberalismo, 348
   e o contraste Haidt-Greene, 341, 343, 348
   estudo de caso sobre, 317–329
   ética das virtudes de Aristóteles e, 337
   função da moralidade e, 35
   modo manual e, 317, 318, 320, 328
   moeda comum e, 181, 182, 190, 192
   "nós" *versus* "eles" e, 21
   o problema do bonde e, 123
   percepção tendenciosa e, 99
   pragmatismo profundo e, 310, 317–334
   racionalização e, 310
   utilitarismo *versus* dispositivo e, 260
ação, 203, 204, 205, 211, 339. *Ver também* plano de ação; ações-omissões
acidente do motociclista, 92–93

acidentes, 258, 278–279
ações-omissões, 248–253, 255, 257–258
acomodação, 219, 224, 253, 263, 267, 274, 278, 292
agora e depois, 202
agora *versus* depois, 14–148, 169
agressão. *Ver* conflito; violência
alma, 320, 321, 323, 325, 327, 328, 329, 333
altruísmo, 33, 41–42, 58, 65, 78, 84, 106, 198, 266, 271, 333. *Ver também* doações
ameaças, 48–52, 53, 56, 64, 68–69
amígdala, 129, 130, 133, 147–149, 150, 179, 234, 325
Amit, Elinor, 133
amizade, 43, 50, 70
amor, 50–51, 69–70, 276, 301
analogia da câmera, 25, 139–140, 150, 151, 156, 178–180, 301–303
Anscombe, Elizabeth, 88
apertando botões morais:
   atos alarmantes e, 220–225, 259, 261
   justiça/equidade e, 270–271

utilitarismo *versus* dispositivo e, 259, 261
aquecimento global, 99–103, 107, 108, 297, 304–305, 356
Aquino, São Tomás de, 225, 308
Aristóteles, 336, 337–338, 340
Aron, Arthur, 306
Ashcraft, J. Kent, 187
assistência médica:
 como problema doméstico, 107
 direitos e, 311–312
 e comparação libertarismo-utilitarismo, 348, 349
 e Obamacare, 15–16
 e prospecto de uma teoria moral sofisticada, 337
 e reconhecer nossa ignorância, 304–305
 e seis regras para os pastores modernos, 360
 o problema do bonde e, 123
 pragmatismo profundo e, 297, 304–305, 311–312
 racionalização e, 311–312
Associação Médica Americana (AMA), 226, 248, 260, 297
atos alarmantes
 apertando botões morais e, 220–225, 259, 261
 doutrina de fazer e permitir e, 248–253, 260
 e cegueira aos efeitos secundários, 236–248
 e utilitarismo *versus* dispositivo, 253–261
 hipótese da miopia modular e, 231–261
 meios/efeitos secundários e, 225–261
 psicopatas e, 232–236, 256
 visão geral sobre, 219–220
autoconsciência, 54, 69–72
autonomia, 86
autoridade, 51, 57, 64, 77, 107, 184–188, 249, 298, 346, 347, 356. *Ver também tipos de autoridade*
Autrey, Wesley, 276
Axelrod, Robert, 41

B

Babcock, Linda, 92
Baron, Jonathan, 119–120, 287, 289–291
Bartels, Dan, 134
Bazerman, Max, 94
bem maior:
 cérebro de processo dual e, 146, 147
 conflito e, 89, 107
 debate sobre o Obamacare e, 15–16
 dilema da passarela e, 121, 132, 259–260
 direitos e, 312–313
 e comparação libertarismo-utilitarismo, 349, 351
 e criação de uma nova espécie humana, 276
 e honra *versus* harmonia, 89
 e seis regras para os pastores modernos, 357
felicidade e, 292
justiça/equidade e, 263, 279, 280, 286, 287, 292–293
o problema do bonde e, 122–123, 135–136

pragmatismo profundo e, 311–312
racionalização e, 312–313
tribalismo e, 347
utilitarismo e, 114–117, 133–134, 136–137, 174, 175, 219
utilitarismo *versus* dispositivo e, 259, 261
Bentham, Jeremy:
  argumento da escravidão e, 315
  e conceitos de prazer e dor, 168, 169
  e contraste Haidt-Greene, 345, 351–352
  e felicidade como moeda comum, 164, 168
  e fundação do utilitarismo, 114, 163
  e prospecto de uma teoria moral sofisticada, 335
  e seis regras para os pastores modernos, 357–358
  homossexualidade e, 353
  importância de, 210–211
  transcendendo a moralidade do senso comum, 180
Blitzer, Wolf, 16
Bloom, Paul, 55
boa vizinhança, 47
bolha imobiliária, 17
botões:
  encontrando a moeda comum, 197–200
  Ver também apertando botões morais
Botvinick, Matthew, 303
Bratman, Michael, 236
Brown, Donald, 58
Buffett, Warren, 350
Bush, George W., 17, 108

C

Cain, Herman, 18
canto mágico, 38–39, 42, 48, 52, 56, 64, 68, 69, 110, 156
Carey, Susan, 250
caricaturas de Maomé, 90–91
caricaturas de Maomé, 90–91
caronas, 66–67, 71, 82, 174
Caruso, Eugene, 105
caso da atração sexual, 311
caso da colisão com o obstáculo, 225–227, 229, 238
caso da passarela com vara, 227, 230
caso do alarme de colisão, 228–230
caso do circuito, 227–228, 229, 238, 239–241, 242, 244, 245, 246
caso do interruptor na passarela, 222, 224, 227, 229
caso do juiz e da multidão, 87–89, 212, 277
casos criminais:
  e detecção de crimes, 281
  e erros da justiça, 212
  justiça/equidade em, 277–280, 292
  Ver também punição
categorias sociais:
  maquinaria moral e, 58–63
causalidade, 130–131, 132, 134, 203, 204, 205, 236–238, 255, 257
células-tronco, 21
Centro para o Estudo do Cérebro, da Mente e do Comportamento (Universidade de Princeton), 125–126
cérebro de processo dual:
  agora *versus* depois e, 144–147

analogia da câmera e, 139–140, 150, 151, 156, 178–179
benefícios do, 138
características do, 178
cultura e, 150, 156
e prospecto de uma teoria moral sofisticada, 335, 336, 338
emoções/sentimentos e, 138, 141–144, 306
esforço cognitivo e, 144–145, 148
estrutura do, 144–145
experiência e, 150, 156
ficando esperto e, 148–149
formando uma teoria sobre o, 124, 127, 135–138
função do, 138, 139
genética e, 151, 156
metamoralidade e, 178–179
no mundo real, 135–137
novas experiências e, 139, 140
pragmatismo profundo e, 306–309
questões sobre o, 138
raciocínio e, 141–144, 156
racionalização e, 306–309
utilitarismo e, 178–180
utilitarismo *versus* dispositivo e, 253, 259
Ver também modo automático; modo manual

cérebro:
conflito e, 105
cooperação e, 33, 71–72, 155–156
danos ao, 124–125, 129, 131–132, 307
dilema do prisioneiro como explicação para a atividade do cérebro moral, 37
e "eu" x "nós" *versus* "nós" x "eles", 302
e o problema correlação não é causação, 130–132, 134
e seis regras para os pastores modernos, 355–357
e soluções para os problemas dos novos pastos, 110
estrutura do cérebro moral, 24
evolução do, 33, 335–356
felicidade e, 201
função do, 130–131, 356
inventando soluções tecnológicas para problemas complexos, 35
meios/efeitos secundários e, 231–248
o problema do bonde e, 123–131
pragmatismo profundo e, 302, 307
reprogramação do, 63
ressonâncias do, 128–131
tribalismo e, 63
Ver também modo automático; analogia da câmera; cérebro de processo dual; modo manual; hipótese da miopia modular; neurobiologia; *região específica*

chimpanzés, 31, 42, 43, 44, 47, 49, 319.
Ver também primatas não humanos

chineses: honra *versus* harmonia entre, 88–89

Ciaramelli, Elisa, 132

ciência:
bem maior e, 292
como fonte de conhecimento verificável, 106
como moeda comum, 183, 184, 191–193
conflito e, 100–103, 106
e contraste Haidt-Greene, 345, 346

e por que estudar o dilema da passa-
    rela, 260
e seis regras para os pastores modernos,
    356, 360
experimentos de Rozin e, 117-118
fatos e, 183
importância das ilusões visuais para
    a, 260
justiça/equidade e, 292
percepção tendenciosa e, 100-103
pragmatismo profundo e, 298-299
premissas e, 190
utilitarismo e, 195, 220
verdade moral e, 191-193, 195
Ver também neurobiologia
Cognição moral, 15, 25-26, 205, 215,
    260
Cohen, Dov, 84-86
Cohen, Geoffrey, 97
Cohen, Jonathan, 125-131, 303
"coisas favoritas", 165-166, 176, 300
coletivismo:
    conflito e, 76
    cooperação e, 29-36
    declínio/morte do, 348
    direito e, 316
    e comparação libertarismo-utilitaris-
        mo, 348, 349
    e parábola dos novos pastos, 11-15, 16-17
    equilíbrio entre individualismo e, 349
    exemplos de divisão entre individualis-
        mo e, 15-21
    felicidade e, 170-171
    honra *versus* harmonia e, 87, 89
    ideia esplêndida e, 157, 158-160,
        170-71
    limites do, 20-21
    maquinaria moral e, 155
    moeda comum e, 182
    "nós" *versus* "eles" e, 20
    percepção tendenciosa e, 99, 100-102
    pragmatismo e, 161
    pragmatismo profundo e, 316
    questões sobre o aborto e, 317
    sabedoria dos anciões e, 158-160
    tensões entre autointeresse e, 29-36
    tragédia dos comuns e, 29
    utilitarismo e, 170-171, 175, 201
Coltrane, John, 119
comentário de Romney sobre os "47%",
    18-19, 351
comer:
    de modo saudável, 265
    problema de, 202
competição, 25, 33-34, 35, 156, 191,
    202, 234, 271, 349
comprometimento pessoal, 273-275,
    314-315
compromisso, 299, 343, 347, 352, 360
compromissos, 25, 197, 205, 206, 298
comunitarismo, 100-104, 182
confabulação, 307, 328
confiança, 84, 174, 177, 268, 275
conflito dinamarquês sobre as caricatu-
    ras, 90-91
conflito/controvérsia:
    altruísmo e, 78, 106
    autoridade e, 77, 107
    cérebro e, 105
    ciência e, 101-102, 103, 106
    como questão de ênfase, 76-77
    crenças e, 99, 102, 107

cultura e, 78–86, 106, 107
direitos e, 107
e "eu" x "nós" *versus* "nós" x "eles", 302–303
e contraste Haidt-Greene, 342
e seis regras para os pastores modernos, 358
e soluções para os problemas dos novos pastos, 110
egoísmo e, 75–76, 78, 92, 93, 94–95, 96–97, 98, 99, 107
escalada do, 103–105, 108
gênero e, 78
harmonia e, 84–89
honra e, 84–89, 107
individualismo e, 76, 87, 100, 101-102, 107
justiça e, 92–97, 107–110
maquinaria moral e, 75–110
monitor de conflitos, 303
moralidade local e, 91–91
no nível do grupo, 75–76
"nós" e "eles" e, 75, 76, 107
oxitocina e, 78
percepção e, 98–103
pragmatismo profundo e, 302–303
psicologia do, 75–77
religião e, 90–91, 107
tendências psicológicas que exacerbam o conflito intertribal, 107–110
termos da cooperação e, 77–84
tribalismo e, 75–77, 77–84, 96–97, 101, 102, 103, 107–110
valores e, 77, 107, 168
viés e, 92–105, 107, 108–109
vingança e, 83
Ver também agressão; violência

consequências/consequencialismo:
   custos-benefícios e, 162
   da experiência da prisão, 279
   direitos e, 182–183, 330, 333
   do sexo, 330, 333
   e prospecto de uma teoria moral sofisticada, 335, 336
   felicidade e, 177
   ideia esplêndida e, 158, 161–164
   moeda comum e, 203, 204, 205, 206, 209, 210, 211–212, 213
   ótimas, 206, 209, 213
   pragmatismo profundo e, 330, 333
   questões sobre o aborto e, 330, 333
   solução de problemas e, 203, 204, 205, 206
   utilitarismo e, 114, 122, 161–163, 175, 177, 179, 203, 204, 205, 206, 209, 210, 211–212, 213, 336
conservadores sociais:
   e contraste Haidt-Greene, 343–348
   libertários comparados a, 350
consistência, 190–191, 319, 334
constrangimento, 54, 69, 70, 156, 356
controle cognitivo, 134
controle de armas, 107, 123
controle de natalidade, 35
cooperação:
   benefícios da, 30–31, 33, 34, 73
   como bem moral último, 193
   como intuitiva, 70–72
   como problema central da existência social, 30
   condicional, 41–43
   conflito e, 77–84
   definição de moralidade e, 33

e "eu" x "nós" *versus* "nós" x "eles", 300-302
e contraste Haidt-Greene, 341
e mecanismos morais que promovem e estabilizam a, 37
e moralidade como conjunto de adaptações para a, 34
e parábola dos novos pastos, 11-15
e seis regras para os pastores modernos, 355, 356
e tensões entre autointeresse e interesse coletivo, 29-36
entre chimpanzés, 31
"eu" e "nós" e, 29-36
evolução da moralidade e, 33, 36
evolução da, 34, 355, 361
felicidade e, 193
função da moralidade e, 32-35, 191-193
histórica, 44
ideia esplêndida e, 157, 193
imposta, 64-67
justiça/equidade e, 281
maquinaria moral e, 37-74
modo automático e, 155-156
moralidade como solução de problemas de, 36
não agressão como forma de, 31
"nós" *versus* "eles" e, 34
pragmatismo profundo, 300-301
propósito da, 361
punição e, 280
seleção natural e, 32-33
termos da, 77-84, 156
tragédia dos comuns e, 29-30, 33
tribalismo e, 77-84, 301-302
universal, 33, 36

correlação:
    causação e, 130-131, 132, 134
córtex cingulado anterior (CCA), 303
córtex pré-frontal, 124, 203, 204, 205-206, 299
cortisol, 85
CPFDL (córtex pré-frontal dorsolateral):
    caso da passarela e, 127
    cérebro de processo dual e, 143-144, 146, 147, 150
    dilema do interruptor e, 129, 131
    doutrina de fazer e permitir e, 252
    e "eu" x "nós" *versus* "nós" x "eles", 303
    raciocínio e, 143-144
    tarefa de Stroop e, 127
    utilitarismo e, 134, 179
CPFVM (córtex pré-frontal ventromedial), 125, 127, 128, 130-131, 132, 144, 146, 147, 148-149, 179
crenças, 77, 99, 102, 107, 204, 298, 333, 360
crianças/bebês:
    afogando-se, 267-273, 310
    doutrina de fazer e permitir e, 248-249
    e evolução da filosofia moral global, 23
    IAT para, 60
    membros do grupo e, 60
    pistas linguísticas e, 59
    punição de, 278
    sentenciosos, 55-56, 326
Crockett, Molly, 133
cuidado materno, 46, 63
cuidado, 40, 43, 44, 46-47, 51, 68, 72, 275-276, 356
culpa, 50, 69-70, 156, 301, 356
cultura:

cérebro de processo dual e,150, 156
conflito e, 78–87, 106, 107
e contraste Haidt-Greene, 342
e honra *versus* harmonia, 84–89
e termos da cooperação, 78–84
economia e, 87–88
evolução da, 192
ideia esplêndida e, 157
influência nas tomadas de decisão, 15
justiça/equidade e, 271
maquinaria moral e, 59, 60–61, 64
percepção tendenciosa e, 98–103
tribalismo e, 59, 60–61, 64
Cunningham, Wil, 147
Cushman, Fiery, 45, 138, 235, 250, 252
custos-benefícios:
    caso do interruptor e, 221
    consequencialismo e, 161
    da violência, 255
    dilema da passarela e, 135, 220
    direitos e, 313, 314, 331, 332, 333
    e encontrando uma moeda comum, 205–206, 209
    hipótese da miopia modular e, 241, 244–245, 246
    ideia esplêndida e, 157, 161, 164, 178
    justiça/equidade e, 281, 286
    maquinaria moral e, 43
    meios/efeitos secundários e, 241, 244–245, 246
    o problema do bonde e, 126, 127–128
    pragmatismo profundo e, 313, 314, 331, 332, 333
    questões sobre o aborto e, 331, 332, 333
    utilitarismo e, 164–165, 174, 177, 205–206, 209, 221, 222

D

Damasio, Antonio, 124–126, 129, 132, 148
dano. *Ver* doutrina de fazer e permitir; meios/efeitos secundários; punição
dano colateral, 225, 226, 227, 230
Darwin, Charles, 32, 191, 193
De Dreu, Carsten, 63
De Waal, Frans, 43
decência mínima, 44–48, 68, 69–70
Dershowitz, Alan, 120, 313
Deus:
    autoridade de, 184–188
    como fonte da moeda comum, 184–188
    conhecer a vontade de, 184–185
    direitos e, 313, 323–325, 333–334
    e contraste Haidt-Greene, 346, 347
    estupro como vontade de, 324
    homossexualidade e, 297
    pragmatismo profundo e, 297, 298–299, 314, 323–325, 333
    questões sobre o aborto e, 323–325, 333
    utilitarismo e, 163–164
    Ver também religião
dever:
    ajudar outros como, 267–273
    como racionalização, 309–313
    e seis regras para os pastores modernos, 359
    linguagem do, 311–312
    pragmatismo profundo e, 309–313
dilema da passarela:
    bem maior e, 121, 132

cérebro de processo dual e, 147, 156
como dilema pessoal, 128–131, 132, 133, 222–225, 227
como mosca-das-frutas moral, 258
custos-benefícios e, 135, 221
descrição do, 120–122
direitos e, 309
e o caso Phineas Gage, 124–125
e prospecto de uma teoria moral sofisticada, 336
e visão geral do problema do bonde, 120–122, 123–124
emoções e, 132, 133, 221–225
felicidade e, 183
hipótese da miopia modular e, 236–237, 239, 241, 242, 243, 244, 245, 246
intuição e, 124
meios/efeitos secundários e, 224, 225–227, 236–237, 238–239, 241, 242, 243, 244, 245, 246
modo automático e, 127, 221, 225
modo manual e, 178–179
moeda comum e, 200, 211–212
neurobiologia e, 124, 125, 126, 127–134
pessoalidade e, 222, 227
por que estudar o, 259–260
pragmatismo profundo e, 309
racionalização e, 310
remoto, 222–224, 227
utilitarismo e, 135, 136, 179–180, 211–212, 221–225, 227, 236–248
utilitarismo *versus* dispositivo e, 253, 256, 257–260
dilema do interruptor:
como dilema impessoal, 127–131, 132, 222, 223–224
custos-benefícios e, 221
descrição do, 122–123
direitos e, 310
e o caso Phineas Gage, 125
e visão geral do problema do bonde, 122–124
emoções e, 221
hipótese da miopia modular e, 236–238, 239–240, 241, 243–244, 245, 246, 247
instintos e, 221
meios/efeitos secundários e, 225, 227, 230, 236–238, 239–240, 241, 243–244, 245, 246, 247
modo automático e, 127–128
neurobiologia e, 125, 126, 127–130, 131–132
pragmatismo profundo e, 310
racionalização e, 310
utilitarismo e, 135, 221, 222, 223–224, 335
utilitarismo *versus* dispositivo e, 253, 254, 255
dilema do prisioneiro, 37, 38–39, 41–52, 54, 56–63, 67, 68–69, 70–71, 80
dilema do transplante, 120, 200. *Ver também* doação de órgãos
dilemas:
como ferramentas, 259
Ver também dilema específico
direitos:
argumentando sobre, 313
como armas e escudos, 313-317, 358-359

como moralidade, 182
conflito e, 107
consequências e, 182-183
custos-benefícios, 314
debate sobre o Obamacare e, 15-16
dos chimpanzés, 319
e comparação libertarismo-utilitarismo, 348
e por que Greene é pragmatista profundo, 353
e prospecto de uma teoria moral sofisticada, 336
e seis regras para os pastores modernos, 358-359
fatos e, 182-183
felicidade e, 182
justiça/equidade e, 283
linguagem dos, 311-312, 314
meios/efeitos secundários e, 308-309
moeda comum e, 182-183, 191, 212-213
o problema do bonde e, 122, 123, 135-136
pensando sobre, 313
pragmatismo profundo e, 309-313, 313-334
questões sobre o aborto e, 317-334
racionalização e, 309-313, 358
razão e, 190
utilitarismo e, 136-137, 182, 212-213
dirigir, aprender a, 150
disposição para ajudar, 54-56, 267-273, 283, 336
distância física, 269-273, 310
doação de órgãos, 260, 349. *Ver também* dilema do transplante

doações/dar, 19, 213-214, 263-264, 266, 267-273, 360. *Ver também* altruísmo
dor, 168-170
Doris, John, 88
doutrina de fazer e permitir, 248-253, 260
doutrina do duplo efeito, 225, 231, 260, 261, 308
doutrina do triplo efeito, 228
Dunbar, Robin, 54
Dutton, Donald, 306

E

economia, 15-16, 17-20, 23, 32, 86-87, 348-349
educação, 348, 349, 351, 360
efeitos secundários. *Ver* meios/efeitos secundários
eficiência, 25, 140, 141-144, 145, 148-151, 156, 178, 247, 301. *Ver também* modo automático
egoísmo/autointeresse:
   cérebro de processo dual e, 179
   conflito e, 75-76, 78, 92, 93, 94, 95-96, 98, 99, 107
   cooperação e, 29-36
   dilema do prisioneiro e, 39
   e "eu" x "nós" *versus* "nós" x "eles", 302
   e felicidade das outras pessoas, 198
   e parábola dos novos pastos, 11-15
   e por que Greene é pragmatista profundo, 352
   e soluções para os problemas dos novos pastos, 110
   função da moralidade e, 32-35

justiça e, 92, 93, 94, 95–96, 107
justiça/equidade e, 282
maquinaria moral e, 57, 156
modo automático e, 156
moeda comum e, 207, 208
no nível do grupo, 75–76
percepção tendenciosa e, 98, 99
pragmatismo profundo e, 302
razão e, 208
tensões entre interesse coletivo e, 29–36
tragédia dos comuns e, 30, 179
tribalismo e, 77
utilitarismo e, 173–174, 207, 208
Ver também "eu" *versus* "nós" "eles". *Ver* "nós" *versus* "eles"
emoções:
   cérebro de processo dual e, 25, 138, 141–144, 224
   consciência das, 132
   déficit das, 221
   definição de, 142
   direitos e, 310, 326, 327, 330
   doutrina de fazer e permitir e, 252, 253
   e "eu" x "nós" *versus* "nós" x "eles", 300, 301, 302
   e contraste Haidt-Greene, 342, 34
   e seis regras para os pastores modernos, 358
   eficiência e, 141–144
   exercendo pressão sobre o comportamento, 142–144
   função das, 141, 142
   gatilhos das, 141
   hipótese da miopia modular e, 231, 238, 239, 246
   justiça/equidade e, 282–283
   maquinaria moral e, 68–74
   meios/efeitos secundários e, 238, 239, 246
   modo automático e, 25, 141–144
   neurobiologia e, 132, 133
   positivas, 42–43, 169
   pragmatismo profundo e, 301, 302, 303, 310, 326, 327, 330
   questões sobre o aborto e, 325, 327, 331
   racionalização e, 310
   razão *versus*, 141–144
   reativas, 43
   regulação das, 147–148
   tomada de decisões e, 124–125, 142–143
   utilitarismo e, 201–202, 208, 220–225, 238
   utilitarismo *versus* dispositivo e, 256
   Ver também sentimentos; *emoção, dilema, caso ou exemplo específico*
empatia:
   como característica universal da psicologia humana, 356
   conflito e, 105
   e "eu" x "nós" *versus* "nós" x "eles", 301
   imparcialidade e, 208, 210–211
   justiça/equidade e, 270–271, 272, 273
   maquinaria moral e, 45–46, 47, 68, 69–70, 156
   modo automático e, 156
   pragmatismo profundo e, 301
escravidão, 23, 284–287, 292, 309, 314, 315
escritura, 186–188
esforço cognitivo, 134, 144–145, 148
estados objetivos, 203, 204, 205

estimativas de felicidade boas o bastante, 172, 173
estranhos:
  altruísmo em relação a, 106
  antipatia por, 198
  cooperação entre, 56–63
  dilema da passarela e, 132
  doando para, 308, 360
  e criação de uma nova espécie humana, 275–276
  felicidade de, 264
  justiça/equidade e, 264, 269–273
  Ver também tribalismo
estudo em cidades de todo o mundo, 82–84
estudos de imagens cerebrais, 125–127, 134, 173, 221, 252
estupro, 279, 314, 324, 330
ética das virtudes de Aristóteles, 336, 337–338, 340
ética guerreira, 87
etnicidade, 58, 78, 86–89
eu:
  ameaças ao, 49
  punição do, 68–70
"eu" *versus* "nós":
  "eu" e "nós", 68, 174
  "eu" *versus* "você", 337
  "nós" *versus* "eles" *versus*, 300–303
  como tipo de problema moral, 23–25
  cooperação e, 29–36
  debate meios-fins, 224–231, 254, 256
  e prospecto de uma teoria moral sofisticada, 337
  e seis regras para os pastores modernos, 357, 358

e soluções para os problemas dos novos pastos, 110
  maquinaria moral e, 156
  metamoralidade e, 35–36
  pragmatismo profundo e, 300–303
  tragédia dos comuns e, 30, 33
Euclides, 189
evidências, 175–176, 183, 309, 311–312, 315, 334, 341, 344, 359
evolução:
  como processo competitivo, 33–34
  cultural, 192
  da cooperação, 355, 361
  da maquinaria moral, 202
  da verdade moral, 192–193, 194
  do cérebro, 355–356
  do raciocínio, 355–356
  e contraste Haidt-Greene, 348
  e seis regras para os pastores modernos, 358
  ensino da, 107
  teoria do investimento parental e, 118–119
  Ver também experiência da seleção natural, 150, 156, 167–168, 171, 176–178, 180, 195, 210, 287, 288, 299, 357, 358, 360; especialistas em novas experiências/situações, 103, 304; exploração, 58, 66, 68
exemplo do bombardeio, 226
exemplo da criança se afogando, 267–273, 310
exemplo do guardanapo, 248, 257
exemplo do sensor de movimento, 203–204
exemplo do supermercado, 208–209

exemplo do termostato, 203-204, 205
exemplo do *The Twilight Zone* (show de TV), 197, 200
exemplo dos vegetarianos, 319
experimento com citalopram, 133
experimento com lorazepam, 133
experimento da meia-calça, 306
experimento da ponte, 306, 307-308
experimento de apertar mãos e tornozelos de Rozin, 117-118, 129
experimento do detergente de lavar roupa, 306
experimento dos dois lanches, 144-145, 156

F

Faculdade Bloomberg de Saúde Pública (Universidade John Hopkins), 136
falácia "riquista", 284, 288-293
falácia naturalista, 192
família, 39-40, 50, 70, 132
fatos, 182-183, 311, 359, 360
Fedorikhin, Alexander, 144
Fehr, Ernst, 67
Feiman, Roman, 250
felicidade:
  acomodação e, 219
  bem maior e, 292
  botões para, 197-199
  coletivismo e, 170-171
  como "coisas favoritas", 166-167
  consequencialismo e, 177
  cooperação e, 193
  de mais pessoas, 199
  de quem, 170-171, 177
  definição de, 164, 165-168
  dilema da passarela e, 182
  direitos e, 182, 312, 313, 315, 330, 331, 332-333
  dos outros, 198-199, 264, 275, 283
  e agora e depois, 169
  e contraste Haidt-Greene, 347
  e criação de uma nova espécie humana, 276
  e por que Greene é pragmatista profundo, 352
  e prospecto de uma teoria moral sofisticada, 340
  e seis regras para os pastores modernos, 360
  escravidão e, 283-287, 297
  experiência e, 167-168, 171
  global, 274, 352
  ideia esplêndida e, 163, 164, 165-173, 177, 193
  individualismo e, 170-171
  justiça/equidade e, 263, 274, 278-279, 283, 284-293
  líquida, 198, 199
  maximizando, 176, 197-200, 201, 219, 253, 258, 263, 274, 278, 284, 285-287, 293, 352
  medindo, 171-173, 177, 300
  moeda comum e, 168, 171, 197-200, 210, 211, 212, 214, 287
  pragmatismo profundo e, 299, 312 313, 315, 330, 331, 332-333
  quantidade de, 199
  questões sobre o aborto e, 330, 331, 332-333
  racionalização e, 311, 312

riqueza e, 286, 288–293
se todo o restante for igual e, 197–200
tipos de, 168–170
tomada de decisões e, 176
utilitarismo e, 164, 165–173, 176, 177, 180, 197–200, 201, 210, 211, 212, 214, 259, 263–267, 300
valores e, 194
Fernbach, Philip, 305
Fessler, Daniel, 53
filosofia moral:
  e princípios que pareçam certos, 36
  e prospecto de uma teoria moral sofisticada, 336–341
  e seis regras para os pastores modernos, 357
  entendimento da moralidade como base da, 15
  evolução da, 21–24
  função da, 24
  identificação dos princípios da, 36
  pragmatismo profundo e, 298
  principais escolas de pensamento do Ocidente, 336–341
  Ver também pessoa ou escola de pensamento específica
fins. *Ver* justiça; equidade; debate meios/fins
Fischer, David Hackett, 87
Fisher, Roger, 109
flexibilidade:
  cérebro de processo dual e, 140, 141, 145, 148, 149, 150, 156, 178, 179–180
  direitos e, 309, 316
  e "eu" x "nós" *versus* "nós" x "eles", 302

eficiência e, 25
ideia esplêndida e, 179–180
justiça/equidade e, 280
modo automático e, 25, 225
pragmatismo profundo e, 298, 301, 310, 317
questões sobre o aborto e, 317
racionalização e, 309
tragédia da moralidade do senso comum e, 179
utilitarismo e, 179–180, 201, 219
Ver também modo manual
fofoca, 54–55, 69, 70
força pessoal:
  justiça/equidade e, 270
  meios/efeitos secundários e, 230, 254
  utilitarismo *versus* dispositivo e, 253, 254, 255, 257–258, 261
Fox, Craig, 305
Frank, Robert, 49
Frederikson, Barbara, 169

G

Gächter, Simon, 67
Gage, Phineas (estudo de caso), 124–125, 126, 129, 131, 132
Gardiner, Stephen, 108
gênero, 62, 78, 87, 118–119
genética, 56, 150, 156
Gilbert, Dan, 173
  Goldman, Alvin, 236
gosto, atitudes morais como, 280, 280, 292, 321, 344, 345, 346
Gould, Stephen Jay, 120

governo, papel do, 16, 17, 19, 20-21, 348, 349, 350-351, 357
gratidão, 42, 69, 70, 301, 356
gratificação retardada, 145-146
guerra de classes, 18
Guerra do Iraque, 98
guerra, 23, 87, 89, 123, 260, 356

H

Haidt, Jonathan:
    discussão sobre a cooperação com, 68
    e devoção, 52
    e raciocínio moral, 307
    opiniões de Greene contrastadas com, 341-348, 353
    visões utilitaristas de, 351-352
Haley, Kevin, 53
Hamilton, William, 41
Hamlin, Kiley, 55
    Hardin, Garrett, 29, 30, 31, 37, 39, 94.
    Ver também tragédia dos comuns
    Harinck, Fieke, 95-96, 109
    harmonia, 84-89
Heider, Fritz, 325, 326
Helmholtz, Hermann von, 117, 123, 128
Henrich, Joseph, 78-79, 80-81, 86
Herrmann, Benedikt, 81
Hertwig, Ralph, 134
heurística, 120, 123, 225, 234, 280, 335
Higgs, Peter, 168
hipótese da miopia modular:
    meios/efeitos secundários e, 231-248
    psicopatas e, 232-236
    teoria do processo dual e, 231
    utilitarismo *versus* dispositivo e, 255, 260

    visão geral, 231-232
história dos gileaditas-efraimitas, 58, 59
Hobbes, Thomas, 64, 114, 233
Holocausto, 313
homossexuais. *Ver* homossexualidade
homossexualidade, 21, 35, 91, 99, 107, 185-186, 297, 348, 353
honra, 50, 69-70, 84-89, 107, 155, 156, 301, 356
Hume, David, 144
humildade, 51, 69, 70, 356

I

ideia esplêndida:
    coletivismo e, 156, 158-160, 170-171
    consequencialismo e, 158, 161-164
    cooperação como, 157, 193
    cultura e, 157
    custos-benefícios e, 158, 162, 164, 177
    experiência e, 168, 171, 176-178, 180
    felicidade e, 162, 163, 164, 165-173, 177, 193
    honra e, 157
    imparcialidade e, 180
    individualismo e, 157, 158-160, 170-171
    intuição e, 160, 163, 178
    metamoralidade e, 164
    o que funcionar melhor e, 157-158, 161
    pragmatismo e, 161-164, 175
    relativismo e, 157
    religião e, 157
    sabedoria dos anciões e, 158-160
    sociedade justa e, 157
    tribalismo e, 157, 158-160, 179

utilitarismo e, 157, 161–180
valores e, 158–160, 165–166, 176
visão geral, 157–158
ignorância:
    "ilusão da profundidade explicativa", 304
    reconhecendo, 304–305, 359
Iluminismo, 338, 345–346
ilusão Müller-Lyer, 259
imparcialidade:
    como essência da moralidade, 180
    da moralidade, 195
    direitos e, 316
    e seis regras para os pastores modernos, 359
    ideia esplêndida e, 180
    modo manual e, 209
    moeda comum e, 180, 206–208, 209, 210–211
    pragmatismo profundo e, 298, 315
    utilitarismo e, 170–171, 173–174, 177, 180, 207–208, 209, 210–211
impostos, 107, 108, 123, 284, 316, 348, 350
inconsciente, 93, 97, 100, 135
individualismo:
    cérebro de processo dual e, 156
    conflito e, 76, 87, 100–101, 108–109
    desigualdade de renda e, 18–20
    direitos e, 316
    e comparação libertarismo-utilitarismo, 349
    e questões que dominaram o primeiro mandato de Obama, 15–16
    equilíbrio entre coletivismo e, 349
    exemplos de divisão entre coletivismo e, 51–21

felicidade e, 170–171
honra *versus* harmonia e, 86
ideia esplêndida e, 157, 158–160, 170–171, 175
maquinaria moral e, 156
metamoralidade e, 155
"nós" *versus* "eles" e, 19–20
o problema do bonde e, 123, 135–136
percepção tendenciosa e, 100, 101–102
pragmatismo e, 161
pragmatismo profundo e, 317
questões sobre o aborto e, 317
sabedoria dos anciões e, 158–160
utilitarismo e, 136–137, 170–171, 174–175
Ver também indulgências do libertarismo, 264, 274
indústria automobilística
    auxílio à, 17
instintos:
    cérebro de processo dual e, 139, 150–151, 156
    confiabilidade dos, 253
    confiar nos, 358
    direitos e, 309, 311
    e "eu" x "nós" *versus* "nós" x "eles", 300, 301
    e reconhecer nossa ignorância, 304
    e seis regras para os pastores modernos, 358, 360
    modo automático e, 25
    moeda comum e, 215
    pragmatismo e, 161
    pragmatismo profundo e, 300, 301, 304, 309, 310, 311
    racionalização e, 309, 310, 312

utilitarismo e, 174, 175, 215, 221, 253
Ver também intuição; *dilema ou caso específico*
insultos:
  reações a, 84–89
intenções, 254, 259, 272–279, 326
intuição:
  cérebro de processo dual e, 179, 224
  confiabilidade da, 220–221 direitos e, 328
  confiar na, 269
  dilema da passarela e, 124
  e "eu" x "nós" *versus* "nós" x "eles", 303
  e contraste Haidt-Greene, 341, 342
  e cooperação como intuitiva, 70–71
  e prospecto de uma teoria moral sofisticada, 334–335
  e seis regras para os pastores modernos, 357
  hipótese da miopia modular e, 232, 247–248
  ideia esplêndida e, 160, 163, 178
  justiça/equidade e, 263, 269, 273, 281, 282
  meios/efeitos secundários e, 231, 232, 247–248
  modo automático e, 25, 220
  pragmatismo profundo e, 26, 299, 300, 303, 328
  questões sobre o aborto e, 329
  sabedoria dos anciões e, 160
  tendenciosa, 335
  tragédia dos comuns e, 160
  transcendendo as limitações da, 26
  utilitarismo e, 134–135, 163, 177, 202, 215, 220–221, 267, 335

utilitarismo *versus* dispositivo e, 255, 256, 258, 259
Ver também instintos
Irã, 297, 310
irracionalidade racional, 49, 50
Israel, 108, 297, 310

J

Jensen, Keith, 49
jogo "Por que você se importa com isso?", 209
jogo comunitário, 80
jogo de Wall Street, 80
jogo do acovardamento, 86
jogo do ditador, 53, 79, 80–81
jogo do ultimato, 79–80, 81–82
jogo dos bens públicos, 66–67, 71, 79, 80, 81–83, 174
jogos econômicos:
  e termos da cooperação, 78–84
  Ver também jogo do ditador; jogo dos bens públicos; jogo do ultimato
Johnson, Lyndon B., 87
julgamento moral:
  imagens visuais e, 54–56, 252, 325
julgamentos:
  conscientes, 135
  de profissionais de saúde pública, 135–137
  doutrina de fazer e permitir e, 252
  experimento de Mendez sobre, 131–132
  hipótese da miopia modular e, 242
  inconscientes, 135
  maquinaria moral e, 54–56, 70, 71

meios/efeitos secundários e, 230, 242
papel do cérebro nos, 130–132
utilitarismo *versus* dispositivo e, 256
Ver também tomada de decisões
justa indignação, 67, 70, 73, 155, 356
justiça social, 284–287
justiça:
    acomodação e, 263, 267, 273–275, 278–279, 292
    autointeresse e, 91, 92, 94, 95–96, 107
    bem maior e, 263, 279, 280, 287, 292–293
    comprometimento pessoal e, 274
    conflito e, 91–97, 108–109
    cooperação e, 78, 282
    custos-benefícios e, 281, 286
    distância física e, 268–273
    e "eu" x "nós" *versus* "nós" x "eles", 302
    e comparação libertarismo-utilitarismo, 349, 351
    e contraste Haidt-Greene, 345
    e encontrando a moeda comum, 207
    e o dever de ajudar os outros, 267–273
    e seis regras para os pastores modernos, 356, 359
    e sociedade justa, 283–287
    emoções/sentimentos e, 281–283
    felicidade e, 263, 274, 277–278, 284–293
    intuição e, 263, 268, 273, 280, 281
    justiça e, 96, 97, 107
    meios/efeitos secundários e, 279
    metamoralidade e, 284
    no mundo real, 284–287, 292, 293
    pragmatismo profundo e, 297, 302
    punição e, 94–97, 277–280, 292

    reforma e, 263, 267, 274, 292
    riqueza e, 284, 285, 286, 288–292, 293
    tendenciosa, 76, 92–97, 107, 108–109, 156, 351, 359
    tribalismo e, 96–97, 271
    utilitarismo e, 207, 263–267
    valores e, 275–277
justiça:
    acomodação e, 263, 267, 274–275, 278–279, 292
    bem maior e, 263, 279, 280, 286, 287, 292–293
    comprometimento pessoal e, 274–275
    custos-benefícios e, 281, 286
    distância física e, 269–273
    e dever de ajudar os outros, 267–273
    e seis regras para os pastores modernos, 359
    e sociedade justa, 283–287
    e utilitarismo como exigente demais, 263–267
    erros da, 212
    felicidade e, 263, 274, 278–279, 283, 284–293
    ideal, 280–283
    ideia esplêndida e, 157
    metamoralidade e, 284
    no mundo real, 284–287, 292, 293
    problema em princípio e, 280–283
    punição e, 277–280, 292
    reforma e, 263, 267, 273–274, 292
    riqueza e, 285, 286, 287, 288–292, 293
    sentimentos e, 281–282, 283
    valores e, 275–277
    Ver também tópico específico
Jyllands-Posten, jornal, 90

K

Kahan, Dan, 99, 100–101, 103
Kahneman, Daniel, 141
Kant, Immanuel:
  comentário sobre a lei moral, 360
  comentários de Nietzsche sobre, 339
  comentários sobre a masturbação, 308, 339
  e contraste Haidt-Greene, 345
  e debate meios-fins, 225
  e prospecto de uma teoria moral sofisticada, 336, 337–338, 340
  imperativo categórico, 116, 122
  moralismo racionalista de, 189, 190, 308–309
  o problema do bonde e, 122–123
Keil, Frank, 304
Kerry, John, 61
Kinzler, Katherine, 59
Knobe, Joshua, 282
Koenigs, Michael, 132
Kogut, Tehila, 273
Kozinski, Alex, 297
Kurzban, Robert, 61–62

L

Ladygina-Kohts, Nadezhda, 47
Lakshminarayanan, Venkat, 47
lealdade, 50–51, 69–70, 347, 356
Lerner, Jennifer, 142
liberal/liberalismo:
  definição de, 341
  e contraste Haidt-Greene, 341–348
  e por que Greene é pragmatista profundo, 341–353
  libertarismo comparado com, 348–351
libertarismo, 348–351
Liga dos Ladrões de Banco do Bico Fechado:
  maquinaria moral e, 56–63, 64
Limbaugh, Rush, 20
Loewenstein, George, 91, 271–272, 281

M

Madoff, Bernie, 302
Maomé (profeta), 20, 90–91, 347
maquinaria moral:
  ameaças e, 48–52, 53, 56, 64, 68–70
  canto mágico e, 38–39, 42, 48, 52, 64, 68
  categorias sociais e, 59–63
  como amoral, 72–74
  cultura e, 60, 61–62, 63
  decência mínima e, 44–48, 68
  disposições emocionais e, 68–74
  e os outros estão observando, 52–56, 67
  e soluções para os problemas dos novos pastos, 110
  evolução da, 202
  Liga dos Ladrões de Banco do Bico Fechado e, 56–63
  membros do mesmo grupo e, 56–63
  mentes perspicazes e, 52–56
  moeda comum e, 214
  olho por olho e, 41–43, 65
  olhos vigilantes e, 52–56
  partes interessadas e, 64–67
  problemas com a, 73

promessas e, 48–52, 53, 57, 64, 68–70
propósito/função da, 25, 72, 73
somente membros e, 56–63
visão geral, 156
Ver também tópico específico
maquinaria psicológica. *Ver* maquinaria moral
masturbação, 308, 339
matemática, moralidade como, 183, 184, 188–191, 337–339
McClure, Jessica ("Bebê Jessica"), 271
McClure, Samuel, 145
mecanismo:
  utilitarismo *versus* o, 253–261
Medicare, 350
médicos: julgamentos morais de, 135-138
medo, 52, 142, 148
meio ambiente, 23, 119–120. *Ver também* aquecimento global
meios/efeitos secundários:
  caso da passarela e, 266–228
  direitos e, 307–308
  e cegueira aos efeitos secundários, 236–248
  e efeitos secundários imprevistos, 258
  e efeitos secundários previsíveis, 278–279
  força pessoal e, 254
  hipótese da miopia modular e, 231–248
  justiça/equidade e, 278–279
  modo automático e, 225–227
  pragmatismo profundo e, 299–300
  racionalizações e, 307–308
  utilitarismo e, 206, 225–248
  utilitarismo *versus* dispositivo e, 253, 254, 257–258, 261
  visão geral, 225–231
memória, 247, 306
Mendes, Wendy, 45, 235
Mendez, Mario, 131
mentes perspicazes:
  maquinaria moral e, 52–56
metáfora coração *versus* cabeça, 110, 141, 299
metamoralidade:
  cérebro de processo dual e, 178–179
  como solução para a tragédia da moralidade do senso comum, 25, 35, 155
  competição e, 25
  compromissos e, 25
  definição de, 25, 346
  e busca por uma moeda comum, 183, 184
  e contraste Haidt-Greene, 346
  e função da moralidade, 191–193
  e identificação dos princípios morais universais, 35–36
  e por que estudar o dilema da passarela, 259
  e por que Greene é pragmatista profundo, 352
  e prospecto de uma teoria moral sofisticada, 338
  ideia esplêndida e, 164
  individualismo e, 155
  justiça/equidade e, 284
  moeda comum e, 25, 181, 197, 198–199, 200, 211, 214
  necessidade de uma, 35–36, 52
  pragmatismo profundo e, 298
  propósito/função da, 25, 298
  razão e, 191

tribalismo e, 25, 155
utilitarismo e, 25, 164, 180, 199–200, 201, 211, 214
valores e, 198
verdade moral e, 184
visão geral, 35–36
Mikhail, John: teoria da ação de, 236–238, 239–248
Milgram, Stanley, 46
Mill, Harriet Taylor, 353
Mill, John Stuart:
  argumento da escravidão e, 315
  direitos das mulheres e, 353
  e a fundação do utilitarismo, 114, 163–164
  e conceito de prazer e dor, 168–169
  e felicidade como moeda comum, 164, 168
  e por que Greene é pragmatista profundo, 353
  e prospecto de uma teoria moral sofisticada, 337
  e seis regras para os pastores modernos, 357
  e utilitarismo como premissa de valor, 115
  entendimento errôneo de, 114–115
  importância da obra de, 210
  o problema do bonde e, 123
  reforma social e, 220
  transcendendo a moralidade do senso comum, 179–180
modo automático:
  características do, 25
  como heurística, 225, 234, 335
  confiabilidade do, 225

cooperação e, 155–156
direitos e, 309, 316
doutrina de fazer e permitir e, 248
e "eu" x "nós" *versus* "nós" x "eles", 300–303
e analogia da câmera, 25
e características do cérebro de processo dual, 139–141, 145, 148–151
e encontrando a moeda comum, 201, 206, 207–211
e prospecto de uma teoria moral sofisticada, 334, 335–336, 340–341
e seis regras para os pastores modernos, 357–358
e soluções para os problemas dos novos pastos, 110
eficiência e, 25, 178
egoísmo e, 155–156
emoções e, 25, 141–144
falha do, 220
flexibilidade e, 25, 255
hipótese da miopia modular e, 233–234, 235–236, 241, 242, 244
ideia esplêndida e, 178–180
intuição e, 25, 220
justiça/equanimidade e, 273, 280
maquinaria moral e, 43–44, 56, 72
meios/efeitos secundários e, 225–228, 233–234, 235–236, 241, 242, 244
necessidade de transcender as limitações do, 340, 357
pragmatismo profundo e, 26, 298–299, 300, 302, 303, 307–309, 316
racionalização e, 307–310
sensibilidade do, 220, 225
tribalismo e, 156, 201–202

utilitarismo e, 178–180, 201–202, 206, 208–211, 221, 225–228, 336
utilitarismo *versus* dispositivo e, 253–254, 255–256, 260–261
violência e, 138
Ver também analogia da câmera; cérebro de processo dual; teoria do processo dual; *dilemas ou exemplos específicos*

modo manual
características do, 209
direitos e, 310–311, 316, 317, 320, 328
doutrina de fazer e permitir e, 251
e "eu" x "nós" *versus* "nós" x "eles", 300, 301, 302–303
e contraste Haidt-Greene, 342–343
e por que Greene é pragmatista profundo, 353, 354
e prospecto de uma teoria moral sofisticada, 335, 336, 338, 341
e reconhecer nossa ignorância, 304
e seis regras para os pastores modernos, 357, 358
flexibilidade e, 25, 140, 141, 145, 148, 150, 156, 178, 179–180
hipótese da miopia modular e, 232, 233, 234, 241, 244–245, 246
ideia esplêndida e, 179–180
imparcialidade e, 209
justiça/equidade e, 281
meios/efeitos secundários e, 232, 233, 241, 244–245, 246
moeda comum e, 197–200, 202–206, 207, 208, 209, 210
pragmatismo profundo e, 26, 298, 300, 301–302, 303, 305, 308, 309, 311–312, 317, 318, 320, 328

propósito/função do, 25, 205, 206, 244–245, 311
racionalização e, 307, 309, 311–312
relacionamentos e, 25
utilitarismo e, 178–180, 197–200, 201–206, 208, 209, 210, 211, 221, 223, 241, 244–245, 246
Ver também analogia da câmera; cérebro de processo dual; teoria do processo dual; *dilema ou exemplo específico*

moeda comum:
busca pela, 25, 317, 340
ciência como, 183, 184, 191–193
compromissos e, 25, 198, 205, 206
consequências e, 203, 204, 205, 206, 209, 210, 211–212, 213
crenças e, 204
custos-benefícios e, 205–206, 209
definição de, 181
direitos e, 182-183, 191, 212-213, 317, 334
e "eu" x "nós" *versus* "nós" x "eles", 300
e dilema da passarela, 200, 211–212
e instintos, 215
e maquinaria moral, 215
e por que Greene é pragmatista profundo, 352
e seis regras para os pastores modernos, 359–360
encontrando, 25, 197–215
experiência e, 178, 180, 210, 299
felicidade e, 168, 171, 197–200, 210, 211, 212, 213–214, 287
imparcialidade e, 180, 209, 210–211
matemática e, 184, 188–191

metamoralidade e, 25, 183, 184, 198, 199-200, 201, 211, 214
modo automático e, 201-202, 206, 208-209, 210, 211
modo manual e, 197-200, 201-206, 208, 209, 210, 211
objetivo da, 181
pragmatismo profundo e, 26, 298-299, 300, 316, 334
questões sobre o aborto e, 317, 334
razão/racionalismo e, 188-191, 194, 206-211
religião e, 181-182, 184-188
se todo o restante for igual e, 197-200, 209
solução de problemas e, 211
tribalismo e, 181, 188, 199-200, 201-202, 209, 211
utilitarismo e, 25, 177, 195, 197-215, 298
valores e, 25, 194-195
verdade moral e, 183, 211
Moore, Adam, 134
moralidade local:
conflito e, 90-91
moralidade secular, 182
moralidade:
altruísmo como essência da, 33
como adaptação biológica, 34
como coleção de mecanismos, 37
como direitos, 182
definição da, 33, 191, 342
evolução da, 29-30, 31, 32-36
função da, 32-35, 191-193
imparcialidade como essência da, 180, 195

importância de compreender a, 15, 24
maneiras de pensar sobre a, 23
Ver também tópico específico
morte, 21-22, 271-273. *Ver também* pena de morte
Mourdock, Richard, 324-325
movimento pelos direitos civis, 315
mudança climática. *Ver* aquecimento global
mundo real:
e reconhecer nossa ignorância, 304-305
justiça/equidade no, 284-287, 292, 293
pragmatismo profundo e, 304-305
teoria do processo dual no, 135-138
Musen, Jay, 269

N

não agressão, 32, 45-46
não têm, 283-287, 333
negociações, 92-97, 108-110, 310, 311
neurociência: *Ver* cérebro
Newton, Isaac, 346
Nichols, Shaun, 88, 282
Nietzsche, Friedrich, 308, 339
niilismo, 338
Nisbett, Richard, 84-86, 87, 306
"nós" *versus* "eles":
como problema moral, 24-25
conflito e, 108
cooperação e, 34
e comparação libertarismo-utilitarismo, 350
e seis regras para os pastores modernos, 355, 356, 357, 358

e soluções para os problemas dos novos pastos, 110
e tensões entre coletivismo e individualismo, 19-20
evolução da moralidade e, 34
maquinaria moral e, 156
moeda comum e, 199
"nós" e "eles", 58, 59-64, 75, 77, 299, 356
"nós" *versus* "eu", 155, 174, 189, 202
papel do governo e, 20
pragmatismo profundo e, 300-303
tragédia da moralidade do senso comum e, 24-25, 155, 174
novas experiências/situações, 139, 140
Nowak, Martin, 70
Nozick, Robert, 120
numeracia, 101, 102

O

O campeão (filme), 142
o pântano, 194-195, 211, 298
o problema do bonde:
    benefícios de estudar o, 123-125
    cérebro e, 123-131
    e o caso Phineas Gage, 124
    neurobiologia e, 125-135
    visão geral, 120-128
    Ver também dilema específico
o que funcionar melhor, 157-158, 160, 175, 298, 309, 360
Obama, Barack, 61, 181-182, 187, 346
    questões que dominaram o primeiro mandato de, 15-20
Occupy Wall Street, 18

Ochsner, Kevin, 147-148
olhos:
    maquinaria moral e observar os outros, 51-56
    os outros estão observando, 52-58, 67, 69
oxitocina, 46, 63, 78

P

pacientes com amnésia, 306-308
parábola dos novos pastos, 11-15, 17, 29, 301, 345. *Ver também* tragédia da moralidade do senso comum
partes interessadas:
    maquinaria moral e, 64-67
partilhar. *Ver* cooperação
paternidade, 51, 118-119
Paul, Ron, 16, 17, 19, 349
Paxton, Joe, 134
Pellegrino, Giuseppe di, 132
pena de morte, 35, 60, 98, 107, 123, 261, 277-280, 297, 304, 309, 312, 316
Peng, Kaiping, 88
percepções, 98-103, 156, 301, 311, 312, 358
perguntas hipotéticas, 215, 259, 335-336
pessoas inocentes:
    punição de, 88, 277, 278, 279, 293
Pinker, Steven, 24, 51, 106
pistas linguísticas, 59
plano de ação, 232, 233-234, 236-238, 239-247, 254-255, 257
Platão, 125, 169, 184, 185, 337
pobreza, 23, 106, 269, 272, 351, 356
política externa, 86-88, 89
pragmatismo profundo:

além de nossas capacidades, 304–305
autoridade e, 298
bem maior e, 312
cérebro de processo dual e, 306–309
como ideia esplêndida, 161–162
compromissos e, 298
custos-benefícios e, 314, 315, 330, 331, 332
e principais escolas de pensamento da filosofia moral ocidental, 336–341
e prospecto de uma teoria moral sofisticada, 334–341
e seis regras para os pastores modernos, 358
e utilitarismo como perigoso utopismo, 175–176
essência do, 299
felicidade e, 299, 312, 315
filosofia moral e, 299
imparcialidade e, 299
libertarismo e, 348–351
moeda comum e, 26, 298–299, 301, 317, 334
relativismo e, 298
sistema moral e, 299
tribalismo e, 298, 299, 300, 301, 309
utilitarismo como, 25, 300
valores e, 26, 298, 299
verdade moral e, 299
visão geral do, 298–300
Ver também dilema, exemplo ou tópico específico
pragmatismo:
e comparação libertarismo-utilitarismo, 349
ideia esplêndida e, 161–164, 175, 176
"nós" e "eles" e, 299
utilitarismo e, 25, 160–162, 174, 175, 177–178
vantagens e desvantagens do, 299–300
Ver também pragmatismo profundo
prazer, 168–170
premissa de valor:
debates e, 114–117
presunção, 342, 343
primatas não humanos, 43–44, 46–47.
Ver também chimpanzés
princípios morais; identificação dos, 36–37
prisioneiros:
segurança e bem-estar dos, 278–279
problema da "insensibilidade à quantidade", 120
problema ser-dever ser, 192
problemas em princípio:
e utilitarismo *versus* dispositivo, 253
justiça/equidade e, 280–283, 284, 287, 292
problemas morais:
combinar maneiras de pensar com, 357
domésticos, 107
e seis regras para os pastores modernos, 356
estrutura dos, 24
globais, 106–108, 356
moral, 24–25, 356, 357
resolvendo, 203–206, 211
tipos de, 24–25, 302
Ver também tomada de decisões; *problema específico*
problemas na prática:
justiça e, 283–287

processamento visual, 55–56, 133, 142, 143, 221, 222, 252, 260, 326
profissionais de saúde pública: julgamentos morais dos, 135–138
projeto de valores:
   e priorização dos valores, 165–166
promessas, 48–52, 57, 63, 69–70
psicologia moral:
   e comparação libertarismo-utilitarismo, 349–350
   e contraste Haidt-Greene, 342–343
   e por que estudar o dilema da passarela, 259
   e prospecto de uma teoria moral sofisticada, 336
   justiça e, 263
psicopatas, 232–236, 251, 351
punição:
   ameaça de, 279
   antissocial, 83
   autopunição, 69
   "custosa", 66
   e pessoas inocentes, 278, 279, 280, 292
   e "eu" x "nós" *versus* "nós" x "eles", 301
   e autoridades punitivas, 57
   e termos da cooperação, 81, 82–84
   em casos criminais, 95–97
   experiência e, 167
   fingir, 278, 280
   função da, 281
   gosto pela, 281, 283, 292
   honra *versus* harmonia e, 89
   justiça e, 94–95
   justiça/equidade e, 277–280, 292
   maquinaria moral e, 65, 66–67, 68–69
   papel na manutenção da cooperação, 89
   pragmatismo profundo e, 300
   pró-social, 65–67, 70, 84
   Ver também pena de morte

Q

Qureishi, Haji Yaqoob, 90

R

rabino Hillel, história sobre, 39–40
raça, 23, 59–62, 63, 78, 147, 309, 316
racionalidade. *Ver* razão/raciocínio
racionalização:
   argumento de Rawls como, 340
   cérebro de processo dual e, 306–309
   direitos e, 309–313, 358
   e comparação libertarismo-utilitarismo, 350
   e contraste Haidt-Greene, 342
   e prospecto de uma teoria moral sofisticada, 339
   e seis regras para os pastores modernos, 357, 358
   pragmatismo profundo e, 306–313
raiva, 42, 43, 67, 69, 70, 281, 356
Rand, David, 70
Ransohoff, Katherine, 136
Rapoport, Anatol, 41
Rawls, John, 212, 283, 289, 291, 292, 335, 340
razão/raciocínio:
   cérebro de processo dual e, 25, 141–144, 156
   consciente, 42
   consistência e, 190–191

cuidadoso, 72
definição de, 143
direitos e, 191, 316, 317–318
e "eu" x "nós" *versus* "nós" x "eles", 301, 302
e contraste Haidt-Greene, 342–343, 353
e por que Greene é pragmatista profundo, 352–353
e prospecto de uma teoria moral sofisticada, 339
e reconhecer ignorância, 305
e seis regras para os pastores modernos, 355–356, 358
egoísmo e, 208
emoção *versus*, 141–144
evolução da, 355–356 função of, 144
limitações, 190–191
maquinaria moral e, 54
metamoralidade e, 191
moeda comum e, 188–191, 194, 206–211
pragmatismo profundo e, 26, 298–299, 300, 301, 302, 304–305, 316, 317–318
premissas da, 190–191
questões sobre o aborto e, 317–318
substratos neurais da, 143–144
tomada de decisões e, 143, 144
utilitarismo e, 206–211
valores e, 144
reciprocidade, 41–42, 43, 65–66, 67, 69, 70, 73
reforma, 163, 220, 224, 263, 267, 274, 292
regra de ouro, 40, 91, 173–174, 177, 178, 180, 208, 209, 299, 316, 359

relacionamentos, 25, 32, 302, 204, 205, 273–275
relativismo, 157, 182, 298, 338
religião:
  como fonte de divisão, 91
  como fonte de união, 91
  conflito das caricaturas dinamarquesas e, 90–91
  conflito e, 90–91, 108
  e contraste Haidt-Greene, 346, 347
  e seis regras para os pastores modernos, 356
  homossexualidade e, 185–187
  ideia esplêndida e, 157
  maquinaria moral e, 64–65
  moeda comum e, 181–182, 184–188
  "nós" *versus* "eles" e, 21
  "nós" *versus* "eu" e, 188
  senso comum e, 188
  tragédia da moralidade do senso comum, 188
  tragédia dos comuns e, 188
  valores locais e, 20
reputação, 52, 56, 57, 67, 69
resultados, 38–39, 55, 68–69, 79–80, 81, 94, 99–100
retribuição, 277, 280, 293
riqueza, 18–19, 284, 286, 287, 288–293, 297, 312, 348, 350–351
Ritov, Ilana, 273
Roe v. Wade, 318
Rogers, Todd, 305
Romney, Mitt, 18, 351
Roosmalen, Marc van, 43
Rozin, Paul, 117–118, 129

S

sabedoria dos anciões, 158–160
sacrifício, 89, 120–128, 266, 267, 359, 360. *Ver também* dilema da passarela
Santorum, Rick, 181–182, 188
Santos, Laurie, 47
Schelling, Thomas, 271
Schlesinger, Arthur, 109
Schlessinger, Laura, 186
seis regras para os pastores modernos, 355–360
seleção natural, 32–33, 34, 192, 271, 283
senso comum, 14, 180, 188, 219–220, 278, 302, 314, 337, 338
sentimentos:
    cérebro de processo dual e, 306
    direitos e, 309, 310–311, 316, 325, 326, 329
    e por que Greene é pragmatista profundo, 353
    e seis regras para os pastores modernos, 356, 357
    justiça/equidade e, 280–281, 282
    maquinaria moral e, 40, 42
    pragmatismo profundo e, 299, 306, 309, 310–311, 315, 325, 326, 329
    questões sobre o aborto e, 325, 326, 329
    racionalização e, 306, 309, 310–311
    utilitarismo *versus* dispositivo e, 253–261
    Ver também emoções; *sentimento específico*
seres humanos:
    criação de uma nova espécie de, 275–277

sexo, 20–21, 44, 72, 279, 329–330, 333. *Ver também* homossexualidade
Shenhav, Amitai, 133
Shergill, Sukhwinder, 103
Shiv, Baba, 144
Simmel, Marianne, 325, 326
Singer, Peter, 120, 207, 213, 267, 268, 269, 317
sistema moral, 299
Sloman, Steven, 305
Small, Deborah, 271–272, 281
Smith, Adam, 208
Sócrates, 168, 169, 359
Stephens-Davidowitz, Seth, 60
Stich, Stephen, 88
suicídio medicamente assistido, 21, 248–249, 260–261, 297, 316
suposições, 121, 191, 192, 325
Suprema Corte, EUA, 16, 19, 318
Suter, Renata, 134

T

Tajfel, Henri, 62, 63
Talibã, 347
tarefa de Stroop, 126–127, 129, 134, 143, 148, 303
tecnologia nuclear, 109, 297, 310
Tenbrunsel, Ann, 94
Tennyson, Arthur, Lord, 32
teoria da emoção positiva, 170
teoria da seleção de parentesco, 40
teoria das fundações morais, 343–345
teoria do monitoramento dos conflitos, 303
teoria do processo dual:

características da, 224
emoções e, 25
hipótese da miopia modular e, 231, 238, 239–240, 241, 242, 244–248
meios/efeitos secundários e, 231, 238, 239–240, 241, 242, 244–248
previsões da, 224
razão e, 25
teoria da ação de Mikhail e, 236–238, 239–248
utilitarismo e, 26, 201–206
teoria moral:
pragmatismo profundo e, 334–341
Teste de Associação Implícita (IAT), 59–60, 63, 78, 147
The Silent Scream (filme), 326
Thomson, Judith Jarvis, 120, 123, 228, 238
Tit for Tat [olho por olho], 41, 43, 65, 233
tocar, 222–224
todo o restante sendo igual, 197–200, 209, 275
tomada de decisões:
cérebro de processo dual e, 142–143, 144, 148–149
doutrina de fazer e permitir e, 248–253
e "eu" x "nós" *versus* "nós" x "eles", 302
e problema da "insensibilidade à quantidade", 120
emoções e, 124, 142–143
felicidade e, 176
influência da cultura e da biologia sobre a, 15
pragmatismo profundo e, 303
raciocínio e, 143, 144
riscos e, 148–149

utilitarismo e, 163–164, 175, 176–178
velocidade da, 71
Ver também julgamentos; solução de problemas; o problema do bonde
Tomasello, Michael, 47
tragédia da moralidade do senso comum:
conflito e, 75, 107–108
e "eu" x "nós" *versus* "nós" x "eles", 300, 301–302
e seis regras para os pastores modernos, 356, 357, 358
evolução da moralidade e, 35–36
flexibilidade e, 178
instintos e, 174
metamoralidade como solução para a, 25, 35, 155
modo automático e, 179
"nós" *versus* "eles" e, 24–25, 155, 174–175
pragmatismo profundo e, 300, 302
religião e, 188
Ver também parábola dos novos pastos
tragédia dos comuns:
como problema de cooperação multi-pessoas, 37
como tensão entre interesse individual e coletivo, 39
e "eu" x "nós" *versus* "nós" x "eles", 301, 302
e contraste Haidt-Greene no entendimento da moralidade e da política, 348
e prospecto de uma teoria moral sofisticada, 336
e seis regras para os pastores modernos, 356, 357

egoísmo e, 179
evolução da moralidade e, 29–30, 31, 33, 35–36
instintos/intuição e, 72, 160, 174
justiça e, 93–94
maquinaria moral e, 66, 67, 68, 69, 72
modo automático e, 156, 179
moralidade como solução para a, 155
parábola dos novos pastos como sequência da, 29
pragmatismo profundo e, 301, 302
religião e, 188
similaridades entre dilema do prisioneiro e, 39
tribalismo:
  conflito e, 75–77, 78–84, 96–97, 100, 101, 103, 107–109
  cultura e, 59, 61–62, 63
  direitos e, 309–310, 327
  e "eu" x "nós" *versus* "nós" x "eles", 300–302
  e comparação libertarismo-utilitarismo, 350
  e contraste Haidt-Greene no entendimento da moralidade e da política, 342, 345, 346, 347
  e prospecto de uma teoria moral sofisticada, 335, 336–338, 341
  e seis regras para os pastores modernos, 356, 359, 360
  e termos da cooperação, 77–84
  egoísmo e, 77
  encontrando uma moeda comum, 199–200, 201–202, 209, 210
  ética das virtudes de Aristóteles e, 338
  gênero e, 60, 78

ideia esplêndida e, 157, 158–160, 179
justiça/equidade e, 96–97, 271
maquinaria moral e, 57–63, 69–70, 156
metamoralidade e, 25, 155
modo automático e, 156, 201–202
moeda comum e, 181, 188, 199–200, 201–202, 208, 211
"nós" e "eles" e, 59–63
pragmatismo e, 161
pragmatismo profundo e, 298, 299, 300–302, 327
questões sobre o aborto e, 327–328
raça e, 59–62, 78
racionalização e, 30–310
sabedoria dos anciões e, 158–169
utilitarismo e, 175, 177, 199–200, 201–202, 209, 210, 219
Ver também grupos; *tópico específico*
Trivers, Robert, 118–119

U

Ungar, Leo, 134
Universidade de Michigan:
  estudo cultural de Cohen-Nisbett na, 84–87
utilidade:
  significado, 287–288, 290–291, 300
utilitarismo:
  aplicando, 26
  bem maior e, 114–117, 133, 136–137, 174, 175, 219
  "calculando", 173–175, 177, 300
  ciência e, 195, 220
  como ideia esplêndida, 157, 161–180

como pragmatismo profundo, 26, 299
como uma das principais escolas de pensamento da filosofia moral ocidental, 336
consequências e, 115, 122, 162–163, 174, 177, 179, 203, 204, 205, 206, 209, 210–212, 213, 236
críticas ao, 25–26, 122, 211–215, 263–267, 292, 336
custos-benefícios e, 163–164, 174, 177, 205–206, 209, 221, 222
e o significado do termo utilidade, 288–289, 291, 300
e prospecto de uma teoria moral sofisticada, 335–336
e seis regras para os pastores modernos, 357
entendimento errôneo do, 164–178, 179, 300
exigente demais, 263–267
experiência e, 168, 171, 176–178, 210, 288, 299
felicidade e, 163, 164–173, 176, 177, 180, 197–200, 202, 210, 211, 212, 214, 300
fundadores do, 163
imparcialidade e, 170–171, 173–174, 177, 180, 207–208, 209, 210–211
individualismo e, 136–137, 170–171, 175
interesse inicial de Greene no, 114–117
mecanismo *versus*, 253–261
metamoralidade e, 25, 164, 180, 199–200, 201, 211, 214
moeda comum e, 25, 178, 194, 197–215, 298

o que é, 201–206. *Ver também dilema, exemplo ou tópico específico*
perfeito/ideal, 263–267, 277, 292
pragmatismo e, 26, 160–162, 175, 176, 178
senso comum e, 219–222
subestimação do, 357
tribalismo e, 175, 178, 199–200, 201–202, 209, 211, 220
utopismo e, 175–176, 178
verdade moral e, 180, 195, 211
visões de Haidt sobre o, 351–352
utopismo, 165, 175–176, 178

V

valores:
compromissos entre, 25
conflito e, 77, 108, 168
doutrina de fazer e permitir e, 249
dúvidas sobre a existência de valores universais, 182
e contraste Haidt-Greene, 342, 344, 345
e parábola dos novos pastos, 11–15
e por que Greene é pragmatista profundo, 352
e prospecto de uma teoria moral sofisticada, 338, 341
e seis regras para os pastores modernos, 360
evolução da moralidade e, 34
evolução de uma filosofia moral universal e, 24
experiência e, 195
felicidade e, 164–167, 168, 195

humanos *versus* ideais, 275-277
ideia esplêndida e, 157-160, 165-166, 177
identificação de, 194
justiça/equidade e, 275-277
locais, 20
mensuração da moral, 164
metamoralidade e, 198
moeda comum e, 25, 193-194
necessidades de valores acordados ou partilhados, 340
partilhados, 194-195, 197, 298, 344
pragmatismo e, 161
pragmatismo profundo e, 26, 298, 299
priorizando, 165-166
raciocínio e, 144
sabedoria dos anciões e, 158-160
utilitarismo e, 177, 195
verdade moral:
acesso à, 194
ciência e, 191-193, 194
definição da verdade moral universal, 183
direitos e, 182
e seis regras para os pastores modernos, 357, 360
evolução da, 191-192, 193
inexistência de uma, 157
matemática e, 188-191
metamoralidade e, 184
moeda comum e, 183, 211
o pântano e, 194-195
pragmatismo profundo e, 299
religião como fonte da, 184-188
utilitarismo e, 180, 195, 211
vergonha, 50, 69-70, 301

viés:
conflito e, 92-105, 107-110
contraste Haidt-Greene, 341
das crenças, 107
direitos e, 313
e "eu" x "nós" *versus* "nós" x "eles", 302
e comparação libertarismo-utilitarismo, 351
e prospecto de uma teoria moral sofisticada, 335
e reconhecer nossa ignorância, 304
e seis regras para os pastores modernos, 359
e soluções para os problemas dos novos pastos, 110
e utilitarismo *versus* dispositivo, 257
em negociações, 92-97
escalada do conflito e, 103-105, 108
heurística e, 120, 123
inconsciente, 93, 97, 100, 342
introdução de Greene ao, 120 e
justiça e, 76, 92-97, 107-110, 156, 351, 359
maquinaria moral e, 156
o problema do bonde e, 123
percepção, 98-104, 156, 302
pragmatismo profundo e, 302, 303, 313
racionalização e, 313
utilitarismo e, 174
vingança, 49, 50, 69, 70, 73, 83, 155, 233, 356
violência:
aversão humana à, 45-46
como problema global, 107, 356
custos-benefícios e, 255
decência mínima e, 44-48

declínio da, 106
definição de, 256
e evolução de uma filosofia moral universal, 23
e parábola dos novos pastos, 13–15
e prospecto de uma teoria moral sofisticada, 335
e seis regras para os pastores modernos, 356
hipótese da miopia modular e, 233–234, 235–236, 242
honra *versus* harmonia e, 86, 87, 89, 90
justiça/equidade e, 279–280
meios/efeitos secundários e, 233–234, 235–236, 242
modo automático e, 138
premeditada, 233
prototípica, 255–256, 258, 260
sexual, 279–280
simulação de, 234, 235
utilitarismo e, 335
utilitarismo *versus* dispositivo e, 255–256, 259, 261
Ver também conflito/controvérsia
votos matrimoniais, 315

W

Wade-Benzoni, Kimberly, 94
Warneken, Felix, 47
Warren, Elizabeth, 19–20
WEIRD, 345
Whalen, Paul, 148
Wikler, Daniel, 136
Wiles, Andrew, 339
Wilson, David Sloan, 64
Wilson, Timothy, 306
Wittgenstein, Ludwig, 35
World Values Survey, 84
Wynn, Karen, 55

Y

Young, Liane, 132

Este livro foi composto na tipografia Adobe
Garamond Pro, em corpo 11/16, e impresso em
papel off-white no Sistema Digital Instant Duplex
da Divisão Gráfica da Distribuidora Record.